THE GERMANS

Double History of a Nation

德国人

一个民族的双重历史

Emil Ludwig

[德] 埃米尔·路德维希——著

杨成绪 潘琪——译

文匯出版社

新经典文化股份有限公司
www.readinglife.com
出　品

目　录

译者前言 ... i

作者序 ... v

楔　子 ... 1

第一卷　统治世界之梦 ... 17

从卡尔大帝到古腾堡（800 ～ 1500）

德国的贵族，就像他们的祖先一样，对南部广阔原野垂涎欲滴，他们不仅仅对那里的肥沃土地和阳光充满兴趣，而且感到有一种安详宁静的精神力量在吸引他们。这种精神力量是他们的秉性所缺乏的。

第二卷　教义的斗争 ... 63

从路德到开普勒（1500 ～ 1650）

除非德国人知道，制造大炮的钢材里面有 5%的哲理保障，否则他们的内心总是不安，如果不是由一位教授出来坚定证明他所从事的事业是正义的，那么德国人宁愿追求一个水平较低的目标。

第三卷　国家与精神的分裂 ... 155

从大选帝侯到歌德（1650 ～ 1800）

大多数德国人从来不信赖他们的统治者，他们远离政治，有自己的价值观；即使皇帝垮台了，德国人的尊严也不会受损害。进一步说，假如政治结构动摇了，精神思想只会越来越坚定和美好。

第四卷　世界公民及民族主义分子 ... 243

从贝多芬到俾斯麦（1800 ～ 1890）

日耳曼人是一群掉了队的人，他们打乱了欧洲文化的伟大进程。甚至在拿破仑企图把欧洲建设为一个国家社会时，德国人也以他们的“解放战争”打乱了一切，在欧洲这样一个古老的民族熔炉里，利用它过去的种族矛盾，挑起疯狂的民族主义。

第五卷　衰　落 ... 371

从威廉二世到希特勒（1890 ～ 1940）

他们总习惯于服从，这使他们不能为自由而斗争。他们对自己的上级总是顶礼膜拜，这就使他们不会开枪射击他们的压迫者。德国人干革命也要等待从来也不会等到的上级指示。

译后记 ... 483

译者前言

《德国人：一个民族的双重历史》(下称《德国人》) 是德国著名作家埃米尔·路德维希创作的一部震撼人心的史诗，刻画了德国从公元 800 年到 20 世纪 40 年代的盛衰史。这不是一部通常的编年史，而是通过对德国历史风云人物有血有肉的描绘，使读者似乎身临其境，重温千百年来德国人的历史。

作者怀着爱恨交织的心情，回顾德国人非同寻常的历史。他以挚爱的笔触探讨德国人为人类文明作出巨大贡献的奥秘。在他看来，浮士德身上永无休止的渴求精神，是德国人最大的动力。德国人正是以这种严肃认真、孜孜以求、永不满足的精神，攀登人类文化的高峰。而在作者笔下的德国历代统治者，从古代条顿族首领、德国的皇帝和将军，到纳粹头头希特勒，无一不怯懦狠毒，凶残野蛮，背信弃义，野心勃勃，妄想征服全世界。

这本书写成于 40 多年前，正当全世界人民对德国民族所作所为都感到困惑、惊愕、愤怒和仇恨的时刻，于 1941 年出版。作者对德国法西斯深恶痛绝，早年迁居瑞士，并于 1932 年加入瑞士籍。1940 年以后，路德维希定居美国，《德国人》是他在美国写成的。他在这本书中探讨了为什么有如此多的德国人盲从希特勒到处杀戮抢劫，对人类犯下滔天大罪。路德维希深刻地解剖了德国人性格上的弱点，并且指出德国人在第一次世界大战后不甘心忍受战败屈辱的地位，听信了希特勒蛊惑人心的谎言，情愿听任法西斯的驱使。路德维希谴责德国人愚昧无知，为他们误入歧途而惋惜不已。读者从作者的分析中，会看到他对德国人的否定多于肯定，但贯穿全书的，仍是他对德国人的深情厚谊。希特勒发动战争的罪责，已由历史作出公正的结论。作者在这本出版于战争期间的书中对德国人无情鞭挞，用意在于期望一切追随希特勒的德国人能从中汲取经验教训，改邪归正，使德国悠久和优秀的传统得以继承和发扬。译者深信，作者由于爱之深切而对德国人作出的过分批判，不会抹煞德国人为人类作出的伟大贡献。

埃米尔·路德维希 1881 年生于德国的布雷斯劳[1]。他因在 20 世纪二三十年代创作了《歌德》《拿破仑》《俾斯麦》《威廉二世》《天才和性格》《艺术和命运》等一系列出色的传记文学作品而蜚声欧美文坛。他曾对美国记者称："我 15 岁开始写作。在 20 到 40 岁期间撰写了一系列戏剧，其中有 12 部戏剧汇集成一部文集，半数在舞台上演出过。早年受到霍普特曼和尼采的影响。30 岁以后，首先试图撰写俾斯麦传，此后利用青年时代为写戏剧搜集的素材，专心从事创作刻画心理的传记文学。……我从来没有找新史料的野心，更多的是利用众所周知的材料，塑造形象性的人物，使读者读起来好像在大街上邂逅故人旧友一样。"《德国人》也许是作者撰写的最后一部巨著，他在数十年间创作的无数德国历史伟人传记的基础上，通过本书将德国历史串连起来，刻画历史人物的心理活动，阐明历史事件的来龙去脉。从梦想主宰世界的卡尔大帝，发明活版印刷的古腾堡，终身从事宗教改革的路德，发现行星规律、为牛顿万有引力奠定基

[1] Breslau，现波兰的弗罗茨瓦夫。——编者注

础的天文学家开普勒，狂飙运动中兴起的伟大文学家歌德，愤世嫉俗的天才音乐家贝多芬，一统德国的铁血宰相俾斯麦，一直到臭名昭著的希特勒，在作者的笔下无不栩栩如生。

这本书是希特勒发动第二次世界大战后，一位侨居美国的德国人的反思。在这本书于战后湮没了近30年后，美国又于1980年重版发行，对今天的中国读者来说，温故而知新，无疑也会从中得到启发。

杨成绪　潘琪

1988年10月于维也纳

作者序

本书叙述的是日耳曼人的历史，而不是德国的历史。和我其他的作品一样，本书的叙述也着重于人物心理的剖析，即便如此，也难以通过一部书来概括整个历史。能否做到这一点，取决于作者选材的技巧。一些无关紧要的德国皇帝，本书连他们的姓名都没有提及，因为我不想用繁琐的人名塞满读者的头脑，这里只提到少量性格完整的人物，以求感染读者。对于很多战役及外部事件，我认为它们犹如抛物线的顶点，关键所在却是弹头的起火点及其打击对象，也就是事件发生的真实原因及其所导致的后果。我在全书字字句句中无不希望通过对德国人性格的剖析来解释人物的活动及历史事件的因果。我从德国人观察事物的方法，以及世代以来迄未变化的德国人内心的分裂现象出发，叙述德国人 2000 年的历史。

除了百科全书，没有一部历史书是真正客观的，本书也受个人因素的影响。只有承认这一点，才能区分本书与其他作品。各个国家都有某些教授，俨然像个最高法官，他们精通拜占庭摩西法典，但避而不谈自己生活和命运对其作品的影响，这既欺骗了读者，也欺骗了自己。一个作者如果把自己的处境及生活的时代掩盖起来，往往会使读者迷失方向，并对你争我夺的历史事件感到厌烦，特别是那些与今天一样的党派纷争，以及人与人之间钩心斗角的关系。没有一位历史学家，即使是伟大的希腊历史学家普鲁塔克，如果他是在100年前或100年后写作，也不会和他当时所写的作品一样。卡莱尔深受法国大革命影响，布克哈特则受俾斯麦时代的影响，虽然他们的作品叙述的时代相距甚远，但均受个人经历中印象最深事件的影响。用时代的镜子反映另一个时代，这恰恰是帮助作者和读者的最好方法。

我从20岁开始，就在不少戏剧和传记中描写德国人的性格，从乌尔利希·冯·胡登、格林瓦尔德到歌德、贝多芬、韦伯、瓦格纳，从腓特烈二世、腓特烈大帝到俾斯麦、威廉、兴登堡，我对德国思想精神人物一直怀着崇敬的心情，但对这个国家的政治很反感。德国思想精神界人物同国家与政治的脱节现象，使得德国的历史不同于任何一个国家的历史。当这个国家强盛的时候，其思想精神总是遭到涂炭；反之，思想精神就得到发扬。这本书的目的就在于试图摆脱德国人个人的命运，阐述德国民族的性格。从阿米尼乌斯到希特勒，这是一部充满悲剧和嘲讽的重复不断的历史。一个培育了歌德、贝多芬、康德这些伟人的民族，怎么会一再走上野蛮主义的道路？全世界的人都对此百思不得其解，本书将对此提供一个答案。德国的统治阶级从来不能代表德国的文化，德国文化是普通人民创造出来的。

为什么在这个有着双重性格历史的国家里，一部分人几乎从来不受另一部分人的影响，其原因就在于日耳曼人复杂的神经质性格。本书准备沿着这条线索，从恺撒大帝最原始的森林开始，直到贡比涅森林结束，撰写其长达2000年的历史。这个国家的历史就像一辆双层公共汽车，文化生活和政治生活有着各自的发展道路，上面一层乘客极目远眺，饱览旖旎风光，但不能影响汽车的行驶方向，因为坐在下层掌握方向盘的司机根本无暇顾及他们。

除了上述这个特点，本书也将叙述曾经使全世界无比憎恨与恐惧的德国政权是如何从北部（后为普鲁士）逐步演变而成的，而曾经使德国名扬天下的精神和艺术又是如何从西部和南部发展过来的。曾为世界作出巨大贡献的德国文化宝库是普通人民创造的，皇室贵族带给世界的不过是暴力而已。对于少数深深根植于德国人民的例外的皇室人物，本书将重点介绍。

对于世界来说，即使把所有的德国皇帝和首相加在一起，也比不上莫扎特和舒伯特，比不上丢勒和科隆大教堂，德国没有任何一次胜利能与它的艺术、绘画相媲美。对于我来说，描绘出这一武士民族的精神世界要比介绍它的各次战役重要得多，介绍它热衷于战争的精神因素及其后果要比描写战争本身更有意义。

最后，本书还将说明希特勒的出现并不仅仅是由于机遇，而确实是一种德国现象。一些怀着善良愿望的人试图说明希特勒与德国人的性格有所不同，这就错了，他们没有抓住要害。读者在本书的一开始就能找到希特勒的思想和性格的缩影。如果按页数计算，那么在全书 82 节中只有两节是写他的，这在今天来看，似乎太少了；但从 2000 年的历史看，他所占的席位似乎应该更少些。本书不准备用德文出版，因此我大量压缩了中世纪的历史情节。我试图采用一种曾经使我十分激动的新的叙述方法。读者会发现，针对那些著名的历史事实，我简单介绍，而对那些内在的发展因素，我将精心剖析。战争和事变一再改变着新建立的秩序，并带来无数议会决议、战役、领土的重新划分等等，对此，我都把它们放在次要的地位，未予十分重视。

我对于历史事件的精神因素和后果、导致出现这些历史事件的主要人物以及与当今时代的对比这三个问题十分重视。历史主要不是经济力量造成的，而是由人的感情因素决定的。每个时代都一如既往在这些历史背景中通过人的活动得到反映。

我出生在德国，接受了这个国家以贝多芬和歌德为代表的文化教育，但在青年时代就感到这个国家与自己殊多迥异，所以在25岁时就离开了德国到自由的瑞士定居，此后多年一直是瑞士的公民。此书写于美国加利福尼亚州，是世界上最可爱的一个地方，我当时生活在德国音乐和哲学的气氛之中。

埃米尔·路德维希

1941年3月

于加利福尼亚州圣塔巴巴拉

楔　子

德国人为了自身利益，不惜牺牲自己的邻人。因此，外面的世界很迟才注意到这一点，对于德国而言是件好事。

——歌德

1

恺撒和阿里奥维斯图斯——日耳曼首领在讲话——威胁和背信弃义

晨光微曦，广阔的平原上显露出一座山丘的轮廓。两支外表和服饰迥异的马队从山的两侧同时向山头挺进。一支队伍穿着革制盔甲和无袖的古罗马束腰外衣，战士肩上披的军氅随着马蹄声在空中抖动。他们头戴青铜军盔，一缕缕又黑又长的头发在军盔下随风飘荡。战士人人身佩一把阔剑，背负护身圆盾，右手紧抓着缰绳和长矛。另一支队伍身上紧裹着兽皮外衣，头上戴着用牡鹿或野牛的皮革做成的帽子，帽檐下散落出金黄色卷曲的长发，兽皮帽也就是他们的头盔。他们身上的佩剑比较长且窄，其中很多人还另佩着一把弯形的匕首。他们的长矛用来戳刺似乎比投掷更合适。

走在这两支队伍前面的是他们的首领，穿着与部下同样的衣服，不过色彩更为绚丽鲜艳。他们各由一名扛举着旗徽的传令骑兵引路。一边举着的是一块刻着“SPQR”[1]四个字母的鹰盾；另一边举着的是一面粗糙的旗帜，上面画着一只看上去像个公牛头的动物形象。他们在离山顶数百步的斜坡上停了下来，传令兵过来接受命令。发出

[1] “SPQR”：拉丁文 Senatus Populusque Romanus 的缩写，意为“元老院与罗马人民”。——编者注

来的命令用的是两种不同的语言。然后，两个司令官离开队伍，各带数十名卫兵向山上走去。不一会儿，他们在山顶见了面，互相致意，但并未下马。

这两个人就是罗马的恺撒和条顿的阿里奥维斯图斯。事情发生在命运之河——莱茵河以西数英里的高卢地区，今天则称为米卢斯。时间是公元前 58 年。2000 多年来，就在这里，多次战争和战役在他们之后发生。但在当时，在这个特定的日子里，他们还是先礼后兵，首先寻求和平的途径。

这两个人都四五十岁，彼此并不陌生，听到过对方的大量传闻，今天同时来到一个陌生的国家。罗马长官恺撒第一次到高卢来，目的是为了和比他先来一步的征服者商量分享这块土地。阿里奥维斯图斯则曾以帮助受苦的高卢族为由，通过易北河和奥德河，向西跨过莱茵河，捷足先登，征服了那时可能还是自由的部落，并与遥远的罗马缔结条约。罗马元老院对此耿耿于怀，曾设想以封授和恩赐的办法战胜和控制这个北方陌生的野蛮民族。对于以掠夺闻名的条顿族，罗马人早有所闻，并对它相当恐惧不安。但今天，恺撒是以世界强国的长官的名义来到高卢，他不能对被条顿赶出家园的奥杜伊的抱怨叫屈充耳不闻。

当天两人在这座山上说的话，恺撒相当详细地记录了下来：

“记住，阿里奥维斯图斯！”恺撒开始说，“我和我们的元老院已经给了你一切特权，我们承认你为国王，接受你成为罗马人民和国家的朋友，这是很少人能得到的荣誉。但是你要知道，奥杜伊也是罗马的盟友。不要对他们发动战争。不要反对他们的盟邦。把他们的人质放回去。即使你无法说服你的部下退到莱茵河那边去，至少要保证不进入高卢。”[1]

对于这位罗马人一副居高临下的态度和讲话，阿里奥维斯图斯怒不可遏，他跨在马鞍上给予了回答。根据恺撒的记录，这番“不正面回答，而是更多地强调自己的功绩”的讲话，显然是事先准备好的。他说道：

> 并不是我自己想越过莱茵河，是高卢人恳求我来帮助他们。为了他们，我和我的战士不得不弃乡离土！也不是我首先发动战争反对高卢人，而是他们先反对我！根据他们的意愿，他们不能拒绝，迄今还一直向我献纳贡金！感谢罗马人与我的友谊，但如果这种友谊影响了我的权益，那我不得不抛弃它。的确，我带领条顿人来到了高卢，但是我一点也不想打扰这个国家，因为并不是我进攻他们，我只不过在保卫自己！简单地说，如果你让我安安稳稳地行使权力，我将尽力帮助你赢得一切你想赢得的战争，但如果你继续留在这块属于我的土地，我将马上认为你是我的敌人！一旦我在战争中杀了你，并取得了胜利，很多强大高贵的罗马人将欢欣鼓舞。他们十分信任我，曾通过密使告诉我，允诺在恺撒死后即向我伸出友谊之手。现在你一切都知道了。恺撒！你自己选择吧！

恺撒正要回答，突接一名军官报告，敌人的马队已靠近，并向罗马兵团投掷石块和箭。恺撒立即后撤。当条顿的话在军中传开后，士兵们个个义愤填膺。两天后，阿里奥维斯图斯建议再见一次面，并威胁说这是能够签订和平协议的最后一天，绝不放宽。恺撒派了

[1] 《高卢战记》第一卷四十三章。——作者注

两名年轻军官去，其中一名过去曾受到过阿里奥维斯图斯的热情接待，但这次，他们一到那里就被当作奸细关押入狱。

恺撒旋即准备打仗，战争的结果是条顿惨败。根据普鲁塔克记录，8 万名条顿兵士被歼。为了逃生，阿里奥维斯图斯不顾妹妹和两个妻子落入敌人之手，自己搭乘一条小船逃过莱茵河，从此销声匿迹。这个曾经声名显赫 20 年的条顿族领袖如何终其余生就无人知晓了。

上述历史向我们展示了一个条顿族领袖的言行：佯装无辜，威胁恫吓，不择手段，背信弃义。恺撒使用的也是外交辞令，也唯利是图，但他比较坦率，先礼后兵。相比之下，条顿人说了些什么呢？他说自己入侵高卢完全是出于一片好意，是为了帮助弱者，而且自己还作出了牺牲；他以打破敌人包围为借口，动员士兵作战；声称外国领土是自愿割让给他的，虽然从某种意义说，这也确实是征服者的权力。他还表示假如他杀了恺撒，罗马人将对他感恩戴德，罗马人确实曾经要求这个野蛮人这样做。他在讲话时，就已经下令动手射击；当恫吓不起作用时，他就表示愿意和解；但当谈判人抵达，他又把他们扣押监禁。

这是发生在公元前 58 年的事，以后的历史将同 2000 年前一样，没有什么改变。

2

向南挺进——卖国求荣——好战的民族——他们错在哪里？

50年前，恺撒的叔叔马里乌斯曾拯救罗马免于条顿之难，那时整个意大利都笼罩着恐惧。罗马人在征服了波河平原后，以终年积雪的阿尔卑斯山为屏障，安居乐业，逐渐形成自己的国家。公元前113年，一支庞大的北方野蛮部族突然向阿尔卑斯山蜂拥而来，罗马人的安全受到了威胁。那些人几乎是半赤裸的巨人，“长发披肩”，人数上万，他们不仅是一支军队，中间还有原始的帐篷车、猎具、马挽车，还有妇女和孩子。他们带着棍子和长剑，还有和人一般高的盾。走在最前面的是一群用绳索拴在一起的士兵，绳子一解开，他们就嚎叫起来，故意把剑拿到嘴边，以壮声势。与此同时，大批帐篷车中的妇女也大声喊叫起来，给他们助威。一旦抓到俘虏，一律处死，无一幸免。穿着灰衣服的老太婆，即女祭司，在已经遍体鳞伤的囚徒身上扎上一刀，把他们的血挤出来用盆子接着，并用死者的内脏卜卦。

这些人就是辛布里和条顿人。罗马语中辛布里正好是“强盗”的意思。他们离开德国东北部的家乡，在维斯杜拉河、奥德河、易北河一带到处骚扰流窜，最后来到并袭击了比较文明的凯尔特族。这就是历史上闻名的“辛布里恐怖”时期。几百年后，当其他条顿族大肆蹂躏意大利时，人们仍然用“辛布里恐怖”来表达他们的恐惧心理，在这场战争中，逐渐成熟起来的罗马顶住了北方野蛮人的袭击。

他们来干什么？为什么一再到罗讷河、塞纳河、波河和埃布罗河这些地方来呢？难道北方没有这样的土地？难道他们的父辈在那里以自己的方式生活得不幸福？他们来自德国干旱的北部，来自图林根原始大森林，都是来自北部地区。他们寻找的不是土地，而是比土地还要好的东西。这该怪谁呢！那儿很冷，他们都穿兽皮衣服，喝麦片糊，吃脱脂干酪，还有带苦味的啤酒。一旦听说山那边终日沐浴着阳光，面粉是白的，酒是甜的，他们就迫不及待地南下，这难道不自然吗？要过好的生活就要去征服别人，要征服别人就要把自己训练成战士。可能是寒冷的气候、贫瘠的土地使条顿人成为最强壮的民族，至少使他们始终野心勃勃。他们一直向往着肥沃的土地，暖烘烘的太阳，他们的父辈开拓奋斗过，一直到了北非洲。生活越舒适，越放荡不羁，就越软弱。同样的欲望驱使他们的先辈和后人到了意大利，到了高卢，也吸引他们的子子孙孙、普鲁士人、其他的半斯拉夫人 2000 年来不断到法兰西去，因为摆在他们前面的是花园，而身后的家乡是干旷的草原及原始大森林。

条顿人在意大利被罗马人打败，一个世纪后，罗马人又被条顿人在德国打败。这就是发生在公元 9 年的条顿堡森林战役。这场战役揭示出，德国人早期的性格与今天的完全一样。

希望在一切方面都模仿恺撒并完成其未竟事业的奥古斯都，终于成功地征服了德国。他计划逐步把罗马帝国扩大到日内瓦湖和黑海。同时，他还吸收了一部分来自北部人迹罕至的大森林里那些野性未驯的年轻人到宫廷里称臣，就像维多利亚女王偶尔也起用几个印度土邦主借以点缀一样。其中一位王子赫尔曼，拉丁语名字是阿米尼乌斯，是属于易北河以西切鲁西部落的统治者。在罗马，他努力向他的主人学习一切他能学到的东西，后来，当他在自己的国家重新见到罗马人时，他向罗马将军大献殷勤，并利用自己罗马骑士的身份暗中监视敌人。另外一个条顿王子，阿米尼乌斯的表兄赛盖斯图斯和他一样是罗马人的宾客，却企图出卖他。这是两个条顿奸细第一次发生冲突，他们信任敌人胜于信任自己人。

后来，这个条顿人阿米尼乌斯，利用诡计将罗马人诱入原始森林，成功围而歼之。但是他的表兄向罗马人告了密。阿米尼乌斯为了报仇，就把赛盖斯图斯的女儿骗到手。赛盖斯图斯又把女儿从她的丈夫——阿米尼乌斯手中绑架走，并把她交给罗马人当人质。阿米尼乌斯陷入家族斗争，最后被亲族所杀。赛盖斯图斯因而得到了罗马的赏识，就像今天那些做了俘虏的首领无耻地向敌人谄媚讨好一样。在罗马庆祝胜利的典礼上，他被允作为客人坐在观礼台上，而台下就是他的女儿，身穿囚服，戴着脚镣手铐，怀中还抱着在狱中出生的德意志解放者的儿子。在历史的发展过程中，我们将不断看到这种奸诈伎俩，领导人之间经常发生尔虞我诈、钩心斗角的斗争。后期，德意志诸侯们几乎形成了习惯，经常向国外的敌人告发自己的对手，波旁王朝也因此取得对德意志的胜利。从大多数情况看，德意志因英勇作战而取得胜利，却往往又因自己人背信弃义而失败。

和当时其他部落一样，条顿人也豢养很多奴隶。各级奴隶主的领导欲和淫威往往在奴隶身上充分表现出来。他们肆意虐待奴隶，由于缺乏真正统治者的才能，对下往往残酷镇压，对上却曲意顺从。这种在今天仍然被认为理想社会典范的金字塔模式，即使在原始森林时代也具有同样的价值，当然它还不像今天社会那样，因有党派和官僚机构的保证而具备十分严密的社会结构。首先，他们的领袖往往是最英勇善战的斗士，或最机智勇敢的猎手，其子孙亦如此。在他还没有成为国王或君主前，人们就表示要效忠于他，在沙沙作响的古老栎树林中发誓要为他牺牲。这些誓言具有可怕的约束力，因为在他们的心目中，首领同时代表上帝和命运。

因此他们盲目地服从领袖，排斥一切独立思考。即使是叛变，只要是领袖说的，他们就去做。杀害一个失去自卫能力的人，并不被认为是可耻的；相反，如果未能按照领袖的要求去杀死一个人，却是奇耻大辱。没有个人的功绩，一切归功于领袖。没有一个战士应该活着从战场上回来，假如领袖已在那里牺牲。誓死效忠，粉身碎骨也在所不惜：这是原始时代的道德观，它代替了一切法律。由于没有个人选择，没有总的中心，松散结合在一起的各部落组成了一个由勇敢的斗士构成的公社式社会。在这个社会中，只有家族受到保护。条顿人认为，这样的社会比法治社会更强大。

全体人员都是战士，这是他们的共同思想。战场是他们的天堂，战斗英雄是他们的上帝，群众集会的内容是检阅军队。政治统治只体现在战争的命令中，只有先成为战士才能成为公民。奴隶只有在被授予武器后，才被认为具有公民身份。领袖的生杀大权被认为是上帝给予的。由于他既是司令又是法官，因此他必须比别人更有知识。500 年以后，经过希腊奴隶起义和各次社会变革，地中海沿海各国的奴隶制都动摇了，唯独条顿人服从领袖的精神一直延续到今天，几乎没被触动过。

从另一方面说，条顿人生来粗野多变。命运可以使他在一夜之间失去自由，也可能让他把朋友打得不省人事。一旦进入战场，他就会死战到底。条顿人这种视死如归的精神使古代人瞠目结舌，只有不懂工作也不懂爱情的野蛮好斗之徒才会如此失去理性。这种情绪，即使在今天一部分德国青年身上也还存在。

3
漫游者

事实上，不管是罗马人、法兰克人还是意大利人，没有一个日耳曼人的邻邦相信日耳曼人会信守和平之约。不管他们的生活如何幸福，他们那不安分的热血总会使他们提出一些过分的要求。好战的日耳曼人不能忍受田园般的宁静生活，就像浮士德及其成千上万的追随者不能忍受思想上的高度平静一样。他们绝不满足于已取得的成绩和无谓的消磨时光。这些不可阻挡的征服者到底缺少什么呢？

他们缺乏精神、人性和想象力。迦太基人，还有罗马人，都是带着火与剑来到殖民地的，法国人在向世界推广大革命的三大思想时也是这么干的。但是征服者在使用火与剑的同时，思想精神——神学、宗教、哲学、自然科学，或一首经常挂在征服者嘴边的诗歌，也起着重要作用，捍卫精神财富的人们紧跟着他们的足迹。说条顿人是野蛮人并不是因为他们没有能力学习，而是因为他们缺少心灵的智慧和思想的本能，缺少对人性的认识和谦逊精神，这些都是人类起源的要旨和地中海文化的遗风。

条顿人的灵魂深处始终潜伏着不安全感，即使他们胜利了，足迹遍及欧洲，也不感到轻松。条顿人慢慢地背叛自己，自愿接受罗马人、希腊人、拜占庭人向他们提供的一切现成的东西，这证明他们仅仅是征服者，而不是优胜者。这些离开原始森林来到西西里和普罗旺斯豪华花园的游牧民族，在不断努力超过祖辈的过程中，简单的头脑受到了震动。对于这一点，没有比舒伯特的《流浪者之歌》表现得更深刻的了。歌中唱道：

流浪，不断地流浪，带着血和泪，
仰问苍天：何处是我的归宿？
灵魂在我耳边暗告：
到你没有去过的地方，那儿有一切欢乐。

只有一个游牧部落在罗马帝国有所建树，那就是法兰克人，他们征服了高卢并建立了法兰西。他们的部落首领克洛维，一个典型的条顿野蛮人，勇敢、天真、狡诈，似乎是公元500年左右日耳曼人中第一支具有建设性的力量。经过条顿人和罗马人相互吸收同化的过程，他为后来的加洛林王朝奠定了基础。在一个基督诞生日，他和3000名法兰克异教徒接受了规模空前的洗礼。是一个什么样的强者能征服这些野性未驯的人的心灵？在这些人身上既没有国家也没有法律的束缚，除了和信仰完全相反的东西，什么也没有。是既不会泄愤报复，又不会施雷电以惩罚，而只会祝福宽容的上帝吗？不，是教士，他们提升了一个深入人心的审判法庭的地位，而非将其降格！当古条顿人突然遇到一双无形却具有万能力量的大手时，他们被彻底打垮了。这一变化持续了500多年。最后一次弗里西亚人大规模洗礼已是700多年以后的事了。

4
日耳曼的悲剧开始了

这些日耳曼贵族，容克[1]地主中的先驱，是勇敢的。他们知道如何去死，也不惜牺牲。起初效忠领袖只限于在战场上，后来，效忠的内容改变为要求战利品或者所谓的封地，也就是说，要求财富。让不答应贵族要求的首领倒霉吧！贵族是他的剑，他的矛，他的匕首，他不得不担心这些被他看成武器的人会反过来反对他。中世纪日耳曼国王与首领之间的历史充满了诸侯阴谋篡位造反的故事。为什么日耳曼人直至今天一直对效忠不渝给予如此高的评价，其理由在于只有很少的人能做到这一点，真正忠诚的人是罕见的。日耳曼贵族家庭的历史是一部血腥残杀和背信弃义的历史，随着他们日渐稳定，残杀日渐减少，而讨价还价和谈判日益增多。为了把自己的权力传给儿子，他们经常担惊受怕，有时不得不让步，国王的私人回忆录里充满了悲哀怨恨。的确，这些国王常常表示愿意到民间去寻找安宁，而后来普鲁士的容克地主，也就是这些古时诸侯的后裔，却挑战似的把所有其他阶级都掌握在他们的支配之下，这种情况一直维持到今天。

缺乏统一，不仅构成了日耳曼历史的悲剧，也使这部历史充满了魅力。这一弱点来自日耳曼人强烈的个人主义，在历史的早期便

[1] 容克为德文词 Junker 的音译，泛指普鲁士贵族和大地主。——编者注

表现出了它的严重后果，这种个人主义要求每个诸侯对自己的家族负责，而很少有人对整个王国负责。因而新的法兰克国家遭到不断的分裂，再分裂，开始是克洛维，后来是他的继承人。分裂削弱了这个国家，也推迟了统一的到来。

在部落家仇斗争与分裂的纷争中出现了一位勇敢的王室总管家，他自称为国王。但在他冒险地发动“政变”前，他得到了上帝的祝福。他曾向那时即以教皇自居的罗马大主教打听过,对一个只知享受、漫不经心、无所事事的国王他应该做什么。那时的情形和今天并无二致，少数留下来的君主被独裁者或大臣们当作傀儡保护着。

教皇圣扎迦利意识到，与一个日益强大的大国结盟对于他未来1000年之内的接班人来说，可能具有无可估量的好处。圣扎迦利决定对这个具有世界历史重要意义的问题作出答复：新领导人丕平必须由教皇赐予涂油礼。

这里我们看到了德国悲剧的开始，日耳曼民族因此遭到严重损害。自愿服从教会力量，欧洲最勇敢的领袖就是如此放弃他们的权力的，这样就在国家权力方面形成了一个自相矛盾的对立面，这个对立面来自日耳曼人灵魂的深处，而且永远消灭不了。

作为第一个接受教皇涂油礼的领导者，丕平谎称：“我并不以任何人的名义，而只是以圣彼得的名义外出作战，因此我的罪孽也许可以得到宽恕。”这是典型的日耳曼人自我利益和虚无主义相结合的产物。丕平就是用这种充满感情的歉意来为他的“政变”辩解，他直截了当地说出了日耳曼人的心里话，为他们的暴行冠以美丽的辞藻。告诉条顿人一个神圣的目的，让他们望一眼挂在刀剑上面的救世主像，他们将立即感到自己成了圣米歇尔[1]。即使在掠夺别的民族时，他也相信自己的使命是崇高的，从此丕平成了1000年以来德国

[1] 《圣经》中庇护以色列人的大天使。——译者注

德高望重的征服者。甚至直到今天，德国人还在利用上帝、荣誉或国家的名义，从事口蜜腹剑的活动。

第一卷

统治世界之梦

从卡尔大帝到古腾堡
（800—1500）

一想到德国人民，我常常不免黯然神伤。作为个体，他们个个可贵；作为整体，却又那么可怜。

——歌德

1
卡尔大帝和文化精神——持刀剑的基督——皇帝的继承人卡尔大帝

卡尔大帝[1]（742—814）是日耳曼三四个具有才干的统治者之一。是他，第一个向往世界帝国，此后成为无数日耳曼人千年来孜孜以求并在今天再次占领了他们心灵的梦想。这一梦想不时诱使卡尔大帝征战邻邦，并一再获胜。然而，虽非本人所愿，他却是日耳曼民族分裂的种子。他始终认为自己是法兰克人，而不是日耳曼人，犹如1000年以后的俾斯麦，始终认为自己是普鲁士人一样。

这种情况可能只出现在一个伟大人物身上。在8世纪，日耳曼民族的文化知识尚处在非常低下的水平。关于卡尔大帝的历史虽然只有很少文字记载，还是给子孙后代留下了一些不可磨灭的痕迹。

我们可以想象，庄严的法兰克国王正襟危坐，努力学习，掌握了读书本领后，他开始试图书写类似德文文法那样的东西。当他的艾克斯拉沙佩勒宫廷被优美的拉丁文装饰起来后，他已收集了不少古老的日耳曼民间传说，记录了一些日耳曼历史。圣博尼费斯等其他大人物从来不和稍微脱离教规的人说话或共桌进餐，但是卡尔大

[1] 据其英文（Charles the Great/Charlemagne），又译为查理大帝或查理曼大帝，此处取德文（Karl de Große），译为卡尔大帝。——编者注。

帝在穆罕默德侵略法兰克后不久就给哈伦·拉希德写信和送礼物，在偶然的戎马倥偬间隙，他常常说：“让我们做些使今天有纪念意义的事情吧，不要让别人指责我们白白浪费光阴！”这里我们看到了一种责任感和在他以前没有任何日耳曼人享有过的威信。对于人们的记忆来说，这样的话比任何战役更有生命力，因为它具有普遍意义和足以使后辈仿效并得到鼓励的力量。

卡尔大帝身材高大壮硕，精神饱满乐观，对世界具有远大的目标。他喜欢讲话并讲得很好，语句清晰服人。虽然他性格专横急躁，但所有关于他的记载都认为他和蔼可亲。谁也弄不清他到底有多少孩子，在六十几岁时，他还生了一个女儿和三个儿子。他非常钟爱自己的女儿，为了能与她们终生为伴，他不答应她们出嫁，但允许她们自由谈情说爱，并认她们的孩子为自己的孙辈。他曾经为一个爱妻的亡故而悲伤了好几年。这位爱妻曾丢失过一枚魔术戒指，他常常在艾克斯拉沙佩勒皇宫她丢失戒指的水池旁边长时间地默坐。

卡尔大帝的思想有一个确实的开端，可以说是由一场危机引发的。公元 781 年，在卡尔大帝从伦巴第人手中夺取意大利几年以后，战争已稍事平息，他重新访问了这个国家。当他站立在一座代表千年文化的古老纪念碑前，他深深地被这个国家的优秀文化和相比之下他自己民族的愚昧无知所震动。不像今天的野蛮主义者，卡尔大帝承认一个国家的优秀文化，虽然这个国家有可能被武力所征服。这位条顿族的第一个皇帝把意大利的核桃树和杏树移栽到自己北方的花园里，这一事实最有力说明了日耳曼人是如何向往着美丽的南方。与此同时，为了更崇高的任务，卡尔大帝在 40 岁时不畏旅途艰险，亲自骑马越过 1.2 万英里，去学习这个被征服国家的文化与精神。

他做的第一件事是带五六位从事文学和传奇创作的学者从比萨、帕尔玛穿过阿尔卑斯山回自己宫里，给予他们与诸侯一样的俸禄及充分的创作自由。享有这种待遇的人即使在社会上也令人另眼相看，因为当时连高级官员都得不到充分的自由。而在另一方面，他严格控制贵族，不断地派出暗探，经常是一名教职人员和一名文官，到男爵的庄园去看看他们是否荒芜了给他们的领地。

卡尔大帝比较轻易地征服了伦巴第人和巴伐利亚，但为了征服萨克森，他却花了 30 年的时间，即使在征服后，也只在短暂的时间内维持了他的统治。出于日耳曼人的预感，这个实际上分裂为很多个部落的强大民族抗拒法兰克人，更反对卡尔大帝企图借以征服他们的基督教。日耳曼人第一次在战场上互相厮杀。萨克森人狂热地坚持古老的信念，禁止信仰基督教，违者处死；而法兰克人决心以自己手中的刀剑，把基督教强加于他们。即使卡尔大帝不惜一次性杀戮 4500 名萨克森人，这也是以基督的名义进行的。

这一切使卡尔大帝陷入严重的冲突之中。萨克森人不禁要问，自由平等在哪里？新的信仰不是这样向他们许诺的吗？一次，一个被俘的萨克森贵族维杜肯特与卡尔大帝在一起吃饭，虽然两人坐在不同的桌子旁，维杜肯特还是看见了在他们面前台阶上的一些乞丐。

“看来您的‘基督’生活很贫困，”维杜肯特嘲笑这位幸运儿，“难道要我向那几位你任其饿死的‘基督’低头吗？”卡尔大帝面红耳赤。编年史记载下了这段话。

卡尔大帝成为具有世界历史意义的重要人物时已快 60 岁了。应当时受到重大压力的教皇请求，卡尔大帝进军罗马，把教皇的敌人打得粉碎。教会将在古老的圣彼得教堂为这位高贵的法兰克人举行圣诞庆祝会，这样的活动在没有征服者的和平日子里还未举行过。

当卡尔大帝在祭坛前做完祷告站起来时，教皇突然把一顶金色皇冠戴在这位头发已经灰白的条顿人头上。一群显然是事先隐藏好的罗马骑士随即高呼：“万岁，查理，上帝加冕于你，庄严的罗马皇帝，万岁！”接着，教皇向卡尔大帝俯下身去。据卡尔大帝传记记载，他当时由于惊愕，一句话都没说出来。据说事后他讲，如果他事先知道有这样的安排，就不会跨进教堂的大门。正如预料那样，他的政治观点很快与拜占庭发生了冲突。教皇赶紧宣称“罗马皇帝已从希腊人转变为法兰克人”。

这是公元800年的圣诞节……征服过3个民族，一生明智地与教会友好相处，以自己的方式成为当时最强大的统治者，卡尔大帝对晚年生活相当满意。这位曾经相当虔诚地匍匐在圣彼得教堂做祷告的皇帝，被突然加在他头上的除象征世界强权以外毫无意义的皇冠弄得有些不知所措了。采取这一做法的教皇可曾意识到这件事将给历史带来的后果？在未来的五个世纪内，所有的德国统治者都以罗马给卡尔大帝加冕这一先例为自己的野心辩护。如果卡尔大帝当时惊讶地把教皇的手推开，拒绝异族的皇冠，就像恺撒大帝在同一城市，处于同一位置时所做的那样，德国的历史又将如何发展呢？可能就算卡尔大帝不接受，也总会有人接受罗马皇帝的皇冠，也可能他的接班人和恺撒大帝的接班人一样，以他们先祖大师的名义继续统治国家，而我们今天将用类似“卡尔”这样的名字来代替“恺撒”。

那么这位上了年纪的征服者卡尔大帝的情况又会怎样呢？难道这个条顿人在这个特定的圣诞之夜不会想起他为教皇牵马笼头的父亲丕平吗？很有可能这个12岁的儿子当时在场，这一情景留给他的印象肯定很深。因为这里含有一个警告。这位伟大的儿子自己很少利用教皇，也不传见教皇。现在他也成了教皇恩惠的受益者，这种恩惠可能有损于他，给他的继承人带来更大的不利。这一切都意味着什么呢？一个条顿人受到罗马皇帝继承人的加冕，使自己成为他们的继承人？难道这就是卡尔大帝梦想的世界帝国吗？对于这位命运之子来说，它确实来自梦境，来自祈祷。

日耳曼人的悲剧，国家政权和思想精神之间的斗争，从此开始了。当时，危险来自思想精神，因为无权的基督教思想将通过教会形成强大的力量，但这还是一个很遥远的问题。当时国家与思想这两种势力联合在一起，第一个罪恶同盟就出现了。这两者能同时发展并互相支持吗？或者必然是一方征服另一方？那谁将获胜？

德意志中世纪的历史将对此作出回答。

2
内心不安宁——罗马及其王朝

在德国中世纪的发展过程中，国家政权与思想精神之间的斗争围绕着三个运动向前发展：教皇反对皇帝，平民反对贵族，游吟诗人反对骑士。经过700年的激烈斗争，大约在公元1500年，精神的阳光一度驱散了乌云。自由和艺术，犹如古代的神像，出现在天际大放光芒。可是不久乌云重新蔽日，直到300年以后，精神又重见天日。上述三个运动在斗争中均涌现出出类拔萃的人物。游吟诗人中有瓦尔特·封·德尔·弗格尔瓦伊德，平民则有古腾堡，在皇帝与教会的斗争中则出现了主要依靠思想精神的力量统治国家的霍亨斯陶芬王朝腓特烈二世。

德国的整个中世纪历史是一部悲剧。在这部伟大悲剧的序幕中，我们听到的主题大部分将是低沉的。我们也可以听到从别的国家穿插进来的，打断了当时斗争的光明、宁静和优雅的旋律，但为时不久。德国人的性格和中世纪出现的问题十分合拍，始创时期的努力和神秘的暴力紧密地联系在一起，正由于此，德国人一直梦想领导世界，至少在令世界不安上，他们做得很成功。这就是为什么他们一再怀念中世纪，今天又希望依靠暴力与思想精神两个因素再次建立他们的统治。但在这个过程中，精神的作用消失了。

德国人灵魂深处的双重性在中世纪表现得最淋漓尽致。当时国家权力与思想精神尚未像后期那样尖锐对立，双方都有武器，也有思想，因此教皇与皇帝之间的斗争历经300年都胜负难分。他们唇枪舌剑，暴露了德国人为自己的欲望寻找哲学根据，使其披上合理外衣的私心。那些皇帝梦想统治世界，必须寻找一个道义上的借口。他们无止境的扩张欲望，必定出于浮士德式的动机，而残酷的统治则必然裹上一层神秘的轻纱。

这种良心上的疑虑不安使德国人甚至不能尝到征服的丝毫甜头。如果没有什么别的理由促使他们梦想统治世界，那么这种内心的不安全感——表现在他们大规模的迁徙，准备与异族同化，以及为自己的野心和贪婪寻找道义根据等——就是促使他们行动的主要动机。法国人的十字军东征也有不可告人的动机。英国人甚至今天还在吹嘘他们的出征是以基督的名义进行的。但是德国人无论过去还是现在仍是这场皮影戏中唯一相信自己借口的人，因为过于浪漫而不是天真的德国人，从祖先那里继承的是井然有序的工作方法而不是他们的安宁镇静。世界上最不会掩饰自己的意大利人，清楚地知道自己什么时候在演戏。然而德国人却从来没有意识到这一点。甚至到今天德国人仍然难与马基雅维利以及他们推崇备至的尼采取得一致。他们内心缺乏自由感。自从改信基督，这些本性粗暴的人受到道义上很大的压力，他们似乎逐渐意识到自己内心存在的不可告人的不安。

如果梦想统治世界的欲望驱使他们向东出征，如果教皇当时居住在波兰的维斯杜拉河而不是意大利的台伯河，那么德国人成功的可能性可能更大些，他们甚至可能获得彻底胜利。他们在这几个世纪内征服了东部大片土地便可证明这一点。可是德国的贵族，就像他们的祖先一样，对南部广阔原野垂涎欲滴，他们不仅仅对那里的肥沃土地和阳光充满兴趣，而且感到有一种安详宁静的精神力量在吸引他们。这种精神力量是他们的秉性所缺乏的。当德国皇帝们到罗马获取统治世界的皇冠时，希望获得这种求之不得的精神的欲望也在增强。他们感到这里的人民在过去甚至在衰落的情况下，也有一种优越于征服者的精神力量，这一点深深地吸引着他们。但是这种浪漫主义的欲望，却使他们统治世界的梦想落空。

3

向往南方——统治世界的梦想——亨利四世——卡诺莎宫的悲喜剧——一盘散沙

各国君主希望加强自己小王朝的力量，德国人这种和犹太人共有的家族观念，在卡尔大帝死后，很快就导致了帝国的四分五裂。卡尔大帝甚至在生前就已决定把这个国家分给他的三个儿子。但这三个继承人能力不足，仿效父亲使原来已经一分为三的国家又一次分裂。

就这样，这个在公元1000年左右称为东法兰克的日耳曼帝国被设置了大量既非基于种族也非基于语言的国界。1000年来，条顿人一直在自己的儿子中间选择国王，由他们自己决定谁将成为继承人。从此以后，德国的国王和皇帝都是由有既定选举权的诸侯选举产生的，因而他在开始时不过是一个由诸侯组成的共和国的终身主席罢了，只有通过外交手腕、机遇或打胜仗才可能在王朝中真正建立起自己的统治。由于缺乏宪法，帝国议会和诸王会议的影响等同于德国个别诸侯对帝国事务的干扰，缺乏稳定和持久。

历代皇帝在争取罗马的地位中已精疲力竭。这些发生在意大利的中世纪战役大都没有明显影响全局，因此本书将侧重那些能清楚反映德国人性格的人和事。罗马离德国非常遥远，这一事实首先提醒了三位奥托大帝，后来德国皇帝也认识到了这一点。即使如此，他们在开拓自己的宏伟前途时，眼睛始终盯着自己国家以外的地方，因为他寻求并需要外国的承认。他们一直担心被人看不起，这种恐惧和自卑感驱使他们不断行动。即便是在今天为了取悦某一个国家而发表的表示赞同的长篇讲话中，也必然掺杂着威胁和指责。所有这一切并不是为了物质，德国人并不因为追求生活富裕和轻松去征服别的国家，而主要是为了显示他们比别人优秀，强迫别人接受他们令人讨厌的生活方式。无论个人，还是整个德国人群体，生活中如果没有听众，都是无法忍受的。那些对自己没有信心、看不到自己内在价值的人，总是希望听到外界肯定自己。

正是这种没完没了的不安和冲动，使他们的领导人忘乎所以，置地理概念于不顾。或者，真的是由于四分五裂的意大利为他们提供了一大片可以定居的土地，就像流浪的条顿部落在民族大迁徙时的情景一样？的确，要统治这样一大片土地，就需要一支庞大的军队。但是当德国的边界还经常受到来自法国和斯拉夫的威胁时，这支军队怎么能长期驻扎在那里呢？当时阿尔卑斯山的通道还很少，北边的人妄想统治阿尔卑斯山南部，但这个愿望怎么能实现呢？

即便是那时的政治家也必须承认，教皇道义上的保护实际上毫无意义，除非有人能控制米兰和西西里。德国历代皇帝恐怕也很难推翻这一事实，但是为了实现他们的梦想，他们竟无视这一点。

所有这一切关于南方的美梦，其结局又是如何呢？经过长期统治及各次战役，强大的奥托大帝带回德国的又是什么呢？当他最后回到德国时，已快60岁了，他占领了千里以外的某些土地，但为时很短。

但是他还有第二项成就：在南下时，他把儿子入赘给了拜占庭的公主。这一行动具有很大的意义。

奥托大帝死后，罗马－德意志的美梦迅速破灭，并逐渐演变成悲剧。奥托大帝的儿子和孙子为继承权展开了激烈的斗争并两败俱伤。他们都被统治世界的野心所驱使，两人都有一个外国母亲，这两个外国母亲分别利用自己的儿子谋求自己的利益。为了实现这一美梦，两代人都付出了代价，丧失了自己的荣誉和才华，丧失了国家的利益，甚至还丢了自己的性命。两人都还在比较年轻时就在罗马附近衰萎死亡。奥托二世是唯一葬在圣彼得教堂墓地的德国皇帝，他的墓地成了显示大德意志野心的标志。成千个德国人的心也随他而去。

德国人梦想统治世界和普遍要求南下的欲望，使得年轻的德国在国内外都面临危险。象征权力的皇冠掌握在教皇手里，他利用德国人浪漫主义的渴望作为自己的政治资本，对整个德国施加具有决定性的影响，这种影响要比他对任何别的国家，甚至包括意大利在内所施加的都大得多。德国面临巨大的压力，宗教界反对并抗议教会日益世俗化的斗争遍及全国，最后达到了高潮。尽管如此，这个斗争延续了五个世纪，直到路德领导的宗教改革运动。

由信仰和野心交织而产生的两重性使德国成了一个矛盾重重的独特国家，任何具有王室爵位的国家的历史都不能与之比拟。从此以后，德国的国王们一直称他们的国家为“德意志神圣罗马帝国”。

那么，罗马教皇又算什么？很明显，他也是罗马帝国的继承人，而且是罗马人，不是德意志人。他怎么能忍受异族诸侯先他占据皇位呢？为什么法国人或英国人没有想过建立法兰西或英吉利罗马帝国呢？诚然，教皇需要一个世俗庇护人。德国人对他又威胁又奉承的态度使他深信德国人需要他。统治世界的梦想使德国人对皇冠爱不释手，而教皇则以毕生的投资换取了巨大的利益，其他比较缺乏幻想的民族是不会向他提供这样的利益的。

这种情况在德国下一个王朝，奥托大帝的继承者法兰克人的斗争中得到充分的表现。亨利四世（1050—1106）在位时，这一斗争达到登峰造极的地步。

这是另一个成就难以持续的德国皇帝。但在历史上有一定的地位。因为他的出发点和某种思想联系在一起，这种思想使他的命运时而潦倒失意，时而飞黄腾达。在德国权力与精神的斗争中，他遇到了一位强有力的对手。

教皇格列高利七世是罗马一个手工匠的儿子，原名叫希尔德布兰特，是日耳曼人的后裔。他身材瘦小，相貌丑陋，皮肤黝黑，当代人贬称他为“神圣魔鬼”。他比亨利四世大 30 岁，天生聪明过人。他不重钱财，对女人则又当别论。他虽出身低微，却野心勃勃，能轻易对付他看不起的人。他曾严厉指责他的顶头上司出卖圣职，道德败坏。他如果出生在王室，肯定会是一个征服者。

亨利是国王的儿子，但不能成为一个征服者。他傲慢无能，时而专横跋扈，时而妄自菲薄，喜怒无常又好色，具有典型的德国人性格。这位高大英俊的年轻人是注定要出人头地的。

新教皇认为他可以轻易地对付这样一位国王，特别是在了解到其他诸侯越来越不服从亨利并准备废黜他时，教皇更觉得有恃无恐。这个新教皇对王室后裔本能的仇恨使他为所欲为。亨利对此大发雷霆，要求德国教会理事会免除他教皇的职位。但教皇的回答是，宣布把国王革出教门。对教皇来说，国王的禁令毫无作用；可是对国王来说，开除出教会却有严重的影响。

这种历史上绝无仅有的形势使年轻的亨利迅速地成熟起来。如果他向教皇忏悔赎罪，把难题推到教皇那里，情况又会如何呢？“巴黎值得一去。”另一个叫亨利的国王亨利六世在 500 年以后说道。在一个寒冬，亨利四世出发到意大利去，希望以忏悔的方式击败他的敌人。为安全计，他带了妻子和孩子同行。但教皇格列高利此时已出发去北方，到他的朋友玛蒂尔达伯爵夫人的卡诺莎城堡暂时隐居。

形势发展得近乎喜剧。两人都不知道，到底是谁在追赶谁。26 岁的亨利，德国皇帝头戴王冠的漂亮儿子，来到了地上满是白雪的城堡院子里，很明显，他是单独来的。一位神甫下来迎接他，亨利恳求教皇接见并原谅一个已经认罪的人。根据惯例，他只穿了一件长绒衬衣。他一定觉得很冷，而此时在楼上，在盖有拱顶的暖阁里，坐着出身低微的手工匠的儿子，身边陪着有权有势的城堡女主人，在餐桌上谈笑风生。他已经 56 岁，丑陋却有气派，他权欲熏心，已经当了 4 年教皇。

格列高利肯定马上意识到自己必须让步。如果是一个真正高尚的人，他应该尽快地结束这一荒唐场面。但格列高利让对手受尽精神上的侮辱，让亨利在室外足足等了三天。他不能原谅亨利优雅高贵的出身和年轻的状态。第三天他来到城堡的院子，赐给这位忏悔者一个“犹大的吻”。

1077 年 1 月这场令人怵目的情景，反映了两个统治者之间的斗争。但是他们争的不是领土，而是人心，希望能得到世界的好感。在这场斗争中，当时的屈膝者最终赢得了胜利。他的同时代人也不感到忏悔是耻辱，他们自己良心上的负担已够重的了。亨利回来后，发现对他怀有敌意的诸侯正在酝酿一场新的阴谋，但是人民站在他的一边。

教皇在这场斗争中输了。这一事件 7 年以后，亨利在罗马加冕为德皇，格列高利在孤独中死去。亨利晚年的大部分时间消磨在与其儿子的搏斗中，但是他在格列高利死后很久，才在胜利者的自豪感中突然去世。这里我们可以看到，当时两个最有权势人物的这场斗争，与其说是争夺权力，不如说是为了争夺在精神上至高无上的地位。他们以德国人典型的方式把统治世界的权力欲与精神使命混合在一起，精神和权力的斗争在他们身上绝不是简单地以一方为代表，而是双方都含有两种因素。

几十年来所有力量被毫无目的地挥霍浪费，似乎日耳曼帝国不存在农民和市民，而实际上这个国家本是为这些人而建的。

4
腓特烈·霍亨斯陶芬——德意志不过是一个属国——巴勒莫的坟墓

腓特烈一世（1152—1190 年在位）曾以他的意大利名字“巴巴罗萨”载入史册。“巴巴罗萨”的意大利文意思是“红胡子”。他的业绩不一定使他出名，而他的红胡子、他个人的勇气和他反对农民及市民的坚定，使他成了德国历史上一位受人爱戴的统治者。他的出名，完全由于一次机遇。德国有个古老的传说，讲述卡尔大帝在一个魔洞中睡着了，他的胡子长得穿过了桌子，等待着再一次掌权。到了 19 世纪，德国民族主义分子才在这一传说中以巴巴罗萨代替了原来的皇帝。

巴巴罗萨带领他的军队 6 次出征意大利，在那里一共度过了 15 年。与他的先辈一样，他在意大利浪费了很多钱财但一无所获。对他来说，获得罗马皇冠也意味着统治世界，因此他必须控制意大利北部。

根据历史记载，即使在那个时候，德国人为了统治的需要，就已发明了很多惨无人道的酷刑。1160 年巴巴罗萨包围克雷马后，命令把被俘的市民放在篮子里吊到城墙上，夜里强迫他们举着火把。在拷打刑讯方面，德国人在中世纪就超过了其他所有的民族。由巴巴罗萨命令或至少是得到他默认的，对骄傲而独立的米兰人民的大屠杀和流放，引起了同时代人的极大恐慌。

他参与的一切战争，包括十字军东征（在这次出征过程中他淹死在小亚细亚的一条河里），都没有给德国的历史带来丝毫贡献。但他决定让自己的一个儿子和一位诺曼公主成婚，这次联姻给他带来的一个孙子，却是一个真正伟大的人物，即腓特烈二世（1212—1250年在位）。

腓特烈二世很年轻就接了位。在所有的德国统治者中，他是最出类拔萃的。从卡尔大帝到查理五世,他继承了这个民族最优秀的品质。这个秘密在于他出生在西西里，并在那里去世。他在位 38 年，但只在德国生活了 10 年。南方人和北方人的性格在他身上巧妙地融合在一起了。如果我们只看到历史的这一面，就会因为这一光辉人物而认为德国人南下的愿望是上帝为了解决德国的冲突而设置的天意。

腓特烈 21 岁继承皇位后，一开始就撤回两项他曾向教皇作出的承诺。他既不交出西西里岛，也不进行十字军东征。教皇由此把他逐出教门。对此，腓特烈采取了前人从未想过的做法。他既未动武，也不忏悔，但却挫败了教皇。他把教皇训令的副本分送给所有欧洲诸侯，同时决定拯救耶路撒冷，因为他现在可以不受教会的管辖了。腓特烈就像一名东方的棋手，而不是一名德国将军那样对埃及苏丹王进行了访问。腓特烈能说 6 种语言，也会说阿拉伯语，因为他是半个摩尔人。两国领导人很快就达成了一个协议。他们两人彼此惊讶地问道：这 200 年来的争争吵吵为的都是什么呀？结果苏丹王同意把圣地都交给腓特烈，只留下庙宇，不过在庙宇里也允许基督教徒做祷告。这种做法一直延续到 1918 年，其间只有短时间中断。这两位领导人还签订了一项切合实际的贸易条款。为了进一步羞辱教皇，腓特烈把所有神职人员派离耶稣圣墓教堂，把一顶所谓的世俗皇冠放在圣坛上，然后走进去，把皇冠戴在头上。他带了少数随从回到罗马，迫使教皇取消禁令。这是反对异教徒的十字军东征中流血最少和最成功的一次，领导这场斗争的却是一位比所有的异教徒更不信教的德国人。

德国对腓特烈二世来说只不过是一个属国。当他知道儿子与其他的德国诸侯密谋勾结反对他时，他回到了北方，把叛逆的儿子抓起来处死，然后又以国王的身份埋葬他。他有很多孩子，因为他有四个妻子和很多妃子。他的生活方式只是在表面上让人想起卡尔大帝，但实际上，腓特烈更容易激动，常常凭主观的好恶行事。他会突然起而反对某个儿子，因为这个儿子做了些使他不高兴的事。对待妇女也冷热无常，玩世不恭，这大概是因为他从小失去母爱，并被迫接受婚约。而且很明显，在众多儿子中，他喜欢那些长得漂亮英俊的。

这位皇帝竭尽一切努力，把美的东西搜集在自己周围。这样做是很聪明的，环境使他自己也变得高尚起来了。他在意大利西西里岛首府巴勒莫的宫廷修建于佛罗伦萨、威尼斯和罗马文艺复兴时期前 250 年，是中世纪独一无二的建筑，光辉灿烂，犹如其人。他是一个真正的米西奈斯[1]，对于自己赞助的事业，特别是写作，除了积极支持，还能身体力行。其中一个例子是一本关于猎鹰训练术的书，上面有很多段落为他亲笔所写。不管源于何处，很多有用的发明是由他介绍进来的，如不久前引进欧洲的阿拉伯数字，以及第一篇关于年轻意大利的诗篇，他还在没有黄金的时候效仿古代迦太基铸造钱币。与此同时，他本人也是个猎鹰能手，没有比打猎更使他着迷的了，为此，德国诸侯们经常抱怨他缺席，因为他们已经惯于和他一起出去狩猎，分享乐趣。

他是在西西里岛长大的，那里的生活使他有可能接近伊斯兰教

[1] 米西奈斯（Maecenas，公元前 70—前 8），罗马政治家及文学艺术事业的赞助者。——译者注

的圣贤，而不是有学问的修道士。他对所有宗教表现出充分的宽容，他自己并不信教，但常常向狂热的基督教徒称赞伊斯兰教的安详宁静。在某种程度上说，他比较倾向于伊斯兰教，迷信而且是个宿命论者。他给他的儿子和继承人写道："好好学习。这样你们可以开阔眼界，增加知识，因为君王的生死同于普通人。"但他还是认为自己是神圣的后裔，这并不是因为出生在霍亨斯陶芬家庭，而因为自己是天才。这种近乎伏尔泰的精神，要求他付出很大的努力和很多的时间。即便如此，他还能分出精力去研究东西方的各种艺术知识和学问，这些知识反映在他的思想和宫廷的布置中。

他的德国人性格表现在他与一个条顿骑士的终身友谊上。这个骑士是德国中部图林根人，他身上集中了令德国人羡慕的智慧、忠诚、力量和善良，因此被称为"德国人"。根据这位朋友的性格来看，他一定有个对手，或至少一个陪衬，这就是另一位最后欺骗了这位德国皇帝的大臣，一个意大利人。腓特烈在晚年的这些阴暗的日子里，可能会批判自己关于南方的思想，并改变对北方的看法。

腓特烈外表充满知识分子气息，特别是他年轻时期就开始秃顶和近视眼，这与他的性格一致。一位阿拉伯作家写道："如果是一个奴隶，他一点儿也没有价值；但作为一位国王，他太有价值了。"一位访问者描写道："他有时用蛇一般的眼睛凝视人。"这一描写非常真实。总之，腓特烈是德国除卡尔大帝以外，唯一依靠自己力量的德国皇帝。

他不是从他的前任手中接过皇位的，57 岁逝世时也没有继承人。他死在他热爱的巴勒莫，并埋葬在那里。当人们从炎热的太阳下走进停放他的大理石棺椁的天主教堂时，不禁感到凉气袭人。

5
普鲁士人——瑞士的兴起——自由瑞士

从加洛林王朝到大革命，法兰西800多年来实际上没有经历真正的朝代变革，与德国统治阶层内部不断的你争我夺比起来，瓦卢瓦和波旁王朝的建立就微不足道了。德国各公爵家族之间不仅在皇室选举时彼此倾轧，即使在平时，他们之间没完没了的钩心斗角也往往会打断个别朝代的统治。由于没有统一宪法规定他们为皇室征集兵员，因此他们的私人军队，犹如今天的独裁者，对皇室形成了长期威胁。在斗争中他们组成各种联盟。公元13世纪，正当德国处于四分五裂之际，法国已做好了登上国际舞台的准备，这恰恰是因为它没有统治世界的野心，因而政权比较巩固。对于法国人来说，任何可能产生的对皇帝尊严和罗马继承人天生的妒忌心理，一开始就消失在他们集中建设自己文化的过程中了。德国人是在国外遭到失败后才开始注意建设自己文化；法国则是在巩固了自己的文化后，再走向国外，因而两个强大的邻国在较长的过程中，没有发生冲突。直到13世纪，法国的注意力才开始转向意大利。

与此同时，条顿骑士团不断东征，斯拉夫人利用德皇到罗马朝觐的机会，积极扩张领土。大约在1250年，条顿骑士征服了后来成为普鲁士的大片土地。

这些侵略活动的影响在当时尚不明显。17世纪，这些由当地人和侵略者杂居而产生的后代——东部人开始登上德国的历史舞台。如果德国皇帝在中世纪能腾出时间和精力扎根于西部地区，即勃艮第和佛兰德斯，那么德国西部可能凭着天赋的优势占据支配地位。但是德国人没有如此做，相反，盘踞在易北河和维斯杜拉河之间的诸侯不受德皇的任何管辖，独立性越来越大，并不断出征斯拉夫部族。经过以后几个世纪的混合繁衍，出现了一支被称为普鲁士人的民族，它是古代好战的普鲁士部落的后裔，但只是接受了它的一部分血液。移民商人的贸易精神与它的好战精神一样，同样永久地渗透进了他们的血液里。这个民族头脑清醒，工作效率高，却又庸庸碌碌，在一大片干旷难于耕作的草原上勤俭节约地生活。后来东部人向富于幻想的德国西部进行了暴风雨般的进占。

各个时期的国王在东部的发展中影响并不大。公元1400年左右他们逐渐放弃了统治世界的念头，不再为意大利和德国统一问题烦恼忧虑，而是一心巩固自己的小朝廷。哈布斯堡王朝在这方面率先作出表率。如果说哈布斯堡在德国历史上比其他王朝更负盛名，这主要是由于它的统治时期特别长。哈布斯堡在德国或奥地利统治了600多年，直到最后一个皇帝逃离维也纳，但哈布斯堡各代皇帝中除查理五世外没有出现多少伟大人物。

当时，哈布斯堡还只是在领地内享有王权的伯爵，它最初为皇室建立的功勋至今仍有巨大意义。他们对瑞士人的压迫，引起了瑞士人的反抗。腓特烈二世以他鹰一般的目光，看出了这些牧民和农民特有的力量，因此他同意并承认瑞士人有权保卫自己并反抗哈布斯堡的粗暴压迫。

一个王朝的光辉是多么容易从人们的记忆中消失啊！除非它有几个显赫的人物。有谁还记得哈布斯堡的第一个国王？他在马尔希河战役中击败了波希米亚国王，然后占领了奥地利，并于1291年在一片赞扬声中死去。但是至少有很多人听说过就在同一年，在瑞士卢塞恩湖边平坦的阿尔卑斯吕特立草地上，几十个穷苦的农牧民团结起来反对封建朝廷的故事。这场可歌可泣的斗争是由那些被出身高贵的骑士谑称为“放牛娃”的人以及瑞士伯尔尼、苏黎世的镇民一起发动的。他们反抗比他们强大百倍的王公贵族，这一光辉的事迹被多次改编为歌曲、戏剧、电影和传说。为什么它流传得如此广泛而不被人们遗忘呢?

因为这是一个弱小的民族为争取自由而进行的斗争。他们比同样起来反抗的萨克森人、弗里西亚人好多了。因为这支弱小民族知道如何作出决定，如何战斗。这是因为加在一起也只不过只有阿尔卑斯一个山谷那么大的地方的人团结起来了，他们起先只有来自三小片狭长土地的人，后来是八片，再后来是十三片。这是因为这个后来被称为瑞士的当时三个最古老的州之一，是当时唯一建立了民众政府的州，在众王近千年的蹂躏下，在欧洲复苏了古代共和思想。这是因为瑞士这个当时德国最小的公国之一，居然能在此起彼伏的历史风暴中坚持团结，甚至能和别的民族结成联邦，为世界树立了一个有着几个民族、说着几种语言的国家也能够捍卫自己，不由个别人或民族统治的富有教育意义的榜样。

就这样，日耳曼的瑞士为法国和美国树立了民主的榜样。在其他日耳曼人始终默默忍受德国诸侯的种种统治时，这是唯一捍卫了日耳曼荣誉的部落。一千年来日耳曼人经历过两次小小的革命，但均以失败告终，至今仍保持被统治的地位。这支弱小的部落在短时期胆战心惊的自由后，又重新由一位各方面都比较强的领导人领导。然而长期以来，瑞士位于欧洲中部，四周环绕着阿尔卑斯山的圣哥达群峰，即使在今天已有火车和飞机的情况下，仍扼守着许多重要驿道。他们长期以来经受沉闷与闭塞的考验，对于这唯一一支有着政治传统、四分之三的居民操德语的日耳曼人后裔所经历的困难，外界是很难理解的。在这一片深山峡谷村镇中，日耳曼的自由犹如其最初从这里诞生的那样，找到了它最后的归宿。

6

市民与文化——城市的发展——“汉萨同盟”

中世纪末期，一切促进德国内部发展甚至影响到今天德国荣誉的历史，都离不开德国的市民。

其他大国的历史也是如此，城市居民往往与王公贵族矛盾重重。但在这些国家中，不同的阶级往往有着自己不同的文化，民族的文化艺术经常在国家兴旺发达的同时得到繁荣发展，在德国这二者的高潮却从来没有一致过。凡是帝国强大统一的时候，它的文化精神就比较贫乏；而当国家衰弱之际，思想文化却得到迅速发展。这种现象的根源在于德国人的性格，这种脱节现象具有极其深远的后果。国家政权和思想精神的不一致，主要是由于王室贵族不学无术，当然其中也有少数例外，对于这些少数例外我们已经并将继续进行单独介绍。与此同时，除了那些从事政治活动的领袖，在妇女和老人还习惯留在家中操持家务的条件下，他们大多数在艺术和教育领域里工作。久而久之他们失去了政治敏锐性，对政治越来越不感兴趣。他们感到盛气凌人的容克地主看不起他们，就索性避而远之，不参与政治，转而投入赚钱的行当。当积累了一定的财富，他们的子孙就有足够的时间与精力从事科学或其他专业活动。这样，艺术家就会直接出生于一个工匠家中。他们很少产生要求自由的愿望。

至此，历史的发展开始反映德国人主要和次要的性格特征。德国人的勤劳往往与他们的想象力分不开。很明显，南方人从事文化艺术，北方人从事工商贸易。伟大的艺术家和发明家大都来自南方，而商人、殖民者往往来自北方。嗜好漫游的北方人对外国人充满好奇，渴望寻找和吸收外国的一切好东西，这可能是促使北方的市民外出贸易的原因之一，希望远走高飞寻找更美好的土地的想法更刺激了德国人的欲望。这样做的结果，对于个人思想的发展是件好事，而对整个国家来说却是件坏事。

文化在德国城市里开始走出它诱人的小圈子。而且令人奇怪的是，四周用高墙围起来的最小空间，却是思想发展得最远的地方，那就是迄今为止一直是思想精神卫护者的修道院。12 世纪以前，都是修道院为教师、医生和中世纪读本插画家提供数以千计的由大批修道士煞费苦心用上等羊皮纸着色染墨精心制作的文件。

在法国和意大利，中世纪的贵族统治阶级把文化带入宫廷，然后又传回民间。而在德国，自公元 900 到 1500 年的六个世纪内，只有三四个国王真正具有文化。在德国统治阶级的文化水平日益低下的同时，城市居民的文化水平却迅速发展，访问者对此无不感到惊讶。

德国城市的发展所经历的艰辛困难比其他国家要大得多。古代条顿民族的思想是与土地紧密联系在一起的，他们不能想象，一个人没有自己的土地甚至没有房子时还大谈什么自由与公民权，更别说那些市民四处旅行、结婚、建教堂、蓄养奴隶的行为。当商人来到他们的家乡时，当地的神职人员辱骂他们是“异教徒、酒鬼、强盗”，而这些骂人的神职人员中，很多就是利欲熏心、攫取巨利的人。那些享有世袭特权的贵族和诸侯也竭力反对城市市民，因此这些人声称自己也应该享有同样的特权，并为之斗争。至于各国国王，由于他们需要诸侯们选举自己的儿子并为罗马教廷征兵，开始时也反对发展城市。如此，三个阶层——骑士、教会、农民，都感到德国将产生一个新的阶层，而在此以前，德国历史仅属于包括教士在内的贵族阶级。他们反对这个历史变化。

但是金钱却从一些古老的国家源源流入德国，给德国带来了财富，在财富的积累中加强了他们的国力。尽管圣托马斯·阿奎那声称赚取超过生活所需的利润的都是不道德的，另一位教会牧师也写过“一个商人很难没有罪过”这个令人难忘的警句，但这一切都是徒劳。轮船和公共马车开始把因大迁徙而四分五裂的世界重新联结起来。事实很快证明，德国商人干得不坏。

不久，法兰克福耸立起令人骄傲的商业大楼，美因茨、科隆从东方进口丝绸、香料，出口金属、皮毛，在十字军东征和罗马扩张期间，这些城市发展成为强大的贸易中心。

但是德国商人绝不随同国王南下。威尼斯的德国人货栈恐怕是他们在那里的唯一商号。他们不想统治世界，他们只要钱，他们所寻求的皇冠，用只要能滚进他们口袋的一个硬币代表就行了，他们把皇冠称为钱袋（Geldkatze）。德国商人大力向北方和东方发展，充分证明了一心想在南方实现统治世界美梦的德国皇帝所犯下的历史性错误。德国商人感到阿尔卑斯山是一道天然的屏障，而北海、波罗的海却为他们提供了进入其他国家的通道，这些国家可以成为他们商品的市场和原料的来源地。德国特殊的地理位置，从莱茵河的葡萄园，巴登的栗树林到奥德河的燕麦地，都说明了这个国家缺少大城市。发展较晚的柏林从来不能与罗马或伦敦的地位相比，巴黎从10世纪开始已在各个国家占据了应有的地位。

中世纪向东和向北扩张的两支最强大的力量是“条顿骑士团”和“汉萨同盟”。

“德国汉萨城市同盟”不需要依托宗教，它是德国历史上最好的集团代表之一。在瑞典、丹麦、立陶宛等北海和波罗的海的非德国城市中，“汉萨同盟”在伦敦享有最大的权威。在英国，德国人曾一度被称为“皇商”，“汉萨”享有专门的特权。他们有自己的法庭，行会的势力很大。英国很依赖“汉萨”的资本，有时爱德华三世不得不以不列颠皇冠为多特蒙德城市的商人担保。“汉萨同盟”历经200余年盛况而不衰。

直到现代蒸汽轮船公司发展起来以前，德国的开拓精神在德国历史上第一次也是唯一一次在没有树立更多敌人的情况下独立走向世界，而不像通常那些取得成功的人往往会遇到的情况一样。“汉萨同盟”没有保护人，它拥有的武器只是用来自卫的。这是一个贸易性的组织，它不想征服别国领土和人民。但是在汉堡、不来梅、吕贝克三个城市中，“同盟”在帝国中享有小小的共和国权利，它没有正式的地位，但它有统一的货币、统一的度量衡和统一的关税。除“瑞士同盟”以外，“汉萨同盟”是德国市民唯一不需要诸侯和皇冠就可以在世界范围内自由活动的组织。“瑞士”和“汉萨”向世界证明了德国人具有充分的天赋，可以和平成功地管理自己。

但是德国人的性格不会允许任何形式的自由长时期地存在下去。上述两个例子包含着国际主义因素，显然不同于德国人通常作出的反应。但是“瑞士”“汉萨”这两个组织总共只占德国人口的1/10，直到今天，它仍然是德国历史上的两个例外。即便是在今天苏黎世人和汉堡人还常常对普鲁士人把所有的德国人分成统治者和被统治者的做法感到惊讶。不过他们对这件事基本不再有任何抱怨，而是一笑而过。

7

行会——商业精神——犹太人首次遭到迫害——迫害的某些理由

城市是一座四面围墙的城堡，其中的居民被称为“市民”。围墙对城市来说，犹如骑士的盔甲。假如没有围墙、城楼、军队、营哨、石头，市民怎么能安心睡觉呢！皇帝没有常备军，在多数情况下也没有钱，而诸侯们两者兼有，却使用不当。高级神职人员在他们自己的城堡里，高枕无忧；骑士却大批出没于交通要道，结伙成帮，拦路抢劫，有些人甚至沦为土匪或强盗。这种情况并不仅仅发生在皇位空缺期，帝国编年史的任何部分都充满这种事例。生活在这样的国家里，任何商人都没有行路和交通的安全，他们经常受到袭击。如果希望清楚地了解德国公元1100到1300年间这方面的情况，读者只要看看今天的欧洲就行了，那些武装到牙齿的拦路强盗可以在毫无理由也不事先警告的情况下，随时袭击并抢劫无法自保的富有邻国。

德国的城市是手工作坊的诞生地。德国人始终必须是有组织的。用弗赖塔格的话来说，“全国就是由各种小组组成的”。士兵和手工业者合作起来，保卫能力大大增加，这样的小组就成了最强大的了。同样，单凭勇气也无济于事，技巧、勤奋、远见和坚忍，使德国人出类拔萃。铁匠、黄铜铸工精于加工金子和黄铜，生产出漂亮又实用的产品。德国熟练工人在磨制凹凸镜片和化学加工方面，其工艺的精湛至今在世界享有盛誉。今天，他们的手艺在手工行业受到了约束，可在当时，他们是以从事艺术的态度进行加工的。

然而有力的团结还是把德国早期城市中的各个阶级集合在了一起。除了那些直至今天仍然以罗马的方式称自己为贵族的古老商贾，城市委员会也开始吸收手工匠。自由城市政府——德国历史上最美好的一页，经历了几个世纪，只是在今天才向最大的政党屈服。

商业行会和工匠的同业公会是城市的两个对立阶级，它们都有自己很好的组织形式。现代的国家形式只不过是这些老式组织的翻版，这些组织当时在德国已经得到高度发展。在诸侯和主教的允许范围内，工匠也许可以得到自由，但工匠注定要服从他的同胞。德国人崇拜和服从权威，这起源于古时条顿作战时养成的习惯，一旦形成阶级，德国就是理想的组织纪律森严、官僚专政的国家。

德国的市民——商人和工匠——出于无奈，对政治生活感到无能为力，因为1000年来他们一直被贵族排斥在国家生活之外。服从权威的结果，使一些人只习惯做一个属于自己的有限范围的领导人，因为这样他可以不负责任，并避免指导。如果只让他在新的场合中担任一个小领导，领导几个自己的同事，他对于被置于自己上面的人，会充分地肯定和心甘情愿地服从。德国人从来就把社会生活看成金字塔形的组织，就像国家是由国王、诸侯、贵族、绅士一层层等级组成的一样。现在，在城市兴起的过程中，这些等级却要与无数小金字塔结伴为伍了。工匠在自己的同业公会中，对沉重的层层上级领导毫无怨言，只要他也可以压制手下的人，分享这种服从的好处就可以了。在原始大森林中，德国人除了打猎和战争，不从事其他工作，把耕作和饲养交给妇女及奴隶。现在他们从一开始就学习忍耐，甚至寻求权威与服从。而以后，比起自由，他们逐渐更喜欢纪律。德国工匠和商人行会坚持自己的习惯与做法到了令人可笑的程度，他们顽固地坚持在职业活动中发扬战士的服从与纪律的美德。同时他们的勤劳与朴实也堪为模范。

在巴塞尔，哈布斯堡王朝的国王鲁道夫有一次偶遇一个满身污垢的制革工人，这个工人正在臭气扑鼻的车间操作，并邀请国王第二天到他家里去做客。出乎国王意料的是，这个工人住在一座十分讲究的屋子里，他和妻子穿着十分漂亮，站在一张布满银器的桌旁等待国王的到来。国王在席间问道：“你既然如此富裕，为什么还要从事如此肮脏的工作呢？”“这是我的职业，”这个工人回答说，“正是它给了我这座房子。”

14世纪，国王对新兴市民阶级的态度已有所改变。在市民与主教的斗争中，国王也常常支持敌视教会的市民。在王室的斗争中，市民也成了不可轻视的因素，他们的态度有时可以决定王室选举的成败。

早期，大城市生产本地居民所需的一切商品，那个时候生产服装的城市确实要比今天多。但是随着城市的发展，专业分工很快就开始了。西方最大的国际贸易中心、德意志西北部的布鲁日，与莱茵河中部地区的大城市建立了密切的联系。奥格斯堡的商人向蒂罗尔和萨克森的矿区投资。巴伐利亚的商人到布拉格定居。福格斯和威尔斯大银行逐步兴起。

犹太人和金钱利益有着密切的关系。

卡尔大帝在这方面有弱点可以为犹太人所用，因此即使在以后几个世纪，犹太人仍受德国诸侯的保护，和德国人之间的关系也还算和睦。

但是那些对犹太人来说是优秀品质的东西，实际上也被证明是德国人性格中的一部分，而这恰恰是后来他们的祸害所在。和德国人一样，他们也认为自己是上帝特选的子民，也极易被同化，极易接受当地人的生活习惯，他们也具有商人的敏锐与高效，想象力丰富又充满好奇。此外，他们具有语言天赋，使他们在东方获得成功，大发其财。当某王室派一名犹太商人去拜占庭买银器或高加索上等皮毛时，他不仅能很好地完成任务，还会向女主人献上一匹丝绸，并讲述与这些丝绸有关的奇事轶闻。

后来，约在1090年，突然发生了第一次迫害。当德国市民发现自己也具有从商的才干后，他们马上开始妒忌那些比他们早从商致富的人。他们首先把这些狡猾的竞争者当作异国人来怀疑，因为这是最方便的理由。同时十字军东征的热情还在继续鼓舞他们。当十字军东征领袖戈弗雷第一次在国内发出反对基督的敌人的呼吁时，他就是以这一简单的口号点燃了狂热的火焰，为那些希望侵吞犹太人财产的人提供了一个现成的借口。

但是教会没有参加这一行动。后来当所谓的祭神杀牲的传说被制造出来时，另一方面的敌人——主教和德皇都站出来反对。发生在13和14世纪的新一轮迫害行动据说是因为犹太人从事高利贷，因而似乎变得有理。第一次迫害后，犹太人不得不转而从事出借贷款，取得一定权力后，他们就据此从事高利贷。反对他们的理由是，犹太人不能拥有自己的家园，也不属于任何可以享受国王批准行使某些高利贷特权的行会，而且从基督教规来说，高利贷是不被允许的。高利贷的利率即使在古代就已高达50%，当时则达60%。另一方面，犹太人担心个别债户会乞求教会的保护而赖债，因此他们要求以房子抵押，并且通过在其他国家的同乡把钱借出去。很快他们就成了国际银钱业的巨富，皇帝、国王、诸侯和市民都成了他们的债户。

在少数地区，很多市民也成了犹太人的债户。为什么不把犹太人的房子烧掉呢？他们心里想，这样就可使那催命的债契化为灰烬，说不准还会被认为是基督美德呢！正是出于这样的担心，犹太人纷纷从乡下迁往城市。

不久，1385年，德皇文塞斯劳斯陷入市民与贵族之间的斗争，他下令大肆掠夺波希米亚和德国南部的犹太人。在这次活动中，全部债契都被销毁了。仅纽伦堡一地，就获得了200万金马克的好处，其他城市也因此致富。现在皇帝知道了支持哪一边可以得到好处。

卢森堡查理五世是这场反犹运动的头目。与今天一样，犹太人最大的敌人是一个脸色苍白、好幻想的厌世主义者，他对自己幼年的不幸一直耿耿于怀，老是试图克服因迫害无辜而造成的灵魂深处的自卑感。在他的号召下，民众肆意暴虐。在施派尔和维也纳，犹太人宁愿自焚而死。莱茵地区某些债台高筑的市民集合起来把数百名犹太人关在莱茵河岛上一间木制小屋内，然后付之一炬。皇帝自己也把斯特拉斯堡一所犹太人的房子送给某个名门淑女。

当时阿尔萨斯的某个编年史家在总结这段历史及其以后的影响时发人深省地指出：“犹太人的才干是其受迫害而死的原因。”

8

布雷斯劳百年厅——音乐——为什么他们擅长音乐——士兵和音乐家

在德国这部爱情悲剧中，国家权力和思想精神一直在寻找彼此，但几乎始终没有达到目的，持有这种观点的人可以在 13 世纪中找到两个象征性的日子。史无前例的皇位空缺——无政府时期，可以用两块精致的当代艺术纪念碑来概括，它的两块奠基石就放置在科隆和斯特拉斯堡大教堂下。

犹如石头上的图案，一个个灰色的尖顶耸立起来了。乌尔姆、特里尔、弗莱堡、班堡、瑙姆堡等地的大教堂像灯塔一样在德国中世纪的迷雾中冉冉升起，它们风格一致，典雅精美，只是衬托这些教堂的天空有时并不是蔚蓝色的。在德国人的努力下，教堂采用了哥特式的尖顶，体现了浮士德理想的艺术形式。这种艺术形式是从法国学来的，在法国它可能有更完美的表现方法。对我们来说，世界上再也没有比德国这样的国家更适用哥特的艺术形式了。因为它既深沉稳重，又轻巧挺拔，既昏浑幽暗又明快和谐，既实实在在又富于幻想，就和德国人精神的表现形式一样。

德国早期的能工巧匠掌握了精湛的人物石雕艺术，圣人、国王、恩主的石像栩栩如生地沿墙而立。灰色的墙壁，灰色的石像，庄严肃穆。在班堡大教堂里，至今仍然伫立着这些雕像，骑士很可能就是诗人，或者过去是诗人；王子凝视着远方，也许是南方；在他们中间，西比尔抱着一个美妙绝伦的俄耳甫斯式的妇女或女祭司的头像。在遥远的斯特拉斯堡大教堂也有另外一个后来被人奇怪地称为西比尔的石像，在瑙姆堡大教堂沿墙也伫立着迈森王子夫妇的石像。

不久，最漂亮的，至少在中世纪最别致的建筑物——市民们在那里宣布获得新自由——市政大厅建造起来了。他们恐怕做梦也没有想到六个世纪以后的今天，他们的子孙还在对它的工艺赞叹不已。就以我曾在那里度过青年时代的辉煌的布雷斯劳百年厅为例吧，那里让人感到在坚实的拱顶上似乎升起了优雅之梦：一个强壮的男子抱着一个纤巧的妇女穿过广场。它建立在西里西亚被称为拳击场的主要广场中心，宽敞通达，不像那些建在狭窄街上紧挨教堂的礼堂，让人觉得压抑拥挤。当人们第一眼看到布雷斯劳百年厅的上半部时，映入眼帘的是由红白绿三色花瓦砌成的巨大三角形山墙屋顶。然后是墙上一些不规则的线条和窗户，让人有一种自由自在、欢乐多彩的感觉。慢慢地，人们的目光就会转移到底层正面的正方形窗户上，在这些窗户上面是第二层的哥特式窗户，其中一扇特别雅致，引人注目，也不在正中间。在一个彩色的大日晷仪上面是巨大的砖砌山墙，十分精巧细致，像块圣诞蛋糕。建筑师让底层两侧哥特式的高大窗户与上层近乎文艺复兴时期壁龛式的窗户形成对比，展示了他的艺术想象力。

建筑物的顶端是一座八角形的尖塔，简单而又有点阴郁，就像一位严肃的校长生气地瞧着下面那一群淘气的学生，特别是位于两侧的醉汉和妇女的石雕像。但是有一件事似乎使阴郁的校长有点高兴，那就是入口处的黑色柱子，那是公开鞭笞或处决坏人的地方。它目睹着这里发生的一切，包括那些被惩罚错了的无辜者。

从教堂到市场，从市政大厅到田野，整天音乐不断。中世纪的德国人在建筑艺术上显示了他们的天才，同时也征服了另一种艺术，这种艺术使他们摆脱了日常的愚昧生活，进入了一种精神生活。德国的早期诗歌也和其他艺术的历史一样，即使在朦胧时期也显示了它取之不竭、长盛不衰的强大生命力。

一位东征时期的非德裔编年史家在他的书中写道，当克莱沃修道院的第一位神甫圣伯纳德得知他的德国伙伴们就要离开他时，感到非常难过，因为他知道，随着他们的离去，歌声也将停止。这话非常简单却又十分动人。当我们重温德国音乐文献资料和古老的德国乐曲时，我们会发现，它不属于某个阶级，而是属于全体人民的。“他们播种时唱歌，祷告时唱歌，作战时也唱歌。”一份材料上这么写道。这位法国十字军战士的伙伴并不是音乐家或诗人，而是配备有武器的市民、农民和普通战士。当罗塞尔一世企图出兵阿普利亚，一位将军为了劝阻他，就命令部队弹奏一首思乡曲，引起战士的思乡情绪，纷纷拒绝出征作战。

直到今天，德国音乐仍发自德国人内心深处。自从战士们唱着歌曲去东征，迄今几乎已经 1000 年，在今天这场世界大战中，全体德国青年战士依然走到哪里唱到哪里。因此从这个民族的性格及历史中很容易看出，德国民族既是战士又是音乐家。

德国人过去以打猎为生，每天在罕无人迹的条顿大森林冒着生命危险追逐野牛，他们过的是战士生活，不知道也不愿意过安静的农民生活。后来他们的冒险精神和刑罚的残酷远远超过中世纪的一般水平，他们以屠杀犯人为乐，以复仇为豪。但即使如此，他们的心灵也不能完全满足。天生的七情六欲怎样才能得以发泄呢？古希腊俄耳甫斯和雅里翁人用音乐使海陆野生动物兴奋，每当这些音乐传到德国人的耳朵时，也往往引起他们的深思。确实，德国人创造了自己的音乐，所有认为德国歌曲来源于法国和中世纪民谣歌手的说法，在德国自己的民歌以及类似音乐的事实面前，就显得没有多少根据了。

上面提到的法国东征战士的德国伙伴，实际上不过是德国音乐的先驱者。德国人在音乐方面至今仍超过其他国家，他们的生活中不能缺少音乐，他们在日常生活中培养了自己的音乐才能，而生活恰恰是音乐爱好者的真正音符。即使在波希米亚人和匈牙利人中间，音乐的来源和实用性也不像南部德国人那样丰富。从这里我们可以直接追溯德国人性格的根源。

德国人的历史决定了他们既是战士又是音乐家。他们的军事纪律，对于命令和服从的热情，斯巴达式的严格训练和节俭生活，以及突然的无所节制、烂醉如泥：这是一个具有满腔热情的民族因屈服于压力而需要发泄的社会活动或方式。犹如伟大的意大利画家所创作的战神阿瑞斯因丘比特而双臂获得解放一样，德国人也需要这种解放。但这不是统治阶级为逃避残忍的斗争而寻求的艺术生活，而是人民为了摆脱周围混乱不堪的生活而潜心创作的不朽作品。

德国的市民能逃向何处呢？用什么方式才能摆脱精神上来自国家的强大压力呢？在别的国家里，普通百姓早就参加公共生活并显示出自己的才能，可是德国市民被拒绝参与政治，受诸侯、贵族、教会和俗权的左右。不仅在中世纪，直到 19 世纪，最优秀的人物也总是被排斥在公共生活之外。有文化和才干的市民往往从商或做些文化方面的工作，晚上业余时间他们不是捧起一本书就是拉拉小提琴。他们的儿子可能成为一名医生，工匠的儿子可能成为一位画家，而那些没有儿子或侥幸有个非婚生儿子的中世纪游吟诗人，整天周旋在有地位的人物中间，吟诗作歌，劝诱这些人自己动手写诗作曲。

当眼睛盯着远方，梦想统治世界时，德国人民深陷无穷的灾难；而当人们集中精力专心于音乐或其他文化事业时，德国人民又获得无穷的欢乐。幻想自由、幻想摆脱奴隶暴力的生活，为鬼怪神话故事带来丰富的创作源泉。在德国的喜剧和话剧中，人们常常可以看到描写阴间地狱的故事，这是德国人民喜闻乐见的。

由于一部分德国人执意追求文化艺术生活，他们与另一部分引导国家命运的德国人之间的距离越来越大。普通老百姓把自己的命运交给贵族统治阶级，自己越来越脱离政治。而贵族统治阶级由于对人民所从事的艺术生活一无所知而越来越没有兴趣。德国人性格情趣在社会生活中日益不一致，最终导致分裂，这种分裂直至今日人们还能有所察觉。

我们在这里和以后所要讲到的德国人在音乐方面的才干，对于其向全世界献出的不朽作品来说，只不过是一个综合性的介绍，因为所有伟大的艺术作品，如科隆大教堂、格吕内瓦尔德的创作、歌德的诗，都是音乐的再现。这里，我们看到了他们人格中伟大的一面，它的对立面是朦胧、游移、多变的。历史上的各种人物，以及德国人在音乐方面的才能，充分说明了他们具有丰富的天赋。

9

城堡里的女主人

除了建筑师和艺术工匠，诗人和游吟歌手也是活跃在德国中世纪、仰慕“繁华”的一群世界性人物。教会开始反对他们，主教在提到诗人和歌手时称他们为小丑和高级妓女，圣高尔修道院院长，因为写过爱情歌曲，几乎被认为是异教徒。

开始，只有骑士在他们的城堡里举行社交活动，除了王室侍从、猎手、女主人，也邀请歌手和诗人参加，不然还有什么可以让他们消磨漫长乏味的冬天呢？在外出袭击的间隙，他们坐在城堡的沉闷大厅里，壁炉里烧着松树枝，烟雾缭绕，因脱掉了笨重盔甲而稍感轻松的骑士们，一遍又一遍地重复着自己在战斗中的故事。无数良家女子被他们劫来这“圣地”奸污，现在这些妇女就坐在离他们远远的廊下小房间里，因为即使是女主人也不被允许在有新客人的大厅里就座，大部分时间男人们只顾自己聊天。

德国中世纪骑士制度时代，妇女处在既是奴隶又是女神的中间地位，充分反映了德国人矛盾的性格。在当时的法国，妇女已经可以与男人同桌就餐，即使在那时，法国也像我们今天常常看到的那样，妇女与男人成双成对地坐在小桌旁。她们与男主人共饮一壶茶，轮流从盘中夹肉。但在德国城堡里妇女是骑士的私有财产，她们是从别人手里，或者经过长时间的讨价还价由她们的父辈卖出来的。

这种买卖往往在她们很小年纪时进行。比如，克里姆希尔特 15 岁时就结婚了。她们的命运取决于能不能生白白胖胖的儿女。法律规定，妇女“如有越轨行为”，丈夫可以把她卖掉或处死。这一法律对德国历史发展的影响很大，直至 15 世纪还可以看到它的痕迹。

但是这些既没有自由又没有财产、对孩子也没有任何权利的妇女，在法庭和马术比赛大会上却被安排在引人注目的位置上。人们向她们表示敬意，在法国时髦的影响下，她们头上的丝带成了冠军的奖品，她们在法庭上表示宽恕的暗示也成了判决的根据，她们的服饰尤其成了公众以及那些诗人的关注中心。大量叙事诗和编年史用很长的篇章描写她们的裙裾、帽子和微笑的样貌。

但是女孩子的唯一命运是结婚。她们被拐骗的事实，甚至她们的爱情从来也没有成为歌曲的主题。骑士们的唯一愿望是占有其他骑士的妻子，而这些人表面上十分严格维护家庭尊严和一夫一妻制的思想。当“骑士之爱”（Minne）作为爱情崇高的方式，在粗野的战士中广为传播，丰富他们的掠夺生涯时，它给整个民族的生活带来了极为深远的影响。它一直深入女修道院和寺院，修女和僧侣也都阅读尤维纳利斯和欧维德，甚至结伴而读，使上了年纪的主教瞠目结舌。城堡和宫廷里的爱情故事简直五花八门，层出不穷。往往是一个骑士企图占有一位夫人，而她则知道如何以有夫之妇为借口长久维持若即若离的态度，使对方欲罢不能，欲近不得。这样的情况往往可以延续数年，她一方面还是人妇，与丈夫同床而眠，同时又是另一个人的崇拜偶像。与此同时，这位妇人的丈夫也可能在追求另一位妇人。这个时候的德国，比起南部的一些国家，丈夫很少有杀死妻子及其情人的现象，这是德国唯一不及其他国家的谋杀方式。

10

复仇之歌——游吟诗人——瓦尔特

大约就在这个时候，在当时的社会和语言条件下，两部伟大而令人震惊的德国历史叙事诗问世了。诗——德国艺术的最初形式，已发展到了用来叙述国家大事的高度。

《尼伯龙根之歌》是在6到15世纪之间创作的,时间的跨度很大。这部作品被认为是德国的史诗。它毫不掩饰、毫不惭愧地暴露了德国人灵魂深处罪大恶极的兽性，他们的残暴报复心理简直到了疯狂的地步。以普通而不是美学的观点比较一下《尼伯龙根之歌》与《伊利亚特》这两部作品，人们就能清楚地看出北部沿海地区、大森林、大平原与南部土地肥沃的国家之间的差别，以及北海与地中海国家人民在精神气质上的差异。这样的比较也可以充分体现出两个地区基本上都不信教。2000年前的荷马本应该更远离文明，塑造的人物也应该更残暴。

但当人们把《伊利亚特》中的阿喀琉斯、奥德修斯、珀涅罗珀同《尼伯龙根之歌》中的齐格弗里德、哈根、布伦希尔德对比一下，就可以得到十分鲜明的对照。希腊人的历史中虽也充满谋杀、奸诈，但他们的目的是为了捍卫爱情、忠贞和自由，相反,《尼伯龙根之歌》所描写的行为，却只能被看成宣扬背信弃义。因为所有男女主人公，特别是女主人公，在德国人复仇欲的支配下，干尽了出卖背叛的勾当。朋友间不守信义，夫妻在新婚之夜就反目悔约，为臣的可以欺君，他们这样做并不是为了爱情、自由或国家，而是为了金银财宝，其结果是一场浴血大战，一切变成了废墟。这一切为《尼伯龙根之歌》奠定了基本思想，使它不仅不同于希腊人，也不同于当时国家史诗围绕着圣杯的盎格鲁法兰克人的精神气质。任何希望探索今天又重新攫取了德国人心灵的狂热情绪的人，都应该读读原版《尼伯龙根之歌》，或者至少读一读忠实于原文的介绍，而不是去看今天广为流传的瓦格纳歌剧，这部歌剧严重地歪曲了原著。

中世纪的三位伟大诗人：沃尔夫拉姆·冯·埃申巴赫，戈特弗里德·冯·斯特拉斯堡，瓦尔特·封·德尔·弗格尔瓦伊德，通过毕生活动，不约而同地证实了日耳曼思想精神的社会发展规律。这三个人都是在帝国四分五裂时发迹的，他们都出生在德国的南部，都是普通人民或者是已经不得不靠行歌吟诗来糊口的破落骑士。

但是在德国中心，文艺女神缪斯的宫廷里，有一位赞助一切思想文化活动的诸侯是突出的例外。这就是住在瓦尔特堡的图林根赫尔曼伯爵。这是萨克森州除后来成为伟大的音乐家之乡的维也纳宫廷以外，唯一保持了王室荣誉的宫廷。分别约于公元1200年、1500年和1800年，就在瓦尔特堡这里或在它的附近，路德和歌德三次受到王室的保护。1919年德意志共和国议会迁到魏玛，具有深刻的象征意义。

中世纪后期在城市出现的诗歌，在当时的地位相当低下。手工艺工匠逐渐发展为画家或雕塑家，但是诗人却远远落在后面。从前身为行会的专门音乐学校出来的纽伦堡和奥格斯堡的名歌手在全国没有什么地位，即使是著名诗人修鞋匠汉斯·萨克斯的6000多篇作品也都失散。

无论是狂欢节的节目，工匠的滑稽戏，还是伟大的史诗都没有在人民中间扎下根来，唯一的例外只有歌曲。从瓦尔特·封·德尔·弗格尔瓦伊德开始，情况有了变化。

游吟诗人实际上是区别于宫廷歌手的音乐家，当然，其中也有少数人从一个阶层转到另一个阶层。因此，游吟诗人的地位很微妙，就像他们为之歌唱的妇女的地位一样。他是扒手，还是上帝派来的使者？在沃尔姆斯，他们不允许被市民带回家。不论到哪里，人们总是把他们与骗子、戏子、驯兽者等可疑分子混为一谈。

对游吟诗人的这种态度，其根源在于平民之中而不是城市。游吟诗人实际上是闯江湖的游客，他们在乡村小客栈饮酒喝茶，在广场上看人跳舞，无处不往，到处留宿。德国的第一位大诗人还能拉提琴、击铙钹。对于不懂德语的人来说，是很难体会瓦尔特·封·德尔·弗格尔瓦伊德诗的全部韵味的。即使今天的德国人也很少能读懂他用古德语写的作品。

瓦尔特，德国第一位真正的音乐家和诗人，大约在1170年出生于奥地利的蒂罗尔。在为维也纳宫廷短暂服务一段时间后，他便四处漫游。除了他诗歌中的自我叙述，人们很少知道他的过去。但是人们确实知道，他的决定性变化发生在离开宫廷之后。与歌德一样，瓦尔特在用母语写作之前，只在少数几年中追随法国时髦，写过一些闪闪发光的诗句。这些充满活力的作品，犹如歌德早期朴实无华的歌曲，我们至今能受其感染。

瓦尔特作为一个政治诗人，十分勇敢，他逐渐出名，但人们对他褒贬不一。他描写漫游生活的自由自在，以及大自然的和平宁静，但认为德国缺乏这种生活，他称主教为撒旦的仆人。

只是到了晚年，他年老体衰，在派别斗争中精疲力竭，不能再四处漫游时，他才想找一个可以投身其门下的主人。过去，从一个德国人的立场出发，凡是他认为对国家有利的，他就写，今天为这个写，明天为那个写。但是后来，就像奥古斯都对待诗人贺拉斯一样，腓特烈二世分封给他一块小小的领地。从很多迹象来看，这位国君并不认识瓦尔特，很可能只是在他猎鹰时，陪伴他的年轻骑士曾为他唱起瓦尔特的《鹰之歌》和《爱人》，并向他讲述了诗人晚年凄凉的漫游生活，这位皇帝由于自己也是诗人，在酒兴之下，吩咐大臣给这位北方的诗人提供必要的帮助。这是德国历史上一个极为美好的时刻，而我们将比当时的两人都更加深刻地认识到这一点。这位中世纪最伟大的皇帝，远在宫廷之外，提笔赏赐给当时最伟大的歌手一处小屋、花园和一块土地。

11

第一部《圣经》——印刷术和火药

迷雾逐渐消失。在乌云散去的日子里，人们看到了一线光明。这是新世纪的黎明吗？这是推动新世纪尽快到来的一颗晨星。

15 世纪，德国不同的阶层开始发出渴求知识的呼声，要求打破只有神职人员才能接受教育的局面。神秘主义者强调直觉和占卜，而不是理解；异教徒则要求认识与理解，而不仅仅是祈祷。在法律和各种文件中德语被普遍使用。市民和农民要求学习更多的知识，要求了解上帝和世界，而不仅仅局限于教会给予他们的东西。在庄严塔顶下的市政大厅和肃穆的大学课堂里，民主的幻想弥漫在每个角落。在此以前，所有的书籍均由僧侣手工制造，数量极为有限。改革的时机成熟了。开始是有人把 1400 幅画刻在木料和金属上，然后用它来印刷。人们深切地感到，如果能把这些木料和金属做成活字，该有多好啊！既能迅速印刷又价廉。就在这时，斯特拉斯堡的一名青年人已准备好回答这个问题。

约翰内斯・根士弗拉埃希约于 1400 年出生在美因茨，被取名为古腾堡，随父亲移居斯特拉斯堡。他不是人们所传说的那样出生在名门望族，而是一个市民、金匠行会会员、珠宝匠的儿子。他开始制作镜子，当他用一个压具把镜子装到框子里去时，他突然想到，能否用同样的压具把排成词或句子的活体铅字托住，然后利用它来印刷。

如同很多发明家一样，促使他努力探索的原因是贫穷。古腾堡回到家乡，认识了一个姓浮士德的人，这个人本人毫无功绩，但却名垂青史。他属于贪得无厌、头脑简单但却很有钱的那种人。即使今天也有这样的人，他们利用艺术家或发明家的聪明才智大发横财，而实际上连给艺术家提鞋都不配。当时的情形是这样的，创造革新刚开始，工作进展不快，而发明家已囊空如洗，负债累累。这个土财主向法院控诉古腾堡，虽然是土财主自己违约，不按期付钱，但他还是赢了这场官司，法官判决古腾堡将排字机给这位土财主。如果不是美因茨的教会从中调停，这位发明家可能因此而被毁灭。

因为在当时，不可能是别的组织或个人，只有教会才会第一个发现这项具有无限威力的新发明的意义及其对教会的威胁。应该把这个发明家和他的排字机一起送去见阎王。这些小小的铅字内、木制的框架和黑墨水中不是潜伏着恶魔般的力量吗？但是教会却成了这一新发明的第一批使用者。这个带来新光明的发明者亲自印刷的第一批文件却是黑暗时代的赎罪书，教会同意教徒用钱来赎免自己的罪恶。如同神话故事一般，据说远方有一位传奇式的塞浦路斯王子，他正集合所有教徒反对土耳其异教徒，只有这样才能保住他所继承的小岛。为了从财政上支持王子打仗，主教要求代理人把这些赎罪书散发到全国各地。德国代理人觉得印刷要比手写快得多，只消几个小时就可以印出几百份，一切有罪恶感的人马上可以在灵魂上得到解脱，只要他们愿意付钱。

古腾堡这时已 60 岁左右，仍然是单身汉，因为他把所有的时间都花在创造发明上了。他被召去见拿骚的大主教，着手完成他早已开始的工作：出版德文《圣经》。

那些曾经看到过这本 1455 年第一部 42 行《圣经》的人（现存的少数原版之一尚陈列在纽约，它拿在手里太重，必须放在读经台上阅读）无不感到惊讶，因为他们本以为它将像第一部蒸汽机或第一辆汽车那样尚不成器，但事实上已经相当完美了。几个世纪以来都是由修道院手工操作的刻本，现在非常漂亮地印刷在了活页纸上。当时刻字工人和铸工所遇到的问题是如何把这些活页装订得更漂亮和方便。

但就在这位德国发明家给世界带来福音的同时，德国也给世界带来了威胁。

早在 1340 年德国就生产出了火药，使用石块或铁弹的笨重大口径短枪也同时问世。英国人用长短枪打了一场胜仗，但实际上这些枪不能射击，只是靠发出来的声音吓退敌人。火药的发明应该归功于一个名叫贝瑟特·施瓦茨的德国僧侣。据说他在大臼内捣研掺和着硝石、硫黄和木炭的混合物时，大臼爆炸了。也许魔鬼想用这种方法治疗一个炼金术师的贪婪，同时又不泄露粉末本身有多邪恶。但是，在传说中，这个僧侣很快就明白了这件事的重大意义，就像多年后他的后来者诺贝尔一样，他也和这个僧侣一样爱好和平。1400 年左右，另一些不知名的德国人制造出了大炮及其他带铅弹的小型铜制武器，现保存在哥廷根的一份 1405 年以前的手稿上有这些武器的图片。不久，一个法兰克贵族在一本名为《贝利费鲁斯，茁壮的战士》的书中为这些火器提供了文字资料。15 世纪末，德国人已经发明火药池、火绳枪、来复枪管（存于维也纳）、燧发枪（存于纽伦堡）。100 年以后德国军械工人制造出了快速手枪。

德国人几乎同时将这两项具有决定意义的发明投掷到世界的旋涡之中。当时的世界与今天一样正处在危机和变革的时代。这里表明了德国人日夜追求的两个欲望和与此相关的性格的两个方面：报复及破坏心理。欲望驱使他们寻找一切破坏手段，渴求知识、希望掌握知识的欲望把他们引向书本。他们通过自己的手，几乎于同时创造出新的战争武器和思想武器，这两方面的武器不久就陷入严重的冲突。

第二卷

教义的斗争

从路德到开普勒
（1500—1650）

关于宗教改革只有一件事饶有趣味，那就是备受赞美的路德的性格。其他一切则是一片混乱，至今令人忧虑不堪。

——歌德

1

浮士德博士——天才和神秘主义者——苦行狂——耻辱柱和女巫

一间烟雾腾腾的书房里，摆满各种颜色曲颈瓶、大肚子烧瓶、地球仪、图表和骷髅骨架，里面坐着一位满脸胡子的男子，穿着一件灰色长袍，饱满的额头上一头乱糟糟的头发。他不停翻阅着面前的手抄本书页。谁也说不清他到底是年轻人还是老年人。当他停笔凝思时，眼睛里放射出时而明亮时而暗淡的神色。他强有力的身躯站立起来，迈着大步在室内来回走着，有时突然停止，扶椅凝思，一会儿又瞧瞧周围，似乎在寻找逃出这间土牢的出路。这种神情举止，无不令人怀疑他是不是一个疯子。

这就是我们所看到的他。他的身上交织着本能的欲望和意志的力量。在凝结着千思万绪的书房和满园春色、窈窕淑女漫步其间的花园之间，在歌声和斗争之间，在力量和美酒之间，跳跃着一颗永不休止追求通往更高境界和探索生命秘密的心。两种东西在他的灵魂里不停地斗争着。出于欲望的冲动，他会情不自禁投身到眼花缭乱、纸醉金迷的现实世界中去，在同样热情的驱使下，他又会急急忙忙回到书房去，继续做研究。而每一次的情绪变化都是那么强烈，无法克制，对他来说，永不满足、不断追求就是幸福。

他是一位幻术师，又是一位星相家；在追求上帝的同时，又是魔鬼撒旦的门徒；他信仰上帝，同时又怀疑上帝；他研究世界，同时又不断地解剖自己。这位永远在探索的分析家，从来也没有得到满足。他是一个脑子里永远充满问题的德国人，就像哥特式建筑的塔尖永远向上，向上，而不会回到地面上来一样。他就是我们的音乐所要启示的一种精神力量，尽管音乐本身从来没有占据过他的心房。对，这就是浮士德，德国人灵魂的最大象征，一个灵魂永远得不到宁静的活生生的证明。

但是浮士德不是一个神秘人物，历史上确有其人。他是一个医生，一个自然科学家，一个炼金术士，一个星相家。他出生在1470年的施瓦本。据说他在维尔茨堡表演过基督奇迹，在维滕贝格吹嘘说，皇帝那次在意大利获得的胜利，是他施展魔术的结果。在他死后40年，这个德国魔术师的故事就被马洛搬上英国舞台。早在歌德时代很久以前，浮士德的传说已被描绘成德国人的性格表现而流传于世，似乎在此之前或之后，除贝多芬外，还没有一个人提供过这种典型。哥特式的大教堂和伟大的思想家在其他国家也可以找到，这两者体现的精神并不局限在德国。因而无论是斯特拉斯堡大教堂，还是康德，甚至巴赫和歌德都没有如此有形地代表德国人的独特性格；无论是德国皇帝、预言家，还是艺术家，都没有把个人的性格如此深刻地铭刻在世界的道德观上。甚至路德的形象也没有成为传奇，对外部世界来说，腓特烈皇帝和俾斯麦只不过是国家的代表人物，而不是人类的公共财富。那么，为什么这个宣布把自己灵魂交给了撒旦的魔术师却能毫无疑义地以德国天才的角色征服世界呢？

因为他身上集结了德国人精神世界的主要因素：雄心勃勃，又时有怀疑；坚信奇迹，又——人们几乎要说——富于浪漫主义。对于无限的追求——但从未成为纯粹的信念，以及思想上从逻辑清醒到神秘不可知的不断变化飞跃，是德国人在思考问题和驱除恶魔中两股同样重要的力量，构成了德国人的内心世界。他们对外梦想统治世界，对内转向音乐。

当时正处在反抗宗教的改革时期。怀疑同时又渴望探索上帝的秘密，驱使浮士德以自己的灵魂与魔鬼打赌。

他希望能与上帝平等，探明自然的秘密，这个愿望驱使他向魔鬼投降，答应从事破坏。这一说法甚至见诸最古老的关于浮士德的书。在一个古代版本中，浮士德死时留下了这样的豪言壮语："我死了，我是一个坏的同时又是一个好的基督教徒。"路德几乎也以同样的语言写下了遗言："天上，人间，地狱，无处不晓。"200 年以后的歌德也称自己为"又好又恶，就像大自然一样"。

对于生活的双重性，这三个德国人勇敢热情地公开承认，他们几乎选择了同样的语言，表明了德国人的天才和悲剧。

这一切在人文主义的光辉下暴露无遗。浮士德博士与路德、伊拉斯谟[1]是同时代人，传说他们彼此见过面。这三个人都和魔鬼打交道，以不同的手段、信仰和知识与魔鬼做斗争，但只有伊拉斯谟获得解脱，得到了特殊的圆满结果。

在浮士德前后，有很多杰出的德国人沿着同样的道路追寻，人们也许会说，浮士德是处于神秘主义者和巫士之间的中间人物。

回溯到 13 世纪，斯特拉斯堡的艾克哈特长老是神秘主义者中间最有效的传教士，他很少宣传教会和教义，但对信仰心醉神迷、深信不疑。当富于想象力的德国人沉浸在神秘主义的海洋中时，充分表现出他们具有适宜这种环境的气质。但是也有过分的行动，因为只有少数人能够像艾克哈特那样聚精会神，沉思默想。成千上万的德国人浪迹全国，自我鞭笞，以表示忠于自己的信念。这种过分的行动与在莱茵河畔疯狂乱舞的男男女女用双脚践踏自己的行为，也

[1] 伊拉斯谟（Erasmus，1466—1536），荷兰学者，为《圣经》的整理和翻译作出巨大贡献。他一生都是罗马天主教会成员，但批评教会滥用权力，并要求进行内部改革。——译者注

只有一步之差了。

异教徒与基督教徒的风俗习惯至今仍非常接近，中世纪盛行的殉葬，今天仍可在德国北部地区看到。膜拜圣石，向飞鸟与月亮卜卦，迷信，在教堂里陈列着圣者的肢骨，这些行为仍历历可见。过去是精灵鬼怪凌空而过，现在是妇女在妖巫的安息日里拿着笤帚到处胡乱打扫，或者是一个被砍了头的圣徒用手捧着自己的脑袋，在黑夜里某处显灵，表示他希望在某地修建一座教堂。从古老的条顿人开始，德国人一直对大自然怀有深刻的感情，这至今仍然是区别德国人与别的民族的标志。这种感情表现在音乐和歌曲中，也表现在驯鹿与驯鸟中。一棵古老的栎树，可能会因为它旁边的一棵树被砍下来做了十字架而在1000年后的今天仍然被人崇拜着。

苦行主义、迷信、神秘主义盛行的结果催生了巫术。巫术似因其含有启蒙的光辉而得到了发展，但真正的高潮是在1600年以后。这可能是德国人热情中最邪恶的部分。直到今天一些被奴役国家的少数圣职人员仍受到同样的鼓励，少数起来反对的人往往受到宗教审判，生命受到威胁，如阿格里帕、魏尔、施佩，一个是人类学家，一个是物理学家，一个是基督教徒，他们的名誉今天应该予以恢复，这些人都是德国西部人。

卡尔大帝9世纪时，曾下令禁止这些暴行，但到11世纪格列高利七世时又复兴起来，一直延续到17世纪，其程度比以往更加恐怖残酷。今天，当人们读到由两个多明我会修道士写的《巫士的锤子》一书时，只能用性虐待狂来形容其残酷和无耻。这是一本描写恶魔如何淫虐妇女，如何使用一切手段迫使妇女坦白罪行的秽淫的书。瘟疫、性病因而蔓延滋长。在酷刑面前，妇女被迫诬陷其他清白的人。由于王亲贵族、司法人员甚至老百姓都没有起来反对这些女巫法庭，这样的审判显然被认为是一种公众可以接受的制裁形式。

难道这些被魔鬼附身的妇女与古条顿的女祭司不是只有一步之

差吗？这个比其他任何白种人国家更长久地拿人献祭的国家，只不过改变了一下术语，继续牺牲它的女巫。编年史记载说，酷爱恐怖的本性使得人们头脑发昏，失去控制。这也影响不了教士，例如在科隆，甚至异教徒也可以参加辩论。从 1593 到 1597 年这 5 年内，特里尔一地就有 306 名女巫被烧死。欧洲其他任何国家都不能与其相比，说明残酷是这个国家的民族性格，是 2000 年来不断从事战争所培养出来的热情。被绑在耻辱柱上烧死的清白妇女的尸体不仅仅意味着恐怖，因为明天任何一个人都有可能得此下场。这是人民喜欢看到的战利品，就像古罗马的人群，集合在竞技场观看受刑人在野兽的利爪下是勇敢还是怯懦地死去。

对于人民群众中发展到如此地步的歇斯底里和愚昧无知，不论是信念还是尊严，都无法战胜和遏制它。德国人容易入迷，不论是音乐还是酷刑，都能使他们如痴如狂。因而生活在人民中间的既是学者又是魔术师的浮士德就处在随时都有可能被烧死的危险中，因为他看上去要比无知的群众聪明得多。在他之前有艾尔伯图斯·麦格努斯，和他同时代的则有帕拉塞尔苏斯，这两个人都是天下无敌的博学大师，从自然磁石、吃牡蛎的卫生习惯到山地之水对阿尔卑斯山区人民腺体的影响，从天鹅死前的哀鸣到现代的圆梦学说，他们无所不知，无所不晓；因为早在弗洛伊德 700 多年以前，艾尔伯图斯就解释了人们为什么只能梦到形状和颜色，但从不梦到气味。

2

不信任罗马——胡斯——马克西米利安——法国的强大——权力与武力——凄惨的死亡

如果有一百垛柴堆是为焚烧女巫而准备的，那么只有一垛是为异教徒而准备的。女巫被诬陷而死，异教徒则死于拒绝放弃信仰。今天这两垛柴堆的火焰又重新在德国的上空升起。研究一下驱使今日英雄们的祖先准备牺牲和接受审判的动机是很重要的。

为什么在德国出现了第一批改革者？这是由德国的历史及其特点决定的。改革所带来的利和弊为以后几百年的历史都带来了影响。德国中世纪后的状况是：对罗马既抵触又依赖；受到人民心理支持的统治世界的梦想，使教会掌握了极大并必然要引起反抗的权力。德国的分裂也是一个原因，德国不像英国，没有形成统一的国家，难以反抗教会对世俗权力的要求。与法国的区别则更大，因为法国政治与宗教有着长期共同统治的历史，特别是王室对阿维尼翁教皇的权力具有一定的影响，这是一个决定性的因素。

当拉丁人民以某种理由起来反对教会的世俗化时，德国一些代表人物也以巨大的热情、精力和觉悟起来进行同样的活动。如果有人敢于从人们称为文献的罕见例子中系统地阐述人民普遍的思想精神，那么我们可以看出，德国人在信念问题上，与其他一切涉及感情的问题一样，受到的震动更为深刻，更倾向于思索和分析他们的思想。他们不像拉丁人那样喜欢固定的形式，对于充满腐朽内容的基督教形式，他们第一个感到不能忍受。在各方面的影响下，容易激动和失去平衡的德国人，以他们的性格来说，是非起来造反不可的，但这个造反肯定也不会脱离思想范畴。

罗马皮科洛米尼家族的出现，教皇亚历山大六世、尤利乌斯二世、利奥十世等带来了繁荣的文艺复兴时期，但它并没有激起德国人的热情。他们不相信由罗马教皇赞助的光辉艺术，宁愿转向邪恶的意大利宗教改革家萨沃纳罗拉，当他和布鲁诺一起被绑在柱子上烧死时，他们感到被深深地伤害了。他们很少反抗一个热情的、有信仰的教会，就像后来他们也很少反抗耶稣会一样。但有一个教皇把自己的情妇画成圣母玛利亚，把儿子提拔成将军，把女儿当作政治抵押品嫁给别人——德国人虽然没有见到这位国王，可是听起来也叫人觉得受到亵渎，如果让人亲眼目睹，则更令人义愤填膺。

德国人之所以愤慨不满，是因为罗马从德国榨取黄金，带来令人羡慕却又不能接受的异国风情，也因为教会中德国诸侯层出不穷的丑闻。据说戈尔德兰州某个主教吹嘘22个月中有人为他生了14个儿子。但是令德国人愤恨的最主要原因，恐怕还是700多年以来一直令其垂涎欲滴的南方的美丽和富庶，以及统治世界的妄想，今天已明显成为泡影，这才是真正令其痛苦难忍的事实。城市的兴起，骑士阶层地位的衰落，特别是古腾堡的发明，使德国人可以用自己的文字书写《圣经》和圣歌，使这个民族越来越独立。现在即使不是十分富裕的人也能买得起《圣经》。

人民有了《圣经》，又回到遵循原始基督教义准则的时代去了，当时有很多传教士教育人民起来与教皇作对。约翰·胡斯就是这些传教士中最出名的一个。

胡斯（1369—1415），捷克人，是布拉格的一名传教士，他的主张与德国、英国各地的改革派所要求的内容无甚差异：废除赎罪券和私下忏悔，废除历史偶像崇拜，要求圣职人员保持清贫与贞洁（早在10世纪，少数苦行主义者便要求神甫终身不娶，这虽然没有成为正式教规，但逐渐成了约俗）。捷克人把胡斯的这些传教内容上升为国家教义；布拉格大学出现骚乱，运动的浪潮越出了边界，德国大学生到埃尔福特、莱比锡等城市步行串联。其结果是罗马教皇宣布褫夺布拉格的教籍，禁止布拉格进行教会活动。胡斯被召至罗马接受教会理事会的审判。

康斯坦茨教廷会议（1414—1418）的召开是一起具有重要世界意义的事件，它是违背教皇的旨意召开的，这次会议的召开也意味着制止了教皇分裂教会的企图。

当教会坚持要求胡斯除认错外还必须承认教规，承认教皇的决定就是教会的命令时，胡斯拒绝了。他是自愿到罗马来的，德皇曾保证过他的安全，但是现在谁也不出来帮助他，最后他被烧死在柱子上。

这一事件的后果是灾难性的！德国各州之间爆发了一场长达17年的内战，一场革命。这是一场宗教战争，一场讨伐者的战争，因为参加这场反对异教徒战争的德国先生们就是这么称呼他们自己的。他们接受命令，除孩子之外，把所有的波希米亚人都杀死，这一切都是以救世主的名义进行的，双方的队伍前面都扛着十字架。与此同时，各阶级之间也爆发了战争，波希米亚的农民要求成立类似共产主义式的国家。

人民中间的反抗情绪日益炽烈，他们再也不会像过去那样不假思索地接受任何事情。一位进步大主教的法律顾问在一封公开信中总结了教皇的罪状，这件事早于路德60年。

在改革运动凶险的隆隆声中，掌权的教皇和德皇都感到自己相当强大有力。新皇帝马克西米利安（1459—1519）以他的自由观、幽默感、宏图和见解，以及各方面的聪明才智和优雅风度，明显比其他德国皇帝出类拔萃。他似乎一点儿也没有继承他的哈布斯堡父亲的血统，而是完全吸取了来自葡萄牙的母亲的血统，而且把这些血液遗传给了孙子查理五世。

他年轻时很温柔，富有理想。像每个王子一样，他也写诗。在丢勒为晚年时期的他所作的一幅著名肖像画中，他看上去像一位经历丰富的议员，对人类深感失望，认为自己只能从自然和艺术中获得乐趣。人们称他为“最后的一个骑士”，但是这只表达出了他性格的一个方面，因为实际上他还是一个胸怀理想的人物。马克西米利安缺少腓特烈二世和霍亨斯陶芬创建业绩的背景条件，无法实现理想。他很愉快，但并不是由于巴勒莫花园或猎鹰活动，而是由于蒂罗尔山区的深山幽谷；他也不是因为与艺术家和思想家之间的社交活动而感到愉快，而是因为在孤独的山脊上，漫步在深幽的羊肠小道上而感到愉快。他在德国历史上编写了独特的篇章，把理想和实际结合起来，既不使前者陷入疯狂，也不让后者变得残酷无情。人们由于他的形象而爱他。

这位至高无上的怪人之所以为大家所熟悉，主要是由于他通达的性格。他喜欢跳舞、打猎，懂音乐、爱喝酒；他会寻欢作乐，也能忍耐；他偏爱有思想见地的人，当然也常常抱怨没有钱。他曾经大胆地说过：“应该让最有学问的和受过教育的人治理国家。”他经常亲自去寻访一些人文学家，恭谦地同他们交朋友，以满足自己求知的渴望。宗教改革问题引起了他的深思，他曾经向一位著名的修道院院长提出八个问题。问题之一是，一个崇拜上帝的人，是否也能通过别的信仰获得神的恩典？惊恐万状的修道院长要求给他三个月的时间来思考这个问题，而提问题的人不禁大笑。他天赋很高，爱好艺术，但又不甚能适当地处理问题。他很容易动怒，往往突然离开宫廷去山上打猎。在战斗的间隙他也写诗，有时他发很大的脾气，让别人感到他简直不是平日的他了。和所有的重要人物一样，他也很爱荣誉，但他从不矫揉造作，不注意衣着。他喜欢别人为他著书立说，他曾让丢勒为他画一幅胜利归来的油画，在因斯布鲁克城堡的教堂内他为自己修了一座无与伦比的陵墓，至今仍为人赞叹不已。

同时代很少有人知道他的宏伟计划。他曾设想与法国一样建立国教，但是时值1500年左右，法国人正在干预德国人的命运。

直到16世纪，德国人才发展了由人民——包括市民和农民——自己培植起来的民族感情。全体人民中几乎只有诸侯和国王仍然把自己的利益寄托在国外，但是德国人仍然把法国看成贵族一切方面的榜样。歌德在讲到法国贵族阶层时说道："相形之下，德国人仍如茨冈人、弗伦斯堡人和其他一些人一样，是比较庸俗的市侩。"直到这时，法国的逐渐强大才开始激起德国人的民族骄傲感。莱茵河，德国的河流；卡尔大帝，德国的统治者；斯特拉斯堡[1]，德国的城市：这些概念第一次占据了德国人的思想心灵，并从此延续了400多年。在巴黎有过一个信条说，卡尔大帝是法国人！他们怎么能在这个法兰克人之后不称自己为法国人呢！为什么此后700年来卡尔大帝的王冠一直戴在德国诸侯的头上呢？对此，沃尔姆斯帝国议会[2]威胁说，如果法国人当了皇帝，德国将建立自己的国教。

法国在没有结束与英国的几次战争和取得统一以前，它的妒忌一直没有表面化。700年过去了，法国国王现在才真正希望从它的法兰克前人手里得到皇冠。这是只有一水之隔的两个国家之间很独特的事件。20世纪初，这一妒忌的火焰在说着两种语言的边境省份阿尔萨斯重新燃起。实际上阿尔萨斯宁愿不依靠任何一方，获得独立。对于客观而公正的旁观者来说，这两个国家为了一小片土地400多

[1] 斯特拉斯堡位于德法边境，2000年来，在德法之间数度易手，现为法国城市。——编者注

[2] 查理五世于1521年1月28日至5月25日之间在沃尔姆斯举行的帝国会议。该会议的重要内容之一是召见马丁·路德。——编者注

年来不断大动干戈，简直是在发疯。

在这一片混乱之中，马克西米利安是德国数百年来第一个认识到这种动乱根源的皇帝。虽然他被迫与罗马保持友好关系，但他第一个免去加冕典礼而称自己为“被选举的皇帝”，从而把权力和政府机构集中在应该始终属于他的帝国之内。他的过人精力终于使帝国的法律得以确立，这是那些唯利是图的诸侯们希望竭力阻止的。这些人只关心对自己土地和骑士的所有权。他们毫不担忧自己领地之外的纷争和仇恨，一旦发生这类情况，最多只能引起他们三天的注意。因此德国内部长期是无政府状态，直到今天，这种情况还可以促使一个欧洲强盗借口一名边境卫兵被杀而在三天之内对一个邻国发动进攻。

马克西米利安在位时恢复了帝国的税收制度，他还大胆地在德国确立了第一个上诉法院，尤其重要的是他为德国公众带来了伟大的和平。这一切的巨大意义在于皇帝和议会终于有可能在一起签署一项法律了。其结果是在日耳曼之间引起极大的怀疑。老百姓过去习惯于使用武力，现在惊讶地发现法权居然取代了它的位置。难道昨天的诗歌和传说不还都在赞美用武力互相搏斗的骑士吗？今天这些人却成了犯罪分子！长期以来家族之间的械斗被镇压下去了吗？市民和农民们表示欢迎，因为现在他们不用担惊受怕走自己的路了。但是骑士们问道，“那我们应该处于什么地位呢？”

长期的不统一带来了极大的不安全。公元1500年左右，最初形成日耳曼帝国的5个公国分裂成300多个小君主国。每个男爵和勋爵都希望成为选帝侯，这样自己的儿子就可能成为皇帝。当时城市极少并且分散在各地，他们都有权出席帝国议会，但骑士和农民已经变得一样穷困，都没有任何政治权力。

就这样，两股不同时代的力量交织在一起，并一直影响到上了年纪的马克西米利安。马克西米利安担心帝国的命运，忘却了自己的一切爱好，甚至放弃了跳舞和对他具有特别吸引力的打猎。对国家来说，他比先辈所作出的贡献要多得多，为它立下了巨大的功劳，但是命运对他很不公平。他在还不到 60 岁时，为债务所迫，怀着极坏的心情跑到因斯布鲁克，希望得到暂时的喘息，但是这个城市的君主拒绝为过去的恩主打开大门。这位两鬓斑白的皇帝几乎像乞丐一样不得不继续远行，不久凄惨地死于奥地利的崇山峻岭之间。

3

路德的眼泪——路德的良心——他的忧郁——世界打开了大门

路德的双亲是曼斯菲尔德的一对矿工夫妇，他们出生于农民家庭。这对父母可能性情乖戾，路德在书信和谈话中经常公开把自己神经质的病痛归罪于双亲。童年时代由于害怕做错一件小事而挨打的恐惧心理，极大影响了这位虔诚之人的思想，而恐怕也只有这种精神上所受的影响，才能解释他的生平以及为什么会在晚年犯错误。不管正确与否，希腊的谚语说，艰苦的童年能造就伟人，舒适安逸是培养不出伟大品格的。任何伟大的历史人物多少都有过不平的遭遇，路德的命运肯定也与童年时代遭到的残酷待遇有关。

剖析路德的灵魂可以揭示造成他本人大胆行为和弱点的深刻原因。直至晚年，他还在以丰富的想象力阐述和描绘他终生不能忘怀的年轻时代的印象。

母亲经常责打孩子，父亲从矿井带回来的也是无处发泄的怨气，路德的老师也是一个虐待狂。所有这一切给这个年轻人内心带来的痛苦可想而知。甚至直到他在世界上有了一定名望后，他还不想原谅自己的母亲。不！他告诉朋友和子孙后代，他的双亲如何使他遭受痛苦，如何在严寒冬天的早上把他赶出屋去，把家里仅有的一点地方让给其他孩子睡。

但是路德的父母绝不是名声很坏的恶徒，村子里没有任何人这样看待他们。他们是萨克森的农民，大多数人都不像他们的儿子那样脆弱。他们也没有因为贫穷或者境遇不佳而变得残忍，家里的日子总的来说是在改善的。他的父亲曾经雇有两名工人，在城里还盖有一幢房子。他们也没有因为身为农民而比别的阶级的人更野蛮些。几个世纪以后，从后代人的书信来看，普鲁士军官学校和今天希特勒党校对待学生的情形，并不比那天早上小路德在艾斯莱本挨了 15 下棍子的境遇更人道些。

在马格德堡大街上，14 岁的小路德既没钱又没本事，还经常发烧，被赶出家门后，不得不沿街乞讨。不久，一个商人家里的老板娘看到这个孩子能唱歌，又生着病，就对他发了善心。发烧和唱歌是路德内心世界的反映，阵阵发热和得到拯救，远不只是他年轻时候的事情，而是几乎伴随了他的一生。发烧和唱歌是他得以表现自己的恐惧与爱的象征。

17 岁那年，在路德的经济和前途发生危机的关键时刻，父亲给了这个有天赋的儿子足够的金钱，让他在埃尔福特攻读法律，希望有朝一日他能成为市长或大主教的大臣。但是路德情愿献身哲学，通过哲学解开他百思不解的疑团。他度过了 4 年愉快的读书生活，终日和他的同学、年轻的人文主义者为伴。愉快的生活犹如美酒和歌声，也一定会唤醒他对异性的爱。他 20 岁时开始注意女人，后来又发誓恪守僧侣的贞洁。20 年后，在他四五十岁时，已经有了 5 个婚生孩子。从这一事件可以看出他内心经历着的极端矛盾。

路德寻找的与其说是知识，不如说是上帝，他命中注定要与世界共命运，但他对每片落叶掉地都感到惊恐。从学生时代，他开始憎恨女人和美酒，他内心的斗争随之日益激烈。尽管正值青春年少，自己也没有非分行为，他却感到被人猛推回去忏悔，去思考他的时代，思考寻找上帝的人永远也解决不了的疑团，同他的同时代人浮士德一样，在死亡与魔鬼之间辗转不安。一些认识他的人后来描述说，偶尔在欢宴席间，他会失神地凝视前方，在一片喧闹声中，倾听和沉浸在遥远的死一样的寂静中。这是他自己向朋友吐露的。排除不了自己的恐惧，常常使他信心不足。他觉得没有理由接受上帝给他带来的这种痛苦，他应该设法报复。有一次在徒步旅行中，他突然拔剑向腰部动脉上猛刺一刀，幸亏当时离镇子不远，他的同伴及时把他送到一个外科大夫那里，这才得救。当他面无血色地躺着等待身体慢慢恢复的日子里，他又做了些什么呢？他学会了吹笛子。“因为我后来向圣母玛利亚祈祷，我才得救。”他发着烧，嘴里喃喃地边说边唱。这是他面临的人生第一次危机。

大约这个时候，他的一个朋友在一次斗殴中被人刺死了。当时只需要上帝一个表示，他就可以抛弃这个繁华的世界跟着去死。关于这件事他后来是这样说的，有一次，他遭到暴风雨的袭击，在阵阵闪电中，他发誓说：“圣者安妮，救救我吧，我一定接受神的旨意！”（后来，当他没有按照誓言去做时，他就把曾经的发誓说成是被迫的，以此来安抚自己的心灵。）此后不久，他就进了奥古斯丁修道院，消失在高高的院墙之内。这时他 21 岁。

简陋的单人小屋，70 名僧侣千篇一律的乏味日常生活，严格的纪律，恪守贞洁清贫的庄严誓言，长老和神甫严肃冷峻的神态：这一切深深地震动了他。他在相当长的时间内坚持着这种生活，直到 20 年后才正式放弃。

终于要由他第一次主持修道院教堂的弥撒了，在这关键时刻，他突然慌张不安，在修道院院长紧紧地挟持下，他才没有从祭坛上逃走。

他听到背后有人窃窃私语，不禁冷汗浃背，两眼发直。假如他的黑色长袍有些许不适合，或在礼拜仪式中有了一点小错，他就会失魂落魄，晕倒在地，恳求圣徒原谅他的不可教诲。有时他会突然大叫:“我真无脸去见父母！”他长期值夜,这使得他失眠,消化不良,但没有人能帮助他。有一次诵读《马可福音》时,他讲到一个聋哑人,此人不能讲话，却经常磨牙，路德突然跳出来跌倒在地，大叫:“这不是我，这不是我！”

这种情况一直持续到他的老年，他身边必须经常有人陪伴，以便在他突然发作时可以帮助他。一次，那时他已经相当老了，他突然无缘无故地向妻子哭叫，非说他们已经没法子生活下去了。路德的这种沮丧压抑的情绪，可以用一条曲线来描绘:从苦行主义到反抗又回到苦行主义。他具有极为聪明的头脑，他知道如何来解释自己的行为，他把这些都归咎于一种不能克制的焦虑。

难怪修道院的僧侣都认为这位奥古斯丁兄弟被鬼迷住了心窍。难道他不认为自己不幸吗?老是胆战心惊，害怕遭受惩罚，过去是受父母的胁迫，现在是受上帝:这个可怜的人失去了正常的平衡。

无论是工作还是对未来的向往，对他那悬在半空中的思想都没有多少帮助。他希望从上帝那儿得到的不过是神的仁慈，同时他又热切希望有自由的意志——一种对他来说并不意味着解放的自由。数十年以后，路德、茨温利、加尔文等人的信徒还一直在争论救世思想是由信念产生的还是上帝授予的。路德的热情，发狂似的挑衅，则是出于他内心深处的冲动。

于是，上帝给他送来了一位朋友，这似乎象征着希望。他是萨克森的贵族、心理学家冯·施陶皮茨，作为主教代理人，前来修道院检查工作。他很快就发现，僧侣们的生活缺乏生气，教育的内容过于死板,服从多于自由。他把修道院的男修道士带到维滕贝格大学。路德穿着黑色长袍，他已经是教授和博士了，但仍然和普通僧侣一起持斋、祈祷、做弥撒，是年他 25 岁。他重新步入他离开了 4 年的世俗世界，现在，在他后面的是修道院，在他前面的是生活。

萨克森选帝侯、腓特烈三世应该说是一位仁慈的君主。他的确比较关心自己的人民，并开始反对罗马无休止的要求。这个看起来会独立思考的新神学家，可能是位合适的人选。根据选帝侯的命令，路德同时兼任传教士。他递交了一份关于 15 个问题的书面材料后，要求尽快解职，但是由于教区主教生病，他在一个星期天被迫走上布道台。

接着发生了什么情况呢？他第一次面对这么多的群众，向他们传播自己的知识和信念。可以自由地用德语来讲述自己的思想，这在过去一向使用拉丁文的经院式修道院中是从来没有过的。他马上显示出语言和演讲的才能。他的讲演稿采用了圣保罗文集的文章，非常正统，但是比较蠢笨的萨克森农民和市民却被深深地触动。布道巡回进行，第二个星期日，教堂挤满了群众，甚至选帝侯也亲自出席了。所有人的眼睛盯着这位新传教士。听过无数老朽昏聩的讲话，今天突然看到一位令人鼓舞的年轻人，用生动的德语，结合农民的日常生活，讲述上帝的仁慈。这正是农民心目中的上帝。这也同样增强了这位传教士本人久被压抑的自信心。过去他常常因为胆怯而没有充分发挥自己的才能，今天他成功了。渐渐地，这位忧郁的僧侣感到周围世界光明了一些。一位听过他布道的医生曾给予他这样的评价："这个修道士思想深邃，他将有惊人的前途。"

不久，这位年轻的僧侣兼教授为了自己的勋位，动身到罗马梵蒂冈去。在罗马他见到了世俗化的教皇尤利乌斯二世，他只是远远地见到了他，毫无义愤的感觉。路德在政治事务方面从未受过训练，对公元 1511 年罗马发生的重大政治危机全然不知。当时其他的一些德国人对罗马统治阶级的一些做法十分反感，对罗马的美丽又十分羡慕，但路德对两者均无动于衷。直到多年以后，他才在总结自己过去的坦述中，沾沾自喜地说："当时我相信罗马的一切，但是后来我后悔了。"

4
手无寸铁的教授——第一批种族主义者——胡登——一座纪念碑——伊拉斯谟

差不多同一时间到罗马去的其他年轻学者虽然不相信所有事，但对他们相信过的东西却从未后悔。墨兰顿[1]把这些起码比路德机灵的人比作伊利亚特式的英雄。当时在意大利已被唤醒了的美和包容的新精神，在一些传播时代新思想的人文学者的诗和绘画中均已有反映。

再也没有比荷尔拜因的肖像画《伊拉斯谟》更能充分反映德国人精神的天才作品了。伊拉斯谟实际上不是一个德国人，但也可以算是一个德国人了，因为他出生在荷兰，由此可说他是半个德国人，加之他居住在瑞士，又可算是半个德国人。他是第一位伟大的欧洲人，因自己不属于任何一个国家而骄傲，但是人们还是愿意把他列入德国思想家的行列。没有任何人可以和他在诗中表现出来的透彻思想、惊人才华和笃诚精神相比。即使是莱布尼茨、康德和黑格尔的才思，在不朽的伊拉斯谟面前也相形逊色。

伊拉斯谟追求智慧，而非信仰。他追随启蒙更甚于追随神学，

[1] 墨兰顿（Philip Melanchthon，1497—1560），德国宗教改革代表人物之一，将路德派的神学系统化的第一人，曾鼓励路德将《圣经》译为德文。——译者注

理性对他来说是熟悉的，激情对他来说是陌生的，而具有讽刺意味的是，两者他都想要拥有。伊拉斯谟比路德大20岁，当路德对他顶礼膜拜时，他已在世界上相当有名。伊拉斯谟不认为这个德国僧侣是自己的伙伴，因为路德在对罗马的斗争上太无思想准备。但是很快一切都变得十分明显，路德疯狂的进取心把一切——艺术、光辉、罗马教廷、意大利，一股脑儿都糅进他的仇恨中去了，而智慧的伊拉斯谟则能够区分出神职权力导致的精神衰落和他所崇拜的作为古代文明传承的罗马文艺复兴。

但是这两个人的早期命运是相同的。伊拉斯谟，一个私生子，与路德一样，受尽了教师的折磨。两人都做过唱诗班的儿童，身体都很孱弱，都进了修道院，但伊拉斯谟进修道院的目的不是为了修道，而是为了学习，当时的修道院收藏着各类书籍。路德在接受僧袍时欺骗自己，伊拉斯谟则欺骗僧袍。他们中的一个在风暴中成了教士，另一个则受良心的驱使选择了自己的道路。路德备受苦行主义的折磨，后来违背了自己的诺言；伊拉斯谟则及时得到了教皇的释放。萨克森农民不幸的儿子把自己的痛苦转向世界，一旦他摆脱自我的束缚，整个德国都受到了震动；而那个身世不明的高雅的荷兰人则克服了生理上的缺陷，辛勤耕耘，用自己的智慧照亮世界，而不是用口舌论战。路德是个地地道道的德国人，几乎没有离开过狭小的萨克森。伊拉斯谟则四海为家，在罗马，在巴黎，在伦敦，特别是在古老的雅典，到处可以发现他的足迹。他克服了时间和空间的距离，不仅为德国人，也为全人类带来了宝贵的财富。

但是伊拉斯谟对任何形式的权力和地位都无动于衷，他坚定地拒绝一切可以得到仕途荣禄的机会，从而充分享受思想和行动的自由。当路德不得不以一把宝剑保护自己，防备突然受到袭击时，伊拉斯谟手无寸铁走遍全世界。他对暴力深恶痛绝，而路德在暴力中看到了对国家权力的认可。他绝不可能写下伊拉斯谟写过的话：“人民修筑城市，诸侯把它们拆毁。公民辛勤劳动创造财富，却被贵族强盗掠夺。民众代表制定出优秀的律法，却被王室违背。人民祈求和平，但他们的统治者却寻找一切机会发动战争。”

伊拉斯谟在德国度过他生活和工作的主要阶段。他，一个保守的革命家，在德国享有包括歌德在内都未曾获得过的荣誉地位，这完全是出于他高尚的思想和品德。这位身无一官半职、出身也非名门望族的普通人，竟然给整个欧洲的皇帝、教皇、君主、大贵族带来如此大的恐惧，这在国家权力一向高居于思想精神之上的德国来说，恐怕是唯一的例外。这位学者的力量是如此强大，也就是说，如果他愿意，他的态度即使不能决定危机时期的改革运动进程，起码也可能改变它的方向。他崇拜耶稣，认为他是仁慈的导师，这样他就接近了柏拉图，拥有一种对于美的希腊式的热爱，以及用容忍而不是罪恶行为来战胜愚蠢的思想。在这方面他与腓特烈二世相似，但是伊拉斯谟晚出生 300 年，受到了文艺复兴时期新思想的洗礼。这位巴塞尔学者在巴黎、罗马、鹿特丹和伦敦享有同样的威信，在教皇和改革运动者的斗争中，他既可以向后者致敬，又不得罪前者。他的表现让他的异端邪说看来像是一个恶作剧，以至全世界的人，甚至教皇都带着微笑读他的作品，更没有人会对他发起挑衅。

他一生始终是个学者，他只希望用思想精神改变德国的面貌，他教人理智、仁慈和和平，因此当人们开始用狂热、派别和权力解决争端时，他仍然能超然于斗争的漩涡之外。

如果说，伊拉斯谟是一颗光辉灿烂的明星，那么罗伊希林[1]就是一片反射他光芒的湖水。由于其深邃、孤寂，罗伊希林将因此把国家和思想引入一片混乱之中。

[1] 罗伊希林（Reuchlin，1455—1522），德国人文学家及语言学家，曾成功劝阻皇帝下令完全销毁犹太书籍与抄本。——译者注

在一篇以罗伊希林思想为基础的、被称为《无名氏来信》的长篇文章中，一群不署名的人文学家以讽刺挖苦的手法向教会和宗教制度发动了一场攻击：这是改革运动的前奏，对国家政权进行舆论攻击，这在德国是史无前例的，即使后来在海涅时代也没发生过。德国全国充满了笑声，其中笑得最欢的是伊拉斯谟，甚至笑出了病痛。

人文主义那时被称为异教徒的洗礼。但事实上，优秀的基督教徒像这些人文主义者一样，也在尽可能多地复古。一时间，古代的神又纷纷从地下、河川出现了。在意大利，对美的追求与渴望，犹如一根魔杖引导着狂热的青年去寻根求源。越来越多的古代塑像被挖掘出来。神魂颠倒的德国人一心向往南方，那里有着他们想象的美，就像《旧约》预言书中讲的故事，将在新时代成为现实。意大利似乎即将被这种精神征服，就像德皇所企图的那样，甚至连统治世界的旧梦都重新回来了。当一个国家逐渐强大时，一定会出现一些狂热者。当时德国的情况就是这样。这些人甚至认为德语是世界上最古老的语言，德国人是被上帝派来统治世界的民族。他们甚至认为在伊甸园中的亚当就是讲德语的。他们坚信：在语言大混乱前离开巴比伦的雅弗，后来移居到了德国；亚历山大大帝只不过是被德国人征服的希腊某地的小地方官；耶路撒冷是德国人发现的；亚马逊人是雅弗的后代，萨克森人的后裔；德国人是第一批基督教徒，拉丁和斯拉夫族只是很晚才形成的二等民族；等等。这些说法在最新的德国预言家问世前，一直延续了400多年。

第一批人文主义者企图用德文写作，但是连他们自己都不太有信心。当优美的拉丁文受到称赞时，有人就会反驳："春蚕自己吐丝作茧，总比采集别人财富的蜜蜂要好。"但是德国人对此并不介意。在拉丁文相当有造诣的胡登在这个问题上发现了新的值得怜悯的东西，于是发出了不朽的响亮号召："野蛮主义，拿起你的绳索滚蛋吧。努力学习，振奋精神，其乐无穷！"大辩论开始了，人们几乎可以在每个市场看到这种辩论。当哥白尼通过革命性的方式解释基本物理问题，从而动摇《圣经》的基础时，用德文写作和交谈就比任何时候都活跃。过去互不干扰的思想与信念、精神与政治如今如此强烈地纠缠在了一起。早在这位奥古斯丁僧侣把论纲贴在教堂的门口以前，德国的这股新势力就已经准备起来公开反抗旧时代了。

但是，德国当时最优秀的人陷入一张无法挣脱的大网中。他们鼓励并试图将古老的文化和艺术发扬光大，但由于他们反对教皇，由于他们是善于容忍而又缺乏组织的忠实基督教徒，他们成了觉醒了的北方反对意大利的领导力量。意大利在这个时候已是文化、艺术、古建筑的堡垒，它光芒四射，举世瞩目。年轻的诗人向教皇发出檄文，揭露教皇的骄奢淫逸和糜烂生活，同时胡登也受到文艺复兴火焰的感染。

乌尔利希・冯・胡登（1488—1523）比路德小五岁。他是一名骑士兼诗人，之后成了一名大记者。他也曾在修道院学习，但很快逃了出来。怀着对僧侣生活的仇恨，他发表了一本充满异端邪说的小册子，并大胆献给利奥主教一本。现在有关胡登的生平，也就只有这些小册子和他的箴言录被保留下来了。他可能被人们完全遗忘，但出于伟大的友谊，他和一个朋友的纪念碑至今仍竖立在施瓦本的埃本堡。一个粗壮的骑士倚剑而立，双目凝视着左边一个比他年轻瘦小的男人指着的远方；这个年轻人似乎在向这位骑士诉说，这就是他们的敌人，但他没有能力消灭它。

这位骑士弗兰茨・冯・济金根比路德大两岁，他在诸侯间没有爵位，但却比许多公爵都强大。他筹措了一大笔黄金，豢养着一支十分强大的队伍，甚至德皇也想得到他的青睐。眼看伙伴日益穷困潦倒，济金根感到有责任帮助这些弱者反抗压迫者。他的办法也与这些骑士差不多——偷袭、抢劫，但是他的动机是助人。

就在这种性质的斗争中，他认识了胡登，两人一见如故，胡登应邀去济金根的城堡做客。济金根头脑简单保守，好尚古代旧习，既没学过拉丁文，也没学过其他。现在他利用整个冬天在天才胡登的教导下,就像当年白发老人卡尔大帝一样埋首学习。胡登梦想自由、正义、改革，济金根用行动付诸实施。两人都没有不可告人的目的，但都从中获得了自己需要的东西。这一武力与智慧的结合经受住了随后几年的考验，是德国历史上的独特现象。今天，我们这些比他们晚出生很多年的后辈，站在这两位的纪念碑前，梦想着有朝一日，这个有头脑的聪明人又会向他那持剑的朋友指出，德国土地上的财富必须受到保护。

5

路德的论纲——惊人的影响——路德吓坏了——教皇的回答

路德在维滕贝格大学平静地度过了七年教授兼传教士的生活。他教学相长，极大地丰富了自己的知识。在学习希腊语的过程中，他发现《圣经》拉丁文译本极大地歪曲了原著。他看到在拉丁语版本中“poenitentia”（忏悔、皈依）一词被选用来翻译希腊语版本中的“μετάνοια”（后悔、改变主意）；换句话说，基督徒需要的不仅仅是一般意义上的善行，而是一种深刻的内心皈依，这种皈依只有上帝才能给予。神的恩典必须由上帝赐给我们——路德正是在此基础上再次建立了他的道德体系。此刻一个不知名的僧侣在两大部书中发现了一个单词的错误，几乎使这个小房间的空气中充斥着末世的威胁，而且它的后果一直影响了好几代人，比德国皇帝向帝国及诸侯庄严宣布的和平敕令远为持久。

这个时候利奥十世已晋升为教皇，除垄断神权以外，还可以行使很多世俗的权力。这一点曾经遭到很多德国皇帝的反对，神学家也予以抵制。但利奥继续出售前任制定的赎罪券，更为甚者，他还要向德国收缴国库税。

一位多明我会的修道院院长台彻尔知道如何利用宣传来兜售赎罪券，他组织了强大的吹鼓手又敲鼓又吹笛，但就在吹吹打打的背后，富格尔金库的密探也在进行着另一场勾当。教皇早在第一批印制出来的赎罪券售完之前，就已阴谋印制第二批。那些出了高价免使自己进炼狱的人，现在不仅可以挽救自己的灵魂，还可以保护亲属的灵魂，忏悔和赎罪已不需要了。

路德被这种滥用神权的做法激怒了。当时这样的问题是可以在公共场合进行辩论的。路德写了一篇论纲，在这篇文章中，他小心翼翼地运用了自己农民的智慧。

他写道，教皇的好意只是被误解了。忠实的信徒要求惩罚，而不只是买一张赎罪券。教皇怎么会只关心钱呢？他关心的只是祷告。教皇既然有能力用钱把人们从炼狱中解救出来，他为什么不以他真挚的爱这么做呢？为什么这位世界上最富有的统治者不用自己的钱来建立天主教堂呢？为什么他突然取消旧的免罪法了？未能阻止如此错误地应用赎罪券，就只能使教皇陷于被人嘲笑的地位。必须让教皇了解问题的严重性，必须请有学问的人来澄清这个问题……

路德把这些想法归纳到一份以拉丁文写的《九十五条论纲》中，并把它贴在教堂的大门上，时间是1517年10月31日，万圣节的前几天。这篇论纲表面上看没有可能引起骚乱或造反的文字，但它的内在含义却点燃了人们的怒火，激起了人们内心小心掩饰着的蔑视，读上去就像是一个弄臣正面带恭敬笑容向陛下报告一件可怕的事实。然而要知道，这是以阅读范围有限的拉丁文写的呀！人们听到用德文翻译过来的内容时，更是无比愤慨。接着几个不知名的学生把翻成德文的小册子带到萨克森农村，带到易北河、莱茵河、多瑙河、海滨、阿尔卑斯山区，带到所有辉煌的古老城市和贫穷不堪的边远乡村、基督教堂、骑士的城堡、国王的宫廷，最后迅速地到达了罗马教廷。这就是由那个不知名的僧侣提出的冷静论点，他甚至没有署名——他从不在公开出版物上签署自己的名字，也从来没在教会的会议上发过言；除了维滕贝格这个小小的城镇里的一些居民、僧侣、农民，很少有人知道他。

古腾堡发明的印刷术是如此伟大，深入人心的信念又如此有力量。

受这份文件震动最大的是作者本人。他开始时感到惊讶，接着感到害怕。他看到自己的文章在世界范围内引起了反响，这可是他从来也没有梦想和希望过的。他知道腓特烈皇帝——他的恩主和国王——和他有着同样的看法，但他不能预见到这位国王将如何在政治斗争中利用他这个陌生的教授。在奥格斯堡情势危急的帝国议会上，马克西米利安准备号召帝国的武装力量起来反对土耳其人的威胁。在和异教徒的斗争中，他需要教皇的帮助。教皇也正需要安抚多明我会的成员，这批人正如《无名氏来信》所描写的，不甘心毫无反抗地遭受第二次打击，积极准备让那位修道院长与路德公开辩论。

路德突然发现自己卷入了世俗斗争，不禁十分震惊，这是他从来也没想到过的事。一个虔诚的神甫，竟会和在自己之前的许多神职人员一样，突然对自己所信奉的教义不满；一个狡猾的农民竟然公开发言，蔑视教义的堕落。虽然通过成功的布道，路德对自己作为城市的神甫还是有信心的，但他习惯于服从上级，因此他立即答应保持缄默，并且对学生在维滕贝格广场中心起哄焚烧台彻尔驳斥论纲的发言提纲很生气。但是，这个时候他到海德堡所做的一次旅行似乎唤醒了他。

这一年，路德 35 岁。在这次旅行中，他突然享受到一个名人才能享受到的荣誉。当他出现在修道院、市政大厅和酒馆时，市民和农民聚集起来把他推举出来，向他致敬，并争先恐后地以一睹他的风采为快。他们告诉自己的孩子，这就是那个最近把教皇驳得体无完肤的萨克森人。当他来到海德堡，最有名的大学教授和校长都竞相与他握手，他感到十分得意！在这个崇高的精神界圈子里有很多年轻人，其中有一个军械士的儿子，21 岁，博学多才，相貌出众，温柔恭谦，犹如圣约翰转世。他是墨兰顿的儿子，特别巴结路德。

不久路德就把他选去担任维滕贝格神学院希腊文教师。

人民——年轻的、年老的、虔诚的、有学问的，第一次在这个内心充满恐惧和疑虑、自卑而又神经质的僧侣身上唤醒了伟大的使命感。显然，他现在面对的是不同于其他种族的德国人。他总结说，是他们促使他成了一名斗士。

教皇召他到罗马去。为了保护路德，选帝侯建议他在德国接受审查。路德面临第二次考验，因为这是他第一次觐见德皇！

路德在此以前曾举行过多次公开辩论。有一次是在路德同神学家艾克之间进行的。他们都用拉丁语，辩论十分激烈，最后不得不转到教会理事会上进行。路德突然一反平日温文尔雅的常态说：

“教会可能犯错误，只有《圣经》是确实可靠的。”

“如果你是这么认为的，”艾克反驳说，“那么你就是一个异教徒！”

此时路德突然用德语说：“我并不否定教皇及教会的权力，但这仅仅是因为他们来自神。但即使德国皇帝不是来源于神，我们也应该尊敬他。”

这是决定性的一击。辩论的结果是惊人的。在那个没有报纸和广播的时代，口头传播产生的效果是惊人的。人们不会由于仅仅触动表面好奇心的无数琐事而忘记那深入人心的事件。路德感到自己的责任越来越大了，当他看到大批人文主义者站到自己这边时，他的勇气和战斗精神也越来越高涨了。他坐下来开始写第一篇关于神学的辩论文章。这位苦行僧找到了一个十分巧妙的比喻：“信徒和上帝，犹如两个相爱的恋人，他们之间不需要第三者了。”

暴风雨来临了。教皇要求交出路德，并把他逐出教门。罗马发出了教皇的训令。路德召集学生参加焚烧教皇训令大会。大门敞开着，学生围着火堆欢呼雀跃，路德在狂欢声中把一束羊皮纸卷扔入火中。

教皇已经对那个罪行确凿的奥古斯丁僧侣下了逐出教门的命令。现在宗教法庭可以随时把路德投入火中，就像他把教皇的训令投入火中一样，但是世俗力量——他的君主保护了他。一切都取决于这个人的意志了。马克西米利安在这场充满暴风雨的岁月中去世，同年选出了他的接班人。谁将是新皇帝呢？

6

查理五世——最伟大的三位德国皇帝——查理的青年时期——路德被召见——沃尔姆斯大会——皇帝与修道士——我站在这里

法国、英国、西班牙的国王都出席了 1519 年选举德意志新皇帝的庆祝大会。其中心情最迫切的是法国，它认为在欧洲，法国领导德意志的时间已经来到。法国既强大又统一，已经做好了一切准备：工商业已经相当发达；巴黎已成为独一无二的首都；它的西北部有很长的海岸线，使它面向世界，经济上不受意大利的制约；它还有自己的国教，因而可以不向罗马教皇纳税。相形之下，与它毗邻的德国还没有一个中央集权的朝廷和首都，地理位置不利于对外通商，内部又如此分崩离析，各邦诸侯和思想学者纷纷因宗教改革对待罗马的态度发生分歧而陷入派别斗争。对于几个世纪以来一直梦想统治世界的德国来说，罗马始终是个举足轻重的力量，它对德国皇帝和帝国都有很大的钳制力。然而无论法国、西班牙或意大利，都没有一个国家必须在政治上服从罗马，即使西班牙的宗教法庭也具有国家警察的性质。

年轻而又富有的法国国王弗朗西斯一世准备向日益贫困的德国诸侯们收买选票，勃兰登堡侯爵早就想背叛祖国，倒向法国，其他一些诸侯也纷纷效仿。弗朗西斯感到多数选票在握。他希望且最终也确实赢得了支持，但条件非常可笑：如当选为皇帝，他将偶尔出访德国，听任诸侯们自行其是。

但是当选举进行时，群众一致要求选一名德国皇帝。当选举高潮最后在法兰克福进行时，马克西米利安的孙子查理决定拿出更多的钱，实际上也是让支持他的富格尔财团拿出更多的钱。[1] 由于他保证忠于教皇，同时又保证满足选民的一些要求，从而使德国的利益和群众的情绪得到了统一。此外，他的年龄也是他的优势。各邦诸侯希望选举一位年轻的诸侯，以便日后可以驾驭他；普通的老百姓也赞成，因为他谦虚朴实；妇女也喜欢他，因为他将以英俊漂亮的形象出现在加冕典礼上。

查理五世（1519—1556）大概是德国历史上迄今最伟大的皇帝。即使从布鲁格斯所做的查理16岁时的小泥雕像也可以很清楚地看出这一点。他的迷人之处不在于外表或思想，而在于他的血缘和教养。7个朝代以来，这个家族不断与不同的家族联姻，因此他的血统非常丰富且历史久远。他仪表堂堂，双目炯炯有神，无疑是一位天生的将才。在他那透着灵气的脸上，似乎有一种神情在告诉别人，他不允许被人摆布。他当选为皇帝时才19岁，但是当他15岁在布鲁塞尔被召时，就已经是统治勃艮第的伯爵了。16岁他的西班牙祖父去世后，他便继承了国王的宝座。他继承了半个欧洲，还有新发现的美洲，一共拥有6顶皇冠，最后一顶是德国人刚刚给予的。一个20岁的青年，没有父亲、母亲、兄长的帮助，没有祖父，没有朋友，在他的王国里也几乎没有枢密院这样的机构，他必须在这种情况下挑起重担。这是一种什么样的考验啊！要经得住这个考验，不仅需要坚毅的性格，更需要才能。查理在后来长达40年的岁月中，证明了自己

[1] 约计100万弗罗林。弗罗林（florin），金币名，1252年首先在佛罗伦萨铸造，后为英法等国仿造。——译者注

确有这样的天赋。

查理、卡尔大帝、腓特烈二世，这三个人身上的差异很快就表现出来了。这三个人都梦想统治世界，但卡尔大帝希望的是征服，腓特烈希望的是文化，而查理希望的是一个中央集权的王朝。德国历史上这三位伟大的皇帝，从某种意义上说，没有一个是真正的德国人。按今天法国人的说法，卡尔大帝是法国人。的确，他通过战争比任何人征服的德国土地都更多。腓特烈的祖先有一半是诺曼底人，而他自己几乎大半生都在意大利度过。查理五世的七代祖先中，只有一个是德国人。如果以出身和遗传为背景，怎样的统治者最有资格把欧洲统一为一个王国呢？不难发现，第三个家族最为合适。

查理经历了既伟大又坎坷的命运。在德意志国内战争中有胜利，有失败，有改革，也有和平。他也享受过愉快的青年时代，那是在荷兰和西班牙，晚年也比较幸福。不同于卡尔大帝，查理拥有得太多而不是太少，因此不需要出去征服。查理也不同于腓特烈，他一直和教皇相处得很和睦，从未发生过争吵。作为勃艮第的一个骑士，他具有荷兰人的忠诚，也有西班牙人的庄严。他继承了所有祖先的遗传因子，从德国人那里则只继承了一个下巴和哈布斯堡人的好胃口。他从来没有德国人的“好交际”。他喜欢与艺术家和知识分子为伍，支持并赞助他们的活动，但自己并没有什么艺术上的抱负，与腓特烈一样；他也不喜欢有违反宗教内容的文化，因为查理热爱自己正直的信念。

表面上看，他性格冷峻，但实际上他的内心充满热情。他对宗教有很深厚的感情，后来他把这份热情奉献给了妻子。妻子死后，他没有再正式结婚。他们在上帝面前结婚，她是他打下的整座江山的女王，出于一种骄傲的谦卑使他十分爱她。正是本着同样的感情，他接受了统治这片国土的宝座。对于这个国家，他励精图治，耗尽了毕生的精力。就其品德的高尚与尊严来说，德国历史上没有哪个统治者堪与之相比。

他小时候从未见过自己那被称为“疯女王胡安娜”的西班牙母亲。她在根特生下他以后，很快就返回西班牙。接着她又连续怀孕生育，身体受到很大消耗；宫廷内部的猜疑妒忌，也使她身心得不到安宁。当查理 17 岁作为国王来到西班牙时，他与妹妹第一次在一间很暗的房间里看到他们的母亲。他是由姑妈玛格丽特——马克西米利安的女儿带大的，长年住在她在荷兰的一个城堡里，这位姑妈为人十分精明。他的家庭教师，一个十分虔诚的学者，给了他正规的传统教育，同时，也宽容地教给了他一个骑士需要掌握的各种本领，也允许他同文人墨客为友。

查理的青少年生活十分幸福。他非常信任自己上了年纪的老师。可是当他来到亚琛教堂参加隆重辉煌的加冕典礼时，他实际上还是个孩子。他站在卡尔大帝的宝座前，宣誓廉洁奉公，捍卫信念。他十分喜欢身上的这套华丽尊贵的缎袍与盔甲，也非常欣赏群众对自己坚定自若风度的欢呼。麦哲伦刚刚从太平洋回来，带回了珍宝，查理很快把这些珍宝带到温莎去向英王炫耀。他在荷兰遇见了一个普通人家的姑娘，觉得她十分可爱，就尽可能多地逗留在荷兰，后来他们相爱，这位姑娘成了公爵夫人。教皇利奥也迅速给他找来乌得勒支主教作为他的老师。

一切恩泽都降临到这个幸运儿身上，在他 22 岁以前，命运与人们从来没有向他说过一个“不”字。生活在这样的环境中，这个青年却仍能保持谦虚冷静的态度。当第一次遭到路德的否定时，他仍然十分自信。

1521 年，在沃尔姆斯召开的第一次帝国议会上，查理发现诸侯们心绪不安，他们正在为德国内部日益高涨的动乱氛围和自己的前途担心。谁能影响这位年轻的皇帝？使他们惊讶的是，这位年轻人竟镇静自若，不偏不倚。他说，他应对教皇负责，因此似乎立即就会宣布剥夺这个被革出教门的僧侣的公民权，但是少数选帝侯要求他召见路德，查理同意了。

路德决定见驾。他所属地区的选帝侯答应保护他，而且皇帝的诏书本身就是一张安全通行证，具有足够的仁慈和安全保障。路德像天使一样被送上路。尽管如此，整个德国还是震动了。路德会被处死吗？100年以前发生过的事难道不就是这样的吗？一位神学教授被另一位皇帝召见。同样的诏书，同样的情景，其结果却证明皇帝违背了自己的诺言。路德本人十分激动。他似乎是一位凯旋的胜利者。动身之日，大队人马朝西而行。所到之处百姓都希望亲眼见见他，亲手摸摸他。抵达沃尔姆斯塔楼时，卫兵为他吹起了号角。围观群众密密麻麻，传令兵不得不为他在前面开道。下午路德抵达皇帝下榻的主教院。在一层大厅里，他发现皇帝和一大群陪同的官员已在塞得满满的房间里等他。

召见的过程十分简单，但却是德国历史上绝无仅有的。代表政权的国家人物和代表精神思想界的人物从来没有如此面对面地互相打量对方的外表和内在的力量，进行直接的较量。这不是当年胡斯在康斯坦茨为捍卫信念、触犯基督代理人而遭受教皇和红衣主教的惩罚，不是因触犯王法，或煽动百姓造反而在最高法庭进行的审判，也不是教皇派来秘密使团在与皇帝密谋贬黜大事。这里正在发生的，是代表日耳曼帝国最高权威和力量的皇帝举行的听证会，聆听一个不受任何组织和宗派支持、只是因为个人的讲经内容冒犯了教会的神学教授和思想家来诉说自己的经历。皇帝要听一听，这位教授讲的内容中有多少真理，又有多少是谬论。这次交锋不是过去的教会与国家的对话，而是德国历史上代表思想精神的力量同国家权力的第一次交锋，过去这两股势力习惯于各行其是。

当天这两个人看到的是什么？

皇帝看到在他面前的是一位身穿黑袍、37岁但仍很瘦削的修道士，使人不由得想起克拉纳赫早期的侧身像：尖尖的鼻子，轮廓分明，面色苍白，一对乌黑的眼睛。修道士看到在他面前的是一位身裹彩色天鹅绒和华丽丝绸的伟大君主。面对查理五世本人，他不禁感到荷兰画师奥利对这位皇帝的肖像画简直如同摄影一般生动逼真。他天庭饱满，有着与路德一样挺拔但却俊逸得多的鼻子，双唇微启（查理的所有画像几乎都是这个姿态），两道剑眉犹如画出来一般整齐，一头浓密的黑发，十分英俊秀气，他的手随意地搁在胸前，整个姿势优美动人。金色羊绒编成的饰绦垂披在两肩上，里面是绣花的衬袍，微微耸起的帽子中央有一个宝石搭绊，闪闪发光。这张光润白嫩的脸孔现在正聚精会神地打量着坐在他面前的路德。不管怎样，他总有点趾高气扬，而穿着黑袍、脸色苍白的修道士似乎不是来接受召见，而像是一头被牵上竞技场的新奇动物。

双方都十分错误地估计了对方。“他坐在那里，”路德后来回忆说，“像一头无辜的羔羊来到一群猪狗之间。”对查理来说，据后来雷卡特写下的回忆录：“这个人绝对不可能把我引上邪途。”双方都以主观的成见去理解对方。皇帝始终认为路德最多是一个狡猾的疯疯癫癫的农民；而这个农民的儿子认为他所看到的只不过是一个普通的头脑简单又单纯的王子，大大低估了查理。据说，路德那天表现得不怎么友好，东张西望，令在座的人不十分愉快。

他后来承认，他走向一张桌子，看到自己的著作被放在那里时，心里十分慌张。他看到艾克博士也在那里。艾克先用拉丁文问他，是否承认这部书是他所作，然后问他，是否愿意放弃他的观点。对第一个问题，路德用很低的声音作了肯定的回答；对第二个问题，他犹疑困顿，沉默了一会儿。经常出现的恐惧心理，特别是他授任圣职第一次做弥撒时几乎使他晕过去的恐惧又重新出现了。他要求考虑一会儿。他的回答使在座的人都感到惊讶，也感到失望，眼看一场好戏要落空了。这么多的诸侯，还有皇帝本人都被邀请来，却只看到这个出名的先进分子嗫嗫嚅嚅，欲言又止。大家勉强答应他休会，但最多只能等到第二天。

路德很快得到了恢复。就在这一天晚上，他给一位朋友写信表示，“即使基督宽恕”，我也决不放弃任何一个字。他对这一伟大的时刻并不十分在乎，即使面对审判，经过长时间考虑，他还是听凭那一刹那的冲动，不管这是基督的宽恕也好，还是受情绪的支配也罢。当他第二天晚上重新进入那间房子时（这次他们让他等了两个钟头，直到上了灯才接见他），他信心十足。根据当时所有的材料看，他举止十分安详。显然，他接受了私人教师的指点，表现得彬彬有礼，仪态大方。他首先对自己昨天在某些问题上表现出来的犹疑表示抱歉，而且请大家原谅这种可能还会出现的情况。但是他很聪明，在这篇准备好的讲话中，他没有提到教会诸侯们的名字。

开始，他用拉丁语回答问题，句子显得优美冗长。他的对手艾克对这些华丽的辞藻有点不耐烦，要求路德用德语明确回答问题。据编年史记载，路德由此用完全不同于昨天的坚定语调进行答辩。他用一种“甚至他的顾问都希望他能略为收敛和温和一些的态度”来回答问题。

“既然尊贵的皇帝陛下和高贵的绅士们要我简单地回答问题，那么我就直截了当地说：除非发现我有违反《圣经》的行为或犯有其他证据确凿的罪行，否则我将一如既往，我的良心将因为我的行动符合上帝的教导而感到安宁。我不相信教皇和教廷没有根据的语言，因为事实表明他们的话是错误的并经常自相矛盾。我不能也不愿放弃我说过的话，因为违背良心的行动既无益处也不光荣。”

皇帝不懂拉丁语，也不懂德语。当他听了翻译过来的发言后，他向路德提了一个问题：根据路德的看法，教廷是否也错了？

“康斯坦茨教廷的决定，”路德回答说，“明显违反了《圣经》清晰的教义。”说着，他伸出一个手指头以示警告，犹如当年胡斯的做法。

皇帝听罢，悠然起身，领着随从退出大厅。艾克眼看要被迫应战，幸亏皇帝走了，也就停止了发言。路德原准备大干一场，现在没有了对手，不禁有些失望。他喃喃地低声自言道：“我站在那里，动不了了，上帝帮助我，阿门！”

会见突然中断了，群声喧哗。人们鼓掌向这个修道士祝贺。台阶上，烛光影曳。宫廷门口传来西班牙马车夫的吆喝声：“把他绑在柱子上，烧死他！”路德终于又回到大街上。月色当空，星光闪闪，夜幕已经完全来临。他不由振臂高呼：“我脱险了，我脱险了！”叫喊声释去了他心头的重负。

7

回顾——为大家所喜爱的路德的德文——反抗爆发——路德最崇高的时刻——驯服的臣民——路德背叛革命——人文主义对抗路德

瓦尔特堡是一个罗曼蒂克的城市，它充满了音乐，险恶却又朴实，是彻头彻尾的德国式的地方。今天，如果有人爬上它那满是山毛榉树和橄榄树的山顶，仍会感到置身于歌曲和民谣中间。即使在公元1500年，传奇的故事也传遍乡林山间。现在，一个冬天的晚上，我们的主人公，孤独的修道士，坐在炉前沉思。透过蓝色的火焰，他似乎听到了瓦尔特低沉的歌声。300年前，那位游吟诗人就坐在这里。他似乎还听见了战斗中骑士的战歌，看见了艾克哈特和圣伊莉莎白在低声叹息。这些人都在这里生活、斗争、歌唱过。

路德也在歌唱。这一年的整个夏天路德都是在梦想献身，赞美圣母玛利亚，以及沉思颂词中度过的，并不时地把他的思想记录下来。这是他的习惯。间或他也回想过去，回想曾经如此动乱的春天究竟发生了什么事。

那天晚上，他回到旅馆，感到松了一口气，只觉得浑身精疲力竭，散了架似的。人们簇拥着他，只有一个人给他送来了当时最需要的东西：不伦瑞克公爵给他送来了一大罐啤酒。由于对这个奸诈的世界失去了信任，他开始不敢喝，直到确认是外国人送来的，他才一饮而尽。难道这些外国人没有听说满街都在议论叛乱？400名骑士在圣教门前即皇帝下榻处游行示威，反对暴君和神甫，他们大声叫着“花边鞋”，这是农民造反的口号。第二天他们在墙上贴满油印的传单，有的标题为“国家不幸，弄了个孩子当皇帝！”

那天路德走后，大厅里全体选帝侯坐着听候皇帝宣布敕令。敕令要求全体选帝侯一等路德的安全通行令过期，马上把他交出来。读罢，与会者开始保持沉默，接着一些比较进步的诸侯起来表示反对，并扬言将置这道沃尔姆斯命令于不顾。

在那些日子里，所有的人都感到人民站在这个修道士一边。诸侯们也希望在为各自私利的斗争中取得路德的支持。他们企图利用路德作为人民与皇帝之间的缓冲器，利用这个凭良心行动的人，为他们的派别斗争服务。他们千方百计地博取他的欢心，派大臣去拜访他。一名主教甚至想邀请他到自己的教区来，免得他向教会理事屈服。路德想到了胡斯，摇了摇头。他现在觉得对自己很有把握，驱逐令威胁不了他。他的头脑里一直摆脱不了那个曾经坐在他面前的年轻皇帝，嘴唇微启着，活像一只稚嫩的羔羊。

路德在城堡的花园里来回踱步，喧腾的世界，也就是昨天发生的一幕一幕——大厅里的人群，烛光，肥头大耳、笑容可掬的神职人员，怒气冲冲的西班牙马夫，拥在自己周围目光炽热的大学生，还有那救了自己的满脸狡诈的国王，这一切都慢慢在自己的眼前消失。当他还在安全通行令的保护下，通过图林根回维滕贝格的路上，在经过一片树林时，突然出现一队骑兵把他包围了。他吓了一跳，但他们却冲着他笑——他们是萨克森选帝侯的雇佣兵，是来保护路德到瓦尔特堡去的。

慢慢地，这些浮现在他脑中的梦一般的人和事，皇帝、国家、政治，都渐渐消失了。他内心感到愉快，又重新回到自己原来的地位和身份：一个诗人、一个长期受压制的人和一个寻找上帝的人。运动、斗争、荣誉，一切都消失在脑后了。他一贯向往和喜爱并在学生时代就开始追求的宁静生活，曾在修道院时成为现实。他在这种宁静的生活中一次又一次地得到新的安慰，使他那滚烫的心得以平静。5月过去了，6月又来了，夏天很快就来了。犹如一个被拐骗到这里的王子，路德生活在音乐和玫瑰丛中。他时而做祈祷，时而写东西。秋天来临了，有一天他打开伊拉斯谟的希腊文《圣经》，把神圣的内容翻成他喜爱的德文。从瓦尔特·封·德尔·弗格尔瓦伊德到歌德，凡是领略过路德优美语言的人，在谈到他译的德文《圣经》时，无不怀着深深的敬意。这也许正是他最伟大的贡献。的确，路德把《圣经》翻译成德文的创举，对德国的整个历史产生了重大甚至悲剧性的、时至今日仍然不可磨灭的影响。

路德在1521到1522年的冬天在瓦尔特堡把《新约》译成德文。这一伟大的工作，在他亲密的朋友中，还没有一个敢于尝试。这并不是《新约》的第1个版本，而是第21个版本，但是前20个版本基本上大同小异，只有这个版本是直接从希腊文翻过来的。一开始译文只有《新约》，12年后，路德才把整部《圣经》翻译成德文。

只有农民兼诗人的混合天才才能完成这么伟大的作品。“看人要看他的实际行动”，路德经常这样教育学生，他自己也身体力行。就像一个聪明的花匠为已经枯萎的花木带来人造雨水，使这些植物恢复生命一样，路德以实际行动表明了他高人一筹的才能。他是个演说家、教员和诗人，虽然他一直穿着黑袍子，但却最能给人以美的享受。但在将近20年的生活中，他一直没有接触过女人。

路德创造的最根本的东西是以有力的事实唤醒了德国人民自己早已忘怀的成就。没有人还记得自己的日常语言，成语、谚语、俗语已经完全失去光彩，成了不知源于何处的民间传说，现在它们又在路德的书中出现了。

这段时间可能是路德生活中最幸福的阶段了。他孑然一身，但又有很多好友；他是一个囚犯，但又可以自由自在地生活在花园与书房之间；他不需要回答任何人的问题，不需要去指责什么人，也不用决定什么问题。他被带到了一个信仰与写作、圣地与德意志和谐相处的世界。

但是不久之后由他引起的骚乱又一次冲击了他。他的书被烧毁，皇帝的驱逐令——“路德是个魔鬼，他破坏了一切秩序”——引发了流言蜚语，萨克森出售赎罪券的活动又出现新的高潮，情况比以前更严重。那天晚上在沃尔姆斯发出的第一次喊声，在德国各地引起了强烈的反应。虽然开始只限于知识界的争论，不久人民就发出了他们的呼声，这是长期以来被压制的奴隶的呼声，他们的意见从来得不到重视。骑士和农民两个阶级都在忍受饥饿，生活无望。这是一个长期以来被皇室贵族的贪婪弄得四分五裂的国家，宗教的统治大权掌握在阿尔卑斯山那一边的主教手里，他需要黄金和金钱来维持他的权势和享乐，这种状况已延续了几个世纪。以德国人的性格来说，他们的耐心、顺从，以及能够容忍的程度大大超过世界上其他民族，但是一旦怒火冲破这个限度，他们就会变得疯狂野蛮，毫无顾忌。

现在，很多地方的人民冲进教堂，取消弥撒，破坏圣餐礼，撕下墙上的绘画。僧侣和修女纷纷逃出修道院，缔结婚约。他们抛弃自相矛盾的《圣经》，寻找真正的上帝，而且只给能够理解《圣经》意义的成人做洗礼。在萨克森，运动的规模发展得更为深远。萨克森选帝侯不禁怀疑自己保护路德是否是个错误。此时路德又给他送来一篇反对赎罪券交易的文章，但选帝侯决定不了是否刊发，因为他现在听到了另一种声音。

路德在瓦尔特堡虽然感到很安全，却仍然觉得受到了第二次斗争的挑战。这次斗争要比第一次更出于自己的主动。一个无比忠于信念的人，最后只好变成了一个新教徒。总的来说，路德的本性是温良驯服的，他讨厌政治斗争中的一切暴行。他年轻时有过可怕的经历，有来自父母的，也有来自修道院院长的，恐惧心理从来没有离开过他。现在面对日益高涨的革命，上帝又成了他恐惧的因素。扪心自问，他的确从来不希望眼前这一切骚乱发生。难道维滕贝格市政府不会把他当作魔术师一样请他去扑灭因他而燃起的大火吗？这个全身心沉浸在自己的思索与写作之中、安全受到严密保护、行踪不为外人所知的僧侣突然惊愕地发现，大祸已经临头。他决定摒弃害怕心理，保护现存的制度，堵住反抗潮流。他给选帝侯写道：

“能够制止这场暴乱的只有我可怜的躯体，既然上帝不希望保护我，与基督比起来，我的脑袋不算得什么。忠告和刀剑都无补于事。上帝必须独自主宰一切，人的关心和力量于它无益。”

写罢，他佩上宝剑，离开庇护他的住所，取道直奔维滕贝格。在这生命的关键时刻，路德差一点被人杀死。在图林根的一片大森林里，路德身穿褐色紧身上衣，头戴红色小帽，腰佩宝剑，马鞍兜内放着他的新《圣经》，浑身上下都不像个僧侣，倒像丢勒《骑士、死神与魔鬼》中的骑士，一路飞奔前去夜袭。两个瑞士学生在耶拿附近遇见了他。他们后来写道，他们盯着他看，同他说话，开始没有认出他是谁来。“他的眼睛又深又黑，像黑夜的星星闪闪发光，使人不敢多瞧。”这个古怪的骑士把希伯来文书放在一边，仔细向他们打听情况，说话态度安静自信，语言诙谐。他没有暴露身份，当他们问到路德博士时，他答道，路德马上就要回到维滕贝格去了。这一切都表明，他很能控制自己，很坚强，丝毫没有露出烦躁不安的迹象。

路德在萨克森布了八次道，群众的骚乱情绪开始稳定下来。与此同时他说服选帝侯发布一道命令，宣布教会必须服从世俗当局，从而以新的权力代替正在日益衰落的主教的权力。选帝侯对这个建议很满意，因为这对他十分有利，他表扬了路德。很快，王室和城市贵族都感到在这场斗争中，他们的地位和权力都得到了加强。希望维持秩序的各个阶级都在路德面前握手言欢。所有的有钱阶级——王室、贵族、城市市民都松了一口气。他们发现路德在这场动乱中还是忠于王室的，是驯服的，他甚至表示愿意把自己的教权置于世俗当局之下。

但是路德却因此而失去了农民、骑士及其他对现实不满的阶级的支持。他们实际上已经有了自己的领袖。正像所有革命运动的起始阶段一样，历史的车轮开始加速向前。茨维考的托马斯·闵采尔就是一个十分合适的人物。

闵采尔比路德年轻七岁，也是一个教员和传教士。他曾经潜逃，并被流放。他是一个到处流窜的传教士，一个点燃革命火种的人。初期，他追随路德，一方面为路德不平，同时也出于自己的雄心。现在闵采尔用《圣经》的语言反对《圣经》，宣布耶稣是一位伟大的预言家、上帝最优秀的儿子，但是关于他的死的说法对人类而言却是“淫猥的”。他认为人间就有上帝的王国和幸福的天堂，异教徒也可以成为真正的信徒。闵采尔提倡消除阶级差异，让人类都成为兄弟，成立欧洲同盟。向异教徒和土耳人致敬！打倒向当局屈膝的维滕贝格主教！“为什么你要称呼他们为尊敬的陛下？他们只不过是些高利贷者、小偷、强盗，他们对人民大众就像对待他们的畜牲一样。”

路德反唇相讥，称闵采尔为丧失了神智的醉鬼，大骂参加骚乱的群众为失去理性的野兽，说他本来还想以良知来清洗某些人的灵魂，现在则开始咒骂那些离他而去的人，就像那个在凯撒利亚腓立比看见耶稣顿时变了腔调并开始发布命令的人一样。

预言者难道没有让他的门徒失望过吗？难道门徒没有离弃过耶稣和穆罕默德吗？如果只是因为他们太年轻，他们就会继续努力；如果只是因为他们把长者的严肃启示当作礼品，他们就会要得更多。有谁想去了解一下路德的青年时代和他的性格呢？全世界看到的只是一个生命受到威胁时在皇帝和帝国面前交代自己罪行的人。路德开始让人失望，当时他大约 40 岁。5 年来他进步很慢，但很稳重。现在他止步不前了，而且有可能后退。

这时对路德的另一个打击是：一些人文主义者也起来反对他，但他们并不是为了社会革命。思想界的带头人伊拉斯谟，即使在路德遭禁时也没有撤回过对他的支持，但现在也离开了他。法律上他直接向皇帝负责，他曾公开表示支持被剥夺了公民权的路德，以自己在全世界的名誉地位保护路德的安全。但他事先声明，退休后会到瑞士的巴塞尔去，以免在荷兰被捕。现在他虽然没有发表什么文章反对路德，但在思想上已与他分道扬镳。

就这样，一个相信自由意志的哲学家对抗祈求宽恕的信仰上帝之人，一个从事科学和艺术的人对抗虔诚狂热的信徒，思想对抗激情。第一个欧洲人起来反对当时的第一个德国人，因为正是这个德国人为自己的人民献出了德文《圣经》，同时又将人民的自由典押给了王室。这两位研究《圣经》的学者互相用《圣经》的理论向对方证明上帝的宽宏大量和无限权威的情景，一定十分壮观。

是的，不管怎么说，这是一个伟大的时代，德国人民被思想界的问题震动了。他们向世界、向历史证明了他们蕴藏的潜力。在历史的长河中，这段时间很短暂，而且一去不复返。

8

农民领袖闵采尔——农民起义——路德的婚礼——音乐带来的愉快

这是一个冬天。在骑士济金根城堡的大厅里，主人和他的孩子及仆人们围坐在一起，聆听站在他们面前的乌尔利希·冯·胡登给他们念路德的新《圣经》。上了年纪的济金根现在可以用德文学习了。一些逃跑出来的僧侣散坐在边上，个别还带了自己的妻子。桌子上放着被查禁的读物。这位壮实的骑士至今还在犹疑是否出来领导这场反对富人的战争，因为那些日益贫穷、衰败、濒于死亡的骑士们一直在催促他起事。“西德意志骑士军团”由此组织起来，领导人是济金根。这时他同德国皇帝的关系十分恶劣。他们真正的目的是希望建立什么？建立一个皇帝和皇室都没有权力的贵族民主国家，而这样的国家从本质上来说，也反对那些现在已经不愿和骑士携手并肩的市民。济金根感到他目前的力量还不足，并且他的占星师也反对他这样做。

经过多方面的努力，这个军团似乎还是陷于分裂。很多力量又联合起来反对济金根，他被包围了。1523 年他中弹重伤。苦恼万分的胡登先由朋友送走逃到瑞典，他去找伊拉斯谟，但不受欢迎，因他一直还在想写文章反对他。胡登由茨温利帮助逃到苏黎世湖的小岛上，在济金根去世之后不久死去。他身后什么也没留下，只有他的笔和手稿，但之后也失传了。但是他“反对暴君”的格言历经几个世纪，相传至今。今天那些拥有崇高思想的人又一次在传颂这句名言。

胡登和济金根之后，骑士作为一个阶级在历史上消失了。济金根实际上也是当时穷苦人民中最后一个比较有力量的斗士。他死后，酝酿了很久的计划，即组织骑士、市民、农民军团起来反对诸侯、教会、贵族的斗争也不再可能。因此农民只好单独提出他们的革命要求。

公元1500年左右，德国农民的处境十分悲惨，农民先后发动过12次“农民起义”，因为他们的生活越来越糟糕。他们的要求实在可怜得很，他们只不过要求拥有捕鱼和打猎等微不足道的权利。要战胜那些封建领主可不是件容易的事，有时甚至要付出一只手的代价。历史学家证实了有关情景，有时农民跪在领主面前，恳求保留他的右手，砍去左手，即使如此，右手还是被剁去了。德国封建地主贵族凶残暴虐，在其他国家的历史上很少见。当时社会上货币已经出现，教会和封建领主给予农奴的已经不是胡萝卜、白菜、黄油、牛奶，他们把这些东西拿到集市去出售。农民曾经可以占有的森林牧场也被容克收回，以便到市场出售木材和干草。可怜的农民涌到城市，这批无产者不像古代的无产者，他们不是统治阶层中失败的那部分，而是从一开始就成了被剥削的无产阶级。

教会封建领主十分后悔，他们的做法导致赤贫的农民投入了路德的怀抱。路德的理论进一步证明了他们的愤慨是有根据的，对他们是一种精神上的安慰。假如南部农民当时说服了其他一些生活尚不成问题的阶级，也许就可以爆发一场革命。但是这些人也是日耳曼人，也就是说，比起自由，他们更喜欢秩序。因此他们首先需要一个有学问的人把他们的要求形成文件——《十二条款》，看看这些条款是否符合《圣经》。饥饿的农民究竟要求什么呢？取消农奴制，取消新的劳役和刑法，归还公共牧场，由全体教徒选举牧师。

封建领主极为愤怒。他们商量请外国军队来帮助，因为本国军队的士兵大都是农民出身，要他们与自己的兄弟作战是靠不住的。他们还决定引诱农民来谈判，把他们聚而歼之。

公元1525年德国南部爆发农民革命，并迅速蔓延至全国。敌人毫无准备，惊恐万状，一切有产阶级胆战心惊。

所有的人都认为只有一个人能调停，那就是路德。

这位改革家又一次面临伟大的使命！一开始，由于兴奋和激动，他的确宣布过《十二条款》的要求是公平合理的，作为谈判的基础是合适的。在公开辩论中他驳斥了诸侯的无理要求，但农民认为他的行动像在进行仲裁。他告诫农民保持和平，不要骚乱。但为时已晚，路德痛恨的托马斯·闵采尔已在鼓励图林根的农民起来造反，并在图林根的米尔豪森组织起公社。闵采尔的立场与路德相当接近，但在伟大的农民战争中他依靠的只是自己周围的小团体。路德收回他以前说过的话，仅仅在三个星期前他还认为农民的要求是合理的，现在却指责他们是“强盗和杀人犯”。这个转变对德国的最高统治者来说具有决定意义，有产阶级现在寄希望于这位改革家。他写道：

“必须让那些普通老百姓受苦，否则他们将更加胡作非为……我们不能对此熟视无睹……忍耐和怜悯已无济于事……现在需要的是刀剑，而不是宽恕。让那些抢杀之徒像疯狗似的被处死。”

闵采尔对此回击说：“啊，亲爱的上帝，农民既贫又苦，他们终生艰辛劳动，养活那些永不满足的专制暴君……诸侯的统治应该结束了，应该把权力交给普通人民！人民在挨饿！”

但是路德的话对人民还是起了作用，闵采尔却一直坚持斗争，甚至最后在绞刑架前也不改变自己的信念。农民失去了领导，特别是在葛兹·冯·贝利欣根骑士半途离开了他们的队伍之后，情况更趋严重。几个星期后，一切都在血泊之中结束了。

到处是恐怖的复仇火焰。一名刽子手吹嘘他一手处决了1200人，估计约有13万农民被杀。有一个名叫卡西米亚的侯爵说，禁止为那些眼珠已掉出来的农民包扎伤口。当时世界上的凶残暴行确实不少，但德国的酷刑仍令人瞠目。各种文字都记载了如同今天他们给人类带来的令人发指的罪行。墨兰顿在一本书里的最后一句话写道："对于德意志这样野蛮成性的民族来说，农奴制确实太温和了。"

这对于德国历史来说是一句引人注目的话。当充分发展了的德国知识分子以这种口气谈论同胞，当手工业工匠的儿子对整个阶级如此失望，就可以看出精神思想与政治权力之间的裂痕已经有多么深刻了。真正的基督教徒反对战争，可是路德及其伙伴的神经已变得麻木无情，他们和他们的先辈不就是这么过来的吗？任何反抗对他们来说都是大逆不道的，服从世俗当局的本性已在他们的头脑中根深蒂固。除了已变得赤贫的胡登骑士，思想界的领导人物中没有一个人理解他们的时代。德国的第一次革命就这样失败了，原因是代表思想与精神界的人物同代表政治权力的人物之间缺乏团结，两种力量得不到统一，因而一切运动都将归于失败。当时，代表一股政治势力的农民从底层掀起革命运动，而代表思想精神的学术界人物却傲慢地半途撤出，导致了革命的失败。今天，政治势力是从上而下压迫思想精神界，因而也遭到失败。德国在后来发生于1848年和1918年的两次争取自由的运动中则失败得更快。这两次革命运动在德国都遭到镇压，在法国却取得了胜利。

但是路德却因此丧失了上百万人心的支持。他确实干了一些没人能理解的事情:就在这可怕的1525年6月的几个星期后,他结婚了。他的妻子叫克特。按德国人的习惯，他称她为卡塔琳娜·冯·苞拉。她是和其他八名修女一起，躲在一个鲱鱼桶的后面从修道院逃出来的。不久，她和纽伦堡一个名叫鲍姆格特纳的男人有了私情。这个男人的父母很有钱，反对儿子和私逃的修女结婚，克特就这样被抛弃了。路德那时已违背自己的誓言，爱上一个名叫冯·舍恩费尔德的小姐，但她喜欢另一个男人并嫁给了他。路德在遭到拒绝的情况下和被人抛弃的克特结了婚。这一切都发生得很突然，他把她从克拉纳赫的家中带到教堂，他的朋友无不对此感到惊讶。墨兰顿在给一位朋友的希腊文信中写道："这个修女带着他到处转。经常和修女们接触，使他软下来了。现在他也充满激情，热情洋溢，看来他是被女人折服了。"

婚宴以后，根据当时的习惯，他邀请朋友们到新房去坐床。一位客人写道："他激动得泪流满面。"他把婚礼安排在斗争的高潮期间，更使德国受到震动。他自己却平静地说："所有的天使将为此高兴，所有的魔鬼将为此哭泣。"

从克拉纳赫为她所作的画像来看，她并不漂亮，但很坦率、坚定。婚后两人都很快发福了。在一次布道中，他出乎意料地坦白说："婚后第一年，男人往往有些离奇古怪的思想。坐在桌旁，不由想到：过去只有你一个人坐在这里，现在却成双成对；偶尔清晨醒来，会发现在你枕边有两条辫子，过去却什么也没有。"一年后，克特就生下第一个儿子，接着又生了四个孩子。路德经常同他妻子欢声笑语。克特是个出色的家庭主妇，自己修建猪圈，勤俭治家，安慰闷闷不乐的路德。当时可能只有音乐能为他解愁。克特不大看书，路德就鼓励她读《圣经》，并答应她，如果能在一定时间内把整部《圣经》读完，就送给她一件礼物。他对她的影响与日俱增。

在他生命的最后 20 年，路德又开始了另一种精神上的陶冶活动。40 岁时，他开始写词作歌。他把赞美诗用德文写成散文，作为自己讲课的内容，然后再把它们改为诗体。以后又着手写圣歌，他觉得世界上简直没有可以与之媲美的东西。他还试着用笛子伴奏，请教徒们演唱。

路德性格上的棱角迅速变钝，而同音乐越来越接近，音乐成了他逃避内心矛盾的避风港。正是在音乐中德国人找到了自己。他们的一切本性、仔细掩饰起来的困惑、内心的不安全感和茫然无着，都在音乐中得到解除，他们的想象力开始超越国境而进入世界。从来不懂美的含义的路德也就此成了文艺复兴运动中的不安因素。他说，对于一个基督徒来说，为了抓住看不见的世界，耳朵比眼睛更有用。

路德，正如他在其他方面的问题一样，也把他的内心斗争带到音乐中去。这些斗争始终围绕着什么是优美这个问题，这个问题使他在希望与恐惧中得不到安宁。他从来不嫉妒那些已与伊拉斯谟取得同等地位的人，他只是寻找自己在不可捉摸的音乐中所缺少的东西。他可以因作品只有格律、没有自由和优美而否定某个作曲家。他认为在音乐中，优雅必须伴随着和谐的法则，灵感必须伴随着数学运算，尽管后者也同样掌握在上帝手中。从路德开始，德国音乐在世界上占据了前所未有的伟大与崇高的地位。因为在德国人的性格中，在秩序中有幻想，在精确中有魅力，二者在音乐中得到了统一，为其他国家所望尘莫及。

大约也是在这个时候，路德开始创作寓言，把他经常在饮酒时讲述的故事写下来。这些故事在人民中间广为传播，情节生动；看来随着年龄的增长，他的感情和紧张情绪逐渐消退，变得心平气和了。他写的贺词和谜语总是押韵，活灵活现，人们几乎可以把它们画在纸上。在他的晚年，路德成了伟大的讽刺作家。最令人惊异的一个特点是，他做什么事都是为了宗教。他以演说家、教师的身份进行创作，对自己私人的幸福与悲哀却从未写下只言片语。

9

路德与教皇的使节——路德反对自由——衰老

关于乌尔利希·茨温利和加尔文，本书尚未腾出篇幅论述过。他们关于神学问题不可思议的辩论似乎仅仅围绕着圣餐礼和它的意义，而实际上正是信念、种族，特别是性格的迥异导致了这场辩论。身材高大健壮的瑞士人和有着愉快童年、行动敏捷的法国人都对行动迟缓、从来没有明确态度的路德心存猜疑，这一切恰恰说明路德是一个典型的德国人。但路德和茨温利还多少有些共同点，那就是音乐。音乐使他们俩离开了加尔文教派。而对音乐的共同爱好，体现在两个人身上也是不同的：茨温利这个魁梧的瑞士人，由于会五种乐器，而享受了世俗的温馨；但是对路德来说，音乐存在于梦想中，用以安抚灵魂。

在农民反抗运动觉醒之际，古老的成年人再洗礼仪式再度复苏，这种仪式是300年前被长老艾克哈特禁止的，而今主要是由手工业工人未经筹划而倡导起来的。参加这项活动的还有那些发现人的信仰程度有差异和相信非《圣经》启示的教徒。有些人希望老年人进行第二次洗礼，对财产加以限制以造福于穷人，并且完全根据原始的基督教义行事。今天有成千上万的人推迟举行洗礼，而在当时这意味着一场革命。路德又一次强烈申斥那些实际和他思想有关联的异端分子。他之所以这样做，就因为他始终是维护权威，反对革新派的。

在此以前，德皇查理曾想方设法削弱路德分子，希望他们制定一份包含温和信念的纲领，因为德皇需要保持德国的和平。路德分子后来被称为新教徒或耶稣教徒，英文的含义是“抗议分子”，因为他们曾经在帝国议会提交一份抗议书。但是由于新教徒的领导人被剥夺公民权，皇帝难以与他谈判。因此，他就邀请了路德最有名的弟子到奥格斯堡来坦白他的宗教信念。这是令人瞠目的场面和令人震惊的胜利。9年以前，也就是这位皇帝、教皇的朋友宣布剥夺新教运动领导人的公民权，而现在这位皇帝用了两个小时聆听路德弟子论述同样内容的新教教义。

当已成为新教徒的贵族和各个阶层人士组织起一个以小镇命名的施马尔卡尔登联盟，并引起外国普遍注意时，德皇采取了第二个和解的姿态。他向这些异教徒派了一个教皇使节，试探路德能否出席教会理事会。

“你为什么这么早就梳洗沐浴了？”维滕贝格的一位理发师问路德。

“我要迎接教皇的使节，因此必须把自己装扮一番，使自己看上去年轻一些，好叫那位使节寻思，路德这个坏蛋，这么年轻，他已经干了多少坏事，他还能干多少坏事啊！”

“但是，博士先生，你穿的难道是最好的衣服吗？这样的穿着，也会引起他的不悦的。”

“我故意这样做的。对付那些毒蛇和狡猾的狐狸，就必须这样做。”

根据这位理发师的报告，在这番谈话以后，路德在见这位使节时态度傲慢。与此同时他还发表了反对沃尔姆斯敕令的文章，并将敕令的撰写者比作公猪。路德真是既幽默又勇敢，就好像坐在他对面的就是教皇本人。

但是为了顺从世俗当局，他变得越来越反动。“如果世俗当局说，二加五等于八，那么你必须相信，并且认为自己的算法是错误的。因而也必须认为战争和刀剑是英雄的行为，虽然它需要付出很高的代价，造成巨大的损失。战争将被证明是神圣的、必要的并且是有益的，就像人们需要吃饭和饮水一样。”如果有人问他这种说法的道理，他会引经据典地拿出《圣经》给你看，那里只提到世俗当局，丝毫也没有讲到教皇、修道士和修女。他如此歪曲他心爱的教义，对一个德国人来说是可能的，因为他希望服从国家。

学者们以前曾经宣布，世俗当局是邪恶的，对灵魂的拯救是危险的，但是路德现在吹嘘他是第一个让德国人相信贵族也可以为上帝服务的人。这样他就把卡尔大帝曾经从封建贵族手中夺走的精神武器又还给了他们。他还解释了他为什么必须超脱国家事务，而让那些贵族来干。他再一次强调，新教徒贵族应该掌握由他们的祖父侵占而在他们的父辈手中丧失的权力。他反对所有受到欢迎的争取自由的愿望，为“皇权与祭坛联盟”的政教统治思想奠定了基础，即牧师支持皇权，而牧师又由贵族和容克大地主遴选的原则，这是以后普鲁士赖以生存的基本原则。300 年后，新教徒称之为“有限主体思想的宗教”，它完全符合它的缔造者路德的思想特点。

路德在忠于国家和政权方面走得如此之远，以至于他竟然同意一个热烈赞成新教的黑森州教授重婚。在这种情况下，教皇的权限也仅限于允准他离婚，而不能允许他重婚。但是路德为此辩护，并说《圣经》没有规定禁止重婚。不过，路德坚持这件事必须保密。当这件事最后公之于众时，群众为之哗然。在当时，犯了重婚罪的这位教授是可以被判死刑的。路德过去曾经在再洗礼派中为反对重婚而斗争过，而现在，他又主张重婚。德皇对这一切报以微笑，并且很快地从中捞取政治资本。

路德就是这样在晚年时仍然在恐惧和挑战、服从和自信之间痛苦地挣扎。

此时，整个德国北部已成为新教的势力范围，但是它已成为一个冷酷的政党、一个社会机构，而位于这个新教中心的年迈的老人早已失去了势头。讲学、布道、注释《圣经》、翻译、演说、争论，种种工作压得他喘不过气来。他成了政党领袖、委员会主席、编辑，而他一度像个先知。当时德国有四五个宗派，相互攻讦，没有一派有真正的领导人。路德放弃了他过去捍卫的主张。过去他曾公开赞扬犹太人，现在却突然将犹太人作为嘲笑的对象。他还否定过去自己积极参加过的关于艺术的争论。

到了晚年，路德将怒火和嘲笑都对准了德国人。他写下了这样一段话，其中对德国所持的批判态度只有歌德和尼采可以与之相比："这个国家没有救了。每个人固执地各行其是。一旦我撒手归天，情况将十分糟糕，我并不想预言我的声明将成为现实……这个野蛮和兽性十足的国家，这些可怜而又怙恶不悛的畜牲，一半是人，一半是鬼！"

他的晚年生活不怎么愉快，一个孩子死了，自己又因为结石旧病缠身，阵阵作痛。但是他继续写诗。他给妻子写了不少热情洋溢的信，其中一封信称她为"我至亲至爱的家庭主妇卡塔琳娜·路德太太、女博士、养猪场的管家、精通各项技能的女人"——她从她弟弟那里接管了养猪场，办得十分兴旺。他在一个深夜去世，当时他在病榻上祈祷用的是他从小就在这个城市学习的拉丁语，而不是德语。传教士弯腰俯身用嘴贴着他的耳朵问他，是否还坚持自己的教义，他以十分清晰的声音作了肯定的回答。

从来也没有过这样一个违背自己意志的革命者。这个人是如此坚信内心的看法，当需要证实自己内心的信念时，他从未动摇过。这个强劲勇敢的上帝之子命中注定要成为德国人民的领导人，这个国家的人民过去还没有过自己的领导人，他们背弃了传统的王朝统治者。当路德看到，思想能转化为行动，信念能转化为渴望时，不禁大惊失色，就像一个孩子在死一般的寂静中，擦亮了一根火柴温暖自己，却突然刮来一阵大风暴，燃烧了整个森林一样。由于天性和从小受到要敬畏长者的教育，他现在过于驯服，就好像要赎罪一样。早在修道院时，他就经常为一些事情而谴责自己，而实际上不过是自我的恐惧而已。在这种情况下，他被推上了生活的顶峰，他竭尽全力把自己无意追求的权力拱手让给他称之为“毒蛇和狐狸”的贵族。

在国家和权力面前，路德背叛了自己的思想和道德，成为德意志悲剧的典型。

10

克拉纳赫——丢勒——大彼得·菲舍尔——格吕内瓦尔德的绘画——伟大的远景——荷尔拜因——荷尔拜因的秘密——哥白尼

在这期间，德国思想知识界发展迅速，成绩卓越，创造了不少不朽的作品。德国反对教皇的斗争早已被置于脑后，宗派之间和解的气氛占了上风，间或由于政治原因出现一些混乱。此时德国向世界提供了四位天才的画家。他们的作品陈列在全世界著名的博物馆里，散发着青春的光芒。这四位画家是：擅长色彩的克拉纳赫，寓意深刻的丢勒，笔触迷人的格吕内瓦尔德和擅长肖像画的荷尔拜因。这四位画家与路德、查理五世是同代人，他们彼此影响。他们都出生在德国南部，都是贫苦的手工业工匠或画家的后代；他们从父辈那里学习手艺，而后又传给自己的子孙。这些人是德意志历代王朝的真正代表，他们的作品并没有用王室金印盖上的标志，却是标志着一代天才的创作。至今仍然在世界上体现了德国文艺复兴光荣历史的艺术家、牧师、异教徒、人文主义者，几乎都是出身低微的人，他们没有一个出生于城堡贵族之家。

卢卡斯·克拉纳赫（1472—1553）的一生和其他三个人一样，而从完美性的角度来说，他从来没有达到与他们并驾齐驱的水平，他只是通过作品的数量显示出自己的分量。克拉纳赫生性勇敢、好胜，本可以在作战和辩论方面和别人一样展现自己的才干，或许也能像弗伦茨贝格或茨温利一样成为一个战士或传教士。他永远也不满足于作画。50 岁时，他购置了一家药房，60 岁时他成为市长。

他在孜孜不倦的一生中，几乎什么都画：不仅画圣人、女神、人物和比武大会，还从事帆布画、石膏像和铜雕的创作，并印刷自己的木刻画。他教导自己的儿子，训练自己的学生，创作出的画与提香和鲁本斯的画一样多彩，他以其作品内容的丰富震惊后世。精力和想象力，这是德国人通常不能同时兼备的两种品质，而他却将这两种特点融合在一起，铸成一座大钟，响亮的钟声响彻德国大地。他受到德国人民喜爱的作品多是一些离奇古怪、滑稽可笑、怪模怪样的精灵。

克拉纳赫绘画的特点之一是描绘女性体态的诱惑力，在他以前尚无人尝试过，在德国也是引人注目的，因而他的某些作品引起了争论。他的作品中没有乔尔乔内和柯雷乔那种对裸体的精雕细刻，也没有鲁本斯善于描绘的那些庄重雍容而丰满的女性，他的作品画的是女性诱动人心的戏耍和谈情说爱的风姿绰约，看了他的画你会明白为什么那些善于卖弄风骚的女性对男性有如此大的吸引力。克拉纳赫的绘画给德国各个艺术领域都带来了影响，揭示了德国人的性格中具有和法国人同样的特点。

克拉纳赫即使到了晚年也不愧为一个男子汉。路德死后，腓特烈的后继者被德皇严刑拷打，并被监禁起来。75 岁的克拉纳赫随他下狱，陪着他从一个监狱到另一个监狱。当这位 81 岁的老人终于看到自己的主人获得自由后，他安详地死在了主人身旁（他卓越的自画像至今仍被收藏在纽约大都会博物馆内）。

丢勒（1471—1528）是匈牙利人的后代，他的家族名为阿基托斯，意为“门户”。无人知晓丢勒的祖父是什么时候迁居到离家乡八里远的村子，并在那里从事首饰匠工作。他的儿子也是一个首饰匠，到处流动干活儿，从匈牙利到荷兰，直到30岁才来到纽伦堡。此时，他给自己起了个名字叫“丢勒”，40岁时娶了主人15岁的女儿为妻，她就是阿尔布里希特·丢勒的母亲。

有人也许会将丢勒也算作德意志皇帝之一，因为他和这些皇帝有共同的命运。他有北欧人难以对付的性格，阴郁、庄重，又是一个十足的德国人。南方吸引着他，使他神魂颠倒并离开自己的本土，再也没有回去过。他的自画像是他向罗马朝圣的里程碑。歌德曾经说过：“丢勒如果生活在意大利，会成为一个风格完全不同的艺术家。”

当他还是一个孩子的时候，作为父亲的学徒，向父亲学习如何锻制金戒指。他给自己作了一幅画，用粉笔把镜子里的小孩——一个瘦削、天真无邪、透出才气的小孩画了下来。他就像神童莫扎特在演奏一般，用先知一般奇妙的小手在纸上创造了这一奇迹。即使到了22岁，他看上去还是一个笨头笨脑的青年：浑圆的肩膀，鹰钩鼻，招风耳朵，大手大脚，乱蓬蓬的头发。不过，他却有着一股动人的窘迫神情，就像一位模特要掩盖自己的私处一样。此时，意大利让这位旅途奔波的年轻人开阔了眼界。大约在公元1500年，他来到威尼斯，看到了名胜古迹、宫殿、画廊、大海、艺术家的骄傲，听到了东方寓言般的故事，以及其他种种使威尼斯成为画家天堂的一切。他看到了美的真谛，迸发了日耳曼向往外国人民和大地的热情。后来有一位漫游者用诗和音乐刻画了这种漫游癖，他写道：“到你没有去过的地方，那儿有一切欢乐。”因此，当我们看到这位来自纽伦堡的青年将自己装扮成一个意大利贵族，就丝毫也不会感到意外了！

在马德里的普拉多博物馆收藏的代表作是他27岁时绘制的，这幅画表明他完全变成了另一个人。他神态忸怩，头发经过细心的修饰，做成一串串卷发，一双大耳朵已经看不见了，扁狭而又肉感的双唇四周覆盖着整齐的胡子，脖子上戴着装饰品，穿着一身高贵的礼袍，戴着一顶丝质的帽子。他的双手优雅地交叠在一起，背后透过窗外可以看到一片异国风光，一切都沐浴在美丽的景色中。丢勒回到国内不久后又恢复了自信心。他以著名的基督正面肖像画法作了自画像，画中的丢勒身穿高贵的深色皮裘，头发卷得更为细致，表情相当有男子气概，并且有些令人不可思议。他并没有过分地修饰，甚至他从小就特别显眼的修长手指现在也出现在画面的中心，引人注目。这幅画具有雕刻的效果，可能是自歌德以来，德国天才艺术家在融合南北艺术方面最为成功的一幅杰作。他的作品中表现出来的沉思，几乎使人着魔，这一效果在他的《忧郁》《骑士、死神与魔鬼》这两幅画中显得尤为突出。这种无视逻辑规律但将伟大与渺小的事物协调结合的手法，表明他是一位真正的德国艺术大师，但是他曾经在阿尔卑斯山麓另一端梦寐以求的裸体画绘制却一直没有建树。

在这位伟大的沉思者离开纽伦堡画坊时，其实在离他数步远的地方，就可以发现另一位在德国艺术史上只有巴赫堪与其媲美的艺术家。这位艺术家就是铜匠大彼得·菲舍尔（1460—1529），他的艺术达到自我和谐的超人水平。在他生活的年代，一个手工艺匠要发展成艺术家是极其艰巨和缓慢的，就像富格尔从织绸工发展到为皇帝掌管金融一样困难。他生活在普通百姓中间，与 5 个儿子一起，干了 11 年抡锤子、铸模、翻沙的工作。圣泽巴尔德的陵墓和后来马克西米利安在因斯布鲁克陵墓的巨大雕像都是他的杰作，凡是经过他用普罗米修斯式锤子锻打的作品，都被赋予了生命。他具有使自由与典雅和谐一致的天赋，南部的生活和他自己生来就具有的德意志民族的刚毅气质使他如虎添翼。即使在 4 个世纪以后，人们也不能看透这些青铜雕塑的丰富内涵。在圣泽巴尔德陵墓一侧，就在圣泽巴尔德雕像的对面，有着菲舍尔的自画像：他戴着皮帽，围着围裙，留着胡子，神态安详自若。

关于马蒂斯·格吕内瓦尔德，我们知之甚少。他的作品可以讲的基本上只有一幅。在德国墙上、帆布上和木板上的绘画作品很少能与他的《耶稣受刑图》（伊森海姆祭坛画）相比。这是由 4 块木板拼制的圣龛画。他的作品无异于但丁的杰作。在开启天堂之门前，他带领着信徒经过地狱和耶稣的受刑，忍受魔鬼带来的灾难。

这幅绘画的开端就是受难。圣龛画的两侧，人们平日里可以看到耶稣受难的故事。黑夜笼罩着大地，没有暴风雨，一片寂静，无声无息得令人战栗。画面上不是山丘，而是一座高山，耸立着一个巨大的十字架，山后隐约可见一片深山幽谷，绿得发蓝的背景少有点缀，钉在十字架上的躯体已是衰竭无力，但似乎没有完全死去。这里没有神的痕迹，更没有丢勒画像中那股崇高的精神力量，有的只是苦难。在这一片寂静中，这些肢体发出凄厉的呼叫。满身伤痕和疮疤的躯体在黑夜中发出一片磷光，暗红的血从伤口中徐徐滴下，手指和脚趾还在抽搐，一块破布遮盖着他的下腹部。疲惫不堪的圣体在十字架上挣扎，人们似乎听得到十字架发出咯吱的声响。

他左脚边跪着一位女信徒，金色的头发衬托着她浅红色的衣衫，她仰头祈祷着，姿势十分优美，显得聪慧而又天真无邪。在她后面站着圣母玛利亚，徐徐下降，纯洁而又典雅。约翰抓着她。一个面色死一般苍白的修女站在那里木然不动。随着这里发生的一切，夜空似乎都凝固了。一个披着猩红色睡袍的瘦弱男孩扶着圣母发出尖厉的叫喊，喊声划过长空。此时此刻世界上再也没有比圣母玛利亚脸色苍白、沉默不语、昏厥欲倒的神情，更能给人的心灵带来魔法般的震慑。

与左边三个人相对的右边只有一个人，这是另一个约翰。他面无人色。在他前面是一头小羊羔，脖子上挂着一个小小的十字架，羊羔毫无痛苦地听任自己的鲜血流进一个金钵，离被捆绑在十字架上的耶稣青肿的双足只有一步之远。在受难者的脚下受难，这是一种强烈且奇特的表现手法，源于道德说教的寓言故事。

洗礼者形象高大，手指着那些追随着主的信徒。在无声的黑夜中，站着四个人和一只羔羊，他们的喊声低微，几乎听不到，四周一片寂静。但洗礼者纹丝不动，似乎看到有一个人走了进来，这个人在可怕的尸体面前显得伟大而完整。这时，洗礼者铿锵有力地大声宣布，似乎在说："主活了，我死了。"

这是第一次显圣。

礼拜日，庄严的圣龛两侧徐徐打开，地狱随想曲伴随着耶稣受难后缓慢寥廓的音乐响彻大教堂。

在杂草丛生的森林里，圣安东尼受恶魔的引诱。他长长的白胡子覆盖在蓝色的大斗篷上，与猩红的袖子相映生辉。邪恶的生灵向他袭来，引起他极大的不安，最后将这个上了年纪的人撞倒。

机械的木偶式动作表明他们是不自由的，受制于一个看不见的精灵。但是另外一个精灵是可见的。在蓝色的上空飞翔着小小的，有着红黄光晕的上帝。

格吕内瓦尔德在耶稣受难和对魔鬼的信仰之间补充了神圣的主题。在刻画魔鬼和荒凉景象的画板背面，可以看到光芒四射的信仰。

他现在开始从左侧绘制圣母领报颂歌的情景。如鲜花般盛开的少女洋溢着情欲。她身旁是一块火一般鲜红的纱披，似乎在纱披每一个褶皱之间都充满着欢乐。

大天使在附近盘旋。这是爱神厄洛斯，红蓝相间的斗篷披在金黑色的外衣上，随风飘动。一绺头发耷拉在额前，充满着希望，他用手指寻找意中人。他把坚定不移的目光投向这个惶恐不安的少女。只有条顿人才能用这种冷酷的爱情目光，像利剑一般刺入少女的心坎。

在中间的两块画板上徐徐升起圣婴的光轮，从阴郁的哥特式教堂里出现了唱着歌的天使。暗蓝的背景逐渐泛红、猩红、鲜红直到光芒万丈，射向外形已经改变的圣母玛利亚和新生婴儿。她站在达·芬奇式蔚蓝色风景画的天际之中，向大地射下基督的光芒。基督自己则被象征着向亡魂问卜的黄色烟雾笼罩着，周围是一片光辉。

右侧内部画的是耶稣复活的故事。这是这位梦想家想象出来的最大胆的画面。

在深紫色岩石缝隙对面排列着一些石棺，三个披甲的士兵面对上述景象倒了下来。他们毫无表情，没有翅膀，也没有力量，一动不动的就像被磁石吸住了。从东方来朝见初生耶稣的三位贤人在他们面前冉冉升起。在一片茫茫的蓝色中，裹着主的大尸衣向地面徐徐落下。光辉夺目的王冠在主的头上抖动着，但并没有因此变成一个圆球。光线开始是蓝的，继而变深，随后成为像星星一样的蓝，颜色的变化像同轴回旋向上，最后与暗绿色的夜空混为一体。在广漠的夜空里，每一种色彩都在发光，每件物体都散发出自己的光芒。主的躯体像雪花膏般半透明，似乎有两个小点在控制整个自我变幻的色彩，那就是复活了的基督那双冷峻清澈的黑瞳孔。

经过数年紧张的工作，格吕内瓦尔德终于放下画笔，在作品面前欣赏自己的劳动成果。这是德意志历史的伟大时刻，只有巴赫完成《赋格的艺术》和歌德完成《浮士德》的时刻，才能与这一伟大时刻相比。作为国家绘画中的个人作品，伊森海姆祭坛画可以说是德意志的米开朗琪罗的西斯廷教堂绘画。

小汉斯·荷尔拜因（1497—1543）与丢勒有着密切的关系，就像莫扎特与贝多芬的关系一样。与莫扎特一样，他早年就在国外享有盛誉，并且去世很早。也与莫扎特一样，他一开始就是一位大师，并且使自己的艺术比较顺利地达到尽善尽美的程度。但是他的成就只局限于肖像画方面，但这一项成就就超过了泰坦、拉斐尔和伦勃朗。荷尔拜因无论过去、现在和将来都是一位伟大的肖像画大师，只有普罗塔赫可以与他相提并论。

荷尔拜因肖像画的秘密在于它的独特性。他的作品对象都没有任何背景和财产，只有少数人佩有勋章，显然那是经他们请求而为他们画的。他给他们画上漂亮的衣着，但是画的重点仍是毫不掩饰地放在头部,因为一个人脸上的表情最能反映他的心灵。甚至对妇女,他也从不以她们优美的脖颈和丰满的胸部来吸引注意。当然,荷尔拜因钟爱美,人们时而可以看到在委拉斯开兹、伦勃朗和丢勒的晚期作品中有一些丑陋的人物,而在荷尔拜因的画苑里却几乎找不到一帧。他描绘的人物看上去都很潇洒,体现了他们的心灵。荷尔拜因在为每个人作画时,都好像获得了上帝赋予的特别的观察力。他忍受不了任何的装腔作势。荷尔拜因作为画家有机会和许多人接触,有人以为只要花一笔钱,就可以抬高身份,要他画出一个美好的形象。荷尔拜因令人钦佩之处,就在于他不为了金钱,而是忠于他的艺术。

荷尔拜因画笔下的男男女女看起来都差不多,有时甚至有点像画家本人,因为肖像画家和历史学家往往不愿意违反自己的本意去创作人物!他刻画的人物中有大臣、商人、哲学家、市长、君主、猎师、年轻的花花公子、上了年纪的医生、画家和神甫,也有普通的妇女、侍女、王后,既有德国人也有英国人,但是所有这些彼此并不相识的人,都有一种反映他们心灵的神情。这是因为画家有股神秘的力量,他能窥测到这些人的思想深处,并把它画在画布上,就像钟表大师只须打开钟表的壳子,就能一下子洞悉内部的机械原理,关上钟表的壳子时,就已经知道钟表转动的原因,而这一切都发生在数秒钟之内,发生在最初的一瞥中。这也就是为什么荷尔拜因的人物中没有哭泣的,也没有大笑的,但他们又确实都是活生生的人。他们有感情,对生活中的一切琐事、情欲、地位、金钱、爱情都怀着非常强烈的感情,这一切在每个人身上都流露了出来。荷尔拜因在 18 岁时去过巴塞尔,因为他听说那里有位擅长复制绘画的画家,但是这座城市的人并不认识这位年轻人,只有伊拉斯谟一个人发现了年轻的荷尔拜因的价值。当这位伟大的画家为这位伟大的思想家画下不朽之作的那一刻,可以说是德国历史的伟大时刻。为了酬谢荷尔拜因,伊拉斯谟以极高的评价推荐荷尔拜因到英国去,为其开辟了德国画家在国内绝不会有的光明前程。

荷尔拜因在英国最先为亨利八世最有权势的首相、伊拉斯谟的朋友托马斯·莫尔作了一幅肖像画。他的名声不胫而走，英国朝野上下，无不以获得荷尔拜因的画而引以为幸，连国王也坐在这位画家面前，让他作画。

荷尔拜因名声大振，酬金也提高了。他从不奉迎讨好他的主顾。即使为国王作画，他也一定如实地把他的肥胖画下来。而荷尔拜因最后还是被聘为宫廷画师。

荷尔拜因只为自己作过少数的自画像，最后一幅自画像是在45岁时创作的，形象非常简朴，画中的自己不过是他所了解的众人中的一员罢了。不久后他就在伦敦去世，好像和泰坦一样，死于瘟疫。

当伟大的画师以自己的画笔，伟大的改革家以自己的思想将德国的威望带入世界舞台时，本世纪最伟大的思想家正在酝酿一场大革命，这场革命给世界带来的影响更为深远。与康德、贝多芬一样，哥白尼（1473—1543）只是半个德国人，他的父亲是波兰人，母亲可能是德国人，但波兰人说她也是波兰人。他所有的学识都是在意大利学得的，他在意大利学了4门专业。当他把精力完全贡献给天文学时已经30岁出头了，可是他几乎还需要另外30年来从事实验和计算，以证明他那大部分凭直觉获得的初步知识。所有这一切发生在望远镜问世前的100年。他声称太阳是恒星，地球和其他星球围绕着太阳转动，给社会带来了巨大震动，是自托勒密以来从未有的。

这个概念回到了希腊哲学家毕达哥拉斯的设想，但是《圣经》的根据是来自亚里士多德和托勒密的学说。这一段世界历史十分奇妙：泛神论的异教徒把地球看作一个星体，而信仰宗教的基督教徒根据他们对天堂的梦想，认为地球是世界坚实的中心。如果有人认为《圣经》的教义有错误，因而这个信仰的前提也就站不住脚的话，那么提出这种看法的思想家一定要受到像对待魔鬼一样的严惩！但是德国知识界的革命鼓舞了哥白尼，他尽管已经60岁了，还是敢于紧急公布自己的发现。如果教会决定把他逐出教门，那么他将与路德、胡登遭到一样的下场。

但是实际情况又如何呢？为了防止发生意外，狡黠的牧师会成员把他的书献给教堂，教皇请了很多朋友和所有红衣主教到他花园来听关于他学说的演讲，而在这教皇身后继任的13位教皇都未能禁止这本书。反而是路德和墨兰顿马上出来反对哥白尼的学说，他们坚持，除了写在《圣经》上的是真理，再也没有别的真理；赞美诗第14章也说："大地是永恒的。"路德主张宗教革命，但当他看到别人采取实际革命行动时，又立即出来反对。现在，这位信仰革命家路德又出来反对思想革命家哥白尼。

11

孤独的查理——查理的银行家——帝国的勇士——皇帝的永别——查理与路德——查理之梦

查理五世是最后一个在意大利加冕的德国皇帝。米兰、那不勒斯、勃艮第再度落入他手中，此后，除差不多于同时侵犯墨西哥的科尔特斯以外，25 岁的查理就成了当时世界最强有力的人物。如果不是在这个时候土耳其进犯匈牙利，那么查理在对付德国改革运动中一定会轻而易举占上风。

但是一页珍贵的文件被保留了下来——看上去好像是日记本上掉下来的一页，从中我们知道这位不可一世的独裁者实际上处境十分困难。

查理很快发觉自己处境孤立，他年轻时的辅臣去世，身旁只有几名女性，没有朋友;他的欢庆大典虽然极为庄严和丰盛，但很冷清。公元 1522 到 1529 年他住在西班牙，成了半个西班牙人。人们直接称呼他为“尊贵的皇帝陛下”。他喜欢文艺复兴时代的那种浮华壮丽，甚至请求教皇派遣一位研究新风俗的最伟大专家作为教皇使臣，那就是写下了《侍臣论》的卡斯蒂利奥内。

大概就在这个时候，他开始修建格拉纳达宫。这座宫殿虽然始终没有建成，但人们已能见到夸张的罗马建筑风格取代了优美雅致的浪漫式摩尔大柱、游泳池和庭院。据记载，查理每天办公半天（也有的说用整天的时间办公）。此时，他脑海中究竟想些什么，我们可以从他自己写下的独白中看得一清二楚：

> 要对每件事情作出决定可真困难啊！虽然我已绞尽脑汁，全力以赴，还是徒然。我看到，也意识到，时光转瞬即逝不复返。我将会为自己留下什么光荣的回忆？直到现在我也没有完成任何令我感到荣耀的事迹。正因为这个和其他的因素，我感觉不到需要采取什么伟大的行动或者做些什么。在上帝保佑下，我变得更强大，享受上帝赐给我的和平和安宁。改善我处境的最好办法是进军意大利，可能有人会以财力或国内安全为理由加以反对。为了避免麻烦，我看还是加快我与葡萄牙公主的婚礼，尽快把她娶过来。她给我带来的财富应尽可能是现金。此外，我应考虑一下，同时提出香料贸易问题的讨论是否为上策。

皇帝是在对自己说话。作为一个世界统治者，他在寻求自己的利益；作为一个求婚者，他考虑的是为自己的国库从殖民地搜刮财富。但是在这份独白中，他提到后来很快被证实的三件大事：信仰、雄心和爱情。查理和路德一样是一位虔诚的教徒。任何意外的消息，不管是好是坏，他总是首先祷告使自己镇静下来。

提香曾有幅不朽之作描绘了他和葡萄牙公主的婚礼，画上两个年轻人在塞维利亚为结婚而举行庄严的宗教仪式，这桩婚姻给他带来 13 年完美和谐的生活，他俩形影不离，直到她死去。他对她的美好回忆并没有因后来又结婚而冲淡。在他的中年，这位可以得到任何东西的世界统治者，几乎从不寻求其他的欢乐，也不要求宫廷为他安排什么，生活十分严肃简朴。

但是即使这样，这位德国千年以来手握最大权力的专制君主仍然受到两件事或说两个人的限制，有人也许希望每个独裁者都受到这样的限制。这两个人是主持忏悔的神甫和财团银行家，只有这两个人可以向他通报实际情况。他甚至听任前任主持忏悔的神甫写信告诫他。

“皇体海涵安禄，愿上帝赐福于你，消除陛下的两个德国天敌：暴饮暴食和浪费时间。”一天早上皇帝看到了这个手札，第二天他收到了另一份手札，这是那个丝绸工富格尔的孙子写给他的。这份手札称：“这件事一定得说清楚，而且对陛下来说，也应该是显而易见的：没有我的帮助，您是不可能参加那次皇帝加冕典礼的。在这个问题上我并没有为自己谋求好处。因为，如果我置哈布斯堡于不顾而支持法兰西，我本来可以得到更多的财富和利润，而他们确实是答应过我的。”对此，皇帝给一个知己朋友写信说：“商人好像正在阴谋反对我，不为我效劳。不论在奥格斯堡还是别的地方，我找不到任何人愿意借钱给我，不管我愿意给他们多少好处。”这说明在查理的统治下，德意志还是一个法治的国家，这个独裁者不敢任意征用大财团的财富。

提香曾被聘请到奥格斯堡为皇帝绘制巨幅画像。第一幅画像上的查理留着胡子，但看上去尚未成熟；第二幅，他站在一条猛犬旁，神情庄严而冷峻；第三幅，查理身穿甲胄，全副武装，坐在一匹黑色战马上。最后一幅肖像画作于1548年的慕尼黑，查理身后一片暴风雨景象，他身着黑色礼服，端正地坐着，佩戴着金勋章，此时他的表情已是聪颖智慧、深谋远虑，没完没了的战争和痛风病加速了他的衰老。而且直到晚年，他还要和大臣亲临前线督战。

昔日宗教斗争的兴衰和它对国内战争的影响，对今天的读者来说十分枯燥无味。利益集团藕断丝连的变化，今天你我合作，明天我他结盟，千变万化，但动机始终不变。人们继续谈论着宗教，而各个教派早已成为政客和军人手中强有力的工具，不过是棋盘上听凭摆布的小卒而已。

查理还有整个世界是如何看待战乱起伏不停、缺乏中心思想的德国呢？假如土耳其在巴尔干没有形成持续的威胁？假如他们不经常进犯德国，一直打到施蒂利亚？他们威胁地中海，萨利姆和苏莱曼已经征服了埃及和罗得斯（南非），他们的船只经常在沿海骚扰掠夺，和古代游牧民族一样。查理终于不得不采取某些类似十字军东征的做法，征服突尼斯，但是在进军阿尔及利亚前被迫挥师返国。

就在此时，荷兰发生了一场严重的暴动。这个国家勉强接受了查理的统治，因为他多少还可以算是本国人，但他的儿子腓力普不同于查理，他们断难接受腓力普的统治。加尔文教派，也可以说是改革派中的富人在国内已占上风，再也接受不了天主教宗教法庭或西班牙关于正直的概念。查理在晚年受到各邦诸侯的严重威胁，诸侯担心查理建立他们过去长期领受过的世袭君主专制。特别是萨克森选帝侯，早已在决定性的斗争中背叛皇帝，站到敌人那边去了。查理在病中，如果不是一个军团的兵变，为其出逃打开一条道路，他就会在蒂罗尔被俘。

内战结束，他从前线回来，已是精疲力竭，几乎要垮台了。他只得坐视几个选帝侯，以勃兰登堡侯爵为首把边塞城堡麦茨、图勒和凡尔登出卖给帝国的敌人法兰西亨利二世。查理想集中最后力量收复麦茨，最后被迫退却。这位强大的胜利者再也没有足够力量进行大规模的报复了。后来，他决定退位。在得势的昌盛日子里，他曾答应妻子，在年迈时一定到修道院去隐居。这是一对情侣又是一国君主的罕见诺言，这表明他们的灵魂极为虔诚。

公元 1555 年，查理退位前签订了《奥格斯堡宗教和约》，这表明经过 34 年的激烈斗争，德国的国家权力大大强于德国精神界的力量。根据奥格斯堡旧教派的信条，路德分子可以被容忍，加尔文教派则不行。更有甚者，只有各级政府有选择信仰的自由，而个人没有，如违反这一规定就要受到惩罚。信教的诸侯如果参加新教就会失去在教会中的地位。根据“在谁的国家里，信谁的教”的原则，诸侯有权决定信什么教，其结果是诸侯的力量得到加强。路德的宗教斗争只取得一半的成果，而其政治斗争目标完全没有达到。人民没有争得宗教信仰的自由。查理终于退位并且永远离开了德国。他自动放弃了权力，自公元300年以来，主教辖区没有任何一个统治者这样做过。他之所以放弃权力，不是由于革命的压力，而是出于智慧和信仰。

查理举行庄重的仪式，摘下皇冠。在布鲁塞尔，他把象征国家命运的金羊毛勋章授予自己的儿子。他穿着丧服，站在诸侯和贵族面前，又像是皇帝，又像是悔罪者，公开宣读了退位声明：

> 40年前，就在这座大厅里，我被宣布成年。我发现基督教四分五裂，你争我斗，互相为敌！我到德国去了9次，西班牙6次，法国4次，非洲2次，英国2次。现在我的最后一次旅行将把我带到西班牙。我现在已经精疲力竭。我的儿子腓力普和兄弟费迪南将接管我的王国。愿我的儿子紧紧遵循父王的信仰，维护和平和公正。我过去常犯错误，有的是因为年轻，有的是因为任性，有的是因为软弱。但我从未故意伤害过一个人。如果我曾经对谁这样做过，今天我请他原谅。

查理讲完了这几句话后，请大家原谅他因激动而流下的眼泪。随后，他就动身到西班牙的一个修道院去。

但是查理终究还是皇帝，他并没有立即住进修道院小房间。他下令在圣鞠斯特修道院的旁边修造一座小小的宫廷，大约在一年半之后搬了进去。查理似乎盼望与书籍和鲜花为伴，度过自己相当漫长而又安静的晚年，但实际上这种生活只维持了一年半就结束了。

他召集了一些擅长歌唱的修道士，喜欢听他们欢快的歌声。在隐居生活中，他并没有离开欧洲。他的医生是荷兰人，他的管家是西班牙人，侍童是德国人，机械工是意大利人，他的《圣经》是法文的，因为即使国王也被禁止使用西班牙文《圣经》。查理是在法语环境中长大的。在他生命的最后几个月，他像最开始那样做祷告，这和路德临终前的情况相似。他死时手中抓着一枚小小的十字架，正是他妻子临死前手中抓的那枚。

在这两位同时代的领导人之间是否真的隔着一个世界？难道他们不是比他们信奉的教义和他们疯狂的信徒更能容忍彼此吗？难道整整一生他们不是相互容忍了长达 30 年之久吗？路德尊敬这位哈布斯堡的皇室后裔，而查理把路德看成他大臣手下的牺牲品。缪尔堡战役后，查理途经维滕贝格，阿尔巴公爵请示他是否把新近死去的路德的尸体挖出来毁掉，查理答复说："我的敌人是活着的人，而不是已经死了的人。"查理确实是冷峻的，而路德是炽热的。前者是国家领导人，后者不是。一个终身为皇帝，而另一个始终是农民。

但是，他们之间并不像我们今天看来相距那么遥远。查理倾听这个修道士的申诉，不是装个样子，他也不仅是一次两次研究路德的小册子，而且允许他妹妹成为新教徒。查理和路德一样，有着深邃的思想、解不透的问题和疑虑。双方都动摇不定，表现在皇帝方面是与新教诸侯的联盟，表现在路德身上则是紧急关头给了皇帝的密使以小小的帮助。虔诚的皇帝赶走了教皇，路德则赶走了自己的朋友。皇帝因结婚而离开孩子和亲属，而这位修道士和一个他并不真正喜欢的女孩子结了婚。双方都患有痛风病、肾病，使他们不得不在这个世界上停止斗争。双方都以修道院为逃遁之处，一个是在年轻时进入修道院，一个则在老年。双方都活得太长，经受了一个痛苦、几乎是苍白的晚年。

但路德是一个彻头彻尾的德国人，而查理不是。这位皇帝本来希望自己成为改革派的领导人，从而把整个德国置于自己的统治之下，但骄傲、传统和尊严使这位皇帝不能像拿破仑那样，在回首往事时敢于后悔。伊拉斯谟称路德主义为一大悲剧，而查理追求欧洲统一的努力恐怕也是一大悲剧。在 10 世纪，这个梦想是可能实现的，在 16 世纪不可能，而现在到了 20 世纪却再次有可能实现。

12

天主教的西班牙——北方是基督教徒——荷兰——查理的后继人——大战肇始——法兰西

现在，我必须中断前言采用的叙述方式，利用这个空隙，简要回顾一下公元1600年左右的欧洲形势，使读者有个全面的了解。我将努力做到不加渲染和不带个人偏见。

此时的西班牙和法国决定了这个阶段的历史进程。查理的儿子腓力普二世于1598年结束对西班牙的长期统治，标志着这个时期的结束；另一个举足轻重的人则是直到1610年还统治法国的亨利四世。这两个大国冲突的原因之一是哈布斯堡王朝和法国的不和。查理五世统治的西班牙和哈布斯堡王朝的疆土是连成一片的。哈布斯堡居民松松散散，领土面积广阔，将整个法国包围在其中间，而法国人民很团结。哈布斯堡力图阻挠法国向东扩张。当查理寻求联合控制欧洲时，德意志诸侯、苏丹，甚至教皇和英国人等所有的敌人都站在西班牙的对手法国一边。在这个争夺欧洲，也可以说是争夺世界的斗争中，查理最后实际上是失败了。而且由于查理只将西班牙而没有将奥地利留给儿子腓力普，从而动摇了哈布斯堡王朝占据法国的有利地位。

最初战争的进程一直对西班牙有利。可是在腓力普消灭了法国对手以及教皇后，他又干了什么呢？他让他的将军阿尔巴公爵向罗马教皇的敌人屈膝投降。腓力普是一位脸色苍白、神情忧郁、心怀虔诚的王储，与父亲相比，他的坚定和聪颖都大为逊色，甚至他的头发和眼睛也不如他父亲的好看。他意志薄弱，时而失控发疯。打败法国人后，他就开始反对宗教改革。他的父亲临终前手握十字架，死于修道院内。而他却常常在教皇与新教诸侯之间玩弄高级的政治游戏。这个苍白的腓力普将睡床安放在卧室的一角，正好可以透过窗户看到高高的祭台，至今人们仍然可以在埃斯科里亚尔看到腓力普的卧室。

他初次的胜利使西班牙成为居世界领导地位的大国。西班牙竭力争夺荷兰和意大利的边境地区，再次把法国纳入自己的版图，即使将有着血缘关系的奥地利分裂出去也在所不惜。西班牙成为基督世界最活跃的大国。

德国在各方面都在收缩，英国一度自顾不暇，法国也被削弱。这三个国家都由于宗教斗争而不稳定。西班牙成为天主教世界的领导大国。随着自由主义思想的日益壮大，英国、法国、荷兰都发生过为反抗西班牙大举侵犯欧洲的起义，后来由于法国的宗教分裂，这些起义趋向低潮。

此后，西班牙越过法国，矛头直指英国。由于其他欧洲国家都被肢解，这两个最后的大国势必进行一场殊死的斗争。从长远来看，也只有英国和西班牙有能力争夺制海权。这场斗争一直持续了200余年。

站在另一端的法国，这个国家被分裂，经历过战败，国土一再沦落为战场，但是它的未来仍然是广阔的。中央集权制和君主专制思想在这个国家里有着深厚的基础，数个世纪以来，几乎始终是无敌的。这样的国家制度似乎在长期陷于四分五裂的德国永远也不可能实现。像法国这样一个国家，又活跃，又富于智慧，看来一定会超过西班牙。

但是，宗教的斗争再次动摇了法国。这样的斗争对于缺乏独立精神、因而根本不懂斗争或文艺复兴的西班牙来说是无法理解的。西班牙不可能出现一个拉伯雷[1]，用精神和讥讽来攻击这个国家。法国充满着进步的渴望和对陋习的冲击，德国却掀起沉闷而灼热的感情用事的斗争。拉丁人清澈易懂的思想与条顿人暧昧的冲动欲望针锋相对。当改革的浪潮越过德意志边界时，在最初阶段并没有引起深入和普遍的骚动。加尔文教派的精神只对上层社会产生影响，而没有深入群众。在法国的斗争主要围绕在王室周围，而在德国则在普通老百姓中间进行。

法国的皇太后凯瑟琳·德·梅第奇不是法国人，这个人狡诈甚于聪明，更像一个女人而不是一位实际的统治者，甚至不是一个罪大恶极的人。当她和胡格诺派[2]头目结成联盟时，似乎从此铺平了和解的道路，这种局面是路德从来也没有想到过的。沉默寡言、看起来更像位诗人的海军上将科利尼是位庄严的具有伟大性格的人，但是他十分讨厌西班牙，不愿仅以天主教徒的名义与他们作战。他为法国而非加尔文寻求胜利。其后果是在法国发生了与在德国宗教改革运动时期一样的宗教战争。胡格诺派用谈判得来的和平部分掩盖了失败的事实，但形势很快又因荷兰的起义发生了变化。

当时西班牙主要通过荷兰与北方和世界各国进行贸易和联系。但是活跃聪明而又爱好自由的荷兰人，怎能同意仅代表西班牙的拜占庭和西班牙的宫廷，利用荷兰作为通道对外经商呢？信仰的分裂也在这片国土上引起了国内战争，这个国家成了反宗教改革的主要舞台。

加尔文教派竟在荷兰胜利地兴起，这令人好奇。加尔文和德国独裁者比较起来，固然也是一样严厉，缺乏幽默感，具有欺骗性，

[1] 拉伯雷（François Rabelais，约 1493—1553），法国文艺复兴时代的作家，善于在作品中抨击和讽刺旧制度。——编者注

[2] 胡格诺派，通常用来表示法国加尔文宗信徒的术语。——编者注

但他的精神思想要丰富得多。他把充满欢乐的日内瓦城变成一座阴郁的大兵营，禁止跳舞、赌博、唱歌，违者受罚。他本人是在有可能遭到流放、鞭打和杀头的情况下进行工作的，因为他攻击了罗马。尽管如此，他还是在一向欢乐和无忧无虑的荷兰人中间取得了伟大的胜利，这可能是因为耶稣会信徒同时也在荷兰进行竞争，而他们却遭到荷兰人的敌视。唯一的原因就是，他们是西班牙人。20 世纪 20 年代，英国之所以反对布尔什维克，是因为英国反对苏俄，这两者之间有类似之处，不过动机却极其复杂。

虽然在这三个国家的边境地区条顿民族逐渐占优势，但是荷兰却沿着斯海尔德河、墨兹河和莱茵河发展成为一个过渡性的国家。佛兰德人和法兰克人比较早就和日耳曼人杂居并有渊远的历史，瑞士的三个民族的情况就大不相同了。荷兰位于欧洲大平原上，而瑞士的大部分为山区，由于这一区别，两个民族的发展将大为不同，但这是仅有的两个将热爱自由作为核心本质的日耳曼民族。就像早在 400 年前的瑞士人一样，从长远来看，荷兰人不会像其他日耳曼人那样毫无怨言地承受压力。他们仅仅容忍了查理当他们的领袖，因为查理在很多方面与他们比较接近，但是他们注定会起来反对他的儿子——郁郁寡欢的腓力普。经历了数年的动乱不安，腓力普最后向荷兰派去阿尔巴公爵，企图一举消灭这个民族了事。这些所谓的异教徒遭到各种恐怖手段，在火与剑的镇压下屈服了。

在这场斗争中，老查理的阴魂始终不散，早在这位皇帝死去后不久，在他四个儿子和孙子身上就时刻反映出他的影子。四个孩子中唯一的婚生孩子国王腓力普二世，脾气很坏，身体羸弱，这是世袭制的通病。他先和葡萄牙公主结婚，后又和一名英国妇女结婚，这两名女性都很快死去。然后他又娶一位法国贵族女人为妻，最后和他奥地利籍的外甥女结为伉俪。这个人举办了哈布斯堡婚庆大礼，领略了西班牙杀人凶手的宗教仪式，这位面色苍白、一脸奸相的帝国统治者一生的成就，就是让这个西班牙世界帝国在他死后四分五裂、分崩离析。

形成鲜明对照的是玛格丽特·帕尔玛，她美丽出众，光彩夺目，是查理22岁时与一位可爱的荷兰女人生的孩子。查理临死前，授予玛格丽特8年治理荷兰的行政权。她与帕尔玛公爵所生的儿子是另一位富有极大魅力的人物。这位查理的外孙亚历山大·法尔内赛成为当时的大将军之一。除他们之外，还有查理与奥格斯堡芭芭拉·布隆贝格所生的一个孩子，是奥地利才子约翰先生。芭芭拉·布隆贝格是查理的情人中最漂亮的一个，生下约翰时恰好和玛格丽特诞下亚历山大的时间相近。腓力普，也就是他们合法的兄弟和叔父非常妒忌这三位出身高贵的非婚生亲戚。但是他总是小心翼翼地掩饰这种情绪。他非常担心，他父亲的天才会在他们身上有所表现，尽管他是可以利用他们的。当他发现玛格丽特对荷兰人过于纵容，在其他方面也不合自己的心意时，就把她召回，并派可恶的阿尔巴公爵去代替她。阿尔巴公爵对奥伦治贵族的崛起是不悦的。荷兰人英勇战斗，打败了阿尔巴公爵，迫使他答应将荷兰人为之奋斗300年之久的自由还给他们。莱顿城也就是在这次斗争以后出了名。因为当新执政的君主奥伦治诸侯征求他们意见，是愿意免税还是奖励一所大学以表彰他们在战争中的功绩时，他们选择了后者，为后人树立了光辉的榜样。遵循这种精神，最终给国家和城市带来了好处，这是多么明智啊！

这三个非婚生的孩子就是这样努力表明，在他们的血管里流着查理的血液，而婚生的儿子最后毁灭了自己合法的继承权。这使我们再次认识到，继承天才的最好途径是爱情，而不是婚姻的结合。

公元1570年左右在法国土地上进行的旷日持久的战争，其性质一半是宗教的，一半是权力的再分配。这场战争分别以西班牙、英国和法国轮流获胜而告终。这次战争包括著名的科利尼大屠杀，这是执行凯瑟琳·德·梅第奇王后的命令，而科利尼是她手下的杰出大臣。圣巴托洛缪大屠杀发生在1572年，在巴黎死了成千上万的人，但是仍然摧毁不了胡格诺精神。此时是天主教反对宗教改革的高潮。

今日的德国独裁者一心想增加人口，同时又抱怨缺少生存的空间。但是1580年的数字表明，相对来说人口不是十分重要。当时西班牙有700万人口，法国为1700万人口，但是法国还是被西班牙击败了。荷兰和英国的人口分别为300万和400万，他们还是为强大的西班牙和人口是他们好几倍的法国，制造了很大的困难。16世纪的英国很大，德国很小，但这只能怪他们的诸侯自作自受。

几乎与腓力普二世同时在位的英国女王伊丽莎白，不得不忍受改革带来的一切后果，因为她的父亲为了她的母亲参加了改革运动。当时她拒绝了最强大的国王腓力普的求婚而赢得了信誉，她后来又使腓力普依赖她，最后又打败了他。虽然英国人讨厌腓力普，但她狡猾地与腓力普结盟，共同打击敌人法国，并且同时与代表人民的议会合作。

当决定性战役来到时，腓力普和伊丽莎白这两位统治者均已年老。1588年初，著名的西班牙无敌舰队被新生的英国舰队打垮。即使当代人也看到了这一事件的意义：这是条顿人和拉丁人两个民族，两种生活道路，以及旧教会和新信仰，专制主义和新兴民主制之间斗争的伟大结果。

与此同时，荷兰联合王国只在所谓的“七省”范围内才算是一个加尔文教派王国。荷兰发展迅速，并且在商业和航海业方面成为可与英国并驾齐驱的世界大国。

在这两个新教自由派的条顿海上大国之间，一个信奉天主教、属于欧洲大陆的，甚至是专制主义的拉丁国家逐渐强大起来，它不是敌人，而是同盟者。它是全欧国家未来的样板，这个国家就是民族主义的法国。在亨利四世领导下，一个支离破碎的国家重新站立了起来。1598 年，亨利和胡格诺派在南特实现了理性的和平，树立了克制忍让的榜样。200 年后，这被法国人民重新发现，并以此作为大革命三个口号的基础。

13

波希米亚和哈布斯堡——真正的原因——出现华伦斯坦——出现古斯塔夫·阿道夫——逸闻——华伦斯坦被暗杀

腓力普逝世20年后，德国爆发了一场战争。谁也没有预料到，这场战争竟会延续30年之久。在这之前，几乎有两次战争有一触即发之势，只是由于看到这场战争的破坏性而被规避了。这是一场彻头彻尾为了保护既得利益的政治战争，由国内战争发展为世界性的战争。这是一场涉及经济、朝廷，而没有涉及宗教的战争。16世纪当权者虽然自称为天主教联盟或新教联盟，但这不再是信仰的区别，任何一方都没有为宗教殉难的英雄或烈士。贪婪和野心是决定诸侯参加哪个阵营的主要出发点，战争中产生的两三名将军或元帅不过是出钱雇佣的军人，他们在财和利的诱惑下，经常改变旗号。这场在当时深深震惊了欧洲并且至今仍有其影响的争权夺利的斗争，与思想信仰毫无关系。但在100年前，正是思想和信仰上的差异造成了巨大的对立。因此在整个德国战争历史中这次最为著名的战争，给后代带来的影响要远比改革运动造成的影响小。人物和事件都不能仅仅因为源于某个事件而宣称自己的重要性。

让我们暂时停止列举那些创造历史的公爵或侯爵，再把目光转向人民，首先是热爱自由的捷克人。他们又一次像200年以前在胡斯的领导下一样，发出反抗的信号。这一次不同于荷兰，一开始并没有组织国家的联盟，只是一部分波希米亚贵族反对另一部分贵族，直到奥地利的其他公国支持新教、反对奥地利的天主教皇帝时，形势才发生变化。这些皇帝早已不去罗马朝圣，可是仍像五个世纪以来的先辈一样，自称为“德意志民族罗马皇帝”。他们因皇室由哈布斯堡家族世袭而成了奥地利皇帝。家族中西班牙支系现在已完全脱离，腓力普统治了西班牙，斐迪南则在奥地利。尽管他们有一大串称号，但可以说，自从1560到1803年以来，这些皇帝实际上只统治着德国很小的一部分土地。早在17世纪，奥地利和普鲁士就发生显著不同的变化，这一对立导致了18世纪那场伟大的战争，并在19世纪产生具有决定性意义的有利于普鲁士的变化。但是哈布斯堡在德意志王国失去得越多，在别的地方占领得也越多，最后哈布斯堡成为统治多瑙河的伟大帝国，居民讲着八种语言。

这场起义引起一场持久的战争，起因是波希米亚人把两个皇室官员从布拉格城堡窗口扔了出来。这是一个偶然事件，就像1914年6月一位大公遇害而引起一场酝酿已久却一再被推迟的世界大战一样。

第一次战役发生在1620年白山附近。波希米亚国王被打败，不得不在皇帝军队到来以前仓促逃亡。这一决定性战役只延续了一小时，就像玻利维亚战胜秘鲁一样迅速。斐迪南皇帝获胜后，大肆淫虐与杀戮以发泄怒火。只有贵族可以免于绞刑和肢解，但一律枪毙。与荷兰不同，波希米亚的起义是由贵族发起的，并结束在贵族阶层。

只是为了争夺战利品，这场在一个小时内就取得决定性胜利的纯地方性战争，发展成为30年的战争。皇帝获胜后，当年的一些大国都想掠夺和破坏德国。特别是英法两国想利用这个机会，以荷兰为钓饵，向双重君主专制的哈布斯堡王朝发起进攻。丹麦国王在英国金钱支持和新教诸侯的纵容下夺取了易北河和威悉河上的立足点，瑞典更有理由以宗教信仰为借口进行干预。各个大国就这样以小国摄政王的身份侵犯德国。德国没有人为保卫完整的帝国而斗争，这就使法国得以实现肢解德国、继承西部地区统治权的愿望。

上述都是实际主宰这场伟大战争的动机。德国之所以没有成为外国君主和军队的玩物，不是因为它有两个宗教，而是因为缺乏民族情感，因而诸侯你争我夺，互相对立，历来如此。他们并不是为了宗教信仰不同而四分五裂，往往是为了一小片土地而互相嫉恨，宁愿看到在外国统治下纷争四起，也不愿意堂兄或表弟多占有一寸土地。在这场战争中并没有发生过如荷兰那样真正的人民斗争。自从围绕着宗教信仰的争端平息以来，德国忠心耿耿的臣民俯首帖耳地追随自己的君主，信奉同一的宗教，现在又追随自己的君主打仗，至少不反对进行这样一场雇佣军人的战争。法国独裁者黎塞留利用德国诸侯的唯利是图，后者又反过来利用外国势力，扩张自己的地盘。德国各邦君主根深蒂固的妒忌心理和德国臣民固有的驯服观念，都对帝国的崩溃起了无法估量的作用。

在这些战役中出现了一个很有意思的人物——阿尔布莱希特·冯·华伦斯坦（1583—1634）。他是半个德国人，半个斯拉夫人，祖上家世不明。他似乎是一位波希米亚妇女和一位波希米亚官员后裔的儿子，宗教方面也和他的家族一样含混不清。父母死后他被耶稣教会收养，因而成为一名新教徒。而实际上他什么宗教信仰也没有，他相信的是占星术，而且比当时的人更为笃信。在这位星术学家和军人身上显示出来的力量和想象的结合，以及他的性格，均表明他是一个德国人。德国国家权力与思想精神的斗争在他身上体现为诡计多端。

依靠才华与刀剑的华伦斯坦堪称第二个没有戴皇冠的独裁者。他在开普勒时代占卜的一卦倒是很可能适合今天的独裁者。这个卦的内容为："冷酷无情，六亲不认，刚愎自用，对下苛刻，爱财如命，善于欺骗，行动诡诈。"只有最后一句话"大部分时间沉默寡言"不适合他今天的继承人。

此外，华伦斯坦利用两次结婚女方带来的钱进行高利盘剥，无所不用其极。白山战役之后，他竟成了波希米亚最富有的地主。此时他 40 岁左右，已跻身弗里德兰诸侯的行列。他甚至可以靠自己的钱财而不是业绩建立和豢养一支军队，并以此与皇帝抗衡，后者正是在财力和兵力方面大感不足，因此他在打胜仗之前就已获得人们的敬畏。他那不可思议的性格给德国人留下很深刻的印象，他的神秘占星术或许有些道理，但他也多少利用自己的权势，推广他的占星术——德国的第一个独裁者就已经知道如何把神秘主义和宣传结合起来。由于他出身门第不高，因此不受诸侯家族间争权夺利的影响，眼光不局限于一城一地的得失，他关心的是整个帝国。有时他甚至自己想当皇帝。他密切关注建立了一个超阶级君主政体世界的黎塞留。耶稣会也教育他应该利用一切可以利用的手段为实现既定目标而奋斗。他坚信一支强大的军队，能帮助他达到他的或者他帝国的目标。

他和地地道道的独裁者一样，嘲笑那些拘泥于传统偏见的军人，他宁愿利用时代的弱点，而不是完善当时的社会。他变幻莫测的犬儒主义，加深了他用战争养活战争的思想。而当疑心重重的皇帝问他，波希米亚能否养活两万人时，他确切地回答说："不是两万人，而是五万人。"他在德国北部取得一些胜利后，力争皇帝加封他为梅克伦堡公爵，并把战争一直推进到波罗的海。嫡系的诸侯对这个自命不凡的暴发户成为德国公爵非常不满，他们威胁皇帝如不罢黜华伦斯坦，他们就要倒向法国。皇帝是靠这位令人难以捉摸的暴发户将军的借款支付军饷的，他像普通债户一样，设法找些借口，摆脱了这位不受欢迎的债主。就在这时，瑞典国王引兵踏上了德国的国土。

古斯塔夫·阿道夫（1594—1632）与阿米尼乌斯、巴巴罗萨以及兴登堡一样，这位伪造的历史传奇人物得到了德国人民的信任。他们都是蓝眼黄须，身体魁梧，符合人们想象中的英雄形象。古斯塔夫·阿道夫闯入了德国的旋涡，人们把他比作“午夜狮子”，说他杀敌如麻，只见他冲进敌人重围，左右敌人纷纷倒下，自己却兵不血刃。只有一点，就是他的矛头究竟是指向谁，老百姓并不了解。这位年轻的诸侯与救星突然在波美拉尼亚登陆，与300年后威尔逊总统的登陆，产生了同样的效果。但是当他长驱直入德国时，惊慌失措的却是新教的诸侯。

眼看沿海海岸线受到威胁，除进行干涉以外，没有别的更好的选择。但是由于瑞典此时在三个宗派的诸侯中都有敌人，因此对瑞典来说，这位带着新教刀剑的圣使显然是它的伟大保卫者，好比是红衣主教黎塞留，或是教皇，或是苏丹王。瑞典国王的目的只是为了保卫自己国家的安全，他一点儿也不希望宗教改革运动获得胜利。自从重要的对手出现在德国政治舞台上，国王立即解除了华伦斯坦的职务，他不得不勉强接受退休。华伦斯坦的新教亲友们只是在他取得胜利后才决定加入他的行列。而现在，北德一再取胜，大踏步向南德进军，皇帝重新召回了华伦斯坦。

华伦斯坦比瑞典国王大十岁，他用占星术卦算到他们两人的末日已经不远。他始终关心着祖国的命运、荣誉和子孙后代，一旦祖国需要，他立即被委以重任，打击瑞典的国王。素负美名的瑞典军队在莱茵河一带和巴伐利亚州大肆蹂躏，比皇室的雇佣军更有过之而无不及。这两支军队在纽伦堡附近对垒两个多月，像两个大赌徒一样，在决战之前还看不出谁胜谁负。

随后，瑞典在吕岑发起进攻，并且取得胜利，但是在1632年另一次战役中遭到失败，这决定了瑞典国王一生的命运，他的传奇也随之开始。这位国王一头美发，像骑士般潇洒，特别是他在取得胜利后死去，更为德国的诸侯树立了榜样。这些诸侯没有一个亲自上过战场，手执武器，为人民的荣誉而死。残酷的战争已使欧洲一些君王死在战场上，可是没有一个德国皇帝，几乎也没有一个诸侯英勇战死在战场上。两位英国君王死于战场,其他四位被暗杀或被绞死。法国六位君王遭到同样的命运。经历了上千次战役的年代中，德国统治阶级没有一个人在敌人面前倒下，只有革命者和异教徒遭到杀戮，仅仅这个事实，就可以表明德国人民效忠的那些人的为人。

胜利的瑞典国王死去，吃了败仗的华伦斯坦成了战场上的幸运儿。现在他的对手死了，他本可以倒向瑞典军队，联合起来反对皇帝。可是他却溜回波希米亚，整个冬天在家中闭门不出，闷闷不乐。此时，他与三个新教领导人秘密谈判，显然是为争得波希米亚王权。但是他已年近50，体力不支，精神不振，再也不能骑上战马，驰骋疆场，而且他的痛风病说明他的生活可能过得太优裕了。他的财富都是通过婚姻带来的。皇帝始终对他心存疑惧，最后如一般弱者经常会做的那样，将华伦斯坦暗杀了。但危机并未因此消失。

14
德国失去土地——荒芜——夸美纽斯——开普勒——上帝就是几何学

随着两个迷人的对手在暴力肆虐下从舞台上消失，悲剧达到了高潮，情节也开始松懈。战争的后半阶段表明，德国交战的双方都已经精疲力竭，没有一方能取得胜利，因而法国成为战争的胜利者。

黎塞留是一个现实主义者。他在国内镇压加尔文教派的同时，就开始给德国新教徒重大的财政支援和许诺。他将这一切称为“德国的自由”，并且以这个名义支持德国各个阶级的愿望和特权，以反对德国的皇帝。法国继经济和政治援助之后，很快派出军队直接干预，因此在战场上一方面是天主教的法国反对天主教的德国皇帝，另一方面是萨克森、勃兰登堡和丹麦的新教诸侯反对新教瑞典，这就是所谓的“宗教战争”。所有这一切都发生在德国土地上，并且延续了好几十年。这并不仅仅是因为德国的诸侯缺乏民族感情，德国的士兵也是如此。

德国士气的衰退，即使在那时，也像今天法国的士气下降一样，是一个值得讨论的问题。一个国家军队的士气是很易于波动的。法国一度使世界很失望，几乎在 50 年不到的时间，著名的拿破仑军队就下降到他侄子统率的那种残兵败将的水平。即使在“施瓦本战争”中，德国人也无力抵抗瑞士那样小小的部队。华伦斯坦将胆小怕死的军人一律交军事法庭审判。德国士兵一向有着好夸海口、不敬神灵、身强力壮的美名，但是军人的荣誉仍属法国居先。

旷日持久的战争使德国历史倒退200年。直到公元1800年左右，德国才重新恢复到1600年左右的繁荣水平。1648年，经过数年准备以后，《威斯特伐利亚和约》终于最后签定，但宗教问题仍然没有得到解决。

从政治上看，这场大战对帝国来说也是失败的。各个社会阶层在战争中都受到削弱，唯独诸侯的权力增强了，自由则受到限制。每个公国和诸侯在帝国都可以按自己的意志办事。无论是皇帝还是帝国议会均没有得到加强。唯一新鲜的事物是诸侯的特权被写进了法律。德国教授认为，这种对诸侯俯首帖耳的态度，日后遭到了世界的蔑视。德国人确实是习惯于服从，但是用歌德的话来说，德国人总是努力求得每件事的精确性。正由于此，当国家提出某项要求时，德国人总是寻求一个能向其保证一切井然有序的人，而这个人必然是一位专家。除非德国人知道，制造大炮的钢材里面有5%的哲理保障，否则他们的内心总是不安，如果不是由一位教授出来坚定证明他所从事的事业是正义的，那么德国人宁愿追求一个水平较低的目标。因而此时有个名为普芬道夫的宪法专家被要求出来证实为什么诸侯的特权大于皇帝的特权，又该如何看待这个问题。在这里我们又看到，路德精神在德国公民道德的上方盘旋。

战争给德国在宗教和政治上带来了消极的后果。为了满足外国大国的要求，帝国穷困了，领土面积缩小了。帝国第一次放弃了大片土地。瑞士和荷兰在这次战争中取得了独立，摆脱了从属于德国的地位。荷兰是这次战争中唯一发了财和力量得到加强的国家。法国得到了阿尔萨斯和在莱茵河右岸永久驻军的权利，与此同时，他们的思想、语言和各种影响渗透到了德国。德国王室非常适应法国的生活情趣，很快每个公国都希望成为“小太阳王国”。这一切都发生在 1650 年左右。在此后的 100 年内，这对德国的政治和文化产生了深刻的影响，既有好的，也有坏的，或许这就是这场大战带来的最重要的后果。

无论如何，和约迫使德国撤离沿海地区。所有河流的入海口都被没收，大片沿海地区落入瑞典和丹麦之手，但有三座波罗的海沿岸的德国城市保留了下来；内陆锁闭的德国只能在非德国人监督下与外部世界取得联系，德国无权分享任何新发现的殖民地。“三十年战争”后期，1300 万人口的王国只剩下 400 万人口，12000 个地方遭到破坏。1635 年，在沃尔姆斯有大量尸体被挖掘出来烧掉。据编年史记载，甚至发生过啖食人肉、屠宰儿童的惨事。

1632 年，纽伦堡当局允许天主教神甫结婚，同时建议世俗男子娶两个妻子，以增加人口。纽伦堡被梯里占领后，这个领地的人口只剩下原有人口的 2%。“汉萨同盟”也瓦解了，德国南部城市失去了与意大利的联系。此后 100 年内，莱茵河上商业萧条，人民依靠滥伐黑森林、将木材扎成筏子漂往荷兰为生。贫穷的商人向士兵收购偷来的钻石和金子，违法的货物贸易完全败坏了商业道德。

在这方面，历史学家特别推崇绘画作品的描绘。德国经过“三十年战争”后满目疮痍、人烟荒芜的景象跃然纸上。今天，任何报刊文章都难以反映战争造成的严重后果，我们只消看一下 1940 年波兰的状况，就足以证实这个看法。

一般的规律是：在政府软弱无能时，思想精神界则十分活跃。如果有人在干旱的东非草原上旅行过，就一定会记得，当他突然看到在金合欢树簇中，在一道金色光束照耀下，一朵小红花似乎在看不见的春天的力量催促下嫣然绽开时，那种惊讶和欢乐的心情。在这狰狞的岁月中，也有两朵奇异的花朵含苞欲放，它们代表了受迫害的逃亡者，其声名大大超过迫害他们的权势人物。这两位都是革命家和人文主义者，他们依靠自己的头脑和心灵创造业绩，不受形势的左右，具有不朽的生命力。

夸美纽斯（1592—1671），这位德国最伟大的教书匠，本是捷克人，犹如伊拉斯谟，通过自己的事业而成为德国人。他是新教徒，被迫从德国南部逃往波兰，后来又被召至伦敦，正值伦敦发生克伦威尔革命，他在一位荷兰商人帮助下，逃到了瑞典。法特把他送到南喀尔巴阡山，后来他又返回波兰。但是他的住房在一片大火中烧毁，他失去了所有财产，再次逃亡荷兰。此时他已年逾花甲。这位伟大的流亡者在往返于六个国家的逃亡生活中，不断传播他称之为“大智”（Pansophy）的思想和来源于大自然和文学的百科知识。他主要致力研究语言和直观教学法，在战火纷飞的枪炮声中，把欧洲青年从冷酷的形式主义中解放出来，使上百万人受益匪浅，但他们甚至不知道他的名字。

这个时代另一个崇高的精神是全体德意志人的，这种精神从来也没有面对迫害而屈服过。

约翰·开普勒（1571—1630）生活在战争的年代，是一位空想家和数学家。但他远不是只埋首于书堆里的人，他经常遭到政治迫害和人身攻击。他是个早产儿，先天体质虚弱，父母经常吵架，身心受到很大的摧残。父亲是施瓦本一家小客店的老板，经常像对待小伙计一样对他拳打脚踢。最后由于他考取了奖学金才得以进入大学。他一有空就在附近教堂做些杂役，以弥补收入之不足。他后来制作历书，以预测准确而获得格拉茨市立学校“数学兼品行讲师”的职位。旋即因积极从事新教活动被学校赶走，此时他应当时最伟大的天文学家第谷·布莱赫的邀请，去布拉格协助制作新的天文图表。不久第谷逝世，给开普勒留下了他积累20年的资料。

曾因是新教徒而遭到天主教迫害的开普勒，后来像一个世纪前的哥白尼一样遭到迫害，因为他通过天文学上的发现得出了背离《圣经》的结论。不过，当所有的新教官员被驱逐出奥地利时，开普勒却幸免于难。这并不是他从事研究的成果，而是心神不宁的皇帝鲁道夫需要他作为星相家留在身旁。虽然其他诸侯经常求教于他，但他并没有因此发财或获得安宁，后来终于受到进一步的迫害而逃亡巴伐利亚。他曾自嘲说，作为女儿的占星术若不为天文学母亲挣面包，母亲便要挨饿。尽管生活在拮据之中，可是他依然拒绝到英国或意大利去。他说："只要德国不嫌弃我，我将永远忠于德国。我生为德国人，在德国长大，我只希望在有德意志风俗、充满自由思想的王国中生活。"在德国思想史上很少能见到如此崇高、出类拔萃的言语，似乎是在为那些由于缺乏精神自由而被放逐和受苦的德国人赎罪。

开普勒在流亡过程中发现了三条定律，后来由牛顿进一步完善，并且以开普勒的名字命名。三个新发现为哥白尼的理论补充了科学基础，为第谷·布莱赫的数学天文学补充了物理天文学部分。开普勒的望远镜精度不高，只相当于今天看歌剧用的望远镜的度数。因而他获得的成就更是令人敬佩，莱布尼茨盛赞开普勒为"无与伦比"的人，这是无可厚非的。

开普勒不同于其他的皇家天文学家，因为他同时是诗人和神秘主义者。这与他的学者身份不但不抵触，而且非常吻合，正是这一点，表明他是地地道道的德国人。他比伽利略更为热忱，他深深地沉浸在天体谱成的乐曲之中，通过观察天体的运行，奠定了自己关于宇宙的观点。他似乎是处在宗教斗争的中心，以德国人特有的想象力，结合数学进行探索，他实际上代表一个具有象征性的实体。以哥白尼的标准衡量，俗人开普勒相当虔诚。他曾经希望用专门的篇章来证明前人的观点与《圣经》完全一致，但当他的作品付印时，为了避免引起更大的骚动，他将这一篇章抽了出去。

开普勒孜孜不倦，锲而不舍，其探索的精神超过哥白尼。开普勒引用柏拉图的话说，上帝不仅仅在几何学中显现，他就是几何学本身。他指出上帝在自然界的显现方式，认为星星是有生命的物体，谈论着一个由几何形式构建的和谐宇宙，并进而在音乐中研究基本事物。他号召音乐家追随自己，因为音乐家最懂得和谐。而关于行星的运动方式，他在论述数学的篇章中，是以这句话开始的：“现在，天王星啊，我们需要更丰富的音调！”

这位发现了行星运动规律的科学家，就是这样不断地研究和探索从行星到音乐等一切事物。开普勒代表了德国人最优秀的一面，他在研究领域上的成就从未被超越。

1630 年 11 月，当诸侯们在雷根斯堡帝国议会上为财产争吵不休时，就在离他们数步之远的一座简朴房子里，这位最伟大的德国人闭上了他那双曾经深深穿透太空的眼睛，留下了 22 弗罗林和一匹仅值 11 弗罗林的瘦马。

第三卷

国家与精神的分裂

从大选帝侯到歌德

（1650—1800）

德国？她在哪里？我们怎么才能找到她的整体？德国人是博学多才的，但是这个国家却是另一回事。

——歌德

1

普鲁士的景色——维也纳——两个城市的比较——音乐与效率——伟大的德意志人来自何方？——普鲁士人是何许人？

一片沙土地经过精心耕耘成了上千块田畦，种着黑麦和土豆。广垠平坦的大地偶尔有小丘点缀其间。勃兰登堡的大地一直延伸到无边无际的远方，就像月球上沉寂的海洋。到处是一行行挺拔的青松，也有些冷杉树，但很少有毛榉树和其他枝叶茂盛的树木。在这片很少生长灌木的土地上，见到的多是光秃、干巴、冷漠无情的松树干。当你坐在树下休息时，身旁也是一片褐黄色的松针叶毯。松鸡和鹧鸪在田野和树丛的缝隙之间栖息做窝。街道和河渠表现了一种对秩序的认真遵守——每样东西都被划分开来。村落里的牛群和多由红砖砌成的房子，也严格按照教堂塔尖指向的方向排列得井然有序。乡镇议会大厅看上去像兵营，墙上贴着警告的注意事项，让人感到这里似乎一切都是被禁止的。在漫长的旅途中，人们偶尔也可发现一座优雅别致带有旧式山墙的老屋，或者一家悠闲舒适的小客栈。而在这一切规划严整的平原上，它们孤零零地伫立在一旁，像被人们遗弃的孤儿。一切都经过精心安排，整齐得惊人。

所有的道路、铁路、运河都通向位于中心的大都会。在一条对城市来说毫无意义的小河边的荒地上，柏林是未经筹划、仓促建立的。这个城市像座蚁冢，随着时代的变迁，只在短暂的时间内它的风貌还是风雅得体的，在过去50多年时间内，不断扩张、任意变化，成了一座难看的城市。宫廷、军火库、宫廷警卫室、凯旋门、两座古老的诸侯纪念碑：种种建筑物一眼望去大部分是为了战争的需要而建。俾斯麦时代的建筑多在旧市区，依然保持了旧日的风貌，即使并不美，今日也全部毁于战火之中。30年来，市中心历史名街的光辉古迹，也早为战乱破坏殆尽；为了一旦发生叛乱便于输送兵员，菩提树已被乱砍滥伐，荡然无存。

这座城市缺乏欧洲古老城市令人仰慕的风貌，它既没有伦敦的绿化广场，也不像巴黎那样富丽堂皇和开阔宽敞，更没有罗马依偎山峦的风姿。唯一可以让上百万居民透透气的地方是动物园，但那也被无数笔直的大街破坏，使人感到美中不足。这些地方人们原也可以休闲漫步，但凡是有绿树和美景的地方，行人的行动都要受到严格限制。如果两个行人幸运地找到一条位置适中的长椅，在它附近往往就有一座大理石雕像：一位威严的国王，左足前伸，手执利剑，虎视眈眈地看着你，令人们不得不赶快离它而去。

柏林是欧洲工作最勤奋最快速的城市，这两方面都很像纽约。它也很少有感染力，因为一切活动都是有组织的，在这个王国，非经特别允许，一切活动均受禁止。时钟统治着这座城市的400万人口，人们在白天最常做的一个动作，是看看左腕上的手表。所有的阶级在任何时候，甚至娱乐时都要遵循明确的规章制度。这种情况不仅存在于今天，而且已经延续了好几百年。为了贯彻严格的秩序和加强控制的禁令，柏林的哨所林立，警察和卫戍部队人数大大超过别的城市。

每个公民都惊人地勤劳，无论男的还是女的，干起活来，都不会停下来喘息。有时人们也会因为他们用一种很笨拙的方法组织娱乐活动而受感动。柏林人的本性是朴实真诚的。天性很好而又爱发牢骚的柏林人有很多逸事。一杯啤酒下肚，可以使他们舒服自在一个小时。普鲁士最佳的口号不是来自国王或诗人，而是来自柏林的小人物。柏林的一切公共生活都有严格的规则，而柏林人最希望的是躲开警察给他们定下的规矩。整个城市生活被严密地组织起来，没有人，即使富人也难以躲开它。唯一可以摆脱它的方法是离开这座城市。普鲁士200多年来就是这样过来的，不论在台上的是国王、皇帝，还是元首。

就像开罗附近沙漠里巍然耸立的三座金字塔，普鲁士国家的金字塔也突然在勃兰登堡的沙土地上出现，像个缺乏想象力的怪物。但是在这里埋葬的不是法老拉美西斯和基奥普斯，而仅仅是自由。

群山环抱，音乐之声不绝于耳，葡萄园、花丛、山村点缀其间。这是欧洲最富饶的地区之一。在这美丽的乡间缓坡上，以大教堂为中心，沿着雄伟的建筑轴线，有计划地逐渐向外扩展，这就是维也纳城。这座大都会，歌德称其为日耳曼帝国的首都。维也纳并不挨着多瑙河，只是离它的流域很近。维也纳辉煌的圆拱宫廷和塔楼，充分显示出其建筑艺术之精湛和典雅。这样的建筑物，人们只能在巴黎或罗马欣赏到。维也纳建立在自然环境优美和两个文明交叉的历史时代。它从容地从一个时代跨入另一个时代。由于精心的设计，它既保持了历史风貌，又跟上了时代的步伐。作为一个诸侯的官邸，它并不比柏林古老。维也纳的特征是自由和优美，在这方面它得到了极大的发展。为了维持正常的生活秩序，行政命令所起的作用不是很大，而是极小。

笼罩这座城市的是闲情逸致的气氛，而不是速度和精确性。几个世纪以来，统治这座城市一切阶级的生活不是时钟，而是咖啡。人们不愿意长时间集中精力工作。他们喜欢不固定的短期工作，以求有时间真正享受人生。在这样气氛下，特别流行的是华尔兹舞曲而不是军队进行曲。人们崇尚情趣，而不是精确准时；喜爱音乐的旋律，而不是服从性。以今天来说，这两座德意志的重要城市好比两位妇女：一个头脑清醒，工作效率高，井井有条，尽可能多地完成一天的工作，自觉遵守社会义务，从事家务劳动，但也想着参加些体育活动和出席音乐晚会；另一位是个可爱的少妇，她一半时间都花在自己身上，关心自己的服饰和打扮，款待那些偶尔缺少家庭温暖的爱慕者，她热情、好客、风度翩翩，使客人们得到些补偿。其结果是，这位妇女要比她的对手，即那位高效率的模范，给予人们更多的愉快。

这两个不同的城市和背景，这两种迥异的大都市观念，会培育出什么样的精神、音乐、人格、欢乐、品位和生活艺术呢？

确实，即使在这个以高度组织性为象征的普鲁士，出于实际的需要，这片土地也能培养出具有有用知识的头脑，诸如医生、发明家、商人或一两位政治家，但普鲁士的平庸之辈和柏林的躁动很难培养出或接纳真正伟大的诗人、音乐家、哲学家。当德国的军事传统出现在普鲁士中心，逐渐变得富有和强大，已经有力量借贷和购买任何东西时，它缺乏的是精神，这需要从国外汲取。同样，维也纳坚定的新教徒和无政府主义者在紧急关头，也认识到自己的职责。当土耳其人从山上向城中射击，正如今天新野蛮分子从空中轰炸伦敦时，他们也会挺身而出，保卫欧洲。在柏林，洪堡代表的是精神；而在维也纳，欧根诸侯代表的是军事科学。这两个城市的祖先的血液中都有着法兰克的血统。

领导国家也是一种艺术，具有较高水平的国家领导艺术，不是出自普鲁士而是出自奥地利。在这个重要领域里，精神和政权结合在一起，维也纳始终占上风。好战的普鲁士是在战场上取得了伟大成就，而文化之国奥地利是在办公室内取得了伟大的成就。一个善于战斗，另一个擅长交易。人民总是害怕邻国的力量超越自己，同时又羡慕邻国的高度智慧，即使知道邻国的智慧往往对自己不利。各国就是这样逐渐倾向于同情奥地利圆滑的国家领导，而唾弃普鲁士强大的政府。人民感觉到，其中一个国家的领导是受古老文化思想的熏陶，而另一个国家领导奠基于古老的军事传统。

作为一个在300年历史中只打过两次败仗的军事大国，普鲁士只能像斯巴达那样依靠铁的战争纪律，从一个侯国发展成为帝国。而维也纳和雅典一样，只能一再被打败和被包围，为自己的美丽和精神付出代价。雅典产生了戏剧、雕塑、神庙和哲学，直到今天，人们还可以从中找到衡量事物的标准和思想的源泉。但是斯巴达，胜利了的斯巴达只是依靠纪律和服从赢得了小小的可怜胜利。如果不是因为模仿者偶尔自豪地称自己和自己的所作所为是斯巴达式的，像今天的柏林和它的元首再次这样做一般，斯巴达早就被人们所遗忘。

普鲁士和奥地利的对抗，构成了1670到1870年德国历史的主要内容，并且必然会导致德国前所未有的最大分裂。普鲁士在这一时期越来越接近成为一个专制的霸权国家，而奥地利则同样坚定地成为一个精神至上的国家。普鲁士越来越甘愿成为军事大国，完全按照军人的意志行事，为了获得权力，只能以牺牲精神为代价。随着不断取得胜利，军事集团及其大地主领导越来越狂妄自大，目空一切。过去是出于需要，现在则是出于崇拜而进行战争。战争从一种手段发展成为一种目的，并且由于战争使统治阶级沉迷其中，并扩充了他们的财富，一种对思想的不信任就产生了，到今天已加深成为一种蔑视。毫无想象力、冷酷而又高效——如同勃兰登堡大平原上的一支武装部队，普鲁士人将德国全面组织了起来。

与此同时，德意志最宝贵的精神精华聚集在奥地利和维也纳，并且得到进一步发展。德国的天才纷纷逃离普鲁士，他们只要远离旧普鲁士的领土，便会在各个地方，如萨克森、奥地利、巴伐利亚、施瓦本和莱茵河沿岸定居下来。

就在1670到1770年这100年中，当勃兰登堡公国发展成为世界强国普鲁士王国之际，德国造就了一批为德国人带来不朽光辉的人物。不论在这个伟大的世纪之内，还是在这个世纪前后，没有一个人来自普鲁士，那又是谁在这个世界上代表德国呢？

有美因茨的古腾堡，施瓦本的开普勒、格吕内瓦尔德，巴伐利亚的丢勒、格拉纳赫、荷尔拜因，荷兰的伊拉斯谟，萨克森的路德。而达到顶峰的则是：歌德和席勒，莱辛和荷尔德林，巴赫、格鲁克和海顿，莫扎特和舒伯特。除这些神殿里的伟人以外，还有韦伯、舒曼和瓦格纳、约翰·施特劳斯、勃拉姆斯和布鲁克纳、费尔巴哈和施温德、让·保尔和诺瓦利斯、格里尔帕策和安岑格鲁贝、莱布尼茨和叔本华、黑格尔和谢林、费希特和阿恩特、施莱格尔兄弟和格林兄弟、施里曼、蒙森、李比希和本生。直到思想已不太丰富的今天，还有齐柏林和理查德·施特劳斯，他们全都是南德人，来自萨克森或奥地利。极为例外的是亨德尔，不过他也只是形式上的普鲁士人，因为他在1685年出生于哈雷，本来也是萨克森的，此时刚刚归并普鲁士，这座城市位于萨克森的边境。

此外还有贝多芬，半个佛兰德人；康德，一半是苏格兰人，一半是“法兰克人”；洪堡是胡格诺派教徒的后裔；尼采自称是波兰人。最后，还有门德尔松、梅耶贝尔、奥芬巴赫、海涅和马克思，他们都是纯犹太血统，德国已无权将他们的荣誉算在自己身上。至于原本是普鲁士人、后来又逃离自己祖国的，有逃到丹麦的克洛卜施托克、避难于里加的赫尔德和移民罗马的温克尔曼。所有这些人对自己的祖国都恨之入骨，仇恨溢于言表。

被普鲁士留下来的是普鲁士诗人海因利希·冯·克莱斯特，而他在给未婚妻的信中写道：“这个国家一定是由于自然界的某种错误，在海水退潮后留下的，在这里适合生存的是鲸而不是人类。”

甚至没有一个将军是在这个号称军人之国的普鲁士诞生的。欧根诸侯是法国人，梯里是荷兰人，华伦斯坦是半个捷克人。著名的普鲁士政治家施泰因、哈登堡、沙恩霍斯特、德骚、格奈瑟瑙、布吕歇尔和毛奇等将军，无一出生在普鲁士。只有少数几个著名的学者，如赫尔姆霍茨、科赫和菲尔绍出生在普鲁士，并且没有逃离这个国家。至于真正震撼世界的普鲁士人只有两个：腓特烈大帝以及俾斯麦。

2

第一个统治者——大选帝侯——“太阳”的阴影——三位年轻人——土耳其逼近维也纳

11 世纪，在上内卡尔河与康士坦茨湖之间，日耳曼帝国最南端的一个角落里，聚居着一个普通的德国伯爵家族，这就是霍亨索伦家族。12 世纪获得皇帝的宠幸，成为纽伦堡的城堡爵主；15 世纪，另一位皇帝又把勃兰登堡赐予这个家族，他们由此取得了选帝侯的资格。之后通过各种联姻，在南德和北德又取得了一些零星的土地。他们用了整整五个世纪在北德扩张势力范围，只在一个短暂的时期内丢失了少量已经占取的土地，最后通过继承、联姻和欺诈的手段，将攫取来的分散土地合并成一个国家。但在民族感情上，人民从来没有统一过，老百姓继续称自己为西里西亚人、莱茵人、汉诺威人，从不认为自己是普鲁士人。

这些分散的领地主人过去效忠过其他的王朝，他们有强烈的离心力，只是在严酷的统治下，也就是说，通过军官和各级官员才能把他们拼凑在一起。经过 300 年的统治，在这些集团内部形成了绝对服从的军人美德；但是，维持他们关系的，不仅仅是这些军人的美德，等级观念取代了对国家的爱，得到很大的发展。为了进入高层领导，他们极力关心公众事务。整个结构的实质是严密的军事管理体制，因而这样的国家只能向军人和警察国家的方向发展。

普鲁士根底的随意性，缺乏有机的发展，在某种程度上是由霍亨索伦家族的性格决定的。统治勃兰登堡的20位历代君王，从第一个选帝侯到末代皇帝，父子两代作风迥然不同：如果父亲软弱浮夸和放荡，则他的继承者必然非常勤奋和节俭；父亲挥霍掉的财富往往由儿子敛聚起来，孙子必然继承已经得到改善的家业，但又像祖父一样挥霍享受。霍亨索伦历代君王只有一个共同点，即他们都不尊重已签署的条约，这使他们声名狼藉。大部分君王统治时期较长，平均为25年，其中统治时间最长的几乎达到半个世纪。这个王朝历经盛衰，周而复始，为时甚久。

他们作为诸侯，依赖勃兰登堡和普鲁士容克地主甚于其他德意志诸侯对贵族的依赖。公开的斗争与暗中的力量对比交织。腓特烈二世一度陷入与贵族、市民的世仇之争。他带领了600人马，不畏艰险，直奔新建的柏林城下，在施普雷河建立据点，并下令将这座破坏殆尽的城市作为首府。他撕毁了先人的遗训，剥夺市民的权限，于1448年强迫他们宣誓效忠。驯服的柏林市民遵守这个誓约整整达400年之久，其间虽也发生不少骚乱和暴动，但在1848年废除这一誓约以前，他们一共才获得过10天短暂的自由。这位右手执剑的选帝侯从不知道他虔诚的左手在干什么。这位暴君在挥动刀枪的同时，也建立了宗教的秩序，以便贵族臣民可以过宗教生活。到他自己逊位时，他已处于半疯半痴的状态。

这个人的性格为霍亨索伦家族的血液带来了复杂的因素。他有时令人感到很有意思，但总的来说令人感到危险，这是一种野蛮残暴、敏感多情，浪漫是假、奸诈毒辣是真的性格。我们可以从这个家族的最后一个统治者身上看到这种性格生动的反映。腓特烈以后的8代国王中，四位由于骄奢淫逸，挥金如土，用老百姓血汗为自己盖宫殿养情妇而招人憎恨；而另四位则迥然不同，他们比较节俭，恪守婚约。

霍亨索伦家族中的第11位国王，是最杰出的一位。他名副其实地保持了大选侯的称号。人们评价一位统治者不是看他采取的措施，而是看他的政绩。腓特烈・威廉（1640—1688年在位）是巴洛克时期一位真正的专制君王，与法国路易十四同时在位。他为自己的家族带来了一个新的目标——权力欲，这显然来自他的母系祖先巴列丁奈特。我们只要看看他那一手漂亮的字迹，威仪不凡的神态，炯炯有神的目光，充沛的精力，大下巴颏和大鼻子，就知道他是一位非同凡响的人物。他冷静自信，善于自我克制，对宗教十分虔诚，同时又像查理五世一样，深信自己的统治使命神圣不可侵犯。他是那些少见的君主之一，他们的地位决定了他们的野心，要把家族搞得更强大昌盛，一代一代传下去。他甚至在普鲁士尚未被称为普鲁士之前,就已经把普鲁士建成一个欧洲强国。并不是他在战场上的业绩，也不是他传给子孙后代的基业，而是他那种奋勇向前的坚定，使他克服了种种挫折而取得胜利，赢得半个世纪的威望和尊严。坚韧使他克服自己易于激动的性格，他的曾孙腓特烈大帝在谈起曾祖父时说:“如果第一次没有成功，他一定会进行第二次。”

当他20岁登基时，这位大选帝侯发现国家正处在一场旷日持久的战争中，这场战争甚至比他的年龄还大，政府内外一片混乱。战争使勃兰登堡的人们饥寒交迫。可是他的父亲，这位霍亨索伦家族中的纨绔子弟仍沉湎在打猎和寻欢作乐之中。他置国家安危于不顾，继续到普鲁士东部森林中去以打猎为乐。而他的儿子首先想到的是培养一支军队。他用了几年时间训练了一支8000人的队伍，而且进行得非常秘密，后来当邻国突然面临这支队伍威胁时，无不大惊失色。

他仅仅利用计谋和半结盟的方式，就继承了200年前从条顿手中落入波兰的大片东普鲁士土地以及克莱沃领地，因而勃兰登堡的领土虽支离破碎，却在德国北部从最东部一直延伸到最西部。

这一切之所以可能，是由于当时两个最大的王朝——哈布斯堡和波旁互相敌视、尔虞我诈，他们之间的敌对行动决定了欧洲的命运。

与大选帝侯同时代的路易十四，是法国第一个既有力量有时间，同时又有炽热反对德国野心的法国人。《威斯特伐利亚和约》不久，正是他成年之际。他发现西班牙和英国被削弱了，德国受到极大的创伤，唯独法国在克服胡格诺之乱后变得十分强大，有力量支持德国其他诸侯反对哈布斯堡，建立第一个维持达10年之久的莱茵邦联。法国国王侵犯德国使用的是合法借口，也正是今天德国对外侵略的借口："解放少数民族，让种族同胞生活在一个帝国里。"路易十四破坏和平，无视法律，先后公开侵吞洛林和斯特拉斯堡都是出于权力欲。法国发动那时被称为"东方最大的被拴住的狗"的奥斯曼帝国来反对德国，是典型的强权政治，与今天德国唆使日本侵犯邻国的做法一样。

不同的只在于被侵犯国家的态度。今天，在被德国人侵占的国家里，只有少数人执行征服者的命令。但在那时却有强大的德国诸侯帮助法国的"太阳王"肢解帝国，只要这些诸侯认为这样做可以削弱德国皇帝的力量。勃兰登堡诸侯也是这些诸侯中的一个，只要能够削弱强者，他可以和德国不共戴天的敌人结盟。这就是当时法国在两个邻国和平生活100年后所面临的新情况。法德两国互为仇敌的开端，还必须追溯到路易十四的征服行动，这个行动如果没有德国诸侯的协助是决不会成功的。

当时陷入敌我纷争的有三个统治者，"太阳王"、大选帝侯和利奥波德一世（1658—1705年在位），在此以前，他们时而联合，时而敌对。这三个人都是在年轻时就登上帝位，分别同时执政30年。在这三方之间，哈布斯堡是其他两者的直接对手，从性格来说，哈布斯堡君主比较优柔寡断，尽管如此，他还是最大的成功者和胜利者。选帝侯这时刚刚开始建立自己的王国，看到两个对手得到过去几代前人积聚起来的力量的庇护，他心中燃起了妒火。何况哈布斯堡的势力只限于奥地利，只包括古代德国的领地，而不包括波希米亚和匈牙利。

那么，帝国在1660年前后的情况又是怎样呢？乌克森谢纳说："命中注定要遭受无穷无尽的动乱。"普芬道夫认为是"一个结构不平衡的怪物"，而德维特称它是"一个由钢丝而不是神经网络联结起来的骨架子，动作僵硬而不自然"。每个诸侯都只想到自己的权力，更有甚者，每个人都想自立为王，每个诸侯又都认为自己至少在某些方面比得上那位坐在凡尔赛宫、头戴假发的黄金皇冠的统治者。就这样，萨克森选帝侯家族成了波兰国王（1697），汉诺威家族成了英国国王（1714），黑森州的后裔因联姻而成了瑞典国王（1720），勃兰登堡家族成了普鲁士国王（1701）。他们都需要大量金钱维持豪华的宫廷生活，因而也纷纷陷入外国人的控制。就像今天的大银行支持并利用各大企业的对立，从中挑拨渔利，当时的诸侯则利用法国反对英国、普鲁士反对奥地利等家族世仇，时而倒向这边，时而倒向那边，从中谋取好处。就在此时出现了"欧洲平衡"的口号，因为人们都害怕在刚刚度过这场大劫难后再度爆发新的世界战争。

在结盟问题上几经变化并经受了胜利和失败的各种教训后，大选帝侯决定和法国路易十四结成联盟，私下向他保证在德帝国的选举中将投路易本人或他儿子的票，并且同意路易在两年后吞并阿尔萨斯。作为交换条件，路易同意补助选帝侯每年10万英镑，为期10年，这使他得以将军队扩大一倍。路易还同意将邻近的波美拉尼亚给予选帝侯。普鲁士选帝侯还以同样的方法以德国的斯特拉斯堡换来了波兰的什切青港。没有这个盟约，法国的大洗劫将不可能实现，至少在当时特定的历史环境下，如果这个盟约遭到抵制，情况将会不同。

这个时候，永远贪得无厌的匈牙利正与当时被称为奥斯曼的土耳其结盟，向维也纳发动了进攻。奥斯曼威胁维也纳（1683），对整个西方来说孕育着极大的危险。如果允许使用今天屡见不鲜的夸张语言，那么可以说，奥地利人民不仅成了奥地利的救世主，也成了欧洲文明的保卫者。与此同时，他们几乎又重新得到了整个匈牙利，在此以前，奥斯曼曾占领匈牙利长达150年之久，因此当利奥波德的儿子还是个孩子时，就在普莱斯堡被加冕为匈牙利国王。从那以后，波希米亚和匈牙利被认为是“哈布斯堡王朝”的一部分。匈牙利有着很好的士兵来源，哈布斯堡再也不需要依靠帝国征集士兵了。拯救过奥地利的四位将军都是外国人，一位是洛林人，一位是巴伐利亚人，一位是巴登人，最后一位则是萨伏依的欧根诸侯。

3
维也纳的巴洛克——世界性的教堂

大战将德国城市的中世纪生活方式和伴随这种生活方式的艺术生命力冲刷得一干二净。贫穷和心灰意冷使习惯于遭受苦难的群众默不作声。他们成天提心吊胆，梦寐以求的只是平平安安地过日子。

但是德国人内心的美以新的方式在生活中反映了出来。处于蛰伏状态的德国人，不仅通过作曲家的管风琴音乐表现出他们的创造力，而且通过重新修建宫殿和教堂充分发挥了他们的创造力。当时有相当多的宫殿和教堂在战争中遭到破坏，贵族们希望在废墟上重建。市民、农民、商人以及容克地主都在战争中倾家荡产；骑士作为一个阶级已经被消灭；唯一有钱的是那些皇亲国戚，他们效仿路易十四，封自己为“君主”。只有他们和教会还有能力雇用那些在战争中失去谋生手段的人。此时，光辉夺目的德意志巴洛克艺术丰碑却应运而生了。

当时，维也纳自认为是德帝国的首都，各朝皇帝也自认为是哈布斯堡人，而不是德国人。他们希望把维也纳建成一个美的王国。城外绮丽的花园，辉煌夺目的宫殿，带有旋转楼梯的大厅、台阶、大道，这些都是诸侯们向往的建筑艺术，他们不希望在这方面落后于皇帝。早已被众多异端分裂教派舍弃的罗马教会，现在也在想方设法使古老的建筑艺术焕发出新生的力量。

维也纳巴洛克建筑大师菲舍尔·冯·埃尔拉赫和希尔德布兰特也感受到这种充满权力欲的紧迫感。很少有像百乐宫或美泉宫这样庄严而又典雅的楼梯，它那盘旋而上的气势是多么接近巴赫赋格曲的旋律。这是为那些达官显贵设计的，他们步履潇洒，衣着华丽，男女随从前呼后拥，彩色缤纷，特别是黑人奴仆，个个穿着雪白笔挺的制服，这些建筑需要和这种气派相协调，才能烘托它高尚的地位。建筑师们在房檐上雕饰五颜六色的鲜果和花束，阳台上对称的漩涡纹饰以及曲径和花园等处的铁栅栏，把统治者对生活的贪欲表现得淋漓尽致。代替房柱的是体格健壮的天奴石雕，顶着沉重的大梁。门楣上刻有不少精致的面纹饰。身披轻纱、双手端着沉甸甸的丰硕果实的女性石雕，懒洋洋地伫立在栏杆台阶上或门口的壁龛之内。楼梯的栏杆是掌着灯的爱神丘比特，花园内巨大的喷泉出水处也往往是丘比特的石雕。每个建筑物都自然地形成一件完整的艺术装饰。半露柱、壁柱、构架和门窗都成了神话传说中珍禽异兽和神灵栖息的地方。这些神灵或倚或躺，或振翅翱翔，而有的地方则装饰着贝壳、瓜果的浮雕。这些建筑无一不和谐绚丽，使人看后为之精神一振。再也没有比德国在石雕上表现出来的想象力更丰富美妙的了。

当时，维也纳的雕像中充满着来自东方各国的形象，人们在皇宫或贵族庭院内经常可以看到克罗地亚人、马札尔人、波希米亚人和意大利人的雕像。在大门前女神的下面站着的卫兵身着不同寻常、五彩缤纷的军服，头戴马札尔式军帽，用虎皮和银穗镶边。一群群身穿黑服的朝圣者，装满瓜果的乡村大车，在狭窄的街道上川流不息。贵族们坐着大臣专用的马车，车身漆黑鎏金，窗前挂着桃红色软缎窗帘，在五颜六色的人群中缓缓而过。在一片吆喝和马蹄声中，他们在百乐宫的御道前停了下来。在农舍式庄园的花园里，透过篱笆可以看到灯光幢影，人们在翩翩起舞。建筑师们眼见他们设计的新宫廷华灯通明，群情兴奋，在观光群众中最高兴的莫过于他们了。

教堂仍然保留着富丽堂皇的世俗气派。德国巴洛克艺术摒弃了圣徒的苦行主义。他们现在披着绣袍站在金碧辉煌的祭台旁边，骏马、丘比特、雄狮和天使从圆顶教堂的天花板上向他们飞扑过来。在教堂的诸侯墓碑上，达官显贵向唱着歌的教徒们伸开双臂，向他们祝福。布道坛像一块枝叶茂盛的巨石，点缀着葡萄垂形雕饰和色彩夺目的金星。只有那些沉重简朴的靠背长椅才提醒人们，在这座辉煌绚丽的教堂里，还需要一些普通的教徒。

4

纪律和人情世故——另一个挥霍浪费的人——士兵的国王——操练的场地——大个子——容克地主和臣民

普鲁士和奥地利就这样同时于1680年左右逐渐强大起来。这两个国家原来只不过是移民居住区：奥地利是巴伐利亚人的侨居地区，勃兰登堡是萨克森人的侨居地区。它们和整个东方一起是防止斯拉夫人入侵的堡垒。由于特定的地理位置，它们南边受到来自土耳其的挟制，东边受到来自斯拉夫族的压力和威胁，因此经受了斗争的锻炼，并得到了发展。哈布斯堡和霍亨索伦这两个家族由于不断获得新的领土和军队补给，并摆脱法兰西获得独立，巩固了其政权。1685年法国路易十四取消了《南特敕令》，在宗教上也撤回了宽容的立场，而大选帝侯则颁布《波茨坦敕令》，为胡格诺派开放了边界。大选帝侯作为一个政治家敏锐地感到，没有比人性更重要的了。随着两万法国移民的到来，贸易和手工艺大大地发展起来。但是哈布斯堡和霍亨索伦之间的矛盾也越来越大，他们相互不信任。"对皇帝来说，在波罗的海地区让另一个汪达尔国王崛起总是不利的。"随着维也纳政府的一份报告中透露的这一思想，大决斗也揭开序幕。

他们为什么要互相不信任呢？人们能做的只不过是对比颓废而有教养的利奥波德皇帝和有着方方正正脑袋的腓特烈·威廉。在哈布斯堡家族统治下，维也纳既不节俭，又不励精图治，但是在那个时候，即1700年左右，这个文化最发达的德国城市就准备承担并完成世界历史使命。

与此同时，在勃兰登堡贫瘠的土地上，一个朝气蓬勃的新兴国家诞生了。这位统治者以铁一般的手腕，对子民强征暴敛。但他并不像父辈那样挥霍浪费，而是把搜刮来的钱财用于修筑公路、整治农村，更重要的是用来建设军队、训练士兵，以慑服他的臣民。

大选帝侯在晚年建设了一支小小的出海舰队，呼吁德国人和瑞士人帮助建设国家。他出访视察边缘地区，并在柏林建立了纺织作坊。因而，尽管还有其他种种因素，他留给人的印象还是十分深刻。人们一想起他规定农民至少要种植六棵橡树和六棵果树否则不能结婚的敕令，就不禁哑然失笑。他希望改善的不是富丽堂皇的宫廷，而是这个还十分落后的国家。他个人没有特别的奢望。他在柏林街上追逐野猪，在市场上购买小鸟，在自己花园里浇花，以此为乐。总而言之，他为普鲁士人树立了一个好胜的讲究实际价值的榜样。他做的正是奥地利没有一个诸侯愿意干的事，也是奥地利老百姓不稀罕的事。

他重新表明了新兴的新教与贵族天主教之间的区别，他接受的是路德的遗产。这是南北之间典型的对比：一个是贫瘠的平原，一个是肥沃的山间谷地；一边是服从成性，一边是生活第一。这是柏林和维也纳之间的矛盾，他们的矛盾和斗争构成了未来一个世纪的历史。

此时在这场戏剧中的两名主人公，玛丽亚·特蕾西亚和腓特烈大帝，分别在维也纳和波茨坦的18世纪宫廷中长大，这两个家庭截然不同。哈布斯堡正在日渐衰落，而霍亨索伦正在急速兴起。这两个朝代的盛衰兴亡完全不同于英国和法国，欧根诸侯的胜利和英国将军马尔伯勒（1650—1722）的崛起和衰败，都不能给我们启示，因为德国的情况完全不同于英国。

在这些战乱频频的年代里，普鲁士得到了很大的好处，和它情况恰恰相反的是奥地利。大选帝侯的接班人又是一个极端自负的人，他的整个一生充满着无法遏止、希望自立为王的野心，并不惜为之付出一切代价。萨克森和汉诺威堂兄弟那顶金光闪闪的皇冠使他朝思暮想。1701 年他自封为“普鲁士国王”腓特烈一世，为制作一顶光辉夺目的皇冠几乎用去了这个国家的两年税收。

随后他就开始模仿凡尔赛，有着一大群宫廷官员，豢养了一位情妇，但是他显然还不谙此道，人们只看到他和法国国王一样，在固定时间和这位情妇散步，十分惹人注目。除了一部分正在和西班牙浴血奋战的臣民，他都一一课以重税，搜刮钱财，他甚至规定戴假发的人要缴税！屠宰场的猪鬃一律要交公，由国家垄断以增加收入。农民不准打猎，野猪留给国王射猎。国王认为狩猎最能表现他的尊严，为此他甚至从国外进口野牛和粗毛大猎狗。

腓特烈·威廉一世（1713—1740 年在位）是普鲁士难得的非常能干的统治者之一，只是他儿子腓特烈大帝比他更有魅力而显得他黯然失色。除了今天的“元首”，德国历史上还没有谁像这位军人国王那样彻底地忽视精神文化。

威廉王身材短小、结实粗壮，头脑简单主观，脾气很坏。如果他换一身衣服，改变一下发型，人们很可能认为他是一个手里揣着钱袋、谩骂家人的农民。他的确一生都在滥骂别人，但是在他那粗鲁暴戾的外表后面，却有着相当丰富的感情，不过这一点人们只能在礼拜日和节日才能看到。勤俭节约是这位统治者的口号，作为王储，他亲眼看见父王是如何骄奢淫逸。他不仅将父亲所有的情妇和妾妓都打发走了，而且解雇了为他父亲在柏林扩建宫殿的建筑大师施吕特。在波茨坦，他要求臣民修建一样高度、一样形式和一样颜色的住房，宫廷的菜汤很稠，而啤酒很稀淡，他平常抽的是最便宜的烟叶。有时他的大臣请他参加豪华的宴会，他一定会嘟嘟囔囔地把丰盛的菜推开。他感到自己是一家之长，对任何事情都自动地负起责任来。

有一次，他发现一个看大门的佣人睡懒觉，门外很多人等着进不来，他就敲碎一块玻璃，惊醒这个失职的佣人，并且结结实实地把他打了一顿，还要他向在外面等待的人道歉。每当他发现有人积累了一些钱财时，就动员这个人盖房子。有一年夏天，他每天清晨5时出发，或步行，或骑马，或坐车出访城市和农村，直到晚上6时才结束。他随身只带一根拐杖，检查工作，大声下达指示，并且骂人。晚上，他喜欢把高级官员都召集到一个大房间里，客人们抽烟，满屋子烟雾腾腾，简直叫人透不过气来。而他这时却喜欢坐下来给客人画像，被他选中的对象可就倒霉了。他不但不允许那人离席，最后还要强迫这位可怜的客人买下这幅并不高明的画。于是，成千上万的金钱源源不断地流入他的金库。

士兵和金钱，这是他看到祖父用以建设国家的两个主要手段。采取这两种手段实际上就是为了一个目的，因为他通过各种苛捐杂税搜刮来的750万泰勒，其中有600万泰勒用于军费。1726年他开始实行主要对德国城市长官有利的普遍兵役制。在德国统治者中他并不是第一个实行这项制度的。根据这种制度，容克地主担任各级军官，不需要从事繁重的军役，他们认为只有自己适合担任这种享有很高荣誉的职位，因而这项制度受到容克地主的拥护。但是农民都必须为国家付出他们生命一半的时间，至少服役20年，每年只有3个月的假期。凡有家宅田地的人和手工业工匠可以免役。城镇居民为了免役必须交付高得惊人的费用。

并不仅仅是兵役和交税使普鲁士变成一个大军营；除此以外，还有很多的野蛮做法，如各级军官的横蛮粗暴，这种风气一直遗留到今天。严厉的惩罚使人人胆战心惊，为了避免被送去铺铁轨，没有人敢说一声“不”。如果有人还有些思想自由的见解，就要受到申斥和鞭打，这在白人国家中是前所未闻的，它的影响也是空前的。大选帝侯缔造了普鲁士军队，而他的这个孙子发展出了无限期服兵役的制度，使人人自危，亲朋不敢相互来往，培养了普通老百姓的服从性和奴性，而上层统治者狂妄自大，野蛮成性。这实际上是今天德国现实生活的写照，只不过照片上的人物穿着不同的制服，佩着不同的军徽。

相对而言，奴隶制时期的统治者比较易于使人们尊他为一个伟大的人物，因为没有人考虑过，在他建立权力的过程中，究竟有多少人为他牺牲。古代独裁者的权力建立在剥夺广大群众权力的基础之上，今天独裁者的权力则是建立在群众愚蠢的基础之上。但是促使普鲁士兴起的事实，即使在那时也给世界留下了深刻印象。一个名义上自由的国家创造出如此复杂，集强迫、憎恨、服从于一体的普鲁士风气,即使在200年以后也还使世界感到厌恶。甚至直到今天，人们还可以从柏林银行出纳员身上看到那种对上卑躬屈膝、对下任意叱责的恶习。在这个国家里并没有发生革命，即使一次小小的地方性暴乱都没有发生过，这只有在一个200多年来人民一直生活在恐惧与恐怖中的国家里才能做到。这种情况不仅一直延续，而且在经过短暂的争取自由的尝试之后，以加倍可怕的形式出现，这只能使人们得出这样一个结论，即奴性是普鲁士人特有的性格，其他德国人并不具有这种性格。

谢林后来称波茨坦是士兵的真正监狱，因为这里绝无逃走的可能，四周的桥梁上都有士兵巡逻。腓特烈·威廉一世把波茨坦变成了一座岛屿，只有通过桥梁才能走向城市。在严密的武装监视下，士兵不准擅离波茨坦，他使波茨坦成为普鲁士军队“七年战争”的英雄们的圣地。这是多少血泪换来的光荣啊！这里有数不清的苦难、鞭打和毒刑！

可是这位丘八之王还永远不满足，他有训练和戏弄士兵的嗜好。他希望把全世界的“大个子”都召到自己的兵营来，以此为傲，并感到愉快。他内心既恐惧又自卑，这种德国人特有的不安全感使得这位国王在征募到这些大个子士兵时没有流露出这种欣喜的心情。征募大个子士兵成为他唯一的挥霍，有时为了征募一个士兵最多要付出3700英镑。到柏林来访问的人出于好奇心唯一想参观的是“波茨坦的士兵检阅”以及其他兵器示范操练，而人们去维也纳和德累斯顿希望观赏的却是歌剧、芭蕾舞和建筑。人们对那些受国王高薪聘用的征募士兵的代理人，感到特别憎恨和可笑。有一次，一场拐骗案几乎引起一场战争。诗人戈特舍德，身体魁梧，长得和林肯一样高大，征募士兵代理人对诗人的天才不屑一顾，却不厌其烦地介绍他的六尺身躯，惹得戈特舍德愤而起来反抗。

不过，普鲁士用金钱在国外征募士兵比起以后德国诸侯贩卖人口的恶行还是要文明得多。腓特烈·威廉出于嗜好，高价收购优良品种的高个子，诸侯们却把自己的子民成千上万地卖给英国。这些诸侯的所作所为，并不亚于那些专门捕捉苏丹和阿比西尼亚人的奴隶贩子。普鲁士国王和他们相比，可以说只是动物园园主。

当时英国正在和美国殖民地打仗，缺乏兵源，他们从德国诸侯手中收购了成千上万人。每个士兵公开的价格是七到八镑，但实际上要高得多。这些人像牲口似的被赶往市场，身体太弱的还卖不出去。交易做成后，一位黑森州或不伦瑞克州公爵就给英国商人送上一枚钻戒。那些没有逃脱统治者之手并成为奴隶的人，在战争结束之前，再也不能回到家乡，以免真实情况传出去而引起抗议。他们在国外经常受骗，他们的饷银有一半落入诸侯的腰包。

有人会说，这些荒唐的现象是时代的产物。不对，即使在那个时候，其他国家也没有类似的现象。德国人的暴行发生在人权已在法国和美国得到充分承认的时代，这在文明的白种人国家中是少见的。在全世界也只有德国人能忍受这一切而不起来反抗。想一想德国人这种服从性，今天的观察家就能更好地理解，这个国家今天遭受着的是何种命运！

甚至这位严厉的丘八之王也无法对付容克地主，他们高官厚禄、疲疲沓沓，国王对这批容克地主很不满意，经常起用有才干的普通人取代他们，但最后国王还是没有占上风。容克地主拒付税款，妨碍贯彻行政措施，抵制国王的权力，就像今天党派所起的作用一样。

在容克地主面前，普鲁士国家停滞不前，因为和地主任命牧师一样，地方官只承认容克地主是农民的奴隶主。希望农民地位有所提高的国王，无法看到易北河东岸一大片土豆地里、一排排土房子里农民的真实生活。在那里，庄园主容克地主说什么，农民就得干什么。这位固执的丘八之王为了扩建两个兵团，甚至将古老的封地权利卖给他父亲的近臣以筹措军费。因为买武器、制军服鞋帽都需要钱，因为这一切都需要国内生产，而为了达到这一目的又要提倡军人的精神。当年普鲁士人的目的、手段和服从性和今天如出一辙。

当普鲁士国王最后建立了一支 8.3 万人的军队，超过所有其他德国诸侯并赶上奥地利时，全欧洲都奇怪为什么他不出击。这位国王对政治不太感兴趣。他的唯一兴趣是维持一支军队和实行统治，就像是一位抚养一群孩子，保证家中井井有条、纪律严格，但从不让他们出去胡闹的家庭主妇一样。这位国王甚至逃避出席自己女儿和一个英国人的结婚典礼，他太害怕面对一群受过高等教育、有教养的夫人和绅士。他为了维护声威赫赫的专制统治，只关心兵营以内的事，至于战略和外交，他毫无信心。腓特烈·威廉不同于他的祖父的是，他建立了军队，却从来没有动用这支军队。在维也纳皇宫里，关于这位“一直舞刀弄枪，却从不扣动扳机”的人，有很多笑话。

那么他接班人的迫切愿望又是什么呢？扣动扳机！

5

进入腓特烈时期——进入玛丽亚·特蕾西亚时期——一位年轻的皇后——她的气质——她的智慧——七年战争

不论儿子是个什么样的人，一定会起来反抗奉行专制主义的父亲。世界上的同情心总是倾向于把事情办得好一些的王储。在腓特烈·威廉一世和他儿子的问题上，后人也站在王储的一边，认为后者代表的是反对他父亲野蛮主义的新文化。但是具有天赋的青年人，即使充满斗争精神和满腔热血，也未必都能成为英雄。林肯在美国历史上取得一定的地位，是由于他具有深刻的思想，激发他向伟大的目标奋勇前进。腓特烈大帝既无崇高的思想，也没有伟大的目标，不过他可以反映出德国人的性格。

腓特烈大帝（1740—1786 年在位），这位王储确实有点像他父王经常责备的那样“太娇气”，他好动，不听话，顽固地反对他父亲为他安排的一切事情。他借债，追逐女人，爱好音乐，厌恶军人生活，他的性格更像法国人，与普鲁士人的迟钝形成鲜明的对比。他怀恋豪华富丽的德累斯顿宫。他早年体弱多病，遭到父王公开的侮辱和鞭责，这一切使他形成敏感多变的性格。他痛恨父亲，蔑视人生，历经坎坷，是一个玩世不恭的愤世嫉俗者，而且终身不改。

他曾逃跑未遂，按当时惯例，他和支持他逃跑的朋友都要处以死刑。但处理这件事的大臣违背他父亲的意志，只下令处死他的朋友，而将他监禁了起来，并且强迫他隔着窗户观看极刑。这是德国人残暴的又一表现。只有中世纪的农民才会恳求地主老爷砍去他的左手，而留下右手。从20到28岁，他有一半时间在父亲的军队中工作，另一半时间用于学习、听音乐和参加社交活动。最后，父亲夸奖了他能干的儿子，儿子也在回忆录中说了自己父亲的好话。

在准备继承王位这段时间内，腓特烈思想上产生了一种欲望，这不可能是情欲，因为他与妻子分居，后来也很少与其他女人来往，他确实没有什么性生活。他不爱国家，也不爱人民群众，不喜欢伏尔泰，也不喜欢老将军。他与俾斯麦以及其他厌世主义者一样，把自己的感情都放在狗的身上。在他的一生中，不论在床上或椅子上，总是与狗为伴。当这些狗死后，他为狗在墓地里树碑纪念，并且希望自己死后也埋葬在狗群之中。但他的这种厌世情绪最后又被一种荣誉感冲淡，使他又回到人世间。

就像一切追求进步的人一样，他宣称自己从不爱争权夺利，甚至在和伏尔泰的通信中也按照当时的风尚，以标榜自己有着法国式容忍的美德。他身为王储，写小册子反对擅长阴谋诡计、不择手段的马基雅维利，他的文章中充满道德箴言，偶尔也向朋友透露他最讨厌打仗。只有在吃了败仗后他才拔剑杀敌。他没有大选帝侯、欧根诸侯或拿破仑那种战争热情。骑马、击剑、射击都会使他想起父亲的严格纪律，这一切都与他的本性格格不入，但是他却写道："我喜欢战争，因为它能带来荣誉。"

在28岁登基未及数月，他便按照德国旧传统，声称西里西亚为德国所有，挑起一场战争，反对哈布斯堡。德国经历了两代盛世后，传到这位继承人手中时已是殷实富足的国家。他利用这个珍贵的时机冒险，此时此刻，他如果充分表现出政治上的聪明才智，无疑会取得巨大成功，但如果他犹豫不决，也将遭人轻视，因此他在战场上要表现得比他父亲还勇敢。他在给朋友的一封信中说，“我正处于血气方刚之年，我追求荣誉。真的，我对你是无所不言的！我的好奇心，那种隐秘的本能折磨得我昼夜不宁。我希望我的名字出现在报纸上，出现在历史书上，这是一种多么大的满足啊！它引诱着我去做一切。”

这段话足以引起人们对他的讥讽，但终究不失为一份极妙的自供状。这段话对研究腓特烈的动机具有巨大的意义。半个世纪以来，腓特烈打了第一次战争以后，便一直在这个动机的驱使下，沿着这个方向走下去。我们可以通过这段话看到这个人毫无责任感，他可以在未受到外来压迫，没有任何目的的情况下，就恣意破坏一个民族的生活。

腓特烈侵犯的是女皇玛丽亚·特蕾西亚（1740—1780 年在位）统治的国家。她与腓特烈同时登基，比他年轻 5 岁。我们可以从她画像上那充满笑容的眼神中看出，她的性格和腓特烈刚好完全相反。腓特烈的脑袋缺乏魅力，受着北德人的影响；而玛丽亚·特蕾西亚雍容华贵，明眸皓齿，是典型的维也纳人。她的一切都是天赋的，她诚挚而又富有远见，从不欺骗一个人，但却具有治世的天才。而腓特烈深谋熟虑，的确聪明过人，但自私自利，愤世嫉俗，玩世不恭，为达目的不惜欺骗所有的人。玛丽亚·特蕾西亚热情而又冷静，她像母亲一样把自己奉献给人民，她将责任感和天性融合在一起，她甚至为了提高自己丈夫的地位而不怕犯错误。而这位腓特烈却厌恶工作，对生活缺乏热情，讨厌百姓，为自己下属做些事也仅仅是出于当主子的责任感而已。玛丽亚·特蕾西亚迥然不同，她卓有成效，就在为控制这个伟大帝国局面的 23 年斗争中，为自己的丈夫生下了 16 个孩子。而腓特烈体衰力竭，未能生下一子半女。

以当时的情况而言，可以说玛丽亚是一个虔诚的天主教徒，而腓特烈是一个无神论者。她的性格是保守的，而他则是激进的。虽然她受到很多偏见的影响，但仍然是她而不是他受到老百姓的爱戴。

她心中有爱，而他心中只有仇恨。腓特烈取得的成就远远比不上创业的祖先，而玛丽亚则超过了她的父辈。

坐在维也纳皇位上的是位女性而不是男性，这对她的敌人来说是个政治上的刺激。法国人和巴伐利亚人甚至不承认这位女继承人，腓特烈正需要这样一个借口彻底消灭哈布斯堡王朝。玛丽亚出于人之常情，感到非常气愤，她不听大臣的劝告，接受腓特烈的挑战。但是在莫尔维茨战役中，腓特烈获胜，来自四面八方的压力迫使她同意和谈。此时是1741年，这个胜仗是腓特烈的一名将军打的，腓特烈却逃之夭夭，直到取得胜利16个小时后才再度出现。事后，腓特烈给在法国的伏尔泰写信，吹嘘这场战争的胜利。

在这艰难的时刻，24岁的玛丽亚生了第一个儿子，“此时此刻可以说，没有一寸土地在我的绝对控制之下，我几乎不知道到哪里去分娩”。她手抱新生婴儿，来到匈牙利议会大厦，鼓励聆听她讲话的大臣们。随后，匈牙利的一支军队在法兰克福附近打败了法国人。可是，腓特烈又发起对波希米亚的进攻，玛丽亚刚刚签约将西里西亚割让给腓特烈，现在再度受到威胁。玛丽亚的丈夫，洛林诸侯成为皇帝。第二次战争爆发。腓特烈再次获胜，他入侵萨克森，占领德累斯顿，并从此与萨克森斗争了100年。第二次战争也是以西里西亚割让给普鲁士而告终。

此后10年内（1745—1756），腓特烈静悄悄地隐居在波茨坦雅致的无忧宫内。但是他绝不是一位哲学家，而是像一个典型的法国人。在一封信里他自称为“伏尔泰的老板”，他主持一座相当好的歌剧院，对那些法国艺人非常慷慨。他做了很多工作，但对部长们却闭门数月不见，可是他干预每件具有决定性的事情，总是在公文旁侧潦草地写下批示，而且相当出色。他还在空闲时间创作笛子曲，写些短文，甚至作诗。但是无论是作为作家还是哲学家，他总是缺少一种最重要的工具，这就是语言。他的法语错误连篇，德语也很粗陋。受过相当教育的玛丽亚·特蕾西亚在两种语言方面都有极高的修养，而且还懂拉丁文。由于某种强烈的愿望，腓特烈迅速为子孙后代记录下自己的言行，速度之快令人吃惊，1746年的他已在着手口述1745年的回忆录了。就像对很多其他事情一样，这位国王很快对荣誉失去了兴趣。他写道："荣誉是空的！人们为它去努力值得吗？当你得到它时，你也被它折腾得够了。"

在山那边执政的那位女性，她和腓特烈一样聪明，但要比他协调和稳重得多。当她还只有30多岁时，就经常对自己说"要保持精神思想上的宁静！""要以己度人"。

当她被告知她得到一个孙子时，她正在宫廷剧院看戏，她走向包厢的前沿，朝着下面的乐队喊道："利奥波德得了一个儿子！"她就是如此高兴为帝国生儿育女。她经常劝女儿多生孩子："我们需要皇太子！"或者说："你的孩子需要伙伴。"她在给子女写信时总是在结尾写上几句王室箴言。她严格的道德规范容不得她已经长大成人但尚未成亲的孩子有一点儿放荡的行为。但在涉及国家关系时，她又显得相当明智和灵活，她给路易十五的情妇蓬巴杜写信，逢迎这位影响力很大的女人，还说服女儿在宫里接待公公的这位情妇。

她给26岁的摄政王儿子写信说："你的心地并不坏，但是有可能变坏。现在是你改邪归正的时候了，不要让别人为你感到伤心，不要被人取笑。你对自己追求的目标过于轻率，而且毫无判断能力。在我即将搁笔之际，我拥抱你，温柔地吻你。原谅我的啰唆，对待做人的道德之事，我一说起来就没完。我只希望你能受到你应该得到的每个人对你的尊敬和爱戴，并使你相信，我永远是你最好的、真正的老母亲。"

有哪个皇帝写过这样的信吗？如果所有国王的母亲都用这样的心情写信，皇族的历史又将会怎样呢？

闲暇时，玛丽亚非常热爱生活。她热爱自己的丈夫，而且感情深挚，她和孩子一起玩旋转木马，打扑克牌。如果她去参加一个公开场合的舞会,她一定乔装打扮得让人们认不出她。她非常喜欢跳舞，恐怕这是腓特烈在阅读有关她的报道时，唯一感兴趣的一点，因为他也喜欢跳舞。如果他们两人年轻时有机会在一起跳舞，命运和外交一定不会使他们成为不共戴天的敌人。

与腓特烈相比，玛丽亚·特蕾西亚是个具有真性情的人。在莱茵河畔的法兰克福举行过加冕典礼以后，在上千观众面前，她的丈夫身穿一件古怪的长袍，学着“卡尔大帝鬼魂”的样子，窜跳到她的面前。她失声大笑，挥舞着手帕，向上千观众欢呼，群众也欢呼雀跃不止。这样的场面在寒冷的普鲁士是从来也看不到的。但玛丽亚在外交场合上的庄严却一点儿也不逊色于腓特烈，她是一个相当出色的统治者。她热爱生活，这是她与腓特烈最大的不同点。生活给予腓特烈的是什么呢？北方的虚无主义？

他讨厌他父亲从事的一切活动，也讨厌打猎，无论生活中还是艺术中的美都引不起他的兴趣。他经常与法国朋友争吵。他自己没有孩子，也不喜欢别人的孩子。只有音乐和舞蹈还可以稍微分散他的一些注意力。由于他既不是思想家，也不是专制君主，在生活中没有追求目标，热情无所寄托，因而他实际上过的是一种老年人的古怪生活，虽然那时他才 40 岁出头。

但是，形势发生了突变，他年轻时期没有得以表现的雄心壮志，现在突然像一个罪恶的阴影出现在他的脑际。他讨厌山那边的女皇，不喜欢女沙皇，不满意萨克森国王，更愤恨法兰西国王的傲慢。似乎一夜之间，半个欧洲都准备联合起来，反对这位年轻的军国主义者的危险统治。

腓特烈允诺法国国王以莱茵河为两国边界，但没有收到良好效果。他在 1752 年的遗嘱中也对他的继承人提出这一构想。他认为，只要普鲁士能从此获得其他新占领地的安全，“莱茵河是划分两国边界非常理想的分界线，法国的自然边界应该是这条河”。关于德国人，他写道：“这个民族是沉重和偷懒的，一定要有人手执鞭子赶着，他们才会向前走。只要你稍微停下鞭子，他就会止步不前。”100 年以后，当俾斯麦看到国王这份尚未发表过的遗嘱时，他批注说：“锁起来，永久密封！”

当欧洲形势开始发生变化时，普鲁士发现自己面对着一个十分可怕的联盟——哈布斯堡、法国和俄国，甚至包括瑞典和帝国。这一切都是因为腓特烈掌握着一支可怕的军队，同时在政治上又经常背信弃义，联盟的目的是要将腓特烈贬低为一个帝国的侯爵。

在“七年战争”(1756—1763)中，腓特烈和玛丽亚双方各有胜负。至于腓特烈本人在战争上的表现，后人常有争论，贬褒不一，没有定论。大军事家拿破仑虽然对腓特烈有很大的保留，但也十分赞赏他。当腓特烈在罗斯巴赫和洛伊滕打了一场漂亮的胜仗后，1759 年却在库勒斯道夫遭到惨败。他在一封用蹩脚法文写给朋友的信中说：“两匹马在我身下被打死了，而我还活着，这是我的不幸。我的一支 4.8 万人的军队只剩下 3000 人。实话告诉你吧，我认为一切都完蛋了，再也不能收复我父亲的土地，再见吧！永别了！”

这封字迹潦草的信件是研究腓特烈生平最好的文件。满纸感情充沛，吐露真言，年轻时处于热恋之中的拿破仑的情书也充满这种口吻。通过这封信，我们再一次看到，即使一个军人也只有在热情迸发时才能得到升华。

柏林曾落入俄国人、奥地利人手中，但腓特烈用奇袭又把它夺了回来。不过此时他的情绪越来越坏，只有奇迹才可以挽救他。奇迹终于发生了。女沙皇突然病逝，她的接班人是一个崇拜腓特烈的德国诸侯，他立即签订和约，下令军队掉转枪口转而支持腓特烈。此时法国已疲惫不堪，对萨克森垂涎已久的腓特烈最后高兴地同意取回其实早在 13 年前就已经割让给他的西里西亚。

在这 7 年内，腓特烈无得也无失，由他继承的强大的普鲁士仍然完整无损，奥地利依然屹立如初。但是，在这场战争中，有 100 万人丧生；由于那时欧洲人口不多，普鲁士只有 400 万人，这死去的 100 万人相当于在第一次世界大战中死去的 1000 万人。更何况在这场七年战争中，武器远没有现在这么大的杀伤力。这场战争没有任何目的，没有内在的推动力，只是一个青年人爱慕虚荣所致。

6

德意志诸侯——300个“太阳王”——奴性

150年来，德国人民为之付出巨大血汗代价的两次战争，其结局是很不相同的。德意志在“三十年战争”中蒙受重大损失，国土沦丧，人烟荒芜，像个皮球那样被外国势力玩来踢去。而“七年战争”对三个参战国家都没有带来多少损伤，德国没有丧失领土，普鲁士的强大，与其说使人害怕，不如说更使人蔑视，不足百年历史的普鲁士军队经受住了三个国家的联合力量。

本世纪两次战争期间，君主独裁政体在欧洲发展到了最高峰。路易十四在位72年，可以说是欧洲历史上在位时间最长的，或至少可以说是在位时间最长的君主之一，使他足以施展自己的才华。在他的前后，恐怕只有查理五世和拿破仑可以与之比拟。路易是唯一能刺激同代人摘取“太阳王”桂冠的君主。他使他们想入非非。因为他一个人手握整个时代的文化，使它迅速向前发展，尽管有时也遭到某些挫折。他善于驾驭各个阶级，鼓励平民反对贵族，在平民的帮助下，国家的农业、工业、商业都落入他个人之手，由他个人统治。他使每个法国人都感到自由，阶级之间平等，只受国王领导，因而他也成了一个开明君主，一个现代化的封建地主。与此同时，奥地利的统治者继续沿着家族制的道路进行统治，普鲁士继续执行军国路线。法国虽然也实行专制主义，但法国的市民充满信心，而这一点，德国的市民从来没有享受过。100 年以后，法国人民终于起来要求实行真正的政治民主，爆发了法国大革命。

在“朕即国家”的口号下，“太阳王”努力使各个阶级在国家政治生活中都得到一定的政治地位，把他们组织得像一支大交响乐队，比较容易领导，缓和了阶级之间的仇恨。当然，即使在一支乐队内，也没有真正的平等，平等仅仅是表面的。路易最大的错误是把一些最具有进取精神的人与胡格诺分子一起赶出国外，使普鲁士和美国从中得到了很大好处。

英国当时的统治者顽固地坚持封建立场，因此他们的脑袋比法国同行早 150 年落了地。英国与西班牙不一样，在掠夺剥削殖民地的同时，也帮助北美洲移民建立自己的家园。向海外移民输出聪明才智，因而惹恼了本国某些人，但这总比发动战争以取悦这些人要好些。因此，在充分保护文明自由的口号下，英国统治世界的政策得到了发展。

这两条道路对德国人来说都走不通。他们既没有强有力的领导人，又缺乏冷静自制的国民。实际上，帝国早就四分五裂了，虽然它的头头一直到 19 世纪还在称自己为“德意志－罗马皇帝”。选帝早已成了十足的闹剧，“罗马帝国”早已为人们所抛弃，“德意志帝国”也早已不复存在。300 多个各自为政的公国与雷根斯堡的傀儡帝国议会维持着形式上的联系；帝国的军队还不如个别诸侯的军队强大；帝国法庭旷日持久的诉讼案早已为人所不满；而皇帝本人也只有在少数场合下，需要坐在那个庄严的宝座上，像个名誉主席。而 300 多个公国的国君则为了修建更多的宫殿和别墅，豢养更多的王妃侍女，不遗余力地搜刮民脂民膏。如今，除了少数辉煌的巴洛克建筑，一切都被他们穷奢极侈的生活挥霍掉了。

在这些公国和侯国的土地上，并没有反抗的迹象，虽然伦敦、巴黎已为他们树立了榜样。那里的公民心甘情愿地养活或者至少容忍所有这些贪得无厌、好逸恶劳、放荡不羁的皇亲国戚。这个世纪风行一时的革命运动对这个民族毫无影响。所有这一切都说明这个民族内心深处的服从性至今仍在发挥作用。德国人内心的不安全感始终没有消失，既有内部的等级差别，又有外部敌人。他们喜欢装饰外表，有时几乎达到戏剧化的程度。这些因素促使普通老百姓在巴洛克时期去模仿皇亲国戚，300 个小国王都可笑地模仿“太阳王”，更荒唐的是成千上万景况并不错的市民都想模仿他们的国王，虽然不少独立的荷兰和法国移民为他们树立了一个正直的人应该如何生活的榜样，但起不了作用。

当一个诸侯出售他的贵族称号，把继承来的荣誉作为可以用金钱获取的物品时，市民们就像等在阳台下接受一个有钱人向他们的衣兜和手心抛撒果品的孩子那样，乱抢乱夺。当一个容克地主朝一个平民的女儿看一眼，做父亲的马上就像已经得了一个出身半个豪门的外孙一样不可一世起来。男爵在宫廷里向诸侯打躬作揖，男爵的仆人又向男爵打躬作揖，他们实际上都是为人之奴。而平民在某种情况下，也必须穿上华丽的服装，戴假发，手执文明棍。只要在门前能写上“奉御……”，那么免费向宫廷赠送面包和靴子也在所不惜。

如果过去给大臣的信件按格式须写上“尊敬的”，那么现在市民们发明了“最尊敬的”来称呼他们，读起来差不多，但多了一个字。在德国，一个君主不仅骄奢淫逸，享尽天下之乐，还希望人们相信，他这样做是合理合法的。黑森州的伯爵领主就哄骗过路德，同意他娶妻纳妾；哈雷大学法律系也曾准备制定一个专门文件，保证君主可以随便纳妃，只要他喜欢，因为他是上帝的儿子，只对上帝负责。

但是，不管德国人如何努力模仿法国人的生活，他们在这种生活方式面前，终究还是太粗野了。一些优秀的德国人早就看到了这样做的危险，莱布尼茨写道：“让我们把今天的家庭、摆设和生活方式与过去简朴的生活比一比，想想看，究竟如何做更明智些。”

其他的人也希望这些现象早点结束，特别是宫廷内的官员，他们在日记中写道："尊贵的殿下希望能去皮尔蒙特沐浴。由于没有这笔经费，我准备用我自己的钱在24小时内努力完成任务。因为殿下明知道没有钱，但仍然下谕给我说：'亲爱的属下！你今天和昨天呈来的报告已阅，关于没有这笔经费的问题，我们必须按惯例予以解决。'"

历史上也有不少才华出众的诸侯。萨克森君主奥古斯特（1670—1733）就是一位名副其实、威武有力的诸侯。据说，他一共有354个非婚生孩子。就其他方面来说，可能称他为事业家更为确切，甚至在精致的旋梯、建筑物的正面、天花板的图饰上也能看到这位诸侯的雄心壮志，当然在皇冠、女人、教堂、节日活动等方面也能反映出来。另一方面，他又不如他非常羡慕的普鲁士国王那样能干，这位邻国的国王在治理国家上非常有自己的特色。他还通过收买、狡诈等手段，一度成了波兰的国王，但是这一反常的联盟只维持了70年，而瑰丽的茨温格宫至今还在为德累斯顿增添光辉。

7

波兰的被肢解——约瑟夫二世继位——两个幽灵——老玩世不恭者——军队的野蛮行为——老独裁者——老弗里茨——施托伊本——德国传奇

战争结束已快 17 年了，可是腓特烈和玛丽亚·特蕾西亚还未见过面。这时，一位年轻人开始为这两个头发已经花白的仇人从中调停说和，这就是玛丽亚的大儿子约瑟夫二世。他出生在母亲最艰苦的战争年代，现在父亲死了，母亲又指定他为摄政王，与她共同管理国家。约瑟夫是一个彻头彻尾的理想主义者和改革家。他对自己的国家和全人类的幸福富强充满了幻想，同时他还仰慕母亲的敌人腓特烈，因为他那时充满热血、热情洋溢，正好被冷酷无情、愤世嫉俗的腓特烈迷住了。他要与自己的父母背道而驰，向腓特烈表示热情。腓特烈没有理睬这位年轻人的热情，但是由于某种机遇，这两个敌对的营垒终于携起手来。

他们都参与了对波兰的共同掠夺。在这场对波兰的第一次分割中，很难看出征服者与被征服者、专制暴君女沙皇与波兰封建贵族，究竟谁更恶毒。没有任何一届政府关心过人民，波兰的农民与市民始终是被奴役的对象，连表面上的一些保障都没有。叶卡捷琳娜女皇早就发现波兰的腐败与混乱，一心想乘机消灭波兰。在萨克森的一位国君去世时，她使自己的亲信波尼亚托夫斯基当选，从而为波兰的两个邻国提供了一些残羹剩饭，就好像一个饕餮者，为自己订了一条大鱼，在自己狼吞虎咽之际，扔一些碎渣子给等在旁边的两只馋猫尝尝。但是叶卡捷琳娜不知道，她也因此促成了一个联盟。玛丽亚为了避免战争的危险，不得不接受这一联盟，而腓特烈对此是欢迎的。事实上，由于和俄国建立了联盟，腓特烈也缓和了与其他两个邻国的关系，现在不是腓特烈威胁他们，而是他们对腓特烈构成威胁。1772 年，波兰第一次被分割，普鲁士与俄国形成了友好关系。在俾斯麦的精心培植下，这一友好关系维持了 100 多年，最后被威廉二世葬送。在当时，结成友好关系对这两个国家来说是历史的必然结果。

腓特烈从这条大鱼身上分到的鱼尾巴，对他来说十分有价值，因为他得到的一条沿海地带把他的波美拉尼亚省与东普鲁士联结了起来。这块土地上 300 年来一直居住着大量波兰人民，腓特烈与他的当代接班人一样对这一事实不甚关心。然而这件事对于特蕾西亚来说却大为不同了。她在给儿子的信中写道：“波兰被可怜地分割了，这件事给我们的国家投上了阴影，我无法使自己平静，它像一块石头压在我的心上，使我日夜不安。日子本来够凄惨了，现在就更黯淡了。”这是一位妇女，一位用不流血的办法占有了一部分波兰的女皇说出来的话，无异于严酷时代的一支脆弱的乐曲，动听而无力。她不同于腓特烈，后者所交往的，是启蒙时代的思想家，而她整天接触的，是精明圆滑的维也纳的皇亲国戚。她的思想感情，在波兰问题结束时，已在各式各样的私人通信中消耗殆尽了。

她对儿子建议用同样的借口“继承”波希米亚一事，也以同样的态度否定了。但历史却嘲弄了她，腓特烈又一次威胁性地进军波希米亚，他要占领这块土地来反对崇拜他的约瑟夫。但对于这次纠纷，两位上了年纪的统治者很快达成了和解协议。玛丽亚死后，腓特烈写道：“世界上再也没有这位女皇了，新世界秩序开始了。”腓特烈在自己临死前几年，企图组织一个诸侯同盟，把所有德国诸侯组织起来。这是他反对奥地利的最后一次努力。

约瑟夫此时还是一个年轻人，正沉浸在母亲去世的悲痛中。这位失去了亲人的新皇帝希望把腓特烈仅仅是纸上谈兵的哲学思想真正付诸实现。对于他的努力，腓特烈及其追随者可能只报之一笑。约瑟夫二世是忠实的启蒙时代之子。他相信腓特烈的著作，尽管如此，他还是感到，腓特烈的政治与他的信条相当不同。这位年轻人决心以真正的伏尔泰精神治理他的国家。两鬓斑白的腓特烈此时可能正在无忧宫里阅读仰慕者所写的报告和文章，由于一时高兴，可能会用他的旧笛子吹上几曲，同时看着另一位努力以不同于先人的方法统治国家的年轻人。

约瑟夫此时正在全国视察，了解国情。他发指示，作出决定，而且以发布通令和告示的办法，迅速解决了宗教、阶级、民族之间的纠纷，使其互相取得谅解，这在过去他母亲的时代是无法做到的。他关闭了800个修道院，只允许真正从事实际工作的修道院继续保留。他给予所有非天主教信徒以宗教信仰自由，只有一件事不同意，即不同意他们修建教堂塔尖和钟楼。他吸引了上万名莱茵河人到奥地利来，给予免税，让他们在加利西亚、巴纳特、苏台德地区定居下来，并用德语把这一多民族的国家统一起来。他免除农民的一切苛捐杂税。确实，他做了这个贵族国家最令人惊讶的一切事情。1781年他大笔一挥废除了农奴制，他写道："这是由自然法则和人民的公共利益所决定的。"他与俄国的亚历山大二世和美国的林肯一样完成了一项冒险的事业，亚历山大二世和林肯因此而被暗杀，丧失了生命。

约瑟夫是活了下来，但他并未因此而感到愉快。他也尝到了发现潜藏在民众之间的惰性的痛苦，他认识到，为人民服务的心愿必须得到人民自觉自愿的支持，否则将一切落空；他明白了上层的思想必须得到下层的支持，"成在于民，败于民！"开明君主的这个口号得罪了贵族，但同时也使他赢得了人民的好感。他的画像至今可以在蒂罗尔的农舍中看到。但他无法通过和平的手段达到改革的目的。不久，荷兰的贵族起来反对他的专权，由于他的改革而得到一点好处的人，尽管不情愿但也不得不拿起枪炮起来捍卫。他在临死之前称自己为最不幸的人。

玩世不恭的腓特烈却没有受到这种良心的谴责，他因而还是个胜利者。

腓特烈因为战争而过早地衰老了，虽然只有51岁，但他已经退位来到波茨坦自己小小的宫殿,在优雅别致的书房里从事写作。此时，他年轻时期的两个幽灵——虚荣心和理性，可能经常在他安静的书斋出没，使他又一次陷入困境。因他而饱经战争创伤的国家需要恢复，容忍的精神又需要付诸实现。与此同时，世界发展得很快，饱受战争苦难的老百姓更加觉得有理由提出各方面的要求。约瑟夫的改革取得了成功。普鲁士似乎注定会恢复秩序，年迈的国王现在有机会去实现年轻时期的愿望了。或者只是因为他父亲是个残暴粗野的人，而使他处处反其道而行，对法国哲学的热爱被证明并不比聪明王子的一时幻想高明多少。

腓特烈开始从事大规模的法律研究，并创造性地完成了《普鲁士民法》。这在德国历史上是了不起的一步，使普鲁士逐渐从野蛮的阶级偏见走向社会立法。两个参与起草这个文件的法理学家，在伏尔泰、米拉波理论的基础上，帮助腓特烈完成了这部伟大的著作，这次他没有在胜利面前逃跑。自从查理五世以来，直到腓特烈时代，250多年期间，法律从未变革过，以专断暴虐著称的星法院[1]式审判始终属于统治地位，后来希特勒又故技重演。现在，根据贝卡里亚

[1] 星法院（star chamber），因在威斯敏斯特宫的星室开庭而得名。星法院在审理时，不采用陪审团，经常独断行使权力和非法扩权，在斯图亚特王朝时期被用作镇压清教徒的工具，于1641年被撤销。此后，星法院成为专断司法的同义词。——编者注

的思想，刑法减轻了，他认为刑罚的目的只是为了保护社会，康德则从他的纯伦理学出发，坚持惩罚。

军事法庭确实未被取消，还与老腓特烈在世时一样。老腓特烈为了防止农民因罚款而破产，曾恢复和采取了很多残酷的体罚政策。即便运用法律等手段，腓特烈也无法控制容克地主的权力。当腓特烈在波美拉尼亚宣布废除农奴制时，容克地主对他的命令置之不理，这位国王也只得不了了之。在教育问题上，腓特烈实行改革之后，学校的数量增加了，但也没有得到多少改善。腓特烈为学校规定了两项任务：教育青年人和奖励战争中有功的将士。这样做并不是因为缺乏教员，其结果却使普鲁士大部分青年人在手执教棍的前军士教育下成长起来的。在农村，教员则大部分由牧羊人、守钟人或鞋匠担任，因为教员每年只有 80 到 100 泰勒的收入，因此大部分教员都是兼职的。也有资格很老的教员，但他们既不能读，也不能写，连工匠也被指定为教员，理由是他们以前当过兵，现在蹲在家里太无聊了，因此让他们当教员增加些活动。

国王去哪儿弄钱维持学校呢？毕竟他还要保持这么大规模的军队。为了训练干部，国王必须垄断食盐、烟草和咖啡，为什么要对咖啡征税呢？据说因为它转移了人们对啤酒的嗜好。这样的食品税，反过来，也可能只有在所谓的“猎犬”制度下才能征集，腓特烈发现法国人在这方面很配合，他们付的税要比普鲁士部长征收到的高三倍。这种制度使警察达到了如同今天盖世太保般无所不能的程度。腓特烈的警察的确有权夜间进入每户人家侦缉走私物品，这些遭人憎恨的“咖啡探子”想方设法跟踪走私犯，一旦查获，就将对方派去修建防御工事，以示惩罚。在腓特烈的领导下，警察的权力大大高于老腓特烈时代，甚至公共卫生都被称为“警察科学”，这个名称倒十分适用于今天德国科学的各个部门。当这位国王收到人民不满的报告时，他无所谓地批道：“我年轻时只喝啤酒，对交不起税的人来说，有啤酒喝已经够好了。”

腓特烈的新兵征募工作比他父亲时代更加无所不用其极，更加残暴。被俘士兵被迫参加普鲁士军队与本国同胞作战。一些古老的版画描绘出征兵站如何给新兵灌酒，让他们签约服役。青年人被答应给予官衔，但只要一过国境，就用军棍使他们屈服。有一次，他们把梅克伦堡的领导人锁了起来，把所有合格的青年人包围起来，然后把这些人住的房子毁掉，撕掉他们的被褥，所作所为与希特勒的冲锋队无异，这种破坏他人财产的行为，今天又重新出现在我们的生活中。无论法国还是奥地利的军队，甚至哥萨克武装部队，其残暴凶蛮程度都无法与腓特烈的军队相比。腓特烈亲自下令将那些开小差的士兵手上刻上“S”记号，“刻得很深，让它们留在他们手上，以免褪掉”。机枪手如果在作战中贪生怕死，不勇敢，就会受到沉重的体罚，“以免他们在死去时感到罪孽深重”。

今天还能看到腓特烈签署的一份文件，他命令部下散布据说是由一些奥地利的逃兵写的一份报告，在这份报告中，他们说奥地利的军队每天打死 10 至 12 名士兵。在另一份签发年份为 1778 年的文件中，他把上百人圈在西里西亚的一个镇里，“以修筑工事为借口”，强迫他们像奴隶般地为军队服役。当他得到了东弗里西亚，他答应那里的居民免予服役，但是当 600 名民工响应他的号召参加建设工作时，他却把他们掳上船带到普鲁士，于是这个镇上的其余男性居民都纷纷出逃。

也许这一切都是因为这个国家太穷了，或者是出于安全的需要，但又要如何解释今天的现象呢？今天似乎每个公民都有保卫自身安全与自由的权利。难道腓特烈在他执政的最初几个星期，没有在一份著名的文件上批示过“生活在这个国家的每个人，都可以追求他自己希望的幸福”？这句话现在已成了独特的德国名言。可是，到了晚年，他粗暴地干涉宗教，不信任西里西亚的天主教，任命了一个伯爵到布雷斯劳去当主教，教会反对这个人的生活方式，抗议也未获结果。登上了王位后，他以四驾马车把被他父亲可耻驱逐的哲学家渥尔夫接回柏林，又把当时已经工作了25年的著名瑞士数学家奥伊勒解职，原因只是这位独裁者一时的古怪念头和一些小小的差错。"自由在柏林，"莱辛写道，"被轻视到无可忍受的程度，就像许多无耻之徒随意谩骂宗教那样肆无忌惮。普鲁士是欧洲奴性最重的国家。"

"不许干涉新闻自由。"年轻的腓特烈命令道，报纸因此而吹捧他，他感到非常高兴。但是有一次，《科隆日报》在他的晚年批评他，他却批准部下花很多钱雇用流氓，把那位可疑的记者痛打一顿。《埃朗根日报》的编辑的确给过普鲁士上校一张收据，证明他已领受上校受命鞭打他的惩罚。伏尔泰的伟大弟子居然能够纵容这样的偏见，取消一个救火员非常聪明的儿子的奖学金名额，原因是"这个孩子首先应该学习他父亲如何使用救火龙头"。

考古学家温克尔曼在逃离普鲁士后写道："我一想起普鲁士的暴君和这个国家的奴隶主就不寒而栗。我情愿做个土耳其阉人，也不做普鲁士人！"腓特烈不知道，他的这位子民是新科学的奠基人，另外一个子民海德是另一门科学的创始人，克洛卜施托克是新文学的奠基人，这三个人都逃离了普鲁士。当温克尔曼被推荐去当图书馆管理员，年薪2000泰勒时，这位国王在文件上批道："对德国人来说1000泰勒就够了。"

这位国王还经常写法文诗歌以自娱，战争期间他煽动了很多德国人自相残杀。爱好音乐的国王从来也不知道海顿、莫扎特生活在德国，尽管如此，他自己写过120首笛子奏鸣曲。他曾经请了两位小提琴家和一位大提琴手到他书房里来演奏格鲁克的《俄耳甫斯》，但他不喜欢。巴赫是他唯一请来住过两天的人，但没有久留，巴赫本人倒是希望留下来的。当《尼伯龙根之歌》第一次在德国出版，并被献给这个国王时，他写信给出版者道："这部作品没有出版价值，没有必要把它从旧纸堆里翻出来。在我的书库里这类东西是无论如何不会有的，我早就把它扔了。"后来，他还写了一本小册子反对歌德的《铁手骑士葛兹·冯·贝利欣根》，当时这部作品正在德国上演，他抨击道，这是一部"模仿英国蹩脚戏剧的拙劣作品，老生常谈，平淡无味"。一句话，同时把歌德和莎士比亚都打了下去。

在腓特烈的统治下，普鲁士越来越为外国所憎恨。"老弗里茨"，人们通常就这么称呼他。这个人度过了一生中最危险的时刻，现在深居简出，在他的隐居处继续统治这个国家，人们平时已不大能见到他。老百姓必须得到特别允许才能出国旅游或学习，而外国旅游者，根据历史记载，也情愿花更多的钱乘船或长途乘车绕道，避免经过普鲁士。

"老弗里茨"在美国很受欢迎，这方面没有一个国家能与美国相比，当英国政治家庇特与腓特烈联盟时，在新英格兰的教堂里，有人在为腓特烈的军队打胜仗而祷告。后来，腓特烈对英国的态度变了，他的眼睛开始盯着英国殖民地，人们都在谈论着，他有可能派他的弟弟去做即将独立的殖民地的国王。华盛顿很崇拜这位老国王。在他的晚年，人们把他看成欧洲的仲裁人。20年以后，在美国许多家庭里还可以看到腓特烈的照片，新英格兰的一家普通客栈自命名为"普鲁士国王"。

此外，还有一位以勇敢著称的冯·施托伊本男爵，他被认为是普鲁士给年轻的美利坚合众国的唯一礼物。他是普鲁士的一名军官，在战争中受了伤，三十几岁时来到巴黎，此时，他还满身充满普鲁士的军人气质。法国作战部部长把他派到美国。虽然受命于法国，但从军人角度说，他完全是一个典型的普鲁士军官。他负责训练青年战士，被任命为监察长，可是一句英语也不会说。华盛顿知道他将受到本国军官的妒忌，出面保护他。《美国大百科全书》因他训练出了一支纪律严明英勇善战的美国军队，给予了他极大的荣誉，之后他也以身作则。虽然此时他已封得了土地，但他仍在乌提卡的一所小木屋里度过晚年。这个地方，就是一个保持了普鲁士军人气质的普鲁士军官最后去世的地方，他似乎成了两个世界象征性的大使。

那么，那位自称为“国家第一仆人”的腓特烈自鸣得意的又是什么呢？他是怎样使自己不同于那位被称为“朕即国家”的法国暴君的呢？这样做对他有利吗？路易利用封建和天主教会的势力，在很多大臣的协助下统治着一个比腓特烈的国家大得多的国家，即便如此，他还给予法国人民很多自由。而腓特烈，由于他容不得人，因此始终没有能干的助手，自始至终抱着100多年以前路德的遗训，实际上对启蒙运动的思想一窍不通。理论上，他接受洛克关于君主政体失败过程中“合法革命”的思想，可是实际上，他不允许任何人批评他一句。

玛丽亚·特蕾西亚在晚年写道：“即使我们可以为要求占领巴伐利亚找到十分充足的理由，也不能仅仅为了面子而轻易挑起一场大战。”玛丽亚的这些话，并不是为了说给人听，或为历史而写，而是在她给儿子的一封私信中，规劝他儿子不要草率从事而写的。玛丽亚在这方面远远超过了腓特烈。这位国王在他的著作（第4卷，第25页）中，充分暴露了典型的日耳曼思想。他写道：“一旦专制君主政体占领阵地，他们就可以做任何他们愿意做的事情。发动战争，让那些小心谨慎的法律工作者，为这场战争是否正义而忧虑吧。”

这些话在德国人听来很悦耳。这位统治者不仅违背了他的协议，而且在理论上否认它有效，嘲弄法律。这样的统治者，只是为了使自己成为人民的偶像，才不得不自称为“国家第一仆人”。一位研究哲学的专制君主，只有回过头来承认武力理论，才能平定普通德国人的内心——这位独裁者解决了一个道德问题，并且得到很多教授的肯定。一旦令人敬畏的政府本身宣布，不能单靠法律来维持自己的生存，那么老百姓也可以根据这个理论从事活动，同时在星期天问心无愧地到教堂做弥撒。这就是为什么德国人热衷于为他们的领导人撰编传奇，说他既能舞剑，又会吹笛；在战场上英勇善战，又能谱写奏鸣曲。现在他隐居在音乐天地里，而又那么民主、平易近人；他之所以没有孩子，就是因为他太专心致志于他的著作了。

一个以改革家面目出现的德国君主，在关键时刻堕落到采用武力；一个同样以改革家面目出现的德国平民，最后在武力面前屈膝投降。甚至最杰出的德国人，在武力面前也背叛了思想信念。路德和腓特烈都不过是最突出的例子而已。

8

法国大革命的影响——“封锁线”——象征性的胜利——歌德的预见——德国上空的乌云

腓特烈逝世三年之后，爆发了法国大革命。歌德曾经把这次大革命说成是法国的需要，但在德国是不可模仿的。确实，革命的起因纯粹是法国的——法国人民要求“太阳王”的子孙偿还欠债。这种时候，统治者的功绩往往会被遗忘，因为他们的业绩早就被子孙后代破坏殆尽。我们已经习惯于称法国为革命的国家，但不要忘了，发生在 1789 年的这场革命是第一次堪称大革命的革命，它并不紧接在英国革命之后，而是发生在英国革命一个半世纪之后。

这场革命之所以具有势不可挡的威力，其中一个因素是，它不仅在政治上，还在社会秩序上，引起了世界范围的震动。法兰西，这个古老的王国，一夜之间变成了欧洲的第二个共和国（瑞士是第一个）。欧洲有上百个亲王，其中绝大部分分布在德国，在他们之中，一个最强大的国家突然由普通人甚至穷人掌握政权。人们几乎都相信王朝会迅速复辟，正如英国，在查理被处决后不久，皇室很快就恢复了原状。如果每个人都对别国的自治等闲视之，那么亲王们的安全就无保障可言。

德国的贵族胆战心惊，但是德国人民又做了些什么呢？作为一个邻国，他们预感到了什么，还是像其他一些邻国那样前后参加了这场革命？从社会角度看，自由在这两个莱茵河畔的国家不都受到了镇压吗？我们甚至可以说，这种情况在德国更为严重。但是德国人民在这场震撼世界的革命面前做了些什么呢？

他们保持沉默。他们继续俯首帖耳。他们被派去与实际上地位同自己十分接近的雅各宾派打仗。在德国任何地方都没有发生重大的起义斗争。诸侯的地位，甚至一个普通的地主，都没有受到威胁。

作为一场政治革命，1789 年的法国大革命堪与 1917 年的俄国革命相比。以下所做的对比将说明这两场革命对夹在两国之间的德国的影响。

革命期间，这两个国家的邻国中富有的保守分子无不为自己的安全担忧，他们害怕破产，害怕唤起本国民众的民族意识，害怕觉醒的重新恢复活力的人民从侧面来进攻。当法国的财阀巨富遭到杀戮时，他们在德国的家族亲戚难道不发抖吗？长期以来，法国历代君主借边界之便，多次蚕食德国的领土，革命阶级难道不能也通过开放的边界，扩大他们的影响吗？从思想影响判断，德国的富有阶层和贫苦群众对待法国大革命的态度还是不一样的，这种情况与 1920 年左右对待布尔什维克革命的情况差不多。德国的思想界，至少在开始时，是站在革命与自由这一边的，而几乎所有德国皇亲贵族都反对这场革命。

我们现在来看看德国思想精神界与国家权威之间是如何决裂的。这种决裂在 16 和 17 世纪的人文主义者中间出现，我们前面已经有所叙述，18 世纪发展到了高潮。足以说明问题的是，当德国军队在德国诸侯的领导下外出作战甚至是在国外打仗，德国本国的知识分子至少在开始时也为之欢呼过，如歌德、席勒、康德、费希特、荷尔德林、赫尔德、维兰德以及让・保尔。

开始时，驱使德国统治者们这么做的动机是很不一样的。腓特烈的侄子及继承者，腓特烈・威廉二世（1859—1941）出身于名声很坏的霍亨索伦家族，他希望从混乱的法国手中争得莱茵河边的土地，维也纳的君主则希望帮助受难中的妹妹玛丽·安托瓦内特王后。但是当法国人从秘密的途径知道，国王夫妇希望奥地利派兵到法国来，并确实准备双双出逃时，爱国者的气愤就直指皇帝本人和他的儿子弗朗茨二世，“德意志民族神圣罗马帝国”就此终结。

此时，许多小公国都觉得法国大革命对他们的威胁比普鲁士的威胁更大。大战之后，帝国四分五裂，这些特权阶层觉得把自己置于法国的庇护之下，比置于帝国之下更为保险。但是，他们现在意识到，法国经过150多年的盛世之后，正面临一场前所未有的大革命。法国人民觉醒了，这场革命非常可能蔓延到他们的领土，反对容克地主和教会。这真是对他们背叛自己祖国的最理想的赏赐，但是，正像历史中经常出现的那样，这些后来受到历史审判的王公贵族，在当时却认为自己是无辜的受害者。“巴黎国民大会”开始时还答应对被没收了土地的大大小小的地主一律给予赔偿，但并没有收到效果，莱茵地区的地主和资本家还企图反抗。他们同意给从法国逃亡出来或被驱逐出来的贵族地主避难权，并在科布伦茨成立一个反革命中心，从而证明了阶级的利益从来都是超越国家利益、无国界的。

现在，这些结合在一起的德国皇亲国戚有一点是共同的，即他们都害怕世界革命。即使在那时，他们也采取了欧洲在130多年以后反对布尔什维克革命中所采取的同样手段——封锁线。如果7万名就业和失业的工人包围了巴黎圣安东尼郊区，那么其他首都也会出现同样的事件威胁统治阶级的安逸生活。当法国“三级会议”终于在一个8月的夜晚，以激烈的手段一举废除农奴制、行会法、什一税等封建特权，德国300多个公国暴君脚下的土地也开始颤抖了。为了保护自己，他们就起来干预，结果是，德国封建制度破灭了，但不是在一夜之间，而是经过斗争的6年之后。

曾经是死对头的普鲁士和奥地利，在共同的利益面前携起手来，结成一种我们经常可以看到的，在以后的历史中也会再次出现的联盟。宣传甚至在那时也是起作用的，上了年纪的不伦瑞克公国君主在一份声明中发誓要把法国夷为平地，以保卫基督救世主。这是法国起义的总信号！法国处在危急中！所有的青年人都走上街头，不朽的《马赛曲》旋律第一次在斯特拉斯堡上空飘扬。君主专制政体被推翻了，4 个月以后，国王被送上断头台。这是近代史上第一次人民军与专制政府部队作战。

也在此时，当受到俄国支持的德国联合部队在莱茵河畔遭到法军打击时，俄国借机侵犯波兰。俄国人在波兰第二次（1793）、第三次（1795）被瓜分的过程中违背了与盟国订立的诺言，但这些盟国自己也经常背信弃义。玛丽亚·特蕾西亚已去世，再也无人为干这种勾当而感到羞愧。

但是，在这场冲突中获胜的并不是法国的战争机器。这架机器武装很差，经常遭遇可耻的失败。在瓦尔米的战斗中，获胜的是一种热情，是震动千百万群众心灵的伟大的狂热，是在长期压迫下为争取自由的感情；这种从内心迸发出来的感情，取代了腓特烈的虚荣心，取代了结盟国的贪婪，它要求出击，而且往往取得胜利。这种感情竟维持了 20 年之久，致使德国贵族在此期间得以继续反对新生的法国。

但是，我们还是忘了瓦尔米战役中青年将领的名字，以及他们的战略战术。即使今天，当阿尔贡隘口再度成为战场时，也无人会记得 1792 年 9 月的一天。一切都无影无踪了，但有一句话却永垂青史，因为这句话与整个世界形势有关。

当时，歌德作为魏玛公爵的大臣和朋友，经常参加德军司令部的会议。他担任一部分战地通讯工作，但更多的时间是在观测和思考问题。这天晚上，战争的形势已略见端倪，法国人将取得胜利。所有出席会议的将领、公爵都垂头丧气，并且被战况的急转直下震惊得手足无措，他们纷纷发表意见，议论敌人的力量、德军指挥上犯的错误以及什么时候可以转败为胜。歌德站在旁边，一言不发。当人们要求他发表意见时，他回答说：

> 从今天起，世界历史的新纪元开始了，在座的各位将都有资格说，我是这个新时代开始的见证人！

明智的人士往往欢迎自己国家的失败，因为他们早就要求改造这个国家。一般来说，他们是最聪明的人，也是最勇敢的人。关于这一类问题的争论在小册子、回忆录、文艺作品和谈论中出现过多次。但这次，一场大战的第一个战役还正在进行，战争的硝烟尚未散尽，贵族地主还未来得及准备逃跑。按传统，失败是可以预见的，如果一天的不幸得到挽回，还可以得到二十几天的好运。诗人的预见到底对吗？当这些败将的脸一张张转向他时，诗人的勇气受到了考验。没有一个士兵或朝臣会作出这样的回答，只有思想深邃目光远大的人，才会提出这样的看法。

歌德在世界历史的关键时刻，提出了自己高瞻远瞩的看法，为历史写下了独具一格的精辟意见。他婉转地规劝这些失败者应为自己成为历史的见证人而高兴，这使大家感到恼火，他似乎看到了正在舞台上演出的一切，而有人则希望，最好其中一个乔装的将军当场一剑把革命者击倒。但是除时间以外，无人为此作出答复。在以后的二十几年里，世界历史证实了这一点。因此，歌德在瓦尔米晚上的这句话，代表了德国历史的一个伟大时刻。

在以后的几年里，德国的情景相当悲惨。与所有目光狭小的统治者一样，普鲁士国王关心的是领土，而不关心在这些领土上住着什么人。新的分裂使他更靠近俄罗斯帝国，而他统治下的老百姓则一大半成了波兰人；对于这种情况，与德国今天的统治者一样，他并没意识到危险。现在叶卡捷琳娜女皇成了击败波兰、瑞典、土耳其的胜利者，而且矛头直指德国，但是腓特烈·威廉与他的先辈一样，背叛了盟国，同时也背叛了自己的帝国。腓特烈死后10年，普鲁士内部已软弱不堪。

哈布斯堡的景况也不佳。年轻的法国接连击败了意大利和荷兰。1797年，德国的事务在法国的指挥下井井有条，德国诸侯完全不顾廉耻，唯巴黎之命是从。新共和国经过几次重大战役获胜后，德国失去赖以维系的支柱而彻底垮台了。共和国已如旭日东升，可是在德国的土地上，仍然是夜幕沉沉。

9
他们的出身——谁无视他们？——贵族羞辱他们——海顿的窘困——莫扎特遭虐待——天才展翅——七兄弟——硕果累累——日耳曼天才和拉丁天才——最年长的和最年幼的——德国人的心声

但是，在这深沉的夜幕中，精神的光辉犹如灿烂夺目的彩虹，光芒熠人。就在这同一个世纪里，当德国的大小诸侯因贪图权势、尔虞我诈而把国家弄得四分五裂，又因利益一致而共同反对新时代的时候，德国的思想精神界却出现了一个前所未有的光辉时期。18世纪德国文坛人才辈出，思想巨人应运而生，对世界的贡献达到了最高峰。政治权力与思想精神彻底决裂了。

为人类所熟知的七位德国音乐大师，比德国诗人和思想家更加著称于世，因为音乐是不需要语言的。他们几乎出生于同一时代（1685—1797），在这方面没有别的国家如此得天独厚。一个接着一个，每一个都有其师承的一面，却又个个独具匠心。每一个都可形成一座光芒四射的星座：巴赫在音乐中发现了永恒，亨德尔的作品以绚丽显赫著称，海顿崇尚自然，格鲁克歌颂英雄，莫扎特是天之骄子，贝多芬谱写下悲哀和胜利，舒伯特发出内心的歌声。

他们用音乐为自己编织了一张宁静和谐的网，他们的周围永远是动人的旋律和传奇的故事。从南美洲大草原到阿尔卑斯山之巅的小木屋，他们的音乐扬帆远航，默默承受着人间一切苦难。就在世界亿万群众对德国现代暴君及其仆从怒不可遏时，德国的这些天才用自己的小提琴、乐队、唱片请求他们宽恕。

自从1450到1550年，有七名或十名画家连续出现，在意大利文艺复兴时代形成传奇以来，任何国家都没有出现过这样一代接一代的艺术宗族。那时德国有荷尔拜因和丢勒，但是在德国出现七位音乐大师之时，没有任何一个国家的作品，甚至是意大利，能与之相比。这是一种由同一个国家的艺术家形成的艺术，此后没有任何人达到或超过他们的水平。妙不可言的连续性，把这七位音乐大师联结在一起，这在德国历史上也是独一无二的，就像一枚戒指，被一代代地传下去。亨德尔几经斗争，把它传给了在伦敦的格鲁克，格鲁克传给了海顿，海顿热爱他的学生莫扎特，莫扎特为自己的学生贝多芬的天才感到惊讶，贝多芬则在临死之前高度评价舒伯特，把戒指传给了他。还有哪个国家的历史能与这段历史相比呢？一个千年来长期松松散散、彼此之间没有约束的国家，一旦出现了这一脆弱的传统联结，是多么令人感动啊！

他们大部分出生于南部、西部或萨克森。巴赫和亨德尔的出生地离得很近，而且他们的生日只差四个星期，他们以歌曲和诗意为图林根森林带来了新的生命。海顿、莫扎特、舒伯特出生于奥地利，格鲁克出生于巴伐利亚的弗兰肯，贝多芬出生于莱茵河畔，家族中有佛兰德人的血统。其中五个人使维也纳成了世界的音乐之都，虽然他们在维也纳也没有受到很好的对待，但比起帝国其他地方艺术家的生涯来说，还是要好一点。

这七位音乐家都出生于贫困家庭，说明德国的音乐思想来自很深的底层。海顿和贝多芬的母亲都是烧饭的，海顿的父亲是名铁匠，舒伯特的父亲是位穷教员，格鲁克的父亲是名侍候别人打猎的马夫、持枪手，只有亨德尔的家族生活比较安定富裕。巴赫、贝多芬、莫扎特的父亲都是穷乐师，他们都出身于手工匠家庭，巴赫本人是时代音乐之王，在他前后共涌现出41位音乐家。七位音乐大师中的五位，在青年时期都尝过饥寒的痛苦。巴赫、海顿、舒伯特与路德一样，幼时都参加过唱诗班的童声合唱团，这是他们音乐生涯的起点，亨德尔、贝多芬弹过钢琴或拉过手风琴。神童格鲁克和莫扎特幼时的生活还比较富裕，但后来他们大都经历了需要由自己挣面包的生涯，即使在他们小有名气之后，情况也是如此，只有那些在国外找到了安身之地的音乐家才免除了为生计奔波之苦。

这七位音乐大师都是德国人。德国贵族诸侯在这100多年内忙于争权夺地，无恶不作，他们对于这一民族的光荣、这个时期思想精神文明的发展毫无贡献。只有很少一些人曾经关心过这些音乐大师，或给予了他们应有的尊敬。在亨德尔、海顿、格鲁克被邀去伦敦前，没有人发现他们的价值。反而是那些音乐不太发达的欧洲国家为这些德国音乐大师提供了经济援助，为他们赞美扬名，他们甚至拯救了濒临苦难深渊的贝多芬。但是巴黎和马德里还是约请了海顿创作交响乐。他在英国为自己最有名的作品《创世记》和《四季》谱写了曲子,并在维也纳上演。没有一个德国艺术家能像亨德尔那样，临死前在英国获得极大的荣誉。他被埋葬在威斯敏斯特教堂，这是他的遗愿。直到今天，英国人还认为亨德尔的《弥赛亚》如同韦伯的《奥伯龙》以及海顿的《创世记》一样，是英国的作品。格鲁克在巴黎要比在德国有名气得多。

少数诸侯贵族希望借这些音乐大师的名望给自己增添光彩，封赐他们各种称号，付以薪金。格鲁克曾为玛丽亚·特蕾西亚当过十年宫廷乐师。教皇在罗马授予他一枚勋章后，他就一直称自己为贵族里脱·冯·格鲁克。莫扎特也曾被授予这个封号，但他从来不用。天才贝多芬曾给大公鲁道夫讲过课，鲁道夫曾以自己的献词称他和洛布科维茨与利赫诺夫斯基为不朽的天才。

维也纳确实堪称世界音乐之城。王室成员本人也参与演出四重奏，组织音乐会，并出版作品。艾斯特哈吉诸侯之所以没有被人遗忘，就是因为他们把私人乐队交给海顿来指挥。海顿在匈牙利的一个庄园里，花了几个月的时间训练这支乐队，最后使他的赞助人很高兴地在那里度过了整个夏天。这些诸侯利用微薄的薪金，实际上占有了音乐作品的垄断权，或者至少在数年内占有了这些作品的演出权，在演出期间，这些作品不得出版。贝多芬曾 20 多次侵犯了他的出版商及赞助人的版权，因为他常常忘了什么作品已经出售了。

除了住在国外的亨德尔和格鲁克，其余几位音乐大师受到的来自政府和贵族方面的屈辱，丝毫不逊于德国人向美洲出卖雇佣兵的程度。这方面的情况可以单独构成德国历史的一页。在魏玛公国，统治者以一国之王不可一世的身份，驱使巴赫同仆从和厨师为伍，扮演一名快乐的风琴手。后来，那位公爵还把他监禁了一个月，因为他说必须由他自己来解雇巴赫。年近五十的巴赫，为了得到一个重要的称号，却不得不低三下四地写信给萨克森选帝侯，在“请求对他的作品给予重视”的信中说，“这不是由于我的作品有价值，而是因为殿下您举世闻名的宽宏大量。”他在信中献上自己新的《b 小调弥撒曲》中的《垂怜经》和《光荣颂》。一次他被召去莱比锡，一位市政高级官员竟然写道：“由于我们找不到最好的音乐家，只好退而求其次了。”然而巴赫，这一拥有刀凿般的前额和像他音乐作品中的连音似的扫帚般粗眉的音乐大师，当时已相当有名，因此一个评论家写道：“巴赫是在为暴力，也是为教会作曲。”一次，卡塞尔的一个诸侯给了他一枚戒指，作为对他弹奏管风琴的奖赏。

这些音乐大师常常数年无人青睐，生活没着落。1729 年复活节，当巴赫第一次在圣托马斯教堂演奏他的《圣马太受难曲》时，德国居然没有一个人知道这一事件。他们从来没有听过这种清唱剧的圣乐，或者由其他人演奏的类似作品。巴赫死后，他的很多作品几乎完全被人遗忘。

海顿 17 岁时还经常在舞厅里伴奏，直到有一个演员请他为一个滑稽剧谱一些音乐，他才稍有名气。可是，在他成名以后，他的资助者仍直呼其名。他对此很有意见，感到人们不如英国人那样对他尊敬，此后，他才在给自己的信上看到“冯·海顿先生收”字样，因为那些贵族感到，只有给他一个贵族称号后，才算真正地对他尊敬。这七位音乐家在当时，还没有一个人被称为“大师”。为了组织一个乐队，出身高贵的音乐赞助人一定要把那些也会一些乐器的仆人、鞋匠、糕点师傅编进来，而事实是这些人往往非常懂得爱好音乐的奥地利人的深刻感情。海顿就不得不用这些人，不经过什么训练，甚至没有排练就演出他的新交响乐。在他的一份合同上写着，指挥必须“衣冠整洁，朴素大方”，“所有队员必须穿一色服装，梳小辫或用束发带”。他的 15 首《弥撒曲》对主教来说太“伊壁鸠鲁”[1]，也许因为教会会长本人就太“伊壁鸠鲁”，因此海顿不得不眼看这些作品被禁演。（林茨市的主教直到 1907 年还禁止这些作品。）

社会地位的低下给莫扎特带来了更大的痛苦，他的个性活泼欢快，但是也很敏感，受不了刺激。他是一个神童，世界各国都注意他，难免有点被宠坏了。到了 20 岁，他感到自己绚丽的世界消失了。一个内阁大臣、伯爵阿科尔打了他，而莫扎特却不能还手。25 岁时，他跟随萨尔茨堡的一个大主教来到维也纳，这时他已经谱写了一些好作品，可是他却只能与仆人共餐。“老爷的两个贴身男仆坐在桌子的主位上，我至少还可以坐在厨师的上首。”莫扎特在给父亲的信中写道。在他离开时，大主教把他骂得狗血淋头，骂他是可恶的流氓、无赖，让他等着拿钱，把他打发走。在极度穷困潦倒的时候，他甚

[1] 伊壁鸠鲁（Epicurus），古希腊哲学家，发展了前人的享乐主义，提倡欲望得到满足之后的平静之乐。但其学说常被误解为纵欲主义，这里指太过追求感官享乐。——译者注

至想到史蒂凡大教堂去当一名风琴手，可是这也没有成功。莫扎特临死前的几个星期，由于一个浅薄贵族的厚颜无耻，这个人专门收买天才的作品来冒充是自己的，而把莫扎特置于十分悲惨的境地。这个匿名者为莫扎奏响了挽歌，莫扎特预感到自己的死期已经不远。临死前一天，他的朋友在他家里试奏他的作品，莫扎特自己演唱男高音部分，突然他失声痛哭起来，掉转身去。

贝多芬年轻的时候，在为科隆大主教演出时还必须穿宫廷制服。但后来他实在忍受不了有损他尊严的当众侮辱，只要他稍有感觉，就愤怒地写信给他的资助人。一天，一个仆人挡住他不让他去见鲁道夫大公，据说，贝多芬把他一把推开，并说道："我是贝多芬。"另一次，当一位大主教约请他为赛马表演写两首进行曲时，贝多芬回信说："你要求的赛马音乐将在众马疾驰的马蹄声中听到。"他处处希望自己的行为像一个君王那样，实际上他确实也是。他喜欢谈论"道德力量"。青年时贝多芬与利赫诺夫斯基诸侯生活在一起，家中有仆人及马匹。他在当时是最伟大的钢琴家，深受维也纳人的崇拜，他们付出极昂贵的票价出席他的音乐会，希望有幸听他即兴演奏一首新曲。如果不是他的耳疾，他很可能与他的崇拜者亨德尔一样，拥有极多的听众。这个已为当代人所知道的贝多芬讳莫如深的秘密，对他来说是个很大的不利条件。

由于听众的音乐素养，七位音乐大师在维也纳的生活要比在北部日耳曼地区好过得多。在斯图加特宫廷音乐会上，有人玩纸牌。在德累斯顿宫廷里，一边音乐家在演出最精湛的音乐节目，一边国王夫妇正在晚餐，谈笑风生。在不伦瑞克宫廷音乐会上，演出中严禁响音，以免打扰公爵夫人打牌。在卡塞尔，一个上了年纪的打击乐师收到了双倍的薪金，因为选帝侯喜欢坐在这位乐师上面的包厢里，随意向这位乐师的秃头顶吐唾沫。

在这种社会气氛下，七位音乐大师的天才只有通过宗教和世界主义才得以发展。宗教是一种传统的形式，世界主义是先进的人们对待知识的态度。形式上，这七位大师已不必像腓特烈大帝那样非用德语来表达不可了。他们的《弥撒曲》是用拉丁文写成的，他们的歌剧是意大利文，格鲁克的作品有时用法语，亨德尔的用英文；乐器的名称和所有音乐术语都是意大利语，后期贝多芬引用了一些德语表达方式。只有歌曲是德文的，但是由于它被发现得较晚，七位大师中只有最后一位才开始采用，因此很快就被其他外国语湮没了。尤为重要的是，音乐的语言不需要文字。

音乐的艺术形式并不是他们继承下来的传统，而是通过他们的作品才成为传统。七位音乐大师的三大造诣，其中一个是现代歌剧，尽管经过很多的变化，仍然不失其渊源于意大利艺术形式的完美。舒伯特发现了歌曲，这无异于发现美洲大陆，德国传统交响乐形式的发展，就好像一个在玩耍的男孩成长为一个英雄。德国人如果对世界没有其他的贡献，而只是产生了巴赫的赋格曲、海顿和莫扎特的室内乐，以及贝多芬的交响乐，仅仅这些就足够偿还德国人的剑带给世界的灾难了。实际上,这七位大师对各种艺术形式都驾轻就熟：贝多芬的歌剧，亨德尔的交响乐，舒伯特的三重唱都很动听。就这样，几百年来的奇妙艺术就形成了。当你后退到足够远的地方，洗耳聆听这七位大师的作品时，你会感到，这些作品似乎出于一人之手，使你想起由彼得·菲舍尔这位父亲设计并与他的五个儿子共同完成的圣泽塞巴尔德墓龛，它具有极大的完整性。

他们之所以像是来自一个大家庭，原因在于他们是受同样的思想精神培养出来的。如果我们把他们中间的最长者和最幼者作一比较，亨德尔的辉煌夺目及舒伯特的抒情，抑或格鲁克三重空间的音乐和海顿的广泛性，我们仍能发现，他们彼此之间的关系比他们同19世纪任何一位音乐大师的关系要紧密得多。的确，其间有很多过渡人物，从舒伯特到韦伯，从格鲁克到瓦格纳，贝多芬自己就是所有这些过渡人物中的最伟大者之一。那么为什么，从这七位大师的全部作品来看，这种特殊的亲缘关系仍然如此牢固呢？这是因为，七位大师都性格内向。强烈的本能和简朴的生活，使他们不可能出现单纯的普世感情，而是永远生活在个人感情的秘密王国里；内心的爱只会停留在冲动的感情，而不会变成冒险的行动。

巴赫是唯一有孩子继承他事业的人，他的13个孩子大多数在音乐上都很有造诣。他在自己家里举办音乐会，建立了德国家庭音乐。也是在这个圈子里，他眼看自己的一个儿子发生了悲剧。其他六位音乐大师的孩子都在他们的生活中起着重要作用，就此而言，他们也没有重大的爱情或离婚事件可说。海顿和莫扎特的婚姻都很不幸，他们没有享受到真正的爱情生活。亨德尔生活在伦敦，是歌剧院院长、大老爷；而格鲁克终日奔忙于巴黎、罗马、哥本哈根，出席音乐会，有很多奇遇；但他们的爱情生活给工作带来的影响，并不比莫扎特欢快的恶作剧给他的工作带来的影响大。舒伯特和贝多芬则似乎一生没有接近过女色。

这样的生活保证了他们能潜心于音乐，因为作曲家和哲学家的灵感来自内心，不像诗人和画家还需要寻找模特。良好的健康状况使其中的五位大师始终心情舒畅。的确，亨德尔和巴赫在晚年丧失了视力，但是那个时候，他们的事业已基本完成。莫扎特的体质虽然较差，但是他的精力还是因为最后几年的疾病而受到真正的损害。他的早逝具有玄奥但又合乎逻辑的原因，一似舒伯特、拉斐尔、乔尔乔内、拜伦，大自然在短暂的时间内，耗尽了他们内在罕见的才能，使他们只来得及表达出来，生命就终止了。舒伯特和莫扎特在幼年时即表现出来的非凡才能，预示着他们只有短暂的艺术生命，而其他五位大师，包括贝多芬在青年时艺术上也均未达到过这样的高度。

这样的生活背景令人吃惊，特别是对于最能给人以美的享受的音乐家来说。节俭的生活，使他们在事业上获得了成功，他们不仅终日心绪稳定，而且在创作上获得了前所未有的丰硕成果。一般来说，音乐家的工作要比诗人辛苦，而画家和作曲家的作品要比大多数创作者丰富，但是这 7 位音乐大师的作品之多，几乎数不胜数。舒伯特死时只有 32 岁，莫扎特只有 35 岁，可是作品的数量赶得上巴赫、亨德尔和海顿，可与多产画家提香、鲁本斯媲美。莫扎特在 1 年之内完成了《狄托的仁慈》和《魔笛》，亨德尔用 3 个星期写出了《弥赛亚》，只有后来的意大利画家罗西尼以及作曲家威尔第能与之并驾齐驱。

为了取得这样丰硕的成果，可以想象，七位大师必须全神贯注，对世俗的纷争采取避而远之的态度。他们每个人都有自己的忧虑，要操心自己的生计与地位，担心得罪赖以生活的贵族老爷，也必然会和指挥、出版商、代理人等发生摩擦。但他们中间，没有一个因追名逐利而绞尽脑汁，费尽心机。政治对他们来说似乎不存在，周围的一切纷争都影响不了他们的创作。

他们大多深居简出，在隐居时把自己在幻想中看到的东西、听到的声音写出来。他们的生活是如此平静，因此他们的创作能达到前所未有的高度，即使意大利的传统音乐也大为逊色。他们同瓦格纳之间存在着重大的差别，从莫扎特的《费加罗的婚礼》到贝多芬最后的《大赋格》，从他们最流行的作品到最深奥的作品，相较而言互相之间几乎没有什么距离。也就是说，从这些作品的微观世界来说，都不存在淫秽、病态、含混、色情、颓废等不健康的内容，而瓦格纳后期的作品却出现了这一倾向；而且如果我们把舒伯特比为泉水，把莫扎特比为林溪，格鲁克犹如深邃的湖泊，亨德尔是瀑布，巴赫是河川，贝多芬是大海，那我们将惊奇地发现，所有这些大师的水流是如此清澈，而且他们竟然都是德国人，而德国人通常是仰慕各种浮夸形式的。

这七位大师中，有两位来自日耳曼民族，还有一对来自拉丁民族。有抱负的巴赫和贝多芬，也许可以被认为是哥特式的，而来自南方的格鲁克、莫扎特并不喜欢他们。后两人在日耳曼民族中发展意大利歌剧，格鲁克的是悲剧，莫扎特的是喜剧。如果有人希望在他们的作品中找到反映南部风格的内容，最好的例子是格鲁克《俄耳甫斯》中的芭蕾，或者是《费加罗的婚礼》中的《玫瑰咏叹调》。这两位大师的作品也许可以用德国的市政大厅来比拟，这些大厅的下层还是罗马式的拱门，而上部已经是哥特式的窗户。和丢勒以及许多德国皇帝一样，意大利的影响并没有使格鲁克和莫扎特失去他们固有的格调；朝圣罗马之旅，除了留下一些感伤的经历，就再也没有其他了。

法国人把莫扎特看成是他们的，而世界其他国家总体上并不追究他的身世。的确，在他作品的一些章节里，有些最杰出的片段就像歌德在某些地方一样，几乎看不出是德国的作品。但是在《唐璜》一剧中又突然充满如此阴郁的景象和悲剧性的冲动，使你似乎又一次听到了《浮士德》。这两位德国音乐家的作品，比之其他五位大师更令人感到是一种艺术，这种艺术来源于自己的民族，却更高于自己的民族，超越了民族特征范围。

七位大师中的最长者和最幼者，巴赫和舒伯特代表了德国人性格的两个对立方面。巴赫把音乐和浮士德式的求索精神结合起来，而舒伯特则重幻想。巴赫似乎常常面向上帝，虽然他从未向上帝叩拜过，但他虔诚且富于男子气概。他的《弥撒曲》是用拉丁文写成的，他的圣乐则适用于所有宗教。他宽宏而又活跃，不愧为普罗米修斯之子；他信赖自己，同时又依靠上帝得到安宁。还没有哪一位诗人像巴赫那样，把自由人的关系如此紧密地与上帝结合起来，他永远崇拜上帝，同时又不断坚持自己的主张。因此，他的宗教音乐与圣人、隐士的关系不大，而永远是一种创造。它升起，降落，盛衰荣枯，周而复始，这种力量使他在七位大师中傲然独立，使他在波涛般的生活面前始终能心平气和，独善其身。

也许有人会说，舒伯特和巴赫刚好是两个气质相反的人，舒伯特所具有的，巴赫没有；巴赫拥有的，舒伯特没有。舒伯特这里流淌的是永不中断的旋律，无论从人间上升到天堂，还是从天堂下降到人间，都毫不费力。他是音乐天使真正的儿子，一位天上来客，乔装成一名游吟诗人，漫游在人间的大地上。他随着舞蹈敲击拍子，吹奏音乐，混迹在小酒店农民中间。瓦尔特·封·德尔·弗格尔瓦伊德似乎又在他身上出现。但是突然，不知不觉间，他身上的圣血起作用了，使他不断地升高、升高；他的调子变得更加清脆透明了，他突然来到野地里，音乐转化为不可思议的欢快的瀑布，这是由他改写的一首淳朴的奥地利民歌。舒伯特的一切都离不开流水，大自然；他似乎永远与小妖怪、水精灵生活在一起，而猎手和巫士也紧随在他们的身边。巴赫的音乐起源于数学之乡，掌握着与开普勒天体音乐之间的秘密联系；而舒伯特的音乐似乎始终来自树林、泉水、湖泊、岛屿、柳丝的窃窃私语和沙沙作响。巴赫从上天降到人间，舒伯特从人间上升到天上。他们两者的特质代表了德国人的性格。人们把巴赫的《平均律钢琴曲集》中的每一曲与丢勒的《基督受难图》作类比，这是对巴赫的德国人灵魂最好评价。相反，人们只要听听由古诺用法国“旋律”加谱、假冒的第一前奏曲，就能得出相反的结论。

用歌德的话来说，弱点和长处、黑暗与光明来自同一种力量、同一个根源。一个民族也是如此，在社会生活中，由于德国人的性格，它一方面向黑暗和混乱发展，直到它的国家政权成为世界的罪人；另一方面，从个人来说，它又使德国人发展到如此成功的高度，以至于全世界一而再再而三地惊叹于他们的成功。这七位大师体现了德国人在摆脱梦想统治世界的羁绊，以及超越世俗纷争的繁琐之后，他们的创造能力能如何炉火纯青，尽善尽美。当你的耳际响起贝多芬的《第五交响曲》，或者当你聆听莫扎特的《唐璜》前奏曲，格鲁克《奥菲欧与尤丽狄茜》沁人心脾的音律，巴赫《b小调弥撒曲》的圣乐，亨德尔的《哈利路亚》，海顿的《第一三重奏》，舒伯特最后的《五重奏》时，你会觉得：这是德国人想要传达给世界的。

10

莱布尼茨登场——康德登场——康德为国家的担心——荷尔德林对德国人的看法——赫尔德和莱辛论德国人

在这同一世纪内，德国的残酷统治又一次达到了中世纪般登峰造极的地步。就在整个西方，包括意大利及北欧国家，在政治上净化自己，必要时也偶尔出现些暴力行动的同时，德国却继续沉溺于施行极刑的嗜好中。德国的雕刻和版画表明，统治者是如何兴致勃勃地观看这种场面。迟至1760年，在巴伐利亚，不仅漂亮的女人，甚至女孩子也被当作女巫处死。已经是1813年了，女人还被绑在耻辱柱子上烧死；1838年在柏林公园广场，一个男人被刑车肢裂，100年以后，这种事情在希特勒集中营再次发生。哲学家克里斯蒂安·沃尔夫虎口余生，险些没逃出普鲁士国王的魔掌。也就是这位国王把“不听话的、敢于反抗的女孩子”投入牢房，与此同时，还把索林根的盔甲作为礼物送给俄国沙皇。1682年，现代织机的发明者摩尔，因施展妖术的罪名而被处死。1707年法国人帕潘发明的脚踏蒸汽机被富尔达的渔民打得粉碎，因为他们认为这是魔鬼在造孽。第一个发明电机和空气泵的马格德堡市长居里克总算设法逃离了德国。

1700年左右，许多杰出的知识分子，如莱比锡的托马休斯等，也曾与逐渐壮大的“虔信派”一样，起来反对德国的残酷统治，不过虔信派也反对哲学家沃尔夫，因为后者捍卫异教徒孔子。起初，“虔信派”组织了一个中心，试图把德国人从他们本能的野蛮中唤醒，提出用德文而不用法文书写；提倡喝咖啡和茶，而不喝啤酒，因为他们认为啤酒使德国人变得迟钝；他们出杂志，写文章，取得了一些成绩，也遭到过失败。如果他们后来不转而反对启蒙运动，也许他们的行动和组织不会被戴上假虔诚的帽子。

他们中间最突出的是莱布尼茨（1646—1716）。莱布尼茨是波兰人的后裔，是德国第一个欧洲人。他敢于在伊拉斯谟200年之后，称自己为世界公民。人们只有在把他的头脑与伟大的同时代人斯宾诺莎作一比较时，才能牢牢抓住这位可爱的哲人的性格。两个人都有一个狭长的脑袋，眉骨很高，脸色苍白。但是，人们从斯宾诺莎深邃的双眼和有力的眉弓中感到，他是一个哥特贵族；而莱布尼茨有一张宽阔的大嘴，厚实的鼻子，一对隔得很开的眼睛，人们一看到他，就会觉得这个人可以做你的朋友。他好动。从年龄来判断，人们更会把他当成一个改革家，而不是哲学家。

莱布尼茨具有火一般的热情。与伊拉斯谟、路德、歌德一样，是沟通德国统治阶级与知识分子的最伟大的架桥者之一。他与普芬道夫一起，可能是唯一一批能够影响朝廷的德国人。柏林、汉诺威、圣彼得堡等地科学院的建立，都与他的高瞻远瞩分不开。他给彼得大帝写信道：“我并不仅仅关心我自己的祖国或其他任何一个国家，我的目标是造福于全人类。”他这段话是用法文或拉丁文写的，文体高贵优雅。但平日他却竭力主张普及教育和科技知识，并为之奋斗终生。他充分了解德国人性格中的务实性，他们不容易接受想象的、虚的学问。他说服诸侯们修建运河和开矿，专程去见路易十四，宣传苏伊士运河的重要性；和沙皇讨论奴隶制问题，建议科学家研究符号语言。的确，他充分表明了欧洲必须形成一个联盟的思想。他希望用自己的哲学思想重建世界，在这方面，他的影响超过歌德。

康德（1724—1804），他的父亲是个马鞍工。他是莱布尼茨的继承人，特别在和平主义思想方面。他在《永久和平论》中，提出裁军和仲裁思想，并向世界证明，在德国始终存在着厌恶战争、鄙视权势的人民。但是即使康德是位预言家，他仍然不过是位隐居的学者。直到 60 岁，他没有离开过他的出生地，这一事实本身就是德国知识分子不受关注的最好证明。诚然，新的亚历山大可能会发现这位第欧根尼[1]，但是没有人这么做，腓特烈大帝也没注意过他。

但是当他用自己特殊的头脑、缜密的思维重新思考上帝和世界之后，他决定把自己的信念隐藏起来。在大战中，他起先支持普鲁士。当俄国军队打到柯尼斯堡时，转而支持女沙皇，后来又转过来支持普鲁士。“我确实想得很多，”他写信给德国哲学家摩西·门德尔松说，“我心中十分清楚，有些事情我将永远没有勇气说出来。但是对尚未思考过的问题，我将永远不会去说它。”在对国事毫无发言指挥权的情况下，他居然写出一份裁军计划。这位不朽的伦理哲学家，声称他将终生支持“伟大的法国革命”。他说，“所有正在法国发生的残杀，比起将要继续实行法国以前的独裁统治来，都无足轻重。雅各宾正在干的一些事情都十分正确。请不要对我胡说什么民族的骄傲，我情愿承认别的国家比我们干得好。”

可惜他从来没有公开讲过这些话。这些话都是他同他的学生谈天时，由学生们记录下来的。有些他写在后来找到的零散的纸上。“所谓国家，就是由人民统治自己……专制政体对人类没有好处，对它本国也没有好处，它只能给予一个国家表面上的显赫。”一次，康德对宗教提出某些批评，普鲁士国王便写了一张侮辱性的条子给他，威胁他不得重犯，否则将是“逆上”。康德回了一张条子给他，上面

[1] 第欧根尼（Diogenes，前 412—前 323），住在桶中白昼点灯寻找正人君子的古希腊哲学家。——译者注

写道:“抛弃自己内心的信念或公开承认错误，是很不光彩的。对目前这种情况，做臣民的只好保持沉默。如果一个人所说的每件事都很正确，这并不意味着他有意要公开声明这一切。”

这就是一位伟大的德国学者在1794年，在一张小纸条上写下来的话，这已经是他所敬仰的大革命很久以后的事了，这张纸条在他活着的时候，没有人看见过。那不仅是一个臣民对君主的沉默回答，也是为了把君主禁止做的一些事情隐藏起来，这对年轻人是很危险的。他对当时就在鼻子下面发生的瓜分波兰的事件也没有发表任何公开声明。又是第二个路德，不过，就其后果来说，要轻得多。而且对于康德来说，人必须遵守最高的道德标准。

因为道德问题正是康德所呼吁的。他希望行动符合道德标准，应出于义务而非出于个人爱好。康德希望消灭专制主义、虔信主义和原始风尚，以此构想他的世界蓝图。但他不希望人们公开反对，就如某些伟大的物理学家，他们发明和创造新的理论，但从不关心这些理论如何服务于人类的实践。但如果我们全面考虑一下，就会发现一个问题，即在当时的情况下，对于一位在数年之内就很多重要的伦理问题提出了划时代的见解，因而引起了半个世界注意的哲学家，他的理论在当时是否行得通。与莱布尼茨不同，他对自己的荣誉看得很冷淡，他不能为贝多芬和歌德的光芒增辉。相反，他隐藏在不断流动的星云之中，以自己不朽的宇宙起源学说，确定了关于太阳和行星的理论。

与他同期，还有五位伟大的德国学者——莱辛、克洛卜施托克、赫尔德、维兰德和荷尔德林。他们或多或少都有些康德式的特征。

在国家与精神问题上，这五位作家走得更远，反应更强烈。他们公开地像一个世界公民般生活。他们鄙弃了只有奴性和专制主义的祖国，走向自由的外部世界。他们都是法国大革命的朋友，莱辛虽然没有生活在那个时代，但他也通过自己的作品歌颂了它。

荷尔德林在自己最重要的一篇著作《许佩里翁》中，是这样来描写德国人的性格的，有人竟敢抄录了下述几段：

> 昔日的野蛮人，通过努力工作、科学，甚至宗教，变得更加蛮横了。他们完全不能理解神圣的感情和生活美好的方面，他们的夸张、奴性、愚蠢，以及破罐碎瓦似的四分五裂，令人生厌……
>
> 这是一个很刺耳的字眼，但我必须说出来，因为这是真理：我觉得再也没有比德国人更四分五裂的了。他们有工匠，但没有真正的人；有思想家，但没有真正的人；有神甫，但没有真正的人；有主人和仆人，年轻人和稳重的成人，但没有真正的人……
>
> 你们德国人喜欢死盯着一件需要做的事情。这就是为什么他们花这么多的时间磨蹭着干活，而很少有空闲和轻松。但如果不是他们缺少美好生活的全部感情，和把被上帝遗弃与违背人道的诅咒强加给别人，那么，很可能这一切也都可以无视了……

克洛卜施托克从普鲁士逃到了丹麦，但在60岁的时候，他公开对德国的暴政表示不满，并惋惜第一个升起自由旗帜的不是德国人。在法兰西共和国授予他“荣誉公民”后，他感到德国的诸侯和贵族抛弃了他，于是就依靠仰慕他的丹麦国王生活，后者给了他一笔收入。维兰德也写了大量歌颂法国大革命的作品，并且在大革命前就曾表示，他不惜付出一切代价，也不愿生活在腓特烈的大棒之下。但是，他们仍然被认为是德国人中间的伏尔泰主义者。

维兰德认为“唯一能使他免于感到出生在德国很不幸”的是他的文学。只有一次他是用高兴的语气说到普鲁士，那是在另一封信中。他说道：“维也纳应该属于德国，就像巴黎属于法兰西一样，而我们大家应该住在维也纳。这将是多么好的一件事啊！”

赫尔德是东普鲁士一个教会执事的儿子。在一个俄国军官的帮助下，他逃脱了校长及部长的鞭责，这个俄国军官在战争期间曾带过他。临走前，赫尔德被迫发誓，在达到服役年龄时，一定回普鲁士。然而，他却定做了一枚钻石戒指，上面画着一只飞出笼子的鸟。“七年战争”后，他把腓特烈大帝与古希腊国王皮洛士作了一个比较：“腓特烈和伏尔泰的哲学都传播开来了，但是就世界的受害程度来说，腓特烈所定立的规范比他的信条更有害。”

莱辛与克洛卜施托克一样，是在萨克森学校里受的教育。他是一个手工匠的儿子，早年就对一切宗教都没有好感。在胡登之后，他是德国诗人中第二个伟大的新闻工作者。他可以自由地追踪每天发生的大事，因为他不同于康德或赫尔德，没有教授的职位或传教士的讲台追着他回去，因此他能充分表达自己的世界公民的思想，创造了著名的话：“爱国主义是英雄式的弱点。”仅这一句话，就足以使他在德国——也许不只德国——遭人憎恨。对于莱辛来说，民族主义和国际主义的矛盾发展到了悲剧的程度。他在声称自己是法国思想家狄德罗的弟子的同时，又称自己为伏尔泰主义的世界公民，作为一个美学家，他反对法国浮华夸张的戏剧。他猛烈抨击“该死的普鲁士军舰”说，一个神经健康的人是不可能在柏林这样的城市生活的。同时他又在一个喜剧中赞扬德国知识界的精神，在这个戏中，他把腓特烈大帝时期的一个军官描绘为英雄，而剧中的恶棍是法国人。他攻击偏狭的德国暴君的剧本只能拿到意大利去上演，他认为意大利是最值得崇拜的艺术之乡。他和犹太人相处得很好，在《智者纳旦》一剧中为朋友摩西·门德尔松描绘了一幅肖像，这个剧希望世世代代的德国人学会宽容。学校和剧院都能自由地宣传这种精神，因为18世纪的剧院，是具有启蒙思想的普通公民唯一能够表达自己思想的地方。

11

席勒问世——席勒的国际主义——沉思者和学者——流星

席勒（1759—1805），无论在声望还是天资方面，都居于5位诗人之上。他的激情可能没有莱辛强烈，但他在戏剧方面的天才却大大超过后者。他的作品影响十分广泛，是德国历史上最伟大的剧作家，在这方面甚至歌德也不能与他比拟。时至今日，他在德国舞台上只有一个劲敌，即莎士比亚。在长达10年的时间里，他的作品上演率最高，发行量最大，深受德国读者的欢迎。他在群众中的声望，挽救了因他的思想而引起的斗争。席勒创作上的光辉成就，在他的个人生活中早有预兆。

席勒的青少年是在“操练”和“奴隶制庄园”的恐怖气氛中度过的，因为他的父亲是符腾堡部队中的一名军医。他就读的学校由公爵直接领导。因此，他对专制主义有切身的体会，反抗性比其他5位诗人更为强烈。那位人们称之为“老英雄”的公爵，席勒一直为他服务到20岁。这位公爵并不比奴隶贩子好多少。席勒18岁时，写了剧本《强盗》，他偷偷念给同班同学听，在学校里引起了轰动，因而不得不逃跑。在这部作品终于印刷成书后，他在扉页上题词：“在暴君统治下！”这样，席勒的第一部作品与胡登的最后一部作品题有共同的箴言。这部作品与其说是一部天才之作，不如说是一部幼稚的坦白，真正的问题是，作者汹涌澎湃而又尚嫌混乱的思想，能不能得到很好的疏泄？如果席勒停留在这一步上，他将与很多也具有天才的年轻人一样，虚度终生而毫无成果。

这是他平生的第一个危机。当时，席勒对爱情对生活懂得很少，以后在这方面也没有多少长进。他经历了两件性质不同的、得以纾解他思想感情的事件。同很多天才人物一样，这个危机因一名妇女而得以解决。在他快满 30 岁时，席勒成了耶拿的历史学教授，在耶拿，席勒再一次显示了自己巨大的创造天才。但同时，这位花了 10 年工夫撰写第一部涉及社会内容剧本的革命青年，在远离法国之外，看到了巴黎的恐怖；而开明的魏玛公爵，此时答应给他 200 泰勒作为薪水，并给他充分的自由，他可以写或做任何自己高兴做的事。在他突然获得充分自由的时刻，他遇见了康德。康德的道德观念同他的美学一样，给了席勒强烈的震动。当席勒读到艺术处于自由与天然之间时，他感到这些话就是为他而写的。

这时，席勒患着肺病，被医生禁止参加一切过分紧张的活动，但这却使他纵情色欲，从他的作品缺乏使人信服的女主角来判断，他在这方面的生活想必是很贫瘠和空虚的。与此同时，他那专横的性格、他对美的爱以及一切讨好奉承的语言，使他得意忘形、自命不凡。虽然他仍然很穷，不得不寻求丹麦国王的资助，后者曾在一封信中答应给他薪俸。席勒曾经同时与三个妇女同居，她们要求马车、用人、应酬，开支惊人。席勒酷爱写诗，他终于毅然改变这种生活，安静下来潜心学习。席勒始终未向任何一位诸侯妥协，但他后来转而对革命不满，与康德、路德不同的是，他公开说出了内心的想法。

这个中间立场，有助于诗人的创作。这个立场也为后来的德国人采纳，用来对待布尔什维克主义。即使在他最成熟的作品中，席勒也从不失青年人的勇猛和同情心。一般人随着哲学观点的成熟才出现的软弱性，他在三十几岁就有了。但是他始终是一个世界公民，这方面最有力的证明是他那八部历史剧，其中七部写的是外国，只有一部是写德国的——《华伦斯坦》，即使《威廉·退尔》也不能确定写的是德国人。席勒的一切教导浸透着宽容精神，反对极权主义，颂扬国际主义，希望人类能兄弟般和睦相处。这位德国最著名的诗人，即使在看到“帝国”四分五裂、拿破仑对德国取得了第一次胜利，他也不十分激动，因为他感到德国的使命不在于统治阶级，不在于普鲁士，而在于康德、贝多芬——也可能在于他自己。

席勒举止骄傲，视群众为陌路人，以及作品缺乏群众性，这一切都使他有时看起来像个朝廷命官；德·斯塔埃夫人发现，官服穿在他身上，比穿在歌德身上更令人悦目。他不断得到魏玛君主给予他的贵族特权，并被授为法兰西共和国名誉公民。他一生所写的作品，始终保持对自己的真实，其中也包括自己改变了的观点。年轻时期火一般炽烈的雅各宾观点，逐渐转变为诗人哲学家的苍白平静，这一变化远比路德当年所出现的同样变化更具有机性。席勒生前最后几年，内心经历着剧烈的波动，他为同时代人提供了一个身陷激烈纷争而又能一次次战胜致命疾病、继续努力不倦工作的英雄形象。在这一切考验中，这位天才人物学会了如何去忍受最难以忍受的事：同自己身边的一个伟大人物相处。

席勒早年的一些书信透露，他一度憎恨歌德。然而这种憎恨后来转变为友谊，正如他由勇猛好斗转变为心平气和的智者一样，这种变化隐藏着一种悲剧，一种特殊的席勒悲剧，它鲜为德国人所知。假如这种事件发生在德国皇帝身上，它将被陈腐的传奇故事所排挤，而歌德为了把席勒的长处表现出来，把这个传奇故事编得合情合理，使得人人都能接受。今天这两位诗人并排躺在地下，他们的青铜棺材挨得很近，插不进一只手。从他们的友谊中，歌德得到的好处已显而易见；而席勒，无论在生前或死后，他所得的好处都是难以估测的。

两颗伟大的头脑以极佳的形式结合在一起了，沿着这种形式，德国人的性格不断发展：沉思者和空想家，形而上的哲学家和形而下的研究者，戏剧思想家和抒情诗歌的创作者，不断地结合。席勒做什么事都凭一股热情，他把德国人的能量与幻想融化在一起，使之产生更大的力量。他更具有代表性，高于歌德。的确，两个人比较起来，作为德国人，席勒更具典型性。德国人也本能地感受到这一点，因此席勒成了他们最喜爱的诗人。席勒生活在德国人的心坎里，他是德国人自由的代表，因为德国人心目中的自由就是一位自由的文艺女神。他们梦想着她，犹如一个穷人在一天夜里突然梦见与心爱的姑娘手携手地在一个绚丽无比的花园里漫步，不远处有一道篱笆拦住了他，突然，一道大门打开了，他赶快逃之夭夭。歌德是不会给人以这种遐想的，他从来不能在不谈自我的情况下谈理想。席勒给人的感觉虽然比较抽象，但给人们带来无限美好的憧憬，这种美好的憧憬，可以让人们自由自在地去希望、去遐想。因此，席勒离人们的思想感情更近，他不断地给予人们一些他们还没有的东西，这些东西有时他们甚至连想都没有想过。

"德意志帝国和德意志民族是两件不同的东西，"席勒写道，"大多数德国人从不信赖他们的统治者，他们远离政治，有自己的价值观；即使皇帝垮台了，德国人的尊严也不会受损害。进一步说，假如政治结构动摇了，精神思想只会越来越坚定和美好。"

一位法国伟人后来充分肯定了德国在这个时期的作为。"能够发现普遍的思想，这是德国知识分子的能力，"法国历史学家泰纳写道，"德国人在 1780 到 1830 年提出了我们时代的思想。没有一个国家或任何一个时期，能孕育出像德国人这样把思想发展到如此高度的能力。"

从康德、赫尔德到席勒、歌德，他们的思想是对七位音乐大师（但泰纳甚至没有提到他们）的补充，这个时期，德国天才在世界上至高无上的地位是不容置疑的。歌德和席勒，莫扎特和贝多芬，在21年中先后出生，类似天文学家偶尔能预测到的流星曳光，但几乎没有哪一个天文学家记录下来过类似的现象。

我们马上就要触及德国人中最崇高的人物了。

12

德国之巅峰——新的语言——歌德对自然的信念——歌德的内心斗争——从政——关于美洲——世界主义——歌德论德国人——德国人的脸谱——歌德与妇女——歌德的作品难为人知——不安静的德国人

歌德（1749—1832）是德国历史上独一无二的人物，放眼全世界，也只有达·芬奇堪与之相比。他精神气质方面的祖先一直可以追溯到地中海的彼岸，柏拉图和阿基米德信步漫游过的地方。这一家族在衍殖过程中，一定在母系方面发生过问题，以致把世界上离奇和邪恶的日耳曼人的血液带入这一家族来。

英国曾经孕育了伟大的剧作家；法国在更大的范围内出现过两三名哲学家；至于德国人自己，至少莫扎特的和谐情感在歌德身上有所体现，虽然只是在他的晚年而且分量很轻。

在他的一生中，为什么没有固定的追求？因为他的目的不是创造作品，而是通过创作发展自己，不管自己的作品是否完美，也不管能否为别人所理解。他一会儿研究自然，一会儿从事政治；一会儿对哲学感兴趣，一会儿又热衷于工艺；一会儿崇尚思想，一会儿又投身于实践，飘忽不定，周而复始。他与达·芬奇相同的地方是，什么事情都希望亲手尝试，无止境地追求新知识，因此，他涉足的领域几乎与达·芬奇一样多。但是，与达·芬奇不同，他不满足于只在日记里有一些摘记，他几十年如一日地从事多部门活动，从无止境。随着年龄的增长，热情越来越高，他自己也估计不到他能活到如此高龄。歌德从来也没有期待过自己的生活能属于艺术，但事实却使他达到了这一目的。

如果世界最终认为他是一位诗人，达·芬奇是一位画家，这个结论是正确的，因为他们两个人都使艺术的一个方面得到了完美的发展，并流传后代。但是，如果只是他们的绘画、诗歌、小说和剧本被留存下来，他们也不可能像今天那样饮誉天下。他们之所以受到如此赞美，是因为他们属于全世界，是因为他们除了有特殊的艺术天分，还是预言家和圣贤。

亚里士多德、培根、孟德斯鸠、伊拉斯谟都是世界性的人物，但他们缺乏把某一种艺术发挥到尽善尽美的特殊天才，而这种完美或许可以弥补他们在其他领域中不那么完美的认知。没有任何一份作品能完整表达他们的普世性，一幅简单的画，一首三十几行的诗，这些作品的总和仿佛来自神启。但达·芬奇和歌德有形的艺术天才，是同无限的探索与实践结合在一起的。

这里又一次表现出，歌德希望在各个方面不断精进，为他那无止境的抱负，使任何一门他追求的学问不断向更高层发展，直到最后能以完美的形式向后人传达他的经验和体会。在诗作里，他向世界展现了他的聪明才智，即便康德、亚里士多德也不能完全与之匹敌。后者的才智必须通过别人的解释，而歌德的律诗，如《浮士德》，人们可以成句地摘引，但却很难转译。

在这方面歌德自己必须首先创造一种表现方法，犹如达·芬奇不断用颜料做试验一样。歌德在莱比锡当学生时，受当时的影响，也以德国的风格——一种可以与八音盒合拍的陈腐格律进行创作。只是后来，他21岁在斯特拉斯堡，在真正为自己的激情所驱动时，歌德几乎在一夜之间就开始用一种能充分表达内容的新德语写作，他写了十几首不朽的诗作，几年以后，还用它写了《浮士德》和《少年维特之烦恼》的第一场，同时还写散文和诗歌。这是继路德300年后和瓦尔特·封·德尔·弗格尔瓦伊德600年后，德国语言得到的第三次发展。三位大师都从拉丁语或法语的艺术形式中，发展出了更自然和生动的德语，歌德同前人路德一样，从母语中汲取养分，用年轻的双臂，力搏急流险滩，不论深邃细流，还是奔腾大川，他都逆流而上，不断奋勇前进。

路德的动力来自人民，歌德的动力则来自大自然。他不十分关注人民，也不去注意各阶层人民的性格特征，在这方面莎士比亚要比他强得多。歌德描绘人物着重人物本身，与荷尔拜因一样，他不用环境来烘托人物。他与学院派强调背景、解释性格的做法毫无共同之处。但歌德同时十分重视学校教育，他的一些相当现代化的主张在100多年后的今天仍然被接受。但歌德不太谈及社会问题，因为他相信自然的力量要比社会的力量强得多。正如他对待自己一样，他希望多听自己内心的声音，尽可能地使自己的天资才能发展到最高水平，因此他笔下的人物也尽可能地保持内在本质。每个人的内心都有持久的信念，都有积极因素。不断地加强他们内心的这种力量，这种孜孜不倦的努力，使歌德生活得很充实，使他永远感到有生命力。

和这信念抗衡的是他内心情感上邪恶的欲念。他承认并认识到这些欲念的力量，只是在它们危及他整个生活结构时，他才起而与之斗争。他给年轻时期的一个朋友写道："你的一切思想并不能阻止我像大自然一样，真实、善良、邪恶。"不久，他就写下了这样的诗句：

两种不同的声音在呼唤，
一个减弱，一个便增强。
一个被压下去，另一个就升起来，

纠缠着你，使你沦陷。
感谢上帝，他把你压下去，
感谢上帝，他又使你复活。

因而，歌德从不像莱布尼茨那样乐观，后者认为这个世界是一切可能出现的世界中最好的一个。在他一生中，他从未感到自己是上帝的宠儿，或是半神半人的人物。是德国人错误地把他描述为年轻的阿波罗和年老的奥林匹斯山神，实际上，歌德年轻时也为情欲所驱，他在这方面的性格更接近贝多芬，而不同于莫扎特。

在他年轻的所谓“风华正茂”时期，一切有天才的年轻人常常以泰坦自居，锋芒毕露，狂妄不羁，歌德一度也追逐时尚。但是正如伟大的革命家或军人，时刻铭记着自己使命在身，即使青年时期也总和同伴保持一段距离。歌德在二十五六岁时，头脑就比较清醒，认识到自誉泰坦的危险，当时他是五六个才华出众的青年人之一。后来唯独歌德脱颖而出，居众之上，这完全是靠他自己的努力。没有任何一个其他有创造性的艺术家，在依靠自我奋斗而不仅仅依靠天资聪颖方面，能比得上歌德。歌德声名鹊起，部分是由于他的天赋，更主要的是他的责任感。在这方面，他也许可以被视为典型的新教徒；至于其他方面，他又与新教徒毫无关系。

歌德关于每个人身上都有两种冲动力的信念，使他一生内心始终有两种声音的对话，他把这一对话写进他的主要作品里。这就是为什么，他的作品从来不只是一个主角，而总是两个，两个互相对立的角色，彼此都有战胜对方的独到之处。当这段对话出自两个女人时，它变得格外尖锐，歌德对女性性格的理解比任何一个德国人更深刻。他对激情有亲身的体会，并对其进行分析；而席勒更多的是受思想的支配。歌德一切从自然和经验出发，反对形而上学。他也用这种方法来研究女性的心理，就像他研究植物、动物和矿物一样。他对性欲感情的分析，要比现代心理学家高明得多。

作为一个诗人，他总是通过写作来求得内心斗争的平衡。他像水手那样，一次又一次顽强地通过那些众所周知的暗礁，亲身经历其艰险。因此歌德最懂得男人的欲望，从生理上给予正确的解释和应有的地位。他内心的这种斗争，通过浮士德的独白和同靡菲斯特的对白为世人所知。正是这部《浮士德》表明了歌德如何对待人类内心的斗争，他绝不同意理性可以轻易使人战胜邪恶。发生在浮士德灵魂深处的上帝同撒旦的这场赌博——歌德取自古代的民间传说——实际上并没有解决；只是在最后一刻，通过天使设下的陷阱，才使浮士德处于有利的地位。浮士德通过天使的话证明了自己的权利："只有艰苦努力的人，我们才考虑给他补偿。"

当这部著作圆满结束时，歌德已在自己的人生历程上走了 80 年了。但是，他还时常沉浸在年轻时期的感情里。上了年纪的歌德，就像一座火山，火星似乎快熄灭了，突然又喷出新的火浆来。因此，只有参考了歌德每部著作的写作年代，才能理解他的作品。他的全部作品犹如一部伟大的日记。与浮士德一样，他像着了魔似的，受好奇心的驱使，希望从各个方面去看世界。因此，年轻时，他什么都希望试一试。德国历史的两个很不平衡的部分即思想与行动之间的冲突在歌德的一生中达到顶峰。他进行了很多尝试，希望政权与思想之间的矛盾得到和解，但他完全失败了。

《少年维特的烦恼》出版了，年轻的诗人突然名噪一时，魏玛公爵召他去宫廷，这是一件了不起的事。一位聪明年轻的德国诸侯，居然承认一个普通的诗人的才能，并且在新思想的影响下，在大革命前夕决定走新的路子；也许他还希望在自己小小的领地内，取得人民的信任，这恐怕是他召见歌德的动机。歌德有自己的信念，他并不计较在什么样的国家工作。他只希望得到一块石头，在这上面雕琢出自己的思想。他是法兰克福一个普通公民的儿子，他的父亲并不富裕，但对儿子的教育花了很大的心血。他生活在赫尔德、克洛卜施托克、莱辛的时代，他们的革命思想经常触动他的心弦，他自己当时又年轻，充满狂热和无政府主义思想。这一切，成长环境和性格，使他敌视一切特权，很自然地为人民具有不可剥夺的权利的思想所吸引。

当时他 27 岁，突然从一个尚无根基的作家和律师变成一个小公国的大臣，满怀改革信心。由于大臣和国王都很年轻，特别是这位公爵对国家大事远远不如对女人和享乐有兴趣，因此开始时一切都很顺利，但是很快就遇到了阻力，他们两个人都受到容克地主和其他希望分享权力的人的攻击。不久连这位公爵也站到反对歌德那一边去了，因为他反对公爵挥霍浪费，甚至限制他毁坏农民庄稼的猎射野猪的活动。

可以想象，歌德的一切改革建议都没有成效，因为这是在德国的土地上进行的，这个帝国当时正由 300 多个反对社会进步的诸侯统治着。数年之后，歌德在失望之余，实际上已处于半退休状态，他开始从事各种他感兴趣的活动。他操练士兵，编辑杂志，领导剧院，搜集头盖骨和各种肢骨，组织图书馆和博物馆，发表演说，创作露天剧场剧本，希望通过这些活动使自己充满信心；而这一切是在一个小小的、充满闲言碎语的城镇中进行的，他既受到恶毒同僚的攻击，也受到好心朋友的劝阻。

歌德就在这种情况下大约牺牲了 10 年光景——从 25 到 35 岁这段人生最美好的年华——只为实现他以思想精神治理德国的一种尝试。为此他当过外交官，为了某些方面的成功，不得不在很多方面让步。他当过财政大臣和国防大臣，不断地生气、浪费时间，荒废了写作，但同时，他取得了丰富的经验，并感到他已能从社会的角度，对自己已经学习和研究过的自然科学加以比较和补充。歌德在为魏玛公爵服务期间，偶尔也很得意，作为一个哲学家和作家，他从中获得了不少养料，目睹国家结构的内幕，为以后《浮士德》第二部及其他作品搜集到不少资料。

就在这个时期，歌德开始潜心研究国家的性质，经过亲身体会及学习，他最推崇美国。

他在19世纪所做的关于社会生活的预言，很大部分在20世纪中叶得到了实现。这种社会生活建立在自由和国际主义基础上。他在24岁时开始涉及国际主义，那时他写道："法国人，从头到脚，都和德国人一样。"可是到他80岁时，他写道："我，一个只认为文化和野蛮主义是重要事情的人，怎么会憎恨法国呢？文化水平越低的地方，民族之间的仇恨情绪越大。一旦你超越民族界限，与邻邦同甘共苦，把他们的不幸和欢乐当作自己的事，一切仇恨情绪就会消失。"

在他三十七八岁时，歌德感到国家事务行将无法驾驭，于是他就跑到意大利去了。在那里，他休息了两年左右的时间，才从社会生活，特别是德国那样的政治生活中摆脱并恢复过来。

歌德对德国的失望程度比其他任何思想家都更严重，因为他曾经亲手引导过她的命运，没有人像他那样深刻地分析过德国人的性格。我们必须把精神思想和国家政权分开，这样才能看到，为什么从路德到歌德，从席勒到尼采，这些德国的知识分子、著名的艺术家、改革家和革命家，怀着比其他任何国家的知识分子更为痛切的心情来分析自己的国家。他们中没有一个人被允许分享国家的权力，哪怕是其中很小的一部分。因为这个国家在任何地方、任何时候，都由一群愚昧无知的皇亲国戚和容克地主统治着。如此，德国的思想家站在一个大马戏团的篱笆外面，双手插在口袋里，从缝隙中看着那些企图用枪和鞭子驯服控制野兽的人，不禁发出轻蔑的嘲笑。

歌德对德国曾经发表过很多看法，现摘录其中片断：

一想到德国人民，我常常不免黯然神伤。作为个体，他们个个可贵；作为整体，却又那么可怜。尤其是当我把这个民族同其他民族比较时，悲哀之情更油然而生。我曾经为自己找过各种解释，希望克服这种心情。结果发现寄希望于科学和艺术是最好的办法，因为科学艺术是属于全世界的，在它面前，民族之间的障碍消失了。但这是十分可怜的安慰，无法同因属于一个伟大强盛令人敬畏的国家而骄傲的心情相比。德国微不足道，但德国人却了不起。德国人应当同犹太人一样，为了世界利益，分散移植到别的国家去，把他们中间的优秀分子选拔出来为世界所用。

德国人有一种特别的性格，从来不会顺顺当当地接受旁人提供的东西，如果你授予他刀柄，他会说，刀柄太钝了；如果你授予他刀刃，他又会大叫起来，说这要伤害他。他们阅读了大量东西，但缺乏接受新形式的能力，但在他们对一个事物熟悉后，他们确实很聪明能干，叫人称羡。

德国人往往有一种比别人迅速深刻理解事物的办法，有时人们花费一生的精力也比不上他们的学习效果。我很担心他们将错误地估计自己，相互蔑视，失去了解彼此的时机，或相互迫害和残杀。

这些北方的子孙来到意大利，他们最能做的事是使狗熊用后腿站起来，即使让熊学会了跳舞，他们也会认为，一切都没有什么了不起……从一切迹象来看，生活在柏林的那些人，是一支厚颜无耻的部族。跟这些人客气是没有用的；为了不使自己惨遭灭顶之灾，你有时不得不出言不逊或有意粗鲁相待。……

经过与别的国家比较，歌德对德国的观点日趋成熟。他喜欢意大利，各个方面都受它的影响。在他有生之年，他一直不喜欢萨克森的气候，在他的记忆中，甚至他的故乡法兰克福都奇妙地变成了天堂，因为法兰克福比较温暖、欢快，相对来说土地比较肥沃。随着岁月的流逝，他越来越倾心古典，因此，他喜欢意大利和希腊，喜欢那里的自然条件，以及它的艺术、果实和人民。说实在的，他在意大利没有学到太多。像他那样天生的诗人，总期望着那为自己带来一切的世界同他想象中的一样美丽。为意大利唱尽赞歌的可爱孩子和古代的半神半人，早在他们的诗人关注到蓝天之前就被创造了出来。作为一个真正的德国人，他无时无刻不在寻求这样湛蓝的天空。坐在罗马别墅的公园里，在南方柏树的阴影下，他为《浮士德》写下了具有典型德国特色的魔鬼聚会之夜。回到家里，他仍会再一次地为丧失了 40 年观赏美景的时间而惋惜，甚至说："比起意大利人的脸，很难从德国人的脸上看出上帝造人的艺术。"

歌德在这里很可能是指女人的脸。因为很明显，他从罗马带回来送给他心上人的是一位罗马妇女模型；他的心上人是一个可爱的女孩子，他后来同她结了婚，他们的爱情生活维持了 25 年。歌德被认为是女人的宠儿，其实这是不公平的，歌德常常被女人遗弃，而不是他抛弃她们。歌德喜欢南方的妇女，他周围的女性，看上去几乎都出生在地中海，而且大都出生于中产阶层。认为歌德热衷于仕途的说法是经不起驳斥的。很多事实可以证明他的妻子就是一个贫穷的卖花女，而且他最好的朋友，一个来自中下层，另一个是一位瓦匠。歌德生平结交的女友中，只有一个是贵族出身，这就是冯·施泰因夫人，这位夫人在相当长的一段时间内对歌德有重要的影响。

一般来说，德国人比较世故，因而不太懂得爱情，它的历史也不像别的国家那样充满风情的色彩。无论在它的社会生活还是文化生活中，都缺乏可以成为传奇故事的爱侣。在德国的历史上，人们找不到伊丽莎白和埃塞克斯，找不到莎士比亚和黑夫人，找不到布朗宁夫妇，找不到路易十五和蓬巴杜，缪塞和乔治·桑，但丁和比阿特丽斯，弗朗西丝卡和保罗。甚至在德国古代传说中，也只有克里姆希尔特和布伦希尔特那种只知仇恨的妇女。只有少数德国诸侯撰写的回忆录里有风流逸事。但是除玛丽亚·特蕾西亚外，可以说没有任何一个女性对德国的社会、政治有过决定性的影响，在德国的艺术界也几乎找不到一个例子，唯一能使人想起的是贝多芬鲜为人知的情人；无论是女男爵玛丽·维色拉还是科西玛·瓦格纳都不是德国人，可能玛特希尔德·魏森冬克也是如此。

歌德的一生为整个德国历史提供了唯一一对情人。他对夏绿蒂的爱，倾注在《少年维特的烦恼》一书的主人公身上；而他对冯·施泰因夫人的钟情，则在他们两人的通信录上—— 一部流传下来的伟大文献，有详尽的描写。他们是一对孤独的德国人，他们憎恨宫廷生活，憎恨政治生活的坎坷，他们希望摆脱德国农村的清冷和淡漠，向往南方和古风，崇尚希腊的美丽、法国的思想精神和意大利的欢快，与此同时，希望忘却自己同胞的愚蠢与野蛮。在他们的关系中，这位善于自我克制的妇女是精神上的领袖，而年纪轻得多的男士柔情满怀，常常处于被安慰和引导的地位。

非常奇怪，歌德虽然是个德国人，但总与同胞有一定的距离，同时也不像莎士比亚和但丁那样令世界感到震惊。主要的原因是，他的 150 多部著作只有不到 20 部被译成别国文字。《浮士德》这部德文的民族诗剧，20 世纪 30 年代才被译成法文。歌德始终不能像莎翁那样，把自己的全部杰作推向世界，正由于此，也和达·芬奇一样从来没有达到过拉斐尔影响的深远程度。

更值得一提的是，甚至德国人也只知道这 20 部著作。比之席勒作品的主人公，歌德塑造的人物鲜为人知。歌德与席勒相仿的全部剧本至今被搁置在意大利、西班牙、希腊、荷兰等德国本土以外的国家。青年时期，他在一个剧本里塑造了德国骑士葛兹·冯·贝利欣根的形象；晚年，在长篇叙事诗《赫尔曼与窦绿苔》里，他描写了德国小城镇的生活，但是由于他用了完全不对德国人口味的六韵步诗体，作品的流行程度受到了限制。歌德三部伟大小说的主人公，或者他的诗，除了那些进入音乐领域的，从来没有进入过德国人的内心生活；曾在国际上风靡一时的《少年维特的烦恼》，今天读起来也很艰涩。唯一使歌德与德国人联系在一起的是《浮士德》，这部作品确实家喻户晓，这部爱情悲剧通过诗歌、绘画、音乐、戏剧、歌剧、书籍的形式，成了德国人民生活的一部分。

但并不是这个故事本身感动了德国人。这是因为歌德把德国古老的历史人物浮士德博士同魔鬼打赌的故事，根据欢乐的德国狂欢节的形式，改编为游行剧，深深受到德国人的欢迎。他把妖怪、神仙、魔鬼、精灵都写成德国人日常遇到的哲学问题。什么是可以做到的，什么是被禁止的，什么是可以获得的，什么是需要经过斗争才能获得的：这些问题一直在牵动德国人的神经，犹如一度在路德餐桌上的话题，从信念到疑虑到人本身，范围十分广泛，而《浮士德》恰恰反映了德国人的全部渴望。

对歌德自己来说，他在两个主要人物的身上都看到了自己。他既是浮士德，也是靡菲斯特，一个毫不比另一个逊色，正由于此，他抓住了德国人所缺乏的东西：内心充实的安全感。人们确实也可以说，浮士德的问题也是歌德的主要问题，也是他年轻时的初期作品和八旬以后老年时期作品的主题，即追求片刻幸福的问题。正是哥特人、北欧人、日耳曼人不能保持片刻宁静的性格，使他不能像南方气候和性格所赋予当地居民的那样安闲生活。他在热情面前犹疑不决，他害怕作出决定，他年轻时期有过四次逃亡，他维持着半死不活的感情关系；而最主要的，也即他自己提出的、永远无法解决的、关于片刻的幸福为什么不能保持住的问题——这一切都是由北欧人深重的性格决定的。在这些矛盾面前，贝多芬总是能在他交响乐的尾部，以愉快的音符给予圆满和谐的结局；但歌德不希望以这样的方式摆脱矛盾，因为他对于真理的热爱远要比创造美好生活的意愿强烈。

但是，他还是找到了解决矛盾的办法。那就是同伦勃朗一样，在光明的旁边总是画上一道阴影，就是靡菲斯特对浮士德的诉苦和问题给予的嘲弄性的回答，就是上帝和拥有无止境欲望的泰坦之间的竞争，就是他决心献身于研究一切自然现象，就是他 60 年来不倦的努力和献出他认为是自然赋予他的一切才赋。

德国人内心深处的不安全感使德国人无法享受生活、享受和谐，使德国人的行为有时表现为兽性，有时表现为奴性，这一点在《浮士德》中占有很大比例。这种永不休止的不满足、不愉快，歌德只有借工作来平息。歌德一生中能平静享受生活的日子很少，他真正享受到和谐，严格说只是在他 60 岁写下光辉的《抒情诗西东合集》以后。

在面对不断的内心震动和层出不穷的问题中，在围绕着驱使路德一度出家又还俗的哲学和生活的斗争中，德国土地培育出来的这位伟大的思想家，是个典型的德国人。

让我们暂且留在他的半百之年。当时,德国思想界处在全盛时期。歌德、康德、贝多芬亲耳聆听到一个新世纪——19 世纪的钟声。听到这一钟声的，还有席勒、赫尔德、海顿，以及年轻的天才舒伯特、洪堡兄弟、荷尔德林、叔本华和黑格尔等。

但是，在这之前不久，拿破仑在巴黎夺权，他正准备扬法国新思想的东风，凌驾整个欧洲，如果德国思想界坚持自己的道路，也许德国将得以被拯救。如果它再一次屈服，向暴力低头，那么它至少要为取得对外成功付出内部衰落的代价。

欧洲在危急中。

第四卷

世界公民及民族主义分子

从贝多芬到俾斯麦
（1800—1890）

德国爱国者是如此傲慢，他们坚信一切能依靠自己的力量，并且把别的国家取得的成就也僭称为自己的，因为据说这些国家不是德国的后代，至少也是德国的远亲。

——歌德

1

四座碑塔——拿破仑——一种有黑色斑点的短毛狗——莱茵联盟前——普鲁士的失败

700年来，古老的拿骚城堡一直矗立在莱茵河畔，眺望着拉恩河。居住在这里的氏族，即使在霍亨斯陶芬皇室时期，也没有得到过很高的爵位，大部分都只不过官至男爵，但他们不听命于任何人。他们自称直辖于帝国的官员，一种表示只忠于连续由神职人员和世俗诸侯组成的日耳曼帝国的奇怪描述。他们保留住了这个从中世纪以来的特权。现在他们就像打不碎的岩石散居在这个帝国大花园内，他们是旧时代的见证人，经受过一切暴风骤雨，因此人们无不对他们敬而远之。

居住在这个城堡的一个男人也听到了19世纪的钟声，他也像一块大自然里的岩石，而且他的名字帝国男爵冯·施泰因（石头）本身就表明他具有石头的象征。他的一切都像石头：魁梧的体魄，方正的脑袋，圆穹的粗眉和一个特大的鼻子。但是如果这一切能说明他的力量和行动的话，那么他两片薄薄的嘴唇和一双深邃透明的眼睛则说明他是感情丰富和有追求的人。在这个德国人身上，纯洁的理想代替了想象，滋润柔化了他的生硬，但他仍不失沉稳。如果路德出身独立贵族，他也可能保持施泰因的刚愎，而不必低首服从诸诸侯。

因为施泰因与路德一样，是一个改革者，甚至可以说是一个革命者，他没有任何畏惧。历史证明，一旦深深了解了人民，即使是一个德国男爵，也会激动，首先提出要求，然后采取当时还没有一个德国公民敢于采取的行动。他改革德国社会的要求，虽然只维持了很短时间，没有实现，但是他推翻拿破仑的目标达到了。因为在摧毁这个皇帝的斗争中，施泰因比所有德国和英国的将军都干得多。

这个世纪，矗立着四座成双的高大塔碑：歌德和施泰因出现在该世纪初，尼采和俾斯麦出现在该世纪末。现在，让我们分别来看看这四位伟大的护卫者吧。

为这个世纪点燃最多光明的是歌德和尼采这两位资产阶级思想家，他们是属于世界的人物；捍卫了这个时期的德国的两位国家领导人——那两个男爵，首先在决定他们祖国的外部形式上，作了很大贡献，施泰因解放了祖国，俾斯麦统一了祖国，而且他们的功绩对整个欧洲都具有重大影响。很有意思的是，从时期来看，我们发现歌德和施泰因最有作为的时期同在该世纪初，而且几乎是同时在这个世纪的 30 年代以高龄逝世。尼采和俾斯麦也几乎同时，在 19 世纪 70 年代树立起他们的丰碑，直到 1890 年，两个人又几乎同时失去领导地位，至该世纪末去世。

如果有人希望把德国的思想精神和国家政治之间的斗争用小说的形式表现出来，作者在创造和刻画两对主人翁方面可能会遇到很大的困难。这两位伟大的思想家永远无法和这两位政治家调和。对于在歌德时代所有争取德国解放的努力，和半个世纪后在尼采时代所有统一德国的努力，两位思想家总是抱怀疑批评和关注的态度。虽然所发生的这些事件在当时来说都是必要的，甚至今天也发生着这类事情，而且为以后的历史发展所证实，但是，就在事件发生的当时，两位伟大的思想家就预见到了为德国精神界带来的严重后果，因为他们了解德国人的性格。

19 世纪思想精神界与国家权威之间的矛盾，并不是革命的市民阶级反对愚蠢固执的王族之间的斗争,发生在1813和1870年的斗争,都是果敢的贵族为实现德国的强大而进行的斗争,因此,间接来说也代表了德国人民的利益,而当时的思想界却孤立地袖手旁观,不予赞同。

本书前面讲到,德国贵族联盟在遭到革命打击后,于1795年签订《巴塞尔和约》,把莱茵河沿岸的一些领地割让给了法国,从此力量大为减弱。19世纪初期,他们继续放纵自己,懒散、碌碌无为、奸诈无信。如历史上经常发生的那样,借助强大人物之手——实际上在那个时候最有力量的也就是军人之手——拿破仑趁乱发动政变,于1799年成了独裁者。1800年,他在马伦哥战役中获胜,一路势如破竹,把奥地利赶出意大利,直到阿迪杰河岸;在某些方面,他和波旁王朝有着同样的野心,力图削弱过去的对手哈布斯堡家族。我们从中看到,王室之间的恩怨如何逐步地转变为国家之间的斗争。法国君主的古老传统,成倍地加剧了革命热情。也正如今天的布尔什维克同过去的彼得大帝进行过的一样,寻求西方知识。每一场革命运动,国际主义的旗帜往往只出现在其开始阶段,随着时间的推移,逐渐转变为民族主义。

拿破仑还是法国第一执政官时,就着手建立欧洲秩序,他从法国影响最直接的德国开始。第一步,他企图同新沙皇亚历山大一世建立友好关系。亚历山大一世是在拿破仑夺取政权不久,在自己的父亲被暗杀后继位的。拿破仑还从来没有和别人玩过这么长时间的猫和耗子的把戏,而且是和这位神经质的、野心勃勃的、同他一样不可靠的对手。于是,1803年,巴黎和圣彼得堡预先决定了雷根斯堡帝国议会的最后命运。其结果是早已名存实亡的神圣罗马帝国寿终正寝,发出临死的哀鸣。那些站在灵柩旁边的诸侯并不悲伤,相反,他们纷纷向那个靠武力获得继承权的陌生年轻人大献殷勤。最后波拿巴·拿破仑废除112个帝国宗主国,保留少数诸侯,在他们之间重新分配领土，致使当时德国西部的地图看上去像一头布满黑白斑点的小毛狗。

一个好现象是，几乎所有教会邦国都不复存在了，德国现在也像其他欧洲国家一样（不包括意大利）只由世俗的君主国组成。在这个过程中，被吞没的莱茵河右岸的教会邦国总面积和现在的巴伐利亚州一样大。虽然比别的国家晚 300 年，最终还是结束了德意志的中世纪时代。当时留下的有 53 个天主教及 73 个耶稣教教会邦国。普鲁士在这场交易中获利最大，它所得到的是它所失去的五倍。因为波拿巴希望削弱奥地利在帝国中的地位，同时在德意志南部建立了 3 个仆从国——巴伐利亚、符腾堡和巴登。

所有这一切给德国的思想精神带来了分裂的后果。很遗憾，德意志帝国的全部城市，除 6 个以外，都失去了独立性。但幸运的是，大革命的原则以及法典，很快在德意志西部得到响应。如果征服者坚持这些原则，德意志的优秀人物不至于陷入无休止的纷争，他们将把信念寄托于法国的影响。费希特早在几年前就曾预言，除非法国取得胜利，否则“不久就没有任何被认为一生具有自由思想的人，能在德意志找到安息之地”。

当伟大的革命者波拿巴自称为拿破仑皇帝，从而使历史向另一个方向转变时，“正统的王权拥护者”又一次结盟，第三次起来反对他，这次的反对方是奥地利、俄国和英国。新皇帝在乌尔姆战役中获胜，占领了维也纳，并据此同凶猛投入战役的沙皇军队打仗。由于普鲁士这次没有加入新的联盟，拿破仑得以在 1805 年获得著名的奥斯特里茨战役的胜利。弗朗茨皇帝在布拉迪斯拉发打得不分胜负，丢失了亚得里亚海要地威尼斯以及蒂罗尔和的里雅斯特。与此同时，霍亨索伦的统治者，又同他的先辈一样，背叛了同盟者。由普鲁士新国王派去威迫拿破仑向右转的伯爵抛弃战败的沙皇，与法国人订立攻守同盟，以为这样可以削弱他的对手。为了赞扬他们的背信弃义行为，拿破仑授予巴伐利亚和符腾堡邦君以王权，答应不向他们发动军事进攻。于是拿破仑成了德意志的真正主人，并开始在自己的家里分配领地。他要求大多数德意志君主向他称臣，拿破仑实现了德意志历代皇帝1000年来梦寐以求却没有达到的梦想。

1806年拿破仑根据已经出现的雏形，把这一切变化了的形势，用莱茵联盟的形式把它固定下来，并维持了8年之久。德意志君主纷纷奔往巴黎乞求开恩。法国高兴极了。路易十四和黎塞留的梦想实现了！法国成了德意志16个邦国的保护人，让这16个邦国的几百万德国人去反对其他德国人。德意志最富有的第三者实际上是法国。帝国解体了，它整整存在了1000年。最后一位皇帝没有别的选择，只得宣布退位，并宣布自己是奥地利皇帝。

对于这一发展，普鲁士国王并不甘心，他自以为他的军队没有遭到破坏，实力还相当雄厚，就悍然向拿破仑发出最后通牒，要求法国的军队从南部德意志撤出。他认为自己是腓特烈大帝的接班人，并和他的前辈一样，总以为情况还和20年前一样，重犯父辈的典型错误。他完全无视法国革命及它的新统治者，因为他对这两者都无法服从，甚至也不顾普鲁士实际上已遭到革命打击的事实。他异想天开，派遣上了年纪的不伦瑞克公爵去领导，即使是在14年前他对这个职务来说也已经太老了。由于巴黎迟迟不给答复，柏林就以为拿破仑在认真考虑他们的要求。

当拿破仑作出答复时，他的军队已经到了图林根。很快他就在耶拿和奥尔施塔特两次战役中取得胜利。为了打这一仗，普鲁士把增援部队都用上了。因此当战斗结束时，胜利者已经到了家门口，普鲁士已经没有力量抵抗。11天以后，拿破仑在无忧宫接受腓特烈大帝的军刀，这件文物使他特别高兴。随后便是要塞相继投降，不作任何反抗。贵族地主司令官一个比一个胆怯怕死。有一个名叫冯·贝内肯道夫的少校，他是兴登堡陆军元帅的祖先，还未开战就把施本道要塞拱让给了敌人，国王下令处以其死刑，但后来他又获得赦免，国王自己也给拿破仑写了一封谦卑恭顺的信，并退至普鲁士东北角。

于是沙皇和普鲁士签订了一个并非真心实意的盟约，其唯一的目的恐怕就是要使东普鲁士成为一片阻止法国人前进的荒芜地带。1807 年盟军在普鲁士埃劳一带打了几次十分漂亮的仗，给拿破仑以迎头痛击，不过后来在弗里德兰又失败了，不久沙皇就在提尔西特和拿破仑签订了和约，普鲁士国王也想利用自己漂亮的王后向征服者求和，但这一事件只沦为笑柄，并没有进一步发展。根据《提尔西特和约》，普鲁士丧失了一半土地，包括易北河以西的全部以及它从波兰得来的领土，外加一大笔战争赔款。在一段时间内它有了一个发展十分迅速的邻国——华沙公国。

经过 1000 多年，欧洲出现了新秩序。法国矗立在莱茵河和波河平原，同俄国为友，而英国这个征服者最强大的敌人，孤零零地站在一旁。这与 1940 年权力分布的情形无疑十分相像。

2

浪漫派——“我所采摘到的草莓”——阿恩特和费希特——黑格尔——官方哲学——私下表现

给旧普鲁士带来变革的人是拿破仑。他在圣赫勒拿岛后悔自己犯下的错误时说道，他当时应该把霍亨索伦家族从王位上拉下来，他不仅干了使自己过早失败的蠢事，也干了促使普鲁士东山再起的蠢事。腓特烈大帝死后130年来，普鲁士是日耳曼人的战斗核心，也是当时130年来这个民族的战斗核心。在两次仅有的大失败（1806、1918）以后，普鲁士分别在两个世纪内走上了穷兵黩武的道路，这两次的表现几乎完全一样，性格一脉相承。两次失败以后，民族的尚武精神本能地崛起，反对法国胜利者的裁军命令。他们秘密地建立新的武装，与俄国联盟反对法国。两次失败后民族复仇主义情绪以及心怀不满和怀念祖先的情绪急剧高涨。两届政府，第一次是国王，第二次是共和国，都由一个不合法的领导人领导工作。

但是，即使如此，读者还将为这种勇敢的抗拒欢呼，因为在这种抗拒内部，要求自由的呼声也涌现了出来，发展的结果却必然是悲剧式的。歌德的感觉是如此，今天被流放的德国优秀分子的反应也是如此。尼采说：“日耳曼人是一群掉了队的人，他们打乱了欧洲文化的伟大进程。俾斯麦和路德就是两个典型。甚至在拿破仑（唯一被认为有足够力量担当此任的人）企图把欧洲建设为一个国家社会时，德国人也以他们的‘解放战争’打乱了一切，在欧洲这样一个古老的民族熔炉里，利用过去的种族矛盾，挑起疯狂的民族主义。”即使今天，特别是今天，这句已有60年历史的名言，仍有现实意义。

当时，当每个德国人都自然涌现出向往解放的热情时，思想界的领导人已经意识到这一形势的双重意义。作为德国人，他们希望获得自由；作为世界公民，他们欢迎大革命的思想，即使这些思想被拿破仑歪曲了，也总比柏林的正步走和维也纳的倒行逆施对未来更具有积极意义。只要他们呐喊争取，在现在开始建设的过程中，就能赢得别的西欧国家人民早就享有的权利！但是他们预见到了解放后将在人民头上设下的大圈套。在这种形势下谁能不动摇呢？歌德是唯一从国家层面上升到人类高度，始终能保持平衡的人。但是正是从他们的这一困境出发，其他的德国思想家和创作家也引起了我们的同情。

思想家和创作家参加的派别，被称为浪漫派，但似乎没有任何人能为德国浪漫主义下一个确切的定义。之所以称其为浪漫主义，绝不是因为它反对逻辑，但它还是反映了德国人和法国人性格上的不同色彩以及德国内部的政治混乱。浪漫派领军弗里德里希·施莱格尔写道：“一个真正自由和具有文化修养的人，能随心所欲地改变自己的情绪，从批评性的到诗一般的，从历史的到修辞的，从古代的到现代的；总之，在任何时候，以任何方式，都能像乐器一样协调。”从这里，我们可以看到，这不仅仅是个人主义，而是彻头彻尾的无政府主义，而且这种人的念头越古怪，他们给国家生活带来的影响也越危险。在这里我们又看到了两个世界：勇气和思想。德国人的性格从这里分野，要么对内残酷地压迫同胞，对外尽可能去讨好邻国；要么逃避现实，遁入天堂，但这个天堂也必然是只同他个人美好梦想一致的天堂。

确实，德国浪漫派诗人怜悯自己的民族，但在现实生活中又找不到他们所能接受的东西，于是便躲入德国中世纪“月色朦胧的迷人之夜”中去，撰写《尼伯龙根之歌》，搜集生动的德国神话故事，为了德国的浪漫文学在德国重新发现莎士比亚，其译文的流畅优美，没有任何国家可与之比拟；或者醉心于创作抒情歌曲，在这方面，诺瓦利斯和艾辛多夫作出了不朽的贡献。当处在异族占领的压迫下，从世界公民转为民族思想家时，他们中的大多数犹如去寻找一个国际保证委员会那样，转而信仰天主教。他们头脑敏捷而又善于分析，都希望达到他们称为“意识的潜意识”以摆脱自我意识太强的痛苦和折磨。

他们老是担心是否错过了最好的东西而自我烦恼，其中贝蒂娜·冯·阿尔尼姆的名言表现得尤为深刻：“我对那些已经采摘到的草莓，早已经忘却。但那些我至今尚未发现的，一直在我的内心燃烧。”这句话几乎成了浪漫派的箴言。这里，浮士德的英雄般的激情，突然下降为轻佻的阿尔尼姆和蒂克的恐惧和颤抖。有如举起一杯精心制作的鸡尾酒，把它看成一杯芳香醇厚的陈年美酒一样，浪漫派比歌德更快地陷入自我陶醉。毫无疑问，他们看上去相貌堂堂，意气风发。诺瓦利斯的眼睛含情脉脉，出色动人；克莱斯特有一张迷人的娃娃脸；霍夫曼瘦小的尖脸上，镶嵌着一双猫头鹰般的大眼睛；贝蒂娜无拘无束，成天信口开河；而阿尔尼姆和布伦塔诺则无时不在装腔作势，准备让别人把他们蚀刻下来。在浪漫派看来，德国人的浮躁不安，正是他们天赋诗才的本色。

德国浪漫派诗人并不通过著名的作品发挥自己的影响，而是通过他们用以提升社会的水平，也就是说，通过那个时期有教养的德国中产阶级发挥自己的作用。最重要的事情是运动，而不是成就；不朽的价值和一致的准则是不受浪漫派欢迎的。那也就是说，德国人在求索过程中，不信任固定的形式，认为上帝和真理只有在运动中才能发现。浪漫派的这个信条，在美学上早期表现在巴洛克的建筑风格上，后期表现在瓦格纳的音乐作品中。

费希特和阿恩特为了普鲁士的解放积极工作，前者是一位思想家，后者在很大程度上是个宣传鼓动家。阿恩特是一个瑞典农民家庭的儿子，中年获历史学教授头衔。他的作品很动人，但没有重大意义，但他为人们留下了一个正直而高大的德国人形象。他毫不妥协地反对拿破仑的言论和作品，几度流亡瑞典和俄国，有时是主动离开的，有时是被迫出走，后来又在本国遭到第三次惩罚，直到70岁以后，才恢复名誉。他是施泰因男爵最优秀的学生，他的一生都在从事说教，这也是他原来就十分向往的职业；他的阴沉和有时显得十分狭隘的表现，时常使人感到他十分执拗倔强。但是这种固执使他达到了英雄般不屈不挠的境地，因为他对德意志具有真正的感情。他的内心不像路德那么多变，因而他天生的农民自豪感比路德坚定，他曾说过："作为一个战士，首先必须想到德意志，然后才考虑国王和贵族。祖国和人民是永存不朽的，而贵族地主的荣耀和罪恶都将消逝。"这样的话，在德国只有经过大失败后才能听到。

费希特（1762—1814）在世的日子并不长，52岁就去世了，作为思想家，他比阿恩特高明。他对于自己和世界的关系并不十分自信；的确，他比较多疑，不是一个坚强的人。但他的内心充满热爱人民的纯真感情，愿意为他们献出一切。他是卢萨蒂亚一个赤贫的织工的儿子，是德国历史上第一个进入政治舞台的无产者，因此他是一个彻头彻尾的雅各宾派，是一切世袭制度的天敌。他是康德的学生，希望把康德动摇了的理论重新建立起来，维持"自我"（ego）学说，恢复人的自决意识，同时成了康德和路德的反对派。关于哲学，他曾经非常精辟而又简单地说过，什么样的人就会选择什么样的哲学。这样的哲学观点和他的出身，使他在政治上提出几乎与美国人一样的激进要求。康德始终企图在"公民"与"国民"的权利上作出区别，费希特却主张，人的罪恶本性随着其社会地位的提高将可怕地、习惯性地增长。

所有这一切，上层阶级都原谅了他，因为他在《对德意志民族的演讲》中猛烈抨击他们共同的敌人，他不仅反对拿破仑，而且敢于在柏林直接反对那些袖手旁观的人，包括席勒和歌德。费希特是德国人中少见的人物，他虽然出身下层，却谁也不怕，不管是国王还是天才。

黑格尔（1770—1831），在所有哲学家中是最出色的一个，常常被称为费希特的接班人，但他只是在理论上是费希特的学生。他与赫尔德一样，认为人类历史是一个长期发展的过程，稳步地不断向上，虽然其间会出现曲折，但他从中得出的政治理论却相当新颖。

如果说费希特以他的浪漫主义方式热爱德国和自由，那么黑格尔既不爱人类也不爱国家，他只喜欢他的逻辑和秩序。论冷静和透彻，酷似康德。

虽然黑格尔认为普鲁士是完美的，但他清楚地知道他憧憬的是理想化的国家，而不是他生活的国家；尽管如此，他对国家提出来的新要求，只是根据法律要求司法公开和陪审法庭制度。甚至在当时，也只有少数人认识到这个金字塔形的国家只是在使国家神化。普鲁士警察国家的统治者双手拥抱黑格尔，因为他们反对社会主义，因为黑格尔能从理论上向臣民证明国王声称应该享有的权利。

“日耳曼优于其他一切文明形式的概念牢固地建立起来了，且不说军事力量保证了日耳曼的胜利。这确凿无疑，因为这是永恒世界的内在部分。”费希特写道。他在《国家学说》中进一步写道：“除了强者的权力，国家之间不存在法律和权力。一个命运已被注定的民族，在道义上有权利用一切力量与智慧去完成自己的命运。”如有人补上黑格尔的话，“战争是永恒的，也是道德的”，那么他就列出了那个时代德意志世界的带头人：两个最有名的哲学家。

德意志上帝，在德国悲剧的这个阶段第一次出现了。这是一个十分关键的时刻，德国思想界与国家政权结成联盟，在高等学府的大课堂里，不仅发出复仇的呼声，还有被认为是道德的和哲学的信条——统治世界的要求：条顿人至少要成为欧洲的领导，这些烫金文字被镌刻在19世纪的进门柱上。由于有这样的传统，也就不难理解今天黑格尔和费希特的徒子徒孙为他们的条顿领袖欢呼。

这些德国解放的先驱者，对德国人的真实看法是什么呢？他们是否热爱人民，愿意为了他们的解放而献出自己的生命？让我们来看看他们远离家乡时做的笔记，这对了解德国人的性格将是十分有意义的，因为一般来说，在远距离之外，人们对自己的小天地总是想得更清楚些。恩斯特·莫里茨·阿恩特1799年在国外旅游时做了下述对比，这可能也是1940年德国“旅游者”最好的写照：

> 意大利人只看到装饰宫殿院子的大力士神，德国人却看到雕像垫座上的肮脏。他希望把它打扫干净，以便使自己只看到美的东西，别人也总是乐意这么做……德国人，特别是当他们有钱时，总是热切希望受到杰出人物包括每个门役和侍仆的赞扬和哄骗，只有极少数人有能力依靠自己。他们自我尊崇到极致，一旦当他们发现要付出双倍或三倍的代价时，就发出可怕的嚎叫。”在去尼斯的一条船上，水手和旅客走近几个被判苦役的士兵，对此阿恩特写道：“整个船上讲话的声调听起来是法国式的，不是那种德国式的，从他们的眉梢可以看出他们过去生活的经历，他们脚戴镣铐，思想似乎也被禁锢住了。德国人在一个时间内只能做一件事，就像耗子啃一块荷兰奶酪，一心一意……如果你观看一个德国击剑人面对一个法国人，你马上可以看出他们的不同。一个像头公牛，既站得稳，又用头撞；另一个却像跳舞似的东悠西晃，手里拿着的似乎是根稻草，但是他击中了自己的目标。

另一个德国思想家，弗里德里希·黑贝尔，在后来的旅行中，也得出了同样的结论："这里，在巴黎，公众是受尊重的。不像德国，士兵可以用枪，如果咒骂、吆喝不解决问题的话……在法国，人们不断地跳舞，这种情况怎么能维持下去，我不理解。如果在德国，要么你踩我的脚，要么我踩你的脚。在法国，人们很少饮酒，一个为7000人准备的冷餐，恐怕只够汉堡70人饮用。因此这里无论什么事，甚至跳起大腿舞也都是文绉绉的；而在那边情况就不同了，很多事情一不小心就会导致兽性大发作。"

3

他们的年青时代——发现者——世界主义——施泰因

这个时期德国思想精神的结晶是一对普鲁士兄弟，这两个人物在德国历史上实为罕见。

洪堡兄弟——威廉（1767—1835）和亚历山大（1769—1859）是普鲁士一个普通人家的后代。他们的祖辈一直在波美拉尼亚当公务员，1738 年上升为贵族前没有出现过重要人物，甚至没有一个将军。最后，由于长年贫困，这个家族的一个容克注意到同僚的遗孀，她婚前的姓氏叫科洛姆，是一个法国移民的女儿，她的父亲与胡格诺派教徒一起被迫离开了勃艮第和自己的玻璃工厂。外国的血液使日渐衰落的家族重新恢复了生命力。她为这个家族生了两个儿子，他们的品格和成就使人永远无法判断究竟谁更强一些。的确，这一对由法国人和日耳曼人的血液交融而成的兄弟，确是人间奇迹。

他们在柏林附近出生，受到良好的教育。父亲过早地去世，受母亲血统的影响，在具有高度文化修养的赫兹、拉赫尔·瓦恩哈根等犹太人圈子的熏陶下，他们文质彬彬，聪颖好学，不受普鲁士闭关自守的狭隘影响，同外界光明的世界有广泛的接触。从年轻威廉的一幅侧身肖像上我们可以看到，他身材修长单薄，一束头发高高地结在后面，嘴角轮廓分明，很秀气，但下巴颏过尖，可以看出他富于幻想而体力略嫌不足。同哥哥相反，弟弟亚历山大具有果断的神气，目光敏锐深邃，看上去远比哥哥能适应世界的要求。威廉常常一个人沉思遐想，亚历山大则总是希望引起别人的注意。

但是，他们命中注定要向相反的方向发展。诗人成了政治家，有应付世界能力的人却成了科学家。他们的仕途发展看上去似乎是荒谬的，但这正是他们的魅力所在。两个混血的德国人，通过思想上的互相补充和工作上表现出来的能力，用一种特别的方式，一度解决了国家政治与思想精神的统一问题。

但是这两位兄弟年轻时也因天生的体质和性格受到过挫折。亚历山大年轻时瘦弱多病，虽然他雄心勃勃抱负很大，也不得不因此有所遏止；相反，威廉不久就发现自己的天赋远远不能达到从事创作所需的能力和深度，虽然他经常梦想成为一个诗人。因此，在他们二十几岁时，兄弟俩就经常出远门，亚历山大沿着莱茵河采集玄武岩，后来就到英国从事科学研究；威廉在耶拿附近，开始同席勒，后来又与歌德形影不离，无论在他们敌对时期，还是后来成为朋友的时期，威廉都在他们的亲密圈子里。19 世纪初期，兄弟俩双双奔赴巴黎，此后，他们就各奔前程了。威廉成了普鲁士驻罗马的代表。亚历山大从掌握着半个南美洲的西班牙国王处弄到了通行证，进行了一次伟大的考察旅行。在这期间，威廉在罗马以大使的身份研究政治，又以诗人的身份研究考古。五年后，兄弟俩在各自的道路上坚定了信心，但是只有那位科学家为人类带来了宝贵的财富。

亚历山大·冯·洪堡被认为是哥伦布第二。他不仅带回了 6000 种植物，而且为人们树立了无限可贵的考察精神，为研究自然创造了新的方法，取代了中世纪亚里士多德式的研究方法，同歌德、植物学家林奈一起成为新的科学研究方法的奠基人。这个几乎是独自为地球比较学奠定基础的德国旅行者，实际上开创了一场改革、一场革命。凡是经过他探索的，无论是地壳的形成、地震的起因，还是气候变化的理论等，都在他充满智慧的努力下结出了丰硕的果实。

通过自己的观感经历、考察研究，他加深了对自然界有机组织的认识。

不久，两个同他有血缘关系的国家都声称亚历山大是属于他们的。他们的争论正好证明了他超国籍的才能。他能同样流畅地用德文和法文书写，腓特烈大帝正好与他相反，两种语言都很蹩脚。因此他能广泛地通过教学扩大影响，而且经验越来越丰富。作为有上千项新资料的发现者，亚历山大·洪堡立即成为自然科学和地理学伟大的普及者，为人类带来了真正的福利。他年轻时学过冶炼，后来在国外考察的基础上，在磁学、地质学、气象学等方面都得到了极大的发展。贵族开始认为他是炼金术士或懂巫术。埃及的首脑和印度统治者甚至出高价收买他。后来，新的研究计划几乎把他带到亚洲去，因为他的目的完全不是为了追求荣誉，而是为了扩大自己的视野、满足自己的求知欲望。1804 年，他在华盛顿度过了两个月，研究北美新的国家，他甚至想过写一部美洲历史。洪堡从此声名远扬。

巴黎把这个德国人当作新世界的发现者来欢迎，这件事正发生在拿破仑登基加冕的前几周，巴黎对于拿破仑称帝竭尽全力加以宣扬和大肆铺张，亚历山大回国的消息更为其烘托了气氛。在这段时间里，亚历山大结识了一个克里奥尔的年轻人，这是个拥有百万财富的公子哥，生活的优裕和闲散使他不知道什么是世界上的快乐，整天郁郁寡欢。亚历山大利用从这个年轻人的家乡搜集来的故事，和在他祖国的土地上采集来的却又是这个年轻人很少看到过的动植物标本，点燃了这个年轻人对生活的兴趣。这个年轻人就是西蒙·玻利瓦尔，关于他和洪堡的友谊，我们将在另一本书中专叙。

当这个 35 岁的大自然的发现者在巴黎为他举行的欢迎宴会上举杯豪饮时，他觉得自己是个真正的法国人。

但是一年以后，当兄弟俩在罗马再次团聚时，兄弟情谊有如一股涓涓细流，淌满了他俩的心田。他们论今颂古，从艺术、自然、历史、地理，到当时的政体、时事，高谈阔论，无所不议。意大利是日耳曼自古以来对南部的梦想在思想精神上得到充分实现的历史见证人。威廉对游学归来一度传说已经死去的兄弟献上自己最动人的诗句，亚历山大则向威廉献上自己最优秀的作品之一——《论自然》。于是这对兄弟被人称为“德意志神圣的孪生兄弟”，他们自己也开始感到结合在一起的力量。对于威廉来说，古老的训诫一直在教导他简朴，但他很快发现自己越来越被名望所吸引，不甘人后。国王召他回柏林担任教育部长。在拿破仑的反对下，他在1810年创建了柏林大学，在当时只有理想主义者才能完成这样的事业；但是当他邀请已在巴黎的弟弟也到柏林来时，亚历山大拒绝了，虽然他在巴黎除了自己的朋友，没有什么值得留恋。今天，柏林大学的校园门口，矗立着兄弟俩的大理石雕像，两人都带着诗人的表情，这就是他们历史的写照。

同德国知识界所有的先进人物一样，洪堡兄弟也严厉批评自己的同胞。亚历山大曾经写道：“在伟大的法国，人们不会受到小资产阶级吹毛求疵、唠唠叨叨的烦扰。这在柏林和波茨坦却比比皆是，人们花费几个月为被歪曲了的形象而痛苦忧伤，而这被歪曲了的形象正是由他自己薄弱的意志所造成……我在这里生活得很不愉快。人们的情绪比沙漠和灰蒙蒙的天空更糟糕。”威廉写信给妻子说：“同柏林相比，维也纳显然神圣得多。只要想想那沙土、松树、毫无艺术性的环境，一切都显得那么贫乏……人们无法想象笼罩在这里的一片冷漠、枯燥、乏味……我想我应该离开这里，永远和它告别，这里的一切太可怕了！”

威廉还十分精辟地总结了德国的问题：

“德国人之爱德国，”他写道，“确实与别的民族爱自己的国家不同。这里是由一种看不见的感情凝聚在一起而成的。这不仅仅是对土地的爱，也是对日耳曼精神和感情的向往，人们可以从任何地方感觉到这一点，而且这种感情是可以移植的。”

最后在1814年，这对兄弟在巴黎欢喜地团聚。他们中的一个与反拿破仑的盟国一起进入巴黎，匆匆忙忙地寻找安静坐在书房学习的另外半个法国人。弟弟为哥哥做向导，指给他看卢浮宫里拿破仑从罗马偷来的雕塑。

一直到他们六七十岁时，兄弟俩才定居柏林，他们还是各有各的活动圈子。亚历山大后来成了王室的宠儿，威廉反而失去了国王的欢心。但兄弟俩相处十分亲密和谐。

威廉逝世后，亚历山大写道：“想不到我在老年还要经历如此巨大的悲伤。”

4

施泰因的出现——施泰因痛恨容克地主——拿破仑的错误——施泰因推翻普鲁士——施泰因侨居国外——爱国者

从 1807 到 1813 年这短短的六年中，德国在走向解放的道路上逐渐成熟。拿破仑分别给予普鲁士和奥地利以致命打击后，德国又以“莱茵联盟”的形式结合起来。在拿破仑的失败过程中，虽然我们必须看到俄罗斯和西班牙的作用，但关键因素是德国军队的重建。事实上，这得益于少数几个坚决顶住阻力反对畏惧思想的人，他们敢于重新建立普鲁士政府和军队。在这场战争中起到巨大作用的是英勇善战的普鲁士军队，而不是奥地利军队。

这些人不是普鲁士人，他们也不相信服从和训练是重建军队的唯一办法。这六名杰出的将军和政治家都出生在德国其他地区，因而能使普鲁士不像过去那样死板僵硬。另一个因素是，这是第一次出现少数将军来自底层的情况，他们了解普通战士，这对容克地主来说是无法做到的。

其中一个是格奈瑟瑙，一位虔诚的新教军人，有铁一般的纪律，只知为自己的良心及国王服务。另一个是沙恩霍斯特（1755—1813），他是下萨克森一个农民家庭的儿子，傻头傻脑，却富于想象力，有时甚至还有点浪漫主义的魅力。他曾在巴黎坐过牢，之后被交换出来。他们两个都精力充沛，狡黠过人，因为就像今天的德意志共和国，他们不得不违反条约，秘密发展武装。

另一个是来自民间、不知姓名的体操倡导者雅恩，他主张以发展体育和体操增强德国国力。“这个奇怪的大个儿雅恩的政治活动，”特赖奇克写道，“开始向我们显示了某些给新德国脸上抹黑的歪曲形象——粗暴无礼，排斥异己，目空一切，蔑视良好品行和谦恭礼仪。这些不成体统的习惯，必然会伤害我们的年轻人，因为条顿民族好把坦率与粗暴混淆起来。这个有思想的民族的后代，竟然崇拜一个吵吵嚷嚷粗暴无礼的老师，这是一种病态。”普鲁士历史学家在半个世纪以前，就精辟地预言了纳粹的品行。

国王腓特烈·威廉三世又一次根据处在两个放荡的浪漫主义者之间节俭谨慎的霍亨索伦的统治经验，最后决定为了应付拿破仑，军队必须改革，但他没有认识到，人民必须是这个改革的基础。他丝毫没有违背王室的传统教育，或是表现出不忠。作为丈夫，他也很体面地处理了与可爱销魂的妻子路易丝王后的关系，他不像人们所说的那样胆小。他所缺乏的是激情，他对什么都爱不起来，也恨不起来。

但是，为了使从腓特烈大帝之后就死气沉沉的军队得到新生，在没有伟大将领的帮助下，就需要改革民权，而这是已有300年警察之国的历史传统所反对的。

敢于率先向普鲁士旧制度发起冲击的是冯·施泰因男爵（1757—1831），这个有着一双蓝眼睛和大鼻子的独立的帝国男爵是这个时代的英雄，在前文就做过介绍。的确，他进行了一场自上而下的革命，热爱自由的人民倾向于自下而上的革命。但他不是一国之王，甚至不是普鲁士人，他只有依靠比他年轻得多的统治者的一时冲动，在他们的统治遇到紧急情况时，才得以达到自己行动的目的；有如一个医生无法说服顽固的病人进行必要的手术一样，只有到了出现险情时，病人才被迫抬上手术台。难道国王没有理由担忧吗？一个陌生人闯了进来，敢于建议向统治国家的两大支柱——容克的特权和农奴制开刀，而且这两部分是部队军官和士兵的主要来源。普鲁士的最高统治者听到这位出身高贵的绅士怒气冲冲地说："1500 万德国人的命运系在不谙世事、胡思乱想的第 36 代小暴君身上。让那些贵族老爷不要忘了，在上帝的旨意下，普通的德国人是自由的。"这时，他一定若有所思。

施泰因的仇恨逐渐转向容克地主，他太了解他们了。他是在莱茵地区长大的，并且一度是那里的行政长官。通过朋友和来访者，他深深了解到普鲁士特权贵族地主的傲慢和懦弱。他对被压迫农民的同情与日俱增，他认为农民是重大的牺牲者。甚至在发生灾祸之前，当时他已 50 岁了，他就提出过推翻这一切的理由。他称易北河东部的城堡为"捕食邻里的虎狼之穴，把周围的一切糟蹋殆尽"，认为"如果他们想保持对国家的领导权，就必须放弃自命不凡，放弃他们的马群和狗"。

国王能将国家重托赋予这样的人吗？国王情愿选择举止优雅而肤浅的冯·哈登堡为大臣，因为他始终知道该怎么做，他不想触动整个制度。但是在第一次失败后，国王还是把施泰因也召来了。施泰因和哈登堡之间很快就展开了争吵。施泰因希望国王解除三个亲信中一个或更多亲信的职务。但是国王大为生气并答复道："现在我明白了，你是个顽固分子，依仗自己的才气，桀骜不驯，不考虑国家的利益，一味根据个人的意气感情用事。"施泰因很快被解除了职务。

但不久，支持施泰因复职的恰恰不是别人，而是拿破仑。拿破仑不知道这一行动为他日后的不幸埋下了多大的祸根。拿破仑在提尔西特依稀听到了哈登堡和施泰因之间的分裂，他建议国王解除哈登堡而召回施泰因，因为他希望这两个人继续矛盾下去，从而削弱普鲁士政府。就这样，1807 年在提尔西特，拿破仑以为自己已掌握别人的生杀之权，以为他可以制造一个国王、消灭一个国王、粉碎普鲁士、做他想做的一切。就在这位统治者达到登峰造极时，他为自己的敌人打开了一条给自己以致命打击的、使自己注定要失败的道路。在这里我们不需要更多地去阐述天意。

施泰因被无礼免职六个月后，国王以一纸口气冷淡的简短书信把他召回，并赋予他普鲁士国家最高领导权。此时，男爵正躺在病床上，但他还是立即回信表示接受，没有要求道歉或提出任何条件。当他赋闲在拿骚城堡，并被迫无聊地听了一系列失败的报告长达几个月之后，他已彻底研究过了普鲁士制度上的缺陷，写下了拯救国家的条文。现在终于大权独揽，他全身心投入国家事务中去，当时他在梅梅尔。

由于当时整个国家为法国所占领，施泰因不得不乘船采取迂回路线到达普鲁士的最东部梅梅尔；而且不久他就要在柏林开始谈判，因此他好像是一个在法国某城市的外国大使。当时没有一个人知道，普鲁士要向法国支付多少赔款，这个情况与今天的现象刚好颠倒过来。敌人的部队林立在易北河岸边,时刻提醒着普鲁士战败国的地位，还要防备潜在的敌人沙俄；法国当时提出的赔款数十分惊人，六年内普鲁士支付了十亿法郎，而当时普鲁士全部人口只有四百万。只有在这种绝望的情况下，奇迹才能发生。普鲁士国王把自己的权力交给了内政部长，让他居于一切人，包括他自己及容克地主之上。就这样，施泰因在这一年内成了德国第一个因自己的能力而被授权的专政者。与其说是人民，不如说是国王，更不如说是拿破仑本人把这位普鲁士的专政者推上台的。

施泰因开始以引人注目的速度进行改革。实际上他只用了一个星期就重新奠定了国家的基础，而为了这一刻的到来，他却准备了二十年。这不是 1789 年的法国大革命，因为施泰因不是雅各宾。他一切为人民着想，但只有部分活动通过人民来完成。人民倒可以把他同米拉波伯爵相比，因为这个人希望通过大规模让步来拯救一切。但是这个时期的德国比那时的法国有权，普鲁士当时没有议会，国王主宰一切。

一天之内，仅仅一纸布告，施泰因就废除了农奴制，接着建立政府内阁制度，再下一步，他就调动容克地主的地产，削减一半薪金，并推行包括容克地主在内的全面兵役制。时隔300年，他把城市的行政管理权还给了城市，通过自治的形式提升了受管制公民的自信。通过自由选举市政成员，他还打算推行省议会以及帝国议会，通过不断地教育和选举使受到限制的圈子不断扩大，这一做法同今天的苏维埃类似。施泰因推行的是英国式的结合自治政府的贵族统治艺术，而不是法国大革命的经验。他允许容克地主兼营手工业和商业，也允许市民和农民购买贵族地产，以家庭出身划分的等级制度很快就被摧垮了。

但是在未来的年月里，小人物将越来越感到失望，而大人物有各种理由满足自己。

从西班牙传来消息，拿破仑的地位开始不稳，施泰因的民族主义计划也加快了速度。1808年初，他认为起义的时机到来了，他给一个朋友写了一封密函。这封信落到法国人手里，不久即传到巴黎，成为普鲁士大臣的阴谋证据。拿破仑立即下一道命令剥夺施泰因的一切权力并没收他的所有财产。施泰因通过西里西亚盖满积雪的山头逃到波希米亚，以变卖银器为生，开始了流亡生活，最后逃到了俄国。

这个时期的沙皇亚历山大也不清楚自己还是不是拿破仑的朋友；但是拿破仑却像一个敏感的丈夫，早就感到沙皇在欺骗他，虽然还只是在思想上而已，并且他自己也干着同样的勾当。亚历山大是斯拉夫独裁者的后裔，因此他自己也蛮气未脱。一位瑞士籍的家庭教师向他传授了卢梭学说，他的性格不稳定，经常动摇在两个极端之间——一会儿充满热情，一会儿又非常压抑。沙俄由于对英国进行封锁，自己也遇到很大困难，但是拿破仑的榜样又刺激了亚历山大对博斯普鲁斯、地中海、芬兰、大西洋的野心。欧洲这一时期极不稳定。征服者努力通过合法权利加强自己的地位，而另一部分人则渴望通过同征服者结盟得到和平。

冒险家和爱国者试图发动孤立的暴动，成为民族起义的先驱，结果付出了英雄般的牺牲，没有获得成功，但是历史却为它写下了一页。在德国没有一个贵族起来捍卫他的祖业，除了一个名叫海因利希·冯·克莱斯特的容克诗人，他至少还写了一句著名的诗，表示抗议：

杀死他，世界不会审问你
为什么要发射你的弩箭！

只有平民和农民才会冒生命的危险，维也纳一个牧师的年轻儿子企图暗杀拿破仑。

这位平民便是少校席尔，匈牙利后裔，他从柏林出发，带领一队勇敢的轻骑兵向北奔去，希望得到英国的帮助，他最后在施特拉尔松德被包围而阵亡。同年，提洛尔的一家农民客店老板安德烈亚斯·霍弗尔听说奥地利皇帝与法国重新签订和约，他和朋友们不愿也不相信这样的消息，继续以皇帝的名义独自战斗，他们特别反对巴伐利亚的一个大臣与法国联盟。由于有阿尔卑斯山为屏障，他们确实几度夺回他们的首都因斯布鲁克，但由于维也纳政府始终不予援助，最后不得不向敌人投降，这三个人都以生命殉国。在德国的任何地方都没有发生像西班牙那样的人民战争；照德国人的性格来说，是不会为了自由而发动革命的。

此时，拿破仑第三次成了德国的主人。第一次是在1809年，他几乎已在阿斯佩恩战败，但几星期后，他取得了瓦格拉姆战役的胜利，于是在美泉宫签订了和约，从海上迫使奥地利后退，占领了奥地利的一个地区，同时决定娶奥地利的公主为妻。为这一切出谋划策并承担了风险的人，是奥地利政治家梅特涅（1773—1859）。

5

梅特涅问世——他的统治——少数勇敢的人——胜利的诸侯们——理想主义者被鞭挞——维也纳大会——梅特涅的和平

人们如果想把奥地利同普鲁士男人的精神气质作一比较，那么只需要把梅特涅同施泰因并列剖析就行了。作为国家的头面人物，他们相当于玛丽亚·特蕾西亚同腓特烈大帝。但是就在这方面也还有一定保留，即他们既不出生于多瑙河，也不出生于施普雷，而是都出生于西方；并且，作为莱茵河地区的两个人，他们都相当自觉地根据各自的性格，进入两个国家，为各自的主人服务。在这方面，梅特涅就像产于摩泽尔山区的汽酒，而施泰因就是一瓶朴朴实实的吕德斯海姆粗酒，使人越喝越想喝。

从历史结果来看，梅特涅更享有盛名，这仅仅是因为他统治国家长达半个世纪，而施泰因只统治了一年。他们一起消灭了拿破仑，但一个是运用他的智力，以欧洲的名义，在欧洲概念之内追求并一度实现了他的欧洲观点；而另一个则纯粹是为了实现他的德国之梦。一个发自内心不爱社交活动，却处处表现出翩翩风度，一副绅士派头；另一个则实实在在感到自己是人民的朋友。梅特涅追求的是贵族统治下的国际性欧洲；施泰因则希望唤起日耳曼民族的责任感，把德意志交给他们。一个是玩世不恭，除了自己的阶级谁也不信任；一个是理想主义者，除了自己的阶级对谁都信任。

梅特涅神采飞扬，俊美秀逸，灵气逼人，生来一副女性的形象，表情狡黠却不坚定；而施泰因长着一张峻硬坚实、土里土气的脸，两眼充满渴望：这两人就像一头豹子挨着一头狮子。两人均绝顶聪明，但梅特涅显得灵活得多。这就是为什么他能坚持完成具有世界历史意义的反对拿破仑的会谈，要是换了施泰因，恐怕连一句话都谈不下去。半个世纪以来，梅特涅经历一个又一个风浪，而丝毫没有触动国家的旧体制，相反，还使它倒退。施泰因迫不得已，在4个星期内震醒了一个僵硬的封建国家，如果他在权力的运用上不过于直率，他将得到更大的成功，因为他相信真理、自由；而这些对于梅特涅来说，只不过是戏谑和嘲弄的笑料。

看着他们，人们马上会感觉到，施泰因从不装腔作势，朴实无华，而梅特涅全身充满着虚夸浮华；一个从不计较钱财，另一个则对金钱持多多益善的态度；施泰因一生廉洁奉公，梅特涅则接受了达官显贵给他的许多馈赠。

他们两人的出生地——他们的祖先据以繁衍蛰居的古城堡，彼此相距不远，两个氏族都可以追溯到遥远的卡尔大帝时代，但梅特涅家只是在最近才成为帝国的直属成员，只对君主效忠。在两支家族的先辈中，包括他们的父亲在内，都是莱茵地区的高级官员，因此可以肯定地说，都以同样的传统教养自己的儿子。他们年轻时都在英国生活过。但大革命的爆发肯定给予梅特涅非常深刻的影响，因为他当时只有16岁，父母直接受到威胁，而施泰因当时已30多岁，已到了可以享有爵位的年龄。大动乱对于梅特涅不稳定的性格具有深远的影响，当时他正在英国过着悠闲的少爷生活，成天混在女人堆中；而施泰因则在严肃地学习政治与历史。因而一个就把寡头政治的原则运用到自己的国家中去，而另一个开始向民主的方向走去。梅特涅是天主教的血统，性格中有世界主义的一面，而施泰因是新教教徒，因而他对个人感到负有更大的责任感。

梅特涅是在维也纳受到的政治教育，他同那里最强大的国家领导人是姻亲关系，后来又在柏林和德累斯顿的宫廷中生活过。他在1806到1809年担任奥地利驻巴黎的大使期间，在帝国的新形势下，要尽阴谋诡计，才得以实现自己的政治目的。但这必然会引起那位暴发户对他的反感，而且梅特涅还特别喜欢嘲笑拿破仑的行为方式，他还不够精明，没有觉察到拿破仑的威胁和天才的一面，也不会仔细衡量寻求解放的方法。。

1806年以后，神圣罗马帝国末代皇帝弗朗茨二世改称为奥地利皇帝弗朗茨一世,梅特涅得到他的充分支持。根据约瑟夫皇帝的说法，他的叔叔“既虚假又冷漠”，懒惰得什么事情也干不出来。这样一个对什么都不感兴趣的斯多葛式的愚蠢领导，是很容易对付的。他们俩在年轻时就结为朋友，梅特涅几乎跟随了他一生。他在这方面比施泰因幸运得多，施泰因的国君既无能又顽固，自己领导不了国家，又不肯听取别人意见。梅特涅在1809年奥地利被击败后接管政府，他的初步政绩之一是同法国缔结和约，这个和约使奥地利沦为二流国家，但是梅特涅利用发表声明、举行盛大的庆祝活动，使人民相信得到了幸福的解放。与此同时，他恢复运用哈布斯堡皇室使这个国家300年来因战争失败却不受惩罚的古老策略——联姻。要把一个在古老的皇室家庭庇荫之下长大的公主移植到一个只有月桂的新花园里，不是一件容易的事。而且16年前哈布斯堡皇室的最后一个公主，在几乎同样的情况下最后被送上断头台的事，也使得他们不得不仔细考虑。但是梅特涅在战后不久，立即使两个原来的敌人变成了翁婿，仅此一事，不得不承认梅特涅的非凡天才。

他的目的绝不仅止于此。在设想把公主嫁给拿破仑的当时，他就想好了如何从这个圈套中收回应收回的东西，包括同普鲁士和沙俄的重新联盟，但这是几年以后的事。他需要重新安排时间。有着金色发辫的美人玛丽·路易丝填补了这段时间的空白，而且她任务完成得不错，一年后她就给拿破仑生了一个他日夜盼望的儿子，唯有这件事是拿破仑一个人做不到的。两年后，他从沙俄撤退，这给被压迫的国家发出了一个信号。就在这时，施泰因为欧洲命运重新作出了自己的贡献。

正是施泰因占了沙皇的上风，变俄国的胜利为欧洲的胜利。此刻，在施泰因的脑子里，德国古代的皇帝又重新登台了。那些西方新兴的国君像他所希望的那样，纷纷从他们的巢穴中逃出来，接受俄国巨鹰的保护。在发现人才上很少失手的亚历山大，很快把这个非法移民召到宫里去。在那里这个沉默寡言的人建议干杯，这样的事在他一生中总共才出现两到三回。拿破仑从莫斯科后撤的消息传到圣彼得堡，施泰因站起来说道："我戎马一生，经常置生命财产于不顾。让我们痛饮这一杯，因为人总是要死的，但要死得英勇。"这几句话，胜过贝多芬的美妙音乐。

经过几周的接触，具有女性般敏感的沙皇，深深为施泰因所折服。施泰因当时仍与某些普鲁士军官保持联系，他们企图不惜一切代价促成普鲁士与沙俄之间的联盟，必要时，甚至可以取下国王的脑袋。两支军队有着传统的友谊，少数坚决的将军时刻等待着命令。苏格兰后裔约克·冯·瓦滕堡将军完全按照自己的意志行动，于 1812 年在陶罗根与邻近的沙俄军团签订了一个武装协会公约。还从未有普鲁士军官做过这样的事。

所有这一切，都是在没有征求人民意见的情况下进行的。人民的心情很迫切，但他们敢怒不敢言；国王有点勉强，但他被迫跟着走。约克和施泰因采取的行动具有无可挽回的后果，为了把正在犹疑不决的霍亨索伦皇室拉到这一边来，1813 年国王在布雷斯劳发表了《致人民公告》。在这篇讲话中，铁十字勋章第一次被提了出来。普鲁士人缺乏想象力，但在这篇讲话中却使黑白相间的普鲁士旗帜具备了了不起的高贵气质，因为铁十字勋章代表了它庄严的职责，而不是五彩缤纷的荣耀。

1813 年 10 月，拿破仑在莱比锡被盟军击败，并很快被逐出德国。举止优雅的施瓦岑贝格诸侯因胜利而受到赞扬。还有一位战地元帅布吕歇尔,他的作战本领大大高于他的文化水平。他出生于民间,对人民有着深厚的感情。这里又一次让我们看到了，一个朴实而勇敢的德国人，既不粗暴，也无奴性。

莱比锡会战期间，萨克森和符腾堡军团从拿破仑一边倒向盟军一边。经过三次战争，直到最后一个小时，德国统治者还在强迫他们开往法军前线，向德国弟兄开枪。这次他们索性跑了过去，和他们握起手来。热爱自由的人民应该当场把那些诸侯打死。难道这些人没有为了自己称王称霸而无视同胞的情谊、生命和尊严吗？难道他们没有向全世界证明，德国对他们来说微不足道，他们关心的只是自己的权力、头衔和金钱吗？但是不论当时和以后，都没有一支德国部族起来反对这些卖国贼。莱比锡反对异族统治的战役在德国历史上具有十分重要的意义，但是应该发生而没有发生的事情，却对认识德国人的性格具有十分重要的意义。

1814 年 3 月，联军进入了巴黎，这件事对这个世界性的城市来说，似乎是无法置信的。它已矗立在世界上 1000 多年了，敌国统治者还从来没有进入过它的城墙。此时，巴黎人回想起罗马人第一次被野蛮人入侵时的感受。不过毕竟他们自己也向别的国家派出了足够多的残暴军队，给别国造成了严重的大浩劫。但是现在，当这些俄国人和由嘴上带着一撇硬髭、腰里别着一把短刀的布吕歇尔元帅带领着的普鲁士人，随着进行曲行进在广场时，这些失败了的法国人忘记了，这毕竟是一些来自未开化世界的冒险分子，这些人长久以来一直将命运掌握在自己手上。

自从四个世纪前的康斯坦茨大会以来，德国还从未参加过如此精英荟萃的维也纳大会。从某种意义上来说，这个大会与1919年不吉祥的巴黎大会情况完全相反。普鲁士国王计划三个月后回国，结果这场会议历时九个月。还只有四十几岁的弗朗茨皇帝表现得老奸巨猾，在他的维也纳口音和诙谐后面，隐藏着杀机和农民的刁滑。

簇拥在梅特涅首相周围的，有一大批令人注目的人物，其中有施瓦岑贝格诸侯，优雅的哈登堡，另外一个绅士，以及他们中最聪明的塔莱朗。施泰因组织了一个包括威廉·冯·洪堡在内的由完全不同的人物组成的小组。希望取悦每个人的沙皇亚历山大，自从父亲被刺以后老是坐立不安，一会儿阿谀奉承，一会儿手舞足蹈，像个演员。保守分子称他为半个拿破仑半个傻瓜，而且显然他喜欢用浪漫的辞藻来表达自己的感情，有时就像一个宫廷小丑。"看上去老是怏怏不乐、愤恨不满的"普鲁士国王，始终焦躁不安，心神不定，像书呆子似的卖弄学问，动词老用不定式，惹得与会者捧腹大笑。这些人中，至少三个人：梅特涅、施瓦岑贝格和亚历山大都认为自己是唯一的拿破仑征服者。

维也纳会议的斗争，德国人民甚至都没有间接参与，因为当时根本没有公众意见这一说，因此我们不必对此加以赘述。这场会议本是德国权力的来源，但三个主要外来大国的参与破坏了德国这一计划，就像威斯特伐利亚和会的情况一样。然而，欧洲要在二十年的震荡后恢复秩序，这种参与是不可避免的。

但是维也纳的悲剧是由两种不同政治观点之间的斗争发展而来——民族主义国家对权力集团。无论是欧洲人还是奥地利人都不能责怪梅特涅坚决反对成立民族国家，因为他正确预见到一个世纪来的民族之间的斗争，特别是哈布斯堡皇室的崩溃。这两件事最终都发生了，虽然他成功地为一代人带来了和平，推迟了这两件事的发生时间。但是，要解决这些问题，当时只有一个可能，即让参加莱茵联盟的德国诸侯占有这个国家，或将土地归还给他们。这就是为什么在莱比锡战役后梅特涅建议拿破仑与敌人谈判，恢复法国的自然边界。这位皇帝一心希望获得新的胜利，直到错过了时机，梅特涅才同意继续向西挺进，直捣巴黎。

但是，对这个结局十分恼火的施泰因男爵却获得了后人的同情。当时德国诸侯支持拿破仑，发动反对德国的战争，他们依靠拿破仑实行了6年多的统治。按照施泰因的想法，应该惩罚这些诸侯。施泰因希望德国作为一个人民帝国重新站起来，因为他热爱民众自由，对德国人的成熟给予了过高的估计。确实，施泰因希望进行第二次自上而下的革命，建立一个英国式的由人民控制的帝国。施泰因的这一思想，要比1815年在波美拉尼亚一个庄园出生、缔造帝国的俾斯麦的思想还要先进。而将普鲁士建成强大的帝国，这是最先由魏玛提出，50年后又得到俾斯麦支持的另一个建议。阿恩特和他的朋友可能情愿看到弗朗茨皇帝继续他的旧统治。不久以前，费希特曾经声称:“凡是没有参加这场战争的，不论是谁，都不能凭法令加入这个国家！”但是这些理想主义者十分孤立，他们的呼声得不到响应。

施泰因及其帝国思想终于在这一斗争中屈服。这些变了节的莱茵地区的诸侯几乎取回了一切他们在法国占领时期所占有的东西。奥地利和普鲁士之间的旧有冲突又一次尖锐化。这一切都与德国人民的意志有深刻的关系，当时他们尚不具备为自由而斗争的精神。内心充满感激的老百姓欢迎这些变节分子回到自己的家园，继续他们的统治。施泰因痛苦地说:“伟大的斗争将像滑稽戏一样结束，如果这个斗争只是引起蒙太古与凯普莱特家族[1]一场新的内乱的话。”

梅特涅不再希望哈布斯堡占有阿尔萨斯和洛林，因为这两块地方正在等待交易，但他坚持要多瑙河流域的地区。他改变向西扩展的意图，转而向黑海发展。普鲁士在莱茵河和摩泽尔河流域扩大了

[1] 蒙太古与凯普莱特家族:莎士比亚戏剧《罗密欧与朱丽叶》中两大世仇家族。——编者注

地盘。重要的是，不仅领土面积扩大了，而且第一次同法国在大片土地上接壤，成为邻邦，这一地理位置具有决定性的意义。德国的命运掌握在普鲁士的手中了。所有的德国诸侯都转向奥地利，因为他们逐渐害怕起普鲁士。

10 年以后，"德意志邦联"（1815—1866）取代了"日耳曼帝国"。在法兰克福议会上，39 个地位平等的诸侯派代表出席会议。

然而，维也纳会议就其欧洲范围来说还是有影响的。德国人停止了内斗，甚至还取得了梅特涅所称的"欧洲平衡"，确实在以后的半个世纪内，德国既未发生国内战争，也没有国外战争。德国实现了基督式的统一，开始时十分正式以《圣经》为基础，以条约的形式建立了"神圣同盟"，三个胜利国"以同等的基督国家资格参加"，作为成员国，它们真正的主宰是上帝。这使人回想起"改革"时期为基督建立的烟雾缭绕的圣座。三个国家的统治者在全世界面前起誓，他们将像对待自己的孩子那样对待老百姓。不久，大多数诸侯都加入了"神圣同盟"，确实出现了一派欧洲统一的气象。

但是"同盟"是建立在绝对专制基础上的，它完全忽略了"革命"。俄国的广大群众还要沉睡一个世纪，但是像柏林、维也纳等知识分子集中的地方，情况就不同了。他们称法兰克福的使者是执行暴君命令、反对人民的刽子手。拜伦说，三个蠢材希望三位一体凑成一个拿破仑。

是的，欧洲太平了，特别在击败了拿破仑的再次反扑之后，欧洲确实出现了持久和平。只有一样东西也从这个大陆消失了，这就是自由。

6

贝多芬和拿破仑——他们的关系——《英雄交响曲》的主人公——贝多芬受到邀请——自由和胜利——“拥抱吧，父老兄弟姐妹们！”

当这位地中海之子在遥远的大西洋小岛上奄奄一息地度过他的最后几年时，他最大的北欧日耳曼对手还得待在维也纳数年时间，以完成使命。世界征服者拉丁人的刀剑给德国的命运带来了沉重的创伤，然而德国天才们却以非武装的翅膀翱翔并涌现在世界面前。

在所有同时代人中，只有贝多芬可以作为征服者同拿破仑并驾齐驱。歌德是位贤哲，但不是战士。当时弥漫世界的君王思想，如统治、胜利、荣誉等欲望，直到100多年后的今天，仍然充满年轻人的头脑，这些思想是受拿破仑的言行，也是受贝多芬作品的鼓舞产生的。19世纪没有谁能比这两个人更具火一般的力量。直到今天，没有任何精神力量能像贝多芬交响乐的最后乐章那样鼓动人们的勇气和献身精神。

拿破仑征服维也纳后，当时市内正在上演贝多芬的新作品《第五交响曲》，一位军官在最终乐章的开始，跃立高呼：“皇帝在此！”这一偶然事件揭示了人们的内心感受，具有深刻的含义。它说明上千颗心同时感受到了这一点。为什么从来没有人把拿破仑同莫扎特、康德相比？也没人提到巴赫和莎士比亚？为什么没有别的军人，当代的或过去的，曾经鼓舞贝多芬为他奉献自己的一件作品？

拿破仑和贝多芬出生年月相距不远，他们的身材差不多，虽然根据贝多芬朋友的描述，贝多芬显得更壮实。两个人都在差不多的年龄经历了大革命。年轻时，两个人都以新异教徒的气派狂饮，这对于基督世界来说会受到坚决的抵制，两人也根本不考虑什么道德和什么完美的生活。“昨天，”年轻的贝多芬写道，“他们没完没了的谈话弄得我好不伤心。让他们见鬼去吧！我才不要他们的道德呢。力量——这是区别于别人、使自己永占上风的人的道德，这也是我的道德。”还写道：“我将进入命运之关，它绝不会使我低头。”有时他会像普罗米修斯般对一个小提琴手咆哮，因为这个小提琴手说有些乐章无法演奏：“你以为我会相信你那把可怜的小提琴吗？我相信的是我自己。”拿破仑也常常这样。但贝多芬留下的是只言片语，因为他过的是独居的创作生活。但是上百件作品可以证明它们确实存在。如果我们一点儿也不了解他，如果我们得到一个不知名者锁在箱子里的全部作品，连最聪明的人也会对泰坦迷惑不解。一个天才与另一个天才的亲缘关系就会更加明显。

确实，人们不应该去想拿破仑的国家大事、他的作战计划，而应该去看看他年轻时的情书、少数作战命令，以及在圣赫勒拿岛上的讲话；也不需要去摘引如泣如诉的柔板，《田园交响曲》和《春天奏鸣曲》中的诗情画意。每一个比较，就像两个交叉在一起的圆圈，只有一部分是重合的；如果取两个人性格中的这一可以说明问题的部分，人们也将会受到很多限制。贝多芬常常沉思忧郁，陷入困难的境地，拿破仑却没有同样的情绪。一个把自己的伤感诉之于不朽的旋律，另一个却以沉默来压制自己的情绪。世界和女人已经表明，皇帝与作曲家太不一样，贝多芬求爱和屈服，拿破仑却命令和攫取。两个人之间一定有着巨大的鸿沟，其中的一个牺牲上千人的性命，另一个却舍不得伤害已经变节的侄子的感情。

但是一次又一次驱使贝多芬在作品结尾处以火一般的意志追求胜利的愿望，使我们看到他隐藏在内心深处的理想和占领他思想主导地位的君王思想。否则他为什么要在交响乐和奏鸣曲里以崭新的形式重复追求达到胜利的高度，只是在他最后崩溃，到了他自己的圣赫勒拿岛后，才代之以悲哀的结尾？这个没有传统观念束缚，像皇帝一样专断地看问题的人，他的这种创作精神使他远远超过或居于同样自信和不断追求的人之上。

这是1803年。征服者已经吞噬了德国和奥地利的大片土地，在很多战役中把他们打败。作为莱茵地区和维也纳人，他和其他居民一样经历了很多。那时他正在创作《第三交响曲》，他用铅笔在第一页上写道："为拿破仑而作。"在第一次草稿上他写了两个名字：

波拿巴——路德维希·冯·贝多芬。

这并不是唯一的献给别人的作品。贝多芬曾为很多买了他的创作权或以别的方式资助他的诸侯们创作，也曾为崇拜他的朋友或为心爱的女人创作过。第一部奏鸣曲是奉献给贝多芬自认为是他学生的海顿。普鲁士可怜的小国王也以这种方式得到了《第九交响曲》。但是贝多芬从来没有把作品奉献给一个他从来没有也不希望从他那里得到什么东西的大人物，即使他最崇拜的歌德也如此；也没有为纪念亨德尔或巴赫写过什么东西，也没有把自己的名字用大写和别人的名字写在一起。在这份乐稿上他这么做，完全是认为这两个人具有同等的伟大意义。人们几乎可以想象出，在他那间狭小的房间里，他如何严肃地写下两个人的名字。这是为什么呢？

因为他在拿破仑身上汲取了作品的养料。因为在这部作品里，他把这几年来的战争的恐慌精神化了，他早就聪明地预感到，过了很多年以后才被世人称为"命运主宰者"的冒险家身上所具备的一些在当时还在发展的东西。《第二交响曲》和《第三交响曲》之间的巨大不同，表明战争本身给人们留下的印象要比那个把当时的作家驱入仇恨或对他奉若神明的人轻微得多。的确，这是拿破仑，贝多芬在第一乐章坚定的三和弦里，把他推入世界主宰一切混乱，而在结尾的乐章里赋予他凯旋的胜利，但在中间又加进一段英雄的葬礼进行曲，因为他预知了这个伟大人物的悲剧。最后他签署了自己的名字，当然是准备去付梓，这一奉献可能只给他带来坏处，而绝非好事。因为在这部惊人的新颖作品里，他用音乐祝贺的胜利者，是他祖国的敌人，而且这个人明显今后还要继续反对他的祖国。当时法国的一些伟大思想家正在攻击自己的领导人，情愿离开获得胜利的国家，而不向他效忠；在这样的时刻，一个异族人，一个德国人却向征服者表示敬意。法国作家夏多布里昂也看到拿破仑天才的一面，但他还是离他而去了，而且遭到蹂躏的还不是他自己国家的人民。贝多芬，作为被征服国家人民的一分子，却迎面向这位新英雄走去。

然而，接着发生的却是多么大的变化啊！一年以后，当时这部草稿被锁在抽屉里，尚未付印，也没有被演奏，贝多芬的一个学生进门向他报告巴黎来的最新消息：拿破仑本人要登基做皇帝了。

“什么！”贝多芬喊道，“他难道也只是一个微不足道的普通人吗？”这个学生回忆起当时的情景。“现在他也将开始践踏人权，肆意妄为了！他希望居于万人之上，成为一个暴君！”说着，这个矮小的神奇人物走近堆着乱七八糟东西的桌子，拿起《第三交响曲》写着标题的那一页，撕得粉碎，把它扔在地上。

要是这条消息是这位征服者对贝多芬祖国的人民取得了又一次新的胜利该多好啊！可惜这纯粹是一条说明某个人精神状态的消息。正是这一时刻，贝多芬显得比拿破仑高尚得多了，因为贝多芬热爱自由。他曾经一直注意和猎取当时确实存在的战争的英雄行为的一面，将其谱入光辉的《第三交响曲》和其他作品里面去。确实，他使战争改变了形象。

激动过去之后，贝多芬重新写了第一页，改名为《英雄交响曲》，并在下边用意大利文写道："为纪念一个伟大人物而作。"在另外一页上他删去了拿破仑的名字。经过一些有趣的周折，这部作品最后献给了一位洛布科维茨诸侯，他购买了这部作品为期数年的演出权。

五年以后，这位皇帝作为征服者第二次来到维也纳，他计划出席一场贝多芬的钢琴音乐会，贝多芬将在晚会上独奏。但是拿破仑终因有事在身，没有出席。然而，就在同一天，司令部一位热爱音乐的高级军官来到贝多芬的寓所，邀请贝多芬到巴黎去。贝多芬当时所需要做的，只是跨入这位军官宽敞的旅行四轮大马车。这个时候贝多芬的耳朵尚未完全失聪。他仔细听着，然后回答说，他对于法国人民能容忍一位皇帝一事感到很恼火。在这里，贝多芬敢于以伟大的自由扑动巨鹰的翅膀，翱翔于国家之上。但是稍停，贝多芬出于好奇，把话题又引回到邀请上来，显然，他是带着微笑说这番话的，几乎是十分温文尔雅地问道："你认为我应该去拜访一下这位皇帝以表示我的尊敬吗？""不需要，除非他邀请你去。"这位军官说道，他正在千方百计地骗取贝多芬去巴黎，不惜任何代价。但是贝多芬回驳说："那你认为我会被邀请吗？""你知道我们这位皇帝不太懂音乐。"这位军官回答说。他们的见面就这样结束，贝多芬继续留在维也纳。

但是他内心的骚动，使他始终想着人类世界，这种情绪不仅在上百份没有文字的音乐作品中有所反映，而且在以下三件事情中直接表现出来。

在决定写一部歌剧的问题上，他的选择是典型的贝多芬式的。"莫扎特的一些作品，我不能把它谱成音乐；我想选的，必须是一些讲道德的，使人向上的东西。"他说道。因此他选了《费德里奥》，一部关于夫妻爱情，同时也是关于自由的赞歌。剧本采用高度现代化的形式，把一些政治犯都带上了舞台，他们齐声合唱，使戏剧在热烈追求自由的高潮中结束，几乎与此同时期的《第五交响曲》的结尾，也采用同一形式。就在无辜的犯人将要被处死之前，最后的喇叭声宣告统治者的来到，犯人得到了赦免。今天，当局经常受到劝告不要上演这部歌剧，因为这些音符能使被压迫的人民起来造反。但终有一天，《费德里奥》会在某个国家再次为那些失去了自由的人民重演。

不久，贝多芬在《庄严弥撒曲》中又为自己对世界的感情塑造了一幅新的象征性图画。这部曲子的内容并不是关于令他十分神往的基督教教义。在24小节的音乐中他匆匆忙忙把《第三章》的教义全部处理了，就像我们在本书中对待德国历史上的战役一样，一笔带过。当时，离《英雄交响曲》完成已20年了，战争也结束了8年，作品又重新出现挑战的喇叭声，在恳求上帝赐予和平的段落出现了军乐。当众生升天永生，高呼上帝“万能”时，天空真的豁然打开了，最后在“光荣，狄俄尼索斯”中一切基督思想和价值都停止了。作品在理想化中结束。

但在贝多芬临死前3年创作的最后一部杰作《第九交响曲》中，革命、战斗、胜利等内容又一次出现了。《第三交响曲》与《第八交响曲》的间隔时间只有8年，但离《第九交响曲》的完成和计划创作《第十交响曲》却相隔了12年，就像我们最外层的行星，相隔甚远，从遥远的前几部合唱跨越到最后一部。关于席勒的《欢乐颂》，他早在青年时就想为它谱曲。

在该作品的最后乐章里，在表示两个哀求者的悲哀柔板之后，混乱再次出现，铜鼓声点点，激起人们的愤怒，苍穹发出回响，大提琴率声挑战，愤怒的火焰再次燃起。但是世界上的危机唤醒了关在监狱里的犯人。难道他们是畜生？是奴隶？为挣脱镣铐而发出咯咯声！乐器齐鸣发出革命的呼声。他们要求自由。但是光明与黑暗仍然在继续搏斗。在这里，音乐似乎在代表人的语言，在觉醒过来的人群中互相对话，他们要求解放，对抗的群众反抗无力！但是从谜一般的远处，轻轻飘来一股新的思想，然后突然一起开始哼出一曲歌。暴力和毁灭再一次重复，然后在似乎会说话的迷人乐器声中，响起了一个真人的声音。

它的第一句话是："噢！朋友！"第二句是反抗："不是这些声音！"静止，暴政，人类解放的黎明，千军万马跟随着新普罗米修斯的挑战，人声合唱湮没命运的铿锵声。一支巨大的游行队伍，随着三角铁清晰的叮当声逐渐接近。"英雄，去争取胜利！"他听到了听不见的铜鼓声、交战声，预示着残暴命运的来临，他与人类共呼吸。此时合唱声渐渐消失、静止，只有男低音继续鼓动，然后先是男声，继而女声随着喇叭一起大声合唱，勇敢地要求人类和睦相处："拥抱吧，父老兄弟姐妹们！"群众相随而起，去创造他们博爱的新世界，赞扬人类高高在上的主宰。此时，男女声四重唱逐渐在浩浩荡荡的合唱声突出，重复《欢乐颂》曲调，随之起伏。但是群众似乎要大声呼喊，因为在四重唱当中，有时插入一些突出的女声，随后开始了显示极大欢乐的乐声，伴随着优美的、沐浴在绚丽阳光下的小鸟啾鸣声，群众尽情地欢舞迎接解放，上帝和人类之间的栏栅在古罗马式的狂欢酒宴中打开了。

这是拿破仑被他伟大的同时代人征服的纪实，也是日耳曼伟大的天才对人类的贡献。也许今后它将成为全人类的赞歌。

7

歌德与贝多芬——两者均崇拜拿破仑

拿破仑和贝多芬有一个共同的朋友，这就是歌德，他对他们两个人都很了解。这两个德国人彼此深刻地了解对方的工作。1812 年在波希米亚的特普利采温泉，歌德在仲夏之夜，访问当时尚比他年轻 20 岁但两耳基本上已失聪的贝多芬，在摇曳的烛光中静静地聆听贝多芬弹奏钢琴。这样的夜晚在德国历史上是独一无二的。这两个伟大的天才还从来没有面对面地相聚在一起。在他们这一会面前，路德和查理五世、伊拉斯谟和荷尔拜因、歌德和席勒的相识，都大为逊色。歌德本人对音乐的深刻感受，在他对巴赫、莫扎特、贝多芬的印象中已充分流露，现在他看到了那个出现在《哀格蒙特》中的那个人，这个人的梦想是把《浮士德》谱成音乐。他们彼此从对方身上获得的激动人心的感情，是德国人中最使人喜爱的品质。

德国人很少知道他们的相遇。在这方面提供最多信息的莫过于那位神经过敏的女人所写的东西。由贝蒂娜·冯·阿尔尼姆所叙述的，关于这两个人与奥地利皇室交友的故事，为德国人对歌德的认识提供了非常错误的材料，因为它只取材于这个女人的一封信，而这封信早已为她的其他虚构材料所否定了。

在他们罕见的相逢时刻，思想和人性似乎在德国天才身上混合在一起了，我们已经不能也不愿记起一切坏事情了。虽然一部分的歌德和全部的贝多芬都是属于全人类的财富，他们两人都是从德国的人性之海的高空中飞越过来的，也一定会回到为自己的作品提供了非常多养料的北方彼岸去，而且这些作品也没有准备好向非德国的听众完全展示自己。

歌德、贝多芬作品中关于德国的实质部分，同但丁、莎士比亚作品中的民族主义部分差不多，不管哪一边都无法被明确定义。如果我们牢牢记住，他们作品中的民族主义色彩要大大弱于关于人类的内容，那么我们也许可以认为，作为一个典型的德国人，无论歌德还是贝多芬都认为，赞扬和胜利只有经过斗争和忧愁后才能取得。他们一个富有感情，一个具有恒心，这些特质最终使他们成功。但这不是一个单一的层级结构，如但丁在他的思想和他的爱中所描写的世界结构那样，他们是经过长期的战役、上百次的失败才获得了成功。

但是歌德和贝多芬也不同于北欧的莎士比亚，后者在同样的斗争和命运的翻滚摔打中，把自己弄得精疲力竭；前者则以自己的热情，殷切地追求和谐。他们狂热地希望不发生悲剧，这导致几乎他们所有作品都以完美告终，这两个着了迷的人，也因同样的原因，几乎都以浮士德的性格开始他们的创作。

拿破仑的出现，几乎给歌德和贝多芬带来了同样的冲击。诚然，歌德没有撕毁奉献给拿破仑的作品，因为他没有写。但他内心对这位皇帝执着的爱慕，大大抵消了对这位将军当时不仅征服了他的德意志祖国，而且征服了不过由于侥幸才免于毁灭的萨克森公国的恨意。确实，歌德有一次落入法国士兵之手，几乎丧命，只是由于他妻子的救援才幸免于难，但他对拿破仑还是爱慕的。

1808 年，两人在埃尔福特相会。这次会见对他们具有同样的精神意义，尤其对拿破仑来说更是如此。当歌德悄悄进门出现在拿破仑面前时，拿破仑几乎情不自禁地叫了起来：“一个真正的人！”拿破仑还从来没有对别人说过这样的话。谈话的方式和过程完全表明拿破仑视歌德为伟人。德国人还没有如此引起过他的注意，在巴黎也没有。确实，歌德此时已处于完全成熟阶段，拿破仑也感到了充分的满足。

歌德的举止要比拿破仑自如得多。这位征服者对人十分了解，歌德一进来，他就立即感觉到来者不凡，后来也证明他的感觉是正确的。当歌德在谈话中三次顶撞他后，拿破仑既难堪又钦佩，他已有十多年没有被别人抢白了。即使皇帝亲自邀请，歌德也没有答应到巴黎去。这里我们看到了如此发人深思的事实，两个伟大的德国人都是自己祖国的批评者，又都钦佩拿破仑，却都拒绝了邀请自己去巴黎的奉承。他们的拒绝，反映了他们热爱自由和大无畏的勇气，大大超过了其他德国人的摇摆不定。

歌德对德国的自由运动一直持超然、敬而远之的态度，的确，他对它们不感兴趣。“每场运动都是一次上升吗？”他问道。“难道只不过是走了岔路的人也起来了吗？……不断挣扎吧——这个人对你来说太强大了！”

在异族入侵并统治他所在的公国时，他以消极的态度来忍受这一切。当形势变得更为恶劣时，他开始研究中国地质学，后来又潜心于阿拉伯诗歌。当克尔纳、阿恩特为德国的自由而创作歌曲时，歌德却为美酒和爱情作诗，虽然形式上这些诗歌符合阿拉伯习惯，但却可能是最佳的德国作品。

然而歌德和贝多芬的作品也因充分反映人性而得到了提高。《费德里奥》和《浮士德》都以歌颂自由结尾。19 世纪开始，德国在异族的统治下，它的两个最伟大的儿子既是自己祖国的公民，也是世界的公民，他们超然于群众运动之外。

如果德国在 19 世纪远离自己祖国缔造的光明前途，而落入民族主义和军国主义的阴影中去的话，这将是不符合歌德和贝多芬的思想和精神。

8

辫子又回来了——解散——“禁止！”——七位勇敢的教授——发明者的出现——第一次统一

辉煌胜利后不久，德国马上出现了阴影。所有由施泰因和通过施泰因由普鲁士国王为动员老百姓救援祖国而许下的诺言，在拿破仑被打败后，都被国王歪曲或否认了。但是由于这些老百姓都是德国人，因此在长达30年内，他们没有想到依靠自己的力量推翻压迫和奴役。农民、市民、学生面对国王、贵族一个接一个破坏或撕毁把他们引向战争的诺言，毫无反抗，忍而受之。在巴黎，所有贵族阶级的特权在某个8月的一夜之间全部被废除，但在普鲁士却还需要两代人的时间，1792年老战士的儿孙们直到1867年才获得真正的独立。手工匠们的生活更为恶劣。在小小的车间里，师傅的人数多于工人的两倍，他们的手艺得不到发挥，然而他们听说英国的工人已经使用新的机器纺纱织布了，1850年德国东部还不知道纺织机。当英国人把用这些机器织出来的布拿到莱比锡展览会上展览时，萨克森的家庭作坊工人还在忍受饥饿，以土豆和莴苣充饥。

在莱茵河的那一边，经历过大革命的法国第三等级早已获得解放，纺纱机也早已投入使用。经历过新运动的德国南部，在国外作过战享受过自由的公民，在国内也有较多的自由。凡有作为胜利者归来的大学生的地方，就有人起来争取政治权利。耶拿自由军团的老战士组织了一个名为“大学男生联合会”（Burschenschaft）的新式学生团体，随后出现了大量类似组织。黑红黄三色国旗也是在那个时候设计出来并在德国上空飘扬的。由于统治当局拒绝兑现他们的诺言，这些要求可能只有通过造反才能实现，可惜并没有发生造反。

相反，德意志邦联议会采取了一些落后于时代的措施。它类似于我们衰退年代的国民议会，把精力主要花在会议上。一旦遇到严重的挑战，首先想到的是如何躲在强大的军力后面保护自己。它甚至不能为普通的德国公民提供防卫，甚至没有统一的军备。法兰克福被称为德国政策的“分歧点”。各个诸侯派往邦联议会的使节，在《和平与正义》塑像面前，个个俊雅秀逸，可是实际上他们彼此钩心斗角，恨不得把对方的眼睛挖出来。

在他们的领导下，约瑟夫皇帝的改革被抛置一边。被关闭的修道院重新开放，还成立了新的修道院；与罗马教皇签订的关于宗教的契约重新有效；经过半个世纪以后，“耶稣教秩序”重新建立。甚至似乎早已被束之高阁的旧头衔再次启用，黑森卡塞尔的统治者让他的士兵重新戴上假辫子。

普鲁士容克地主害怕春天的气息吹进他们营房，便立刻关上大铁门。普鲁士国王曾经答应选举一个有代表性的政府，现在他把最残暴的贵族找来做警察局长。施泰因非常生气地在他的城堡内写道：“没有人会对普鲁士的毁灭感到遗憾。它的消亡将被认为是幸运，这个曾野心勃勃震撼整个欧洲的政权，它对自己或对欧洲国家联盟都没有履行自己的义务。”

路德烧毁《教皇训令》300年后，“大学男生联合会”在瓦尔特堡举行了一个晚会，烧毁了黑森州的假辫子和士兵俱乐部。这被认为是相当可怕的革命行动。一件政治性的暗杀，更使事件火上加油。这两个事件使梅特涅找到了借口，在1819年优美的水乡城市卡尔斯巴德的大会上，终于决定颁发今天在专制政权下十分流行的《卡尔斯巴德决议》。

其后果是，法兰克福议会突然活跃了起来。任何发表过民族主义言论的人都被认为是阴谋家，新闻出版和大学都受到监视，优秀的德国知识分子被侮辱、抄家，或被解雇，涉及追求自由的诗歌只准写有关希腊和波兰的内容。

这里有两个关于柏林书报检查的例子。1828年，某人写道，柏林的《知识报》没有什么了不起，只不过是一份广告性的刊物罢了，审查员却批道："既然这份杂志的命名来自1727年的皇室，这种诽谤就不能被允许。"1826年国王给大臣下达了一个命令，直接反对《福斯日报》，因为它"描写了某地方协会为私人顾问歌德及黑格尔教授的生日庆祝活动，在君主登上宝座之际，其篇幅和内容都是不合时宜的"。这份命令是由弗里德里希·威廉用花体字签署的。

几乎同时（1830年7月）法国人民再次反对由外国扶植起来的皇室。波旁王朝被赶下了宝座，他们的一个亲戚作为"资产阶级"国王被捧上了台。里昂的丝织工人起来反对，然而西里西亚的纺织工人继续沉默——这种沉默持续了很长的时期。不久在英国，工人的不满和敌对态度促使当局实行了对选举制度很重要的改革。这两个国家的革命都是由工人发起的，虽然中产阶级为了自身的利益也站在工人一边。从此开展了三年劳工斗争，而工人阶级实际上只有百年历史。在这两个非德意志民族的国家里，知识分子中的精华也与斗争紧密地联系在一起，德拉克洛瓦发表了他不朽的"七月革命"画册。为自由而奋斗的浪潮再次席卷全世界。比利时也争得了自由，波兰人民觉醒了，西班牙和意大利的群众运动也正在酝酿中。

只有德国仍然保持平静，分散的小起义很快被镇压下去。暴君仍在统治一切。所有的政治组织遭到取缔，"自由之树"，甚至黑红黄三色旗都不准悬挂。参加过"大学男生联合会"的成员不准当医生或律师。39名大学生被判处死刑，后来减为30年有期徒刑。建议过制定帝国宪法的教授们被投入监狱。这些事情就发生在纳粹上台前的100年，当时实行的是几乎与纳粹一样的制度，只是没有领头的刽子手。

在这样的紧急关头，思想的尊严觉醒了，其代表就是七名教授。实际上他们只是一部分人的代表，这部分人中的大多数尚不为人知，但是他们却是真正的人。

1837年，汉诺威的维多利亚成为英国女王，她把汉诺威留给上了年纪的伯父，这个人武断地废除了这个国家实际上内容贫乏的新宪法。对于这位国王，英国的报纸曾写道，他干尽了一切坏事，只做了一件好事，即自杀。此时，汉诺威的文官都要求作出新的誓言，七名哥廷根教授——达尔曼、格维努斯、埃瓦尔德、韦伯、里敕尔以及格林兄弟宣称，如果要在学生面前真正保持为人师表的尊严，他们不能轻易地更改誓言。他们马上被撤职，其中三人还被命令三天内离开这个国家。

真正的罪魁祸首是普鲁士，因为这位卑劣的汉诺威国王是强大的普鲁士国王的姻兄，他带的口信说，“老百姓以自己有限的知识来干涉国家领导人的行动，是极不合适的。”然而真正的蠢人是国王，格林则是伟人。这些事情都发生在英法两国人民早已实现自治的年代,只有在德国才有这种可能。确实,虽然半个德国都在大声赞扬“哥廷根七杰”，他们依然遭到了迫害。

由于人民的意志尚未达到敢于采取行动的程度，因此他们就把自己的感情发泄到音乐和言论中去，德国人典型的时髦做法是用歌曲来表达政治愿望。就在这时出现了第一批政治歌曲，其中最流行的是《守卫在莱茵河上》及《德意志高于一切》。前者曾被谱曲27次，后者来自海顿的《皇帝赞歌》，确实，这个曲子的弦乐四重奏要比大合唱更为精彩。在素有“诗人之邦”之称的国家中，两首国歌却如此拙劣，这一事实再一次说明了统治阶级同知识分子的分裂。这个从来不敢推翻一个暴君和打死一个警察的国家，却在障碍重重的年代，将一半的时间用于大合唱，这样的人民实属罕见。

19 世纪 30 年代，德国曾试图获得大规模的统一，但无论是坚决为此进行斗争的诸侯，还是其他重要人物都没有获得成功，讲究实际的德国人民却在这个时期发明了印刷术和炸药。那种在中世纪表现为浪漫主义，希望征服世界和急切地向意大利挺进的扩张欲望，在 19 世纪以后，变得比较实际了，而到了 20 世纪，这种欲望已大大超过原来的范围。因此，欧洲大陆的第一条铁路首先出现在德国，通信领域的很多重大发明由德国创造发明绝非偶然。德国人性格中的最美好一点，是永远把幻想和精力结合在一起。因而他们现在找到了满足自己好奇心和愿望的最好途径，同时也积累了自己的财富。德国人比其他欧洲人更快地受到蒸汽机和电气的鼓舞，并且行动起来。

1835 年，第一条铁路开始在德国“跑”起来，就像当时人们所形容的那样，从纽伦堡到菲尔特的 5 英里路程只需 15 分钟，德国人开始进入一个新的活动领域。几世纪以来养成的服从性和正确性的士兵气质，为德国出现工艺精湛的工人队伍做了准备。而且由于他们过去长期受压迫和惯于忍受苦难而无怨言，他们现在不仅工作努力，工资还比别的国家低。

从此演变开始了，从今天德国战争的高质量装备中我们看到了它的后果。如果需要的话，这个国家的人民还能经受住饥饿。

从个体工业中发展起来的能干的市民阶层，与当时的“汉萨同盟”一样，也发出了他们的光彩。西里西亚人博尔西希和弗里兰德修建铁路和开采煤矿。铁匠师傅克虏伯在 1847 年第一次用铸钢造出了前镗枪炮，20 年后他已经雇用了上千名工人。这个时期贵族政府也大大落后于目光远大的公民。巴伐利亚卫生部长居然起来反对铁路，他坚持说，高速运动会引起旅客和周围居民严重的脑疾。普鲁士国王拒绝批准修建从柏林到波茨坦的铁路，并且武断地认为这没有必要。

这个时期德国知识界有很多杰出的重要发明，虽然他们并没有使这些发明物质化。早在1809年，慕尼黑科学家舒墨林就曾利用电流传送信号。1833年哥廷根科学家高斯和韦伯第一次发明了磁针电报机，从他们的观察站向实验室发送信号。1842年罗伯特·迈尔和赫尔姆霍茨发现了能量守恒定律。1861年菲利普·赖斯发明了电话的前身。1886年海因里希·赫兹关于电波理论的研究，为今天的无线电报奠定了基础。但是这些改变了外部世界面貌的发明，当时在德国还只停留在书本、实验室或小规模的模型阶段，可是别的国家，特别是美国，却将它们投入了实际生产应用。

所有这一切都与这个国家人民生活的分散性有极大的关系，在那里，政府与各阶层人民隔离，彼此不了解，不信任，而且习惯于分散在各个专门行业。德国科学家和商人在一个世纪以后才携起手来，当时科学家看不起商人唯利是图，商人看不起知识分子的书呆子气。在普鲁士巨大的金字塔式国家制度下，容克地主和普通市民根本生活在两个圈子里，知识分子和从事实际操作的工人的生活也彼此脱离。1895年科学家第一次把他的发明——阿司匹林卖给一家化学工厂，结果却遭到了他所在的布雷斯劳大学精神上的迫害。

蒸汽发动机和机器使德国第一次出现了统一。“关税同盟”(1833)至少在它所在的地区拥有3000万居民，别的大国其实早就这么做了。在德国三四个地区蕴藏着大量的煤和铁，现在已被开采、来回运送，南部和东部也像西部一样开始工业化。仅普鲁士就有数十个属于其他小公国的飞地，现在可以减少67个关卡，物价迅速统一了，过路费取消了，货币、度量衡开始统一。这一切使长期以来维持德国不统一的英国和法国十分烦恼，他们非常害怕德国统一。

9
海涅——费尔巴哈——德国知识分子 vs. 国家权力——马克思出现——马克思与恩格斯——共产党宣言

随着一代文豪歌德的溘然长逝，德国天才称雄的地位终于拱手让给法国。在美术界，德国天才早已被他人超越达 300 年之久。与此同时，德国的诗歌和哲学已经开始落后于其他国家。过去，从莱布尼茨到黑格尔，德国哲学家始终独执牛耳。只有德国的音乐，直到 19 世纪，还处于巅峰状态，可能只有三位外国音乐家的水平可与之相匹敌。在歌德之前，贝多芬、舒伯特、韦伯和黑格尔已相继逝世，这些德国的明星冉冉升起，悄悄陨落，此落彼起，相互衔接，协调一致。同样，继承德国精神新文明的天才也接踵而来——舒曼、门德尔松、瓦格纳、俾斯麦和马克思。

所有在 1830 到 1850 年之间诞生的诗人和思想家，大都受到政治的鼓励，积极从事政治活动。唯一的例外是伟大的叔本华。这位哲学家没有时间界限，也没有国界，他可以是希腊人，也可以是英国人。当时有位名为沙米索的法国诗人，欲成为普鲁士军官，创作了第一首具有社会内容的诗歌。而弗赖利格拉特这位诗人则第一次以杂乱无章的梦境，抒发了革命的激情，后来又是这位诗人引导一位被剥夺继承权的人写诗，将自己比喻为在船舱下劳动的机械师，驾驭着驶向社会的航船。而海尔维格则像狂想的人，遨游德国，被流放出国，回国后谱写了无数歌曲，迎接革命的到来。还有格拉贝，一个被判处徒刑的海外侨民的酗酒儿子；尹默曼，一位贵族军官，他们都以各种不同的方式，革新了德国的戏剧和文艺创作。海涅和伯尔纳，这两个人都侨居法国，善于用诙谐的手法，发泄自己不满的情绪，同时这两个人又是死对头，相互猛烈攻讦。伯爵普拉滕是德国屈指可数的两三个出身贵族阶层而又成为诗人中的一个。他因为痛恨德国的不自由而逃亡意大利，在流亡意大利期间写下了非常美好的诗句，他的诗几乎都用意大利文，否则难以打动非德国人。

没有人可以像诗人海涅那样，用自己的诗歌拨动德国人的心弦。这样的诗充其量也只有五六首而已。《罗蕾莱》，这首最受人欢迎的德国诗，是海涅，一位犹太人写的；这一事实充分说明，出身微贱对一个人的影响是微小的，这个国家蕴藏着巨大的力量，可以产生富有创造力的艺术家。《罗蕾莱》绝不是由于它的音乐而脍炙人口，它的旋律苍白无力，并且出于无名之辈。这首诗描绘了一位引起德国人幻想的山林水泽仙女。德国人沉醉在幻想之中，无辜的男人受到神秘女性的诱惑——所有这一切都源于莱茵河，这是德国神话传说风靡一时而又消失的地方。正是这位诗人，以他德国犹太人的性格，怀着对祖国既热爱又批判的复杂心情，写下无数诗歌和散文，激动了德国的心灵。这位诗人早已预感到今天的一切，为了说明这一点，本书摘录海涅1838年发表的《德国》一文中的下述片段：

> 基督教可以削弱，但不能扼杀条顿武士的残暴精神。总有一天，这种用以约束条顿武士的基督教教义会不起作用。处于原始状态的残暴武力精神将再度兴起，北欧日耳曼人诗歌一再颂扬的残酷无情的个性将受人崇拜。基督教信条彻底崩溃的日子行将到来。
>
> 随后，湮没在碎石乱瓦之中的古代神明的石雕，抹去数

> 千年来落在他眼睛上的尘埃，重新又被树立起来。雷神骤然抡起巨锤将哥特式大教堂击为齑粉……当你听到隆隆的雷声和撞击的巨响，可要当心你邻居的孩子，你们法兰西人，不要出来干预，德国人是在自己家里摧毁大教堂……而有一天，当你听到世界有史以来从未有过的轰然一声时，你就会知道，德国的雷神终于达到了他的目的。这隆隆雷声震得空中的飞鹰坠地而亡，非洲偏僻沙漠上的狮子将会夹起尾巴，畏缩地溜进皇家的密林中去。法国大革命与德国展现的这幅壮观景象相比，就不过是一首无伤大雅的田园诗。摆脱了束缚的德国要比整个神圣同盟加上克罗地亚和哥萨克更令人震惊……你将会发现，这种残暴的精神一旦感染了人们，就会有种种哲理，说明它是合乎情理的。

海涅实际上并未参与政治活动，他喜爱的是美学。他和朋友的著作在德国不仅受到压制，而且在他们尚未下笔之前就受到诅咒。这也就是为什么他们要竭尽精力，通过对非政治性问题的阐述，体现时代的战斗精神。

当时，德国历史学家会议被称为德国人民知识分子的议会，是先进分子聚会交流思想、探讨问题的场所。年迈的男爵冯·施泰因为了忘却自己失望的心情，正在编纂一部卷帙浩繁的德国史。尼布尔、里特尔、施里曼这些伟大的历史学家、地理学家、考古学家使德国扬名海外。兰克在80岁高龄之际开始撰写震惊世界的巨著《世界史》。蒙森概述古代朝觐罗马的实况，为意大利人提供了一部他们的历史，据说以这种方式表达了德国人感激的心情。与此同时，这些历史学家又彼此攻讦。没有一个有地位的德国历史学家不受到同等地位的本国历史学家的谴责，攻击对方的作品不是愚昧无知，就是伪造材料。

德国的书籍和刊物的产量——也就是说，德国智慧的结晶——总是在德国国家权力衰微破落时激增，而在权力日益兴起时就下降。1805 年，在拿破仑压制之下的德国出版了 4081 部书，而 1813 年，从拿破仑桎梏下解放出来的那一年，仅出版了 2233 部书。此后，整个国家不断分裂，知识分子的生活持续动荡不安，直到 1843 年出版的书籍不下 13664 部。1872 年，德国取得巨大胜利，实现了统一，是年书籍出版下降到 11177 部。即使如此，德国也始终是书籍出版纪录保持者。德国创作了大量的歌曲和诗歌，其描绘和塑造的形象远远胜过这个国家在战争中建立的丰功伟绩，德国历史引以为荣的也正在于此。

1842 年，亚历山大·冯·洪堡摘引汉诺威国王讲过的一段话，足以反映出在德国文化发展过程中，德国王公贵族的水平是多么低下。洪堡摘的是：昨天国王在进餐时又一次对 40 多位来宾说，“教授、妓女、舞女，只要有钱，到处可以买到。只要给他们几个钱，他们就会随你到任何地方去。”

也就在这个时期，弗里德里希·李斯特详尽阐述了一种新的经济体制，号召人们重视开拓殖民地。因而在 100 年以前，即 1841 年，普鲁士驻伦敦大使本森想方设法使当时尚属于墨西哥的加利福尼亚州落入德国人之手。当时，大批德国人通过不同的方式离开了德国。他们甚至还创建起一个由绅士组成的组织，企图将还处于独立状态的得克萨斯州变为德国移民区。

与此同时，非世袭阶级的动乱在整个欧洲蔓延，在德国甚至爆发了一场公开的动乱。1844 年，西里西亚织工发起了一场无计划、无领导的反抗运动。当时机器开始被大规模推广，手工艺工人走投无路，因为德国不像英国和法国那样，既没有采取调节矛盾的措施，也没有保护被剥削阶级的宪法。从瑞士到法国，到处都严禁结社，而德国秘密会社正在酝酿一场起义。此时，宣传社会主义思想的书籍已被禁止，到处流亡的人士却越过边界传播社会主义思想。

迅速成为领导人的是卡尔·马克思（1818—1883），他是特里尔一个法律顾问的儿子，在柏林大学读书，深受黑格尔哲学的影响。正是这个人奠定了和黑格尔论战的基础，如今这场论战依然在俄国进行。黑格尔和马克思这两个人是德国性格的新象征，他们的哲学思想和共产主义学说创建于德国，广泛流传于国外。马克思时年25岁，就已一针见血地抓住了德国人的弱点，他写道："德国人蒙受的压迫一定会由于认识到这一点而变得更加难以忍受，同样德国人受到的屈辱也一定会因它的公开宣传而更加令他们感到羞辱。在政治上，德国人只想到别人做了些什么。德国是他们的理论良知。德国人思想上的抽象和傲慢，始终与他们对现实的片面性一致，德国人是如此尊重思想、主义，以至于不敢将它们付诸实施。"

马克思26岁时被迫从《莱茵报》辞职。尔后又逃亡巴黎和布鲁塞尔，最后在英国侨居。这位来自莱茵地区的德国犹太人在伦敦撰写的著作颇受俄国的重视。在他出生整整一个世纪以后，莫斯科到处可以看到他的画像。

德国历史上有五对密切合作的朋友：马丁·路德和伊拉斯谟、胡登和济金根、歌德和席勒、洪堡兄弟，以及马克思和恩格斯，他们与前人一样，始终以饱满的热情，共同合作，亲密无间。

不过在这一合作中，也有令人惊讶的史实。在这两位才智过人的作家、科学家和战士中，有一个为了使另一个更为出类拔萃而自愿退居幕后——就恩格斯而言，他绝不是马克思的资助人，而是一位才华横溢的挚友，正如维也纳伯爵总是喜爱和伟大的作曲家交朋结友一样。恩格斯是位学者，善于自我克制，他不放弃经商，只是为了维持朋友及其一家的生活。恩格斯并不是只能为师傅添砖加瓦的小工，而是可以轻而易举替代马克思为《纽约论坛报》撰写文章的朋友，事实上他是一位更好的作者。在党内持续不断的斗争中，即使恩格斯从不给他朋友一分钱，他的贡献也是无可比拟的。这种性格是德国人的长处，实为德国之子具有的优秀品质。

马克思长期侨居国外，处境悲惨，厄运频频袭来，虽然入不敷出，仍坚定不移地生活下去。他怀疑俾斯麦暗中监视他，在伦敦甚至连电话也不敢打。他和他的伟大妻子，五十年来如一日，鼓起勇气，忍受变故频发的苦难生活，专心一致地从事创造性工作。他的身体并不魁梧，不过他的举止，他像狮子般的脑袋，他的自信，他的大声疾呼，阐明坚定不移的信念，博得了人们广泛的尊敬。他的这一切要比撰写的书籍更有权威。但是在当时，包括马克思周围的人，也只有少数人理解他。

弗里德里希·恩格斯（1820—1895）和马克思一样，生于莱茵地区，是一个中产阶级家庭的儿子。他受教育时无忧无虑，并没有什么自身的需要驱使他起来反抗。恩格斯孜孜不倦地从事研究工作，将商业搁置在一旁。他是费尔巴哈和黑格尔的信徒，早年就在父亲的曼彻斯特工厂中了解到工人的状况。他曾经警告要重视第三等级和第四等级之间发生冲突的危险，认为唯一解决途径是走共产主义道路。恩格斯以他丰富的想象力和经验，给予他朋友马克思以巨大的支持。马克思和恩格斯之间的关系正如歌德和席勒之间的关系一样，前者是先知，后者是思想家。1848 年，他们两人用了几天时间，共同起草了一份纲领性文件。三年之后，他们在伦敦加入了巴黎共产主义联盟，以秘密活动取代公开的宣传。1848 年 2 月，他们发表了《共产党宣言》，这份宣言至今仍是共产主义者的教条指导方针，或至少是一份鼓动性文件。

正当第一批工人在伦敦进入议会的时候，巴黎的工人摒弃了他们的市民国王，建立了第二共和国。欧洲出现的危机几乎和 60 年前的危机一样严重。这一次又是法国，50 年内第三次在世界上高擎火炬前进。法国革命在意大利和匈牙利，在波希米亚的捷克人和德国人中间，在加利西亚的波兰人和鲁塞尼亚人之间，在匈牙利的马札尔人和塞尔维亚人之间引起了巨大反响。

而现在，甚至德国人也开始觉醒了。

10

1848年革命——梅特涅事件——洛拉·蒙特兹的介入——路德维希二世的废黜——脱下帽子

历代的王储总是沉湎于幻想，一旦自己登基，往往一事无成，正如恋人结为夫妻总是要失望一样——这些王储在德国受到特别的爱戴。他们传统上一向受到当君主的父亲的统治压迫，必然和臣民有着同样的感受。腓特烈·威廉五世似乎就是这样一位典型的王储。他风度翩翩，温柔文雅，情趣横溢，诙谐幽默，更是女性梦寐以求的理想皇室人物。而他关于成立制宪政府的先进观点，更是深受这个国家贤达人士的支持。时代在前进，欧洲正在为世界树立榜样。所有这一切都促使德国希望取得独立，希望在普鲁士领导下，在这个最强大的德意志国家中出现一个开明的统治者。腓特烈·威廉讲话的声调虽过于激动，但仍不失为一位卓越的演说家。他发表讲话时，人们总是听得津津有味。他情绪很好时，确实非常机智，讨人喜爱。他受过良好的教育，非常富有想象力。但他往往许诺得多，而兑现得少。他经常失去控制力，集中不了思想。

这位一切行动都得靠自己的统治者身上体现了德国人精力旺盛又浪漫主义的特点。这两个特点结合在一起，有时是很不幸的，给德国人带来内在的不安全感，促使其干蠢事。威廉五世具有德国人那种善于自我剖析的性格，清楚自己的弱点。他以漫画的手法将自己描绘为一个傻瓜、一个秃头，这恰好反映出他介乎忧郁不乐和玩世不恭之间的矛盾性格。

这位国王身上有着德国人通常具有的正义感和浪漫主义激情，当这两者结合在一起时，往往事与愿违。强大的普鲁士，统一的德国，上帝赐予的专制政治和普遍的自由，所有这一切都被蒙上了一层中世纪色彩。

多年来这位浪漫的国王拒绝兑现他的诺言，这个诺言甚至早在25年前他的父亲执政时就应该兑现。只是由于一次财政危机，才驱使这位国王在1847年成立了一个类似议会的代表机构。据说罗斯柴尔德提出，如果没有议会机构的签字，他就拒绝继续借款。柏林人幽默地称这个机构为“专制主义的借款院”，但是代表还是白签了这个字，因为国王又提出了一个新花招。他认为“没有任何一张写了字的纸能干预上帝和这个国家之间的事”，就根据这一点，他拒绝任何宪法草案。议会开会时，他提醒代表，他们“只能提出请求，不能发表意见”。这个金科玉律确实概括了德国的全部历史。

1848年3月，人民起义，掀起一场暴风雨。这次德国人确实是愤起了。

然而，德国人民的要求和法国人民的相比，简直不能同日而语，而且行动也比法国革命晚了一个世纪。巴黎人将整个资产阶级政权一扫而光，包括市民拥戴的国王，而德国人孜孜以求的恰恰是法国人要打倒的那种资产阶级政权。当时早已是1848年，他们却犹如置身于1789年。这好比在一座遥远草原上的农村正开始采用煤气灯，而城市已经用上了电灯。除了南德某段短期的状况，整个德国要求建立共和制的并不是广大的群众，而是为数不多的思想家。相反，最初只是程度不同地进行温和的请愿或抗议，要求国王将财富分给农民，广开言路，保证公民在国王领导下参与国事。在开始的时候，散发的传单和讲话都语调温和，没有恶意。他们指出，美国总统的薪水要比许多国王用于一次寻欢作乐的短途游览费用少得多；或指出一方面是盛大的朝臣葬礼，另一方面则是凄凉哀伤的织工丧事。

早在300年前，德国南部的巴登和施瓦本的农民先辈就提出过几乎同样的要求。现在他们只是没收少量庄园，焚烧赎罪券，同时又为国王和君主们的长寿健康祝酒。没有一个地方发生流血事件，统治君主召请自由派大臣出来主持国事。即使这场革命是这样的温和，也仍引起封建领主的惊慌，他们迅速恢复审查制度，打出过去禁用的旗号。也许这些旗号本来就藏于密室之内，以备紧急之用。

从巴黎吹到德国的不是暴风骤雨，而是阵阵春风。当海尔维格宣布他有意要集合800名侨居法国的德国人，作为士兵派回国内作战时，引起了举国上下的震动。李卜克内西当时年方22岁，参加了战斗。而马克思，他和李卜克内西一样，曾目睹过巴黎革命，对德国这一类浪漫主义的胡闹举动只付之一笑。

维也纳的镇压远比德国严重，因而它的风暴要激烈得多。群众要求75岁的梅特涅下台。他12年来充当优柔寡断专制国王的大臣，一向飞扬跋扈，独裁专制。尽管如此，哈布斯堡皇朝却仍受欢迎，没有人要求改为共和制。正当皇家卫队和正在组建的国民卫队展开巷战时，战栗不已的各公国君主聚集在年迈的梅特涅周围，哀求他及早下台。梅特涅在治理国家近40年后，带着年轻的第三位夫人，筹措了旅费，隐名换姓，仓皇逃往伦敦。

哈布斯堡王室逃往因斯布鲁克，不久即被劝说归来。这位优柔寡断的国王被罢黜，他垮台后由他侄子，年轻的弗朗茨·约瑟夫取而代之。数百年来，容克地主和伯爵们享受国王给予他们的特权，而现在不论在维也纳或是其他的地方，无一人出来保护这些国王。

巴伐利亚国王路德维希一世（1825—1848年在位）作为一位自由派国王，开始贯彻让步非常有限的宪法。这一宪法是过去通过的，不过严格地说从未付诸实施。巴伐利亚首府，比较现代化的慕尼黑因城市建筑的宏伟，素有“德国的佛罗伦萨”之称，它就是由路德维希一世亲手缔造的。这位国王交友广阔，对画家、诗人和音乐家总是慷慨解囊。他还藏有当时聚集在他周围的窈窕美女肖像画。他的这些活动换得了人们对他诗作的赞扬。他最大的野心是希望能跻身杰出的学者行列之中。也正是出于这同一目的，他将慕尼黑建成大学城。“七月革命”后，他惊慌失措，在基督教会影响下，向天主教耶稣会信徒让步，转而走向反动，压制新闻自由。

就在此时，德国历史上第一次出现了一个能发挥情妇作用和影响的女人。这个女人就是洛拉·蒙特兹，在她身上爱尔兰和西班牙血统各占一半。她成长在英属印度，与其说是个舞蹈演员，不如说她是个冒险家。一个偶然的机会，她在一次旅游中来到了慕尼黑。这时已年近 50 的路德维希疯狂爱上了她。洛拉试图唤起这位国王对自由派的兴趣，因为她看到，这位国王确实想做一些比他已经做到的更好的事情。所有的年轻人都醉心于她。不过，正当她的政治影响日益增长时，风向骤变。大臣们将她攻击得一文不值，传教士暗中诋毁她。殷实的市民抱怨路德维希在艺术和科学上挥霍巨资，认为这些纯属毫无意义的奢侈浪费，他们谴责在国王周围的朋友。市民并不指责国王在私生活方面挥霍浪费，而是指责国王在追求艺术美和智识方面过分大手大脚。问题出在国王还想让洛拉成为巴伐利亚公民，并授予她伯爵的称号。内阁大臣的阻谏，引起国王大怒，下令免除大臣的职务，解散整个内阁。国王一意孤行，不听劝谏，将女友封为贵族。

但是这些事件正好发生在 1848 年革命时期。面对即将发生叛乱的压力，路德维希不得不和洛拉分手，不敢再去看她，虽然国王也曾身着微服，站在布里恩内街她住宅对面的小路上，眼看一群人嘲笑她，向她的门窗投掷石块，她仓皇地躲进马车中去。

国王以为他作出牺牲，和洛拉分手，就可以保住王冠。但几天以后国王还是被迫退位。他的继承人路德维希二世后来也落得和国王同样的下场。在注重稳健的市民眼中，路德维希二世反复无常，刚愎自用，与国王相比可谓有过之而无不及，也应该予以废黜。不过，这一次并没有女人牵扯进去。

在这事件中，有两件事对德国历史来说是新的，一是女人干政，二是罢黜国王。资产阶级大臣第一次拒绝国王的旨意，只是这个旨意是一位才华横溢的女人出的主张。这并不是因为她窃取数百万国库资财为自己购置裘皮大衣，而是她要给这个国家带来自由。这位在德国国王中可以说是最开明的国王，由于过分的容忍终于失败了。

维也纳起义几天以后，柏林爆发了一场革命。在这场革命中，德国人的性格可谓表现得淋漓尽致。勃兰登堡人在被迫效忠霍亨索伦国王整整400年后，第一次奋起反抗，向他的后裔提出一系列要求。不过，柏林人和维也纳人、斯图加特人一样，很愿意继续由国王统治这个国家。确实，对这座城市和这个国家来说，普鲁士的统治是须臾不可少的。

1848年3月18日，一个天气温和的星期六，国王敕令允准贯彻众所希望的宪法。为了对善良的国王表示感激，成千上万的人聚集在皇宫门前，但是不知何人突然开了两枪。究竟谁率先开枪引起这场起义，迄今仍是个谜。这时，毫无武装的人群被激怒了。人民拥向街头，在两小时内修筑了200处街垒工事。不过胜利的还是武装军队，死亡逾百的是人民群众。

但是普鲁士容克地主到哪里去了？难道他们不是应该引进军队保护国王的吗？但他们却隐藏在暗处。据说国王获胜了，但他生性优柔寡断，平庸无能。他脑海中此刻想的是以前几位死在断头台上的英国和法国君主。他下令撤出军队。这时人群还在向军队掷石块，不过军队还是模范地执行命令撤了出来。国王在《致我亲爱的柏林人》宣言中，允诺要满足人民所有的要求。在整个过程中，国王站在王宫里，茫然不知所措，听取每个人的意见，授权军队行动，宣布大赦令，组成新内阁。

国王屈服投降既不是出于对臣民的热爱，也不是出于革命的激情。在普鲁士，国王和人民双方都没获胜，获胜的是普鲁士，得到了安定。人们将死尸装上运货卡车，列队游行，在经过王宫时，国王的勋爵张伯伦将桂冠和鲜花撒在尸体上。战栗不已的国王夫妇被劝说走上阳台，这时有人高呼："脱下帽子！"也正是这一时刻，普鲁士国王向他的子民，已经死了的子民致哀。这在德国历史上是绝无仅有的。人群欢欣鼓舞，但这一事件并没有造成混乱。在巴黎，在同一情景下，响起雄伟的《马赛曲》；而在柏林，人们唱的却是赞美诗《耶稣，我心灵中的牧羊人》，这是一首国王也可以一起唱的赞美诗。随后，民兵向国王致敬，为了保护国王，要求尽快召回军队。

3 月 21 日，国王举行了一次富有戏剧性的市区列队游行，他宣布了一项神秘的决定："从今以后，普鲁士应解散、并入德国。"当时普遍的愿望是普鲁士新宪法可以导致德国新统一，激进派希望建立国联的主张得到越来越多的支持。他们在柏林一次大会发表宣言，是用三种语言以下述口号开始的："欧洲革命万岁！新世界万岁！"

国王软弱无力，人民耐心容忍，这样的国家岂能爆发革命？！

11

圣保罗教堂的选举——反革命——被拒绝的皇冠——没有日耳曼帝国——逃亡美国——卡尔·舒尔茨和俾斯麦

德国成了人民的王国。由各邦君主派出代表组成的邦联议会不复存在，取而代之的是由人民选举产生的国民议会。1848 年 5 月，柏林和维也纳事件发生两个月以后，在轰鸣的礼炮声和悦耳的钟声中宣布开幕的法兰克福国民大会提出应该通过人民选举产生议会代表。这是德国人民在 2000 年历史中第一次将自己团结在一起的代议制。德国人民已经成长起来了。

这次大会的所在地圣保罗教堂，是一座圆拱形的大厅，挺立着宏伟的圆柱，有着罗马万神殿的气势，它周围的形势和邦联议会召开常会的王宫迥然不同。现在这两座敌对的建筑物上都飘扬着新旗帜。但是在这座圆拱形大厅中，只有极少数代表渴望建立共和制。大部分代表倾向的仍是旧王朝统治。不过，这两个大会的代表是截然不同的，旧邦联议会几乎全部由贵族阶层绅士组成，新的国民议会则是资产阶级的精神中心，由学者、作家和高级军官组成。这里是思想家、学者人才荟萃之处；而在旧王宫出席会议的，则是身着朝觐国王盛装，肩章绶带无不金光闪闪的朝臣。历史学家达尔曼起草了宪法第一稿，提交给世袭的国王和帝国大臣。这个议会拥有上议院和下议院，还有普选权。

这一草案遭到普遍反对。奥地利反对，是因为它将在一个统一的德国中土崩瓦解，失去和它相异的少数民族；普鲁士反对，则是因为它富有浪漫主义色彩的国王不愿充当一国之首；居于中间力量的各邦则出于妒忌而反对。出于无奈，大会组成了一个临时性的帝国政府。可是选谁为这个政府的头头呢？一位思想家？一位逢场作戏的自由派司法家？一位有影响的传教士？在这座圆穹大厅里，所有这些人都能找得到。可是对自由的德国人民来说，谁适合担任这一职务呢？迄今为止，统治德国的是国王，难道能将国王置于众人之上作为第一次选举产生的统治者？结果选了一位奥地利侯爵！他是 1848 年的“兴登堡”。因为当德国人发现可以自己行动，实现自己愿望时，却又担心害怕。正如一个孩子刚学会走路，忽然发现自己的老师没有在身旁，他会茫然若失，困惑不解，又匆忙回到学校去找自己的老师。

在这个人民大众的议会中，掀起的第一阵风暴并不是围绕着过去呼吁的国内自由问题，而是石勒苏益格土地问题，德国人为了这个问题和丹麦人展开了长期的斗争。在这个时候，普鲁士国王和丹麦国王缔结的停战协议，唤醒了在法兰克福的大部分代表。人民大众也掀起一场动乱，军队介入，其结果是两名出身高贵的军官被打死。难以想象这场动乱出于什么爱国主义动机，但是它在道义上造成的损害却是巨大的。

与此同时，在匈牙利也发生动乱，维也纳派军队前去镇压。这一行动激起维也纳自由派的愤怒，他们聚集在火车站，阻止军队起程。10 日，爆发了第二次革命，最后忠诚于德皇的军队获胜。法兰克福的大人物之一——罗伯特·勃鲁姆匆忙赶往出事地点进行调解，却成为军队攻击的目标。反对派无视他作为代表的豁免权，判他有罪，并且枪杀了他。这是反动派开的第一枪。

在维也纳，施瓦岑贝格伯爵让看门人将议会大楼的大门锁上，自己拿着钥匙。这是历史上最草率的篡权方式。

在柏林开枪杀害勃鲁姆的次日，军队荷枪实弹，敲打着军鼓，进驻城内，解散了普鲁士新议会。老将军弗兰格尔，多多少少出于自己的意愿，像是博物馆中腓特烈大帝时代的陈列品，带着1.5万名士兵开进柏林。民兵手执武器严阵以待。当民兵指挥官走进正在开会的议会，要求立即决策时，弗兰格尔的部队早已逼近柏林的王座城门，而议会的五人委员会仍悬而未决。这已是捍卫革命，反对旧政权的最后时刻。表决的结果竟是三票对两票，反对抵抗。市民用鲜花欢迎弗兰格尔。全市处于戒严状态，解散民兵，议会转移到各邦，然后予以解散。国王将一部新宪法强加在人民头上——这部宪法包括三级公民选举权，它既不平等，也不采用秘密投票的方式。七个月以后，柏林和维也纳的民主宣告寿终正寝。

每当国家受到自由派威胁时，军队还是有用的。在起义中被废黜的萨克森国王就是靠军队的协助得以复辟。1849年5月，著名建筑师森佩尔在德累斯顿修筑街垒，理查·瓦格纳满腔热情地观看。在斯图加特，围绕宪法的争论又回到老问题上：这个立法机构究竟是一院制还是两院制。据尤斯蒂努斯·克纳的报道，其决定的依据，竟然是建筑计划中的议会大厦有两个还是一个会议大厅。不过，还来不及讨论结束，寻隙报复的普鲁士人已经进入城内。在卡尔斯鲁厄，人民众议院指定三个独裁者，早已回来的威廉国王率领两个普鲁士军团进入这座城市，立即恢复秩序。在这些日子里，卡尔·舒尔茨从拉施塔特逃出去，后来被监禁的诗人里克尔获得解放。里克尔，这个从美国回来的自由派分子，尽了自己一分力量，结果又被迫再次逃亡。已经逃亡的巴登公国大君主又回到巴登，接受市民的欢迎。1.1万名激进分子、市民和工人被迫逃亡法国和瑞士。

德意志统一的梦想与自由一起被埋葬在同一坟墓里。那些留下来的人要求建立德奥联盟，也就是合并为一。另一些人坚持建立一个较小的德国，不包括讲多种语言的奥地利，但与它联合。正是后一个方案，在 20 年后，为俾斯麦所接受。

在道义方面，两股力量始终是对立的，一方是武装的各邦国，另一方是法兰克福非武装的国民议会。这和我们今天的形势非常类似：世界大国都在疏远国联，而它们仍然是国联的成员国。当时国民议会有很大的权威，可以一致通过备忘录，要求普鲁士国王罢免严厉的新首相，由一位更受欢迎的新首相取而代之。有一幅绘画刻画了这一情景：有 10 余位身穿礼服的绅士，其中有 3 位是贵族，在无忧宫一间空旷的房间里面对着国王。国王正在大发脾气，而作为代表团团长的犹太民主分子雅各比正在质问国王，“陛下是否愿意听取代表团的意见？”“不！”国王向他大声咆哮。

“这是国王的不幸，他不愿意听取真理。”雅各比说。国王愤然走出房间。

这是德国历史上伟大的一幕。类似情景在德国历史上是第一次也是最后一次出现。迄今尚无任何历史记载可以表明，德国市民在有人在场的情况下，能用类似的语气与德国国王谈话。

当时还有另一个代表团。维也纳的态度越是高傲，在法兰克福就越有人坚持要求实现建立帝国的目标。普鲁士国王半心半意地同意这一要求。这一斗争在法兰克福时起时伏。一幅漫画讥讽国王是抽签决定的。许多人主张议会应设终身主席一职，说这符合罗马帝国 2000 年的传统。世袭君主制起初被否决，后又以 4 票多数被采纳。而在最后投票中，普鲁士国王以 290 票的微弱多数当选为主席。

以圣保罗教堂国民议会的名义，要将帝国皇冠奉献给国王的是爱德华·冯·西姆松。22 年后，又是这个人再次以代表团团长的名义，将同一皇冠交给国王的弟弟威廉一世，而这一次他获得了成功。俾斯麦任命这个德国犹太人为帝国最高法院首席法官。

1849 年 4 月，一个庞大的代表团进入柏林皇宫，将帝国皇冠献给国王,没有人知道国王是否接受了皇冠。德国政府中意见并不一致，不过广大的公众支持这一行动。俾斯麦签署了一份请愿书，吁请国王接受皇冠，这一史实日后被所有的德国教授隐瞒了下来。很明显国王自己也不知道要什么。他脑力迟钝，无力担此重任。他实际上什么答复也没做，而是要求推迟作出决定。不过，他随即又谢绝了这一请求。国王告诉亲信,这一皇冠不过是“用渣滓和泥巴做的圆环”而已。德国人就其所能表达的具有代表性的感情而言，对国王拒绝接受皇冠的行为愤然不满。法兰克福人本来就后悔放弃了建立德意志共和国的理想，现在再也无力实现这一理想了。大会逐渐失去了昔日的风貌。它的残余分子最后不得不逃亡斯图加特，在那里被武力驱散。

普鲁士继续进行着各种行动。普鲁士和奥地利都动员了起来，在巴伐利亚和普鲁士之间甚至发生了小冲突。看来一个世纪以后，似乎又要重复“七年战争”的历史教训。在柏林和维也纳这两个疯狂的统治者之间只有一个暂时被废黜过。1850 年底，在危机高潮的时候，普鲁士和奥地利的大臣在奥尔米茨会晤。普鲁士在所有问题上都屈服了，实际上不得不同意首先被解散。奥地利可以为所欲为地解决自己的问题。没有普鲁士霸权，也没有日耳曼帝国。这次会晤，满足了所有德国诸侯的共同愿望，只是没有给这个国家带来自由。

所谓的“第二次德国革命”终于告吹。1525 年起义农民在残酷的战斗中被镇压，成千人流血牺牲。这一次损失小得多。而在以后的三年中,大约有 30 万德国人自愿外流,去美洲呼吸新鲜空气。不过,人民大众受到沉重的挫折，因为这一次中产阶级已经和农民联合在一起，因为他们担心诸侯们的软弱反而巩固了帝权的地位，也因为时代精神同时在其他国家得到了发扬。

这次革命和其他公共事件一样，啤酒在其中起了作用。啤酒使德国人性格沉闷，但是他们之所以能发明或钟爱啤酒，其原因又在于沉闷的性格。法国是葡萄酒的王国，法国人民的性格就迥然不同。在德国，葡萄酒受地域限制，只在西部一小块地区生产。因为它比较贵，不如在法国那么普遍。在法国，90%的人喝葡萄酒，而德国人90%喝啤酒。如果说法国人喝了葡萄酒就如虎添翼，那么德国人喝啤酒，不管是日常饮量还是过量，都造成了问题，因为德国人喝啤酒中毒的概率和严重程度远远超过法国人。

在德国人发动的三四次革命中，1847年慕尼黑啤酒革命是最成功的一次。整个城市的人民起来反对每一夸脱啤酒涨价半芬尼。后来慕尼黑还成立了“反对酒类零售价格不公道协会”。难怪希特勒激烈的演说和取得成功的演说都是在啤酒馆进行的。当他夸夸其谈时，听众用啤酒杯有节奏地敲打桌子。这种情景令人想起部族打仗时沿着上尼罗河击鼓助威的黑人。

“萨尔瓦多”啤酒是一种特殊酿造、酒精度较浓的啤酒。每年春天在慕尼黑酿造一次，数量有限。类似于某种异教徒的迷信，大家都想喝这种啤酒。为了啜饮这种浓浓的红褐色啤酒，地道的慕尼黑人，包括妇女，将自己的衣服、钟表，甚至自己的睡床也典当掉，在啤酒厂地窖门口，一直等到拂晓。他们整天在那里坐着，片刻也不站起来。因为一站起来，座位就会被别人抢去。这好几百人很少讲话，更少歌唱，眼神忧郁呆滞，这一现象在欧洲是罕见的。在俄国等北方国家和其他地方，醉鬼总是单个的，而不是成群的。有条理的德国人甚至按照时间表喝酒，按照流水作业组装线的程序喝酒，按照事先规定的时间喝酒。

同要求大学生学会决斗一样，德国也要求他们学会喝酒。他们18岁就由于暴饮暴食而将自己的胃糟蹋坏，并且失去专心致志从事创造性工作的机会。真正的巴伐利亚人往往因为喝啤酒过量而意志消沉。喝葡萄酒可以产生灵感，喝威士忌令人兴奋，喝啤酒则使人头脑麻木不仁，只能按上级指示办事。这就是德国人喝啤酒和德国人服从性之间的内在联系。

你不能要求德国人热爱自由。早在1836年，德国诗人赫伯尔就预言过："德国人知道，野兽是自由的，因而他们担心，有了自由之后他们将变成野兽。甚至在革命的进程中，德国可以为争取纳税自由而斗争，但决不为争取思想自由而斗争。"

成千上万的德国人远渡重洋到海外去寻求这种思想自由。1847到1848年德国知识分子在战败后逃亡美国，给美国带来不少好处，这与今天的情况有类似之处。不过，在这两种情况下，侨居国外的人们获得的好处要比侨民给这个国家带来的好处更多。即使没有德国人的援助，这个国家也会发展，因为各国侨民一直不停地纷纷涌进这个国家。正如今天一样，凡是为摆脱迫害而逃亡海外的人很少有选择的自由。难民带来的是他们心灵和头脑中最美好的东西，但他们毕竟还是难民。他们始终对侨居的国家怀着感激的心情。

今天，知识分子的领袖为了逃避迫害又来到了美国，不过1848年逃到美国的人绝大多数是劳动力，而不一定是知识分子；是普通人，而不是领袖。卡尔·舒尔茨是个例外。这方面也显示出德国人性格的长处和弱点。德国工人的勤劳和依赖性迅速成为众所周知的事实。在另一方面，甚至亨利·克莱也抱怨德国人在政治上不可靠。

在某种程度上说，美国吸收的优秀德国人并不是那些大多数在任何时候总是立正听候指示的普鲁士人，而是少数有耐心而思想又自由的普鲁士人。他们正在逐渐摆脱受支配的地位，发展成为这个国家的公民。令人惊讶的是俾斯麦恰恰属于后一种类型的德国人。他和卡尔·舒尔茨的谈话，反映出他的意见与他的美国朋友莫特利是一致的。俾斯麦的性格只有部分像美国人，就像纯种马不愿受马缰绳的驾驭一样，他也不愿意受人控制做一个大地主。从血统和传统上来说，俾斯麦理应同情南方，但他却宣称同情北方。这并不能表明他具有政治洞察力和远见。甚至在他年迈时，他依然多愁善感，还撰文表示，鞭打之下并不一定能训练出良马好狗。他驳斥白种人的优越感，认为“这是不近人情和愚蠢的”。

当卡尔·舒尔茨这位逃亡的革命者后来又以美国将军的身份回到德国时，俾斯麦不仅打开国门，而且敞开家门欢迎他，并且和他长谈达旦。他们相互有很深的了解，俾斯麦对这位侨胞说，“你的归来出人意料。”俾斯麦本人也像舒尔茨一样，会一反常态到舒尔茨家去做客。两人坐在一起，喝着莱茵葡萄酒，这表明在德国偶尔也有自由精神。

12

俾斯麦的两面性——他是基督徒吗？——神经质的性格——真实的政治

俾斯麦之所以成为德国历史上独一无二的人物有两点原因。他多次对其他国家取得了领导权，在德国人中也是唯一能代表革命的保守党人的典型。他忠于国王，而和他类似的人，如施泰因公爵，就从来没有向自己的主人臣服过。俾斯麦的堂堂仪表和举止风度，确实使国王对这位知识分子下臣深信不疑。一位经验丰富忠心耿耿的老臣，称臣 26 年，同时又能充分发挥自己的才干，这可能完全是因为俾斯麦在性格上还具有第二个特点。这在德国政治家中是独一无二的。俾斯麦思路敏捷，机智善变，他的才智被诗人梅里美誉为外交界的洪堡，而且“远比这个德国人更为才华横溢”。左拉在卢浮宫中详细端详俾斯麦的举止后说他“像一位诙谐的巨人在和少数来宾侃侃而谈”。德国人的深沉和高卢人的气质在俾斯麦身上恰好都有，这是他的独特之处。在这个意义上，在他身上表现出来的特点尽管和路德、胡登、腓特烈大帝不尽相同，但他是将国家和思想精神融为一体的少数范例之一。

在他血统中可以清楚地看到国家与精神这两种倾向。俾斯麦继承了容克地主家族的遗风——沉默寡言，喜爱打猎、美酒、金钱，粗暴。与洪堡家族一样，俾斯麦家族几个世纪以来也没有出过一个重要人物。他母亲是中产阶级，出生于一个诞生过法学家和历史学家的名门望族。他继承母亲的品德，成为一个有思想、有教养和机智敏捷的人，并且是一个野心勃勃、渴望权力的人。他对母亲的憎恨，表明了容克式的不满，因为他希望自己的天分来源于贵族家庭。他这种蕴藏在内心深处的思想，能和路德痛恨自己的母亲相比拟。俾斯麦对母亲的痛恨只表现在思想上，而不是行动上。他母亲一度受“七月革命”的影响，从俾斯麦那里夺走了祖先的一幅肖像，以使他摆脱贵族的傲慢习气。

这两种倾向相互矛盾，使得俾斯麦的性格过于神经质。俾斯麦勇敢善战，在晚年还接受过决斗。不过他又易于意志消沉，忧郁寡欢。与此同时，他长期患有疑心病，当他烦躁恼怒时，会不断大声喊叫，打碎瓶瓶罐罐。他是户外运动的爱好者，喜爱在古老的栎木和高大的松木林旁隐居。他是一位强有力的人，喜爱暴风雨、大海和冒险的狩猎活动。虽然他讨厌笔墨工作，确实懒散，不过他还是始终做好自己日常分内的工作。他是个彻头彻尾的独裁者，越到晚年越是专横傲慢，不过他也不得不顺从喜怒无常的国王。有时，他也确实能做到和别人事前商量，谅解别人的毛病。他私下将国王比作自己的坐骑，必须靠踢马刺驱使它疾驰。他逐渐习惯于拥有权力，甚至到 75 岁时也不愿放弃。

俾斯麦在青年和老年时都不是一个好的基督徒，而是一个忠实的条顿异教徒。但是他能控制自己的内心斗争，在他一生中，只有当他处境危急或是需要信誓旦旦博得一个女人欢心时，才是一个笃信的基督徒。实际上，这和路德被带到修道院宣誓皈依旧教后，又宣称是被迫的情况很相似。俾斯麦除对自己的妻子和爱犬以外，毫无献身精神。他既不对被压迫者，也不对自己的朋友浪费感情，就是对自己的子女，除希望统治他们以外，也没有什么热情。而与此同时，他的公共生活也是非常严格和令人生畏的。他这个人决不宽宏大量，这使他看来完全不像一个基督徒。不过他需要装成一个基督徒，因为他钟情的女友是非常虔诚的教徒，俾斯麦如果坚持异教徒的立场不"皈依"，那么和他女友的关系就不可能得到进展。后来，他公开宣称的理由却是为了消除心理障碍，可以为任何人效劳。因为在俾斯麦看来，他为之效忠的"霍亨索伦王室也不过是来自施瓦本家族，这个家族并不比俾斯麦家族古老多少"。事实上，如果只是出于对那位警惕性颇高的妻子的钟爱，有时他自己也认为自己已皈依了。

俾斯麦在他各个生活阶段始终有着通常德国人性格中缺乏的那种内在安全感。德国人一则是想象力丰富，二则是精力充沛，这两者又往往相互矛盾，相互抵消。俾斯麦有点和伦勃朗相似，他在天资、成就和造诣的沉重负担下，很可能夭折。霍亨斯陶芬、腓特烈和查理五世处于至高无上的地位，无须听命于任何人，生活在一种统治者特有的安全感之中。华伦斯坦则生活在世俗的世界，他完全靠自己筑起了反帝王堡垒，以巩固自我安全感。路德在这一点上完全失败了，腓特烈大帝犹豫不决，一生中险境丛生。歌德和席勒，虽然他们两人的内心世界截然不同，但对自己有着充分的信心。俾斯麦在德国执政近30年，权力之大，很难有人可以与之相比。不过，俾斯麦面对的不是一个人，也不仅是一国的事务，不如说他是今天的墨索里尼：他面对的是一批拥护君主制度的人民和随时可以罢黜他而不会损及自己毫毛的国王。但俾斯麦既无军队，也没有政党作为他的后盾。

俾斯麦的内心安全感完全来自他自己的机智和聪慧。虽然他周围有上百名著名作家，而且这些人都是他的下属，但是关于俾斯麦的风度，德国文学最多只能写下实际情况的一半。在德国没有一个人能与俾斯麦的作为相比，其中包括路德、腓特烈和洪堡兄弟。假如仪表和风度能揭示一个人的性格的话，那么俾斯麦的仪表和风度能驳倒世界流传的一切关于他的传说。他既不爱自由也不喜欢别人强加在他身上的战争，因为这两者都可能成为他走上统治者道路的绊脚石，他爱的只是他自己发动并且能战胜对手的战争，他爱的只是摆脱异族桎梏而取得的自由。他大部分的成功归功于对人的了解和善于运筹帷幄。他是德国人中真正具有拉丁人的洞察力和机智敏捷的政治家。他的举止完全不像普鲁士人那样粗暴，但有时他也借助于普鲁士人的粗暴。他最大的乐趣是在巨大的政治棋盘上取胜，而他采取的手段之一就是战争。不过，俾斯麦并不是铁血首相，他是一位有着高尚情操和钢铁意志的人。

他的内心世界倾向于歌德和贝多芬，他还是一位伟大的莎士比亚和席勒专家。他虽才华横溢，愤世嫉俗，且善于分析，但他更是一个容易动感情的人。他比拿破仑更易于动感情和大发雷霆。这是俾斯麦承袭了德国人和容克地主个性的一面。容克地主这个阶层长期过着贫乏无聊的庄园生活，俾斯麦祖先的内心世界多少受到这种影响。奇怪的是俾斯麦的感情生活受其父亲的影响，而他对权力如饥似渴的追求则受其雄心勃勃的母亲的影响。在这个问题上，也有人持相反的看法。无论如何，在俾斯麦身上，不是德国人的性格，而是那种敢于冒险的性格促使他获得功绩。他说过："音乐总是唤起我心中两种截然不同的渴望，一是战争，另一则是田园般的宁静。"这位拜伦式的骑士整个无法无天的青年时代都是在打猎、香槟美酒、热恋订婚和债务逼身中度过的，这一切表明了他追逐目标的双重性。即使到了晚年，尽管政务繁忙，他还要用上几个小时，在大自然中度过。这些留恋于隐居的生活表现是德国人个性在俾斯麦身上的体现。

随着他权力的不断增加，他的疑心以及自我中心的倾向也在不断发展。俾斯麦从来不能容忍他周围的人腐化堕落，他本人更不会亲自去干这些事。不过，他曾企图欺骗收税官，用国家的馈赠为自己购置庄园，他甚至为打胜仗而接受额外津贴，这在当时是英国人的习惯做法，在俾斯麦以前还没有一个普鲁士人这样做过。与此同时，他给下属极低微的工资。俾斯麦是个颇有心机的人，他的致富之道是将钱财交给普鲁士一个非常聪明的犹太人管理，允许这个犹太人投资，自行买卖。这个犹太人是银行家，他了解不少秘密，轻而易举地使自己的主人富裕起来，而他自己也跟着富裕起来。当时的独裁者大多是自己或由自己的亲信管账，可以想象这些人道德败坏到什么地步。

俾斯麦在青年时代倾向于建立共和国，但是他的家庭和传统，特别是他自己的内心世界，又使他放弃这个想法。他认为，德国人还没有成熟，建立共和国为时过早。他的这个观点，再加上他的年纪，就构成了他在争夺权力的最后决斗中不敢向人民发出呼吁的原因。他深知，德国人看不惯驱逐国王一事，他们期待的只是国王自愿逃亡。俾斯麦易于动怒，这一点使他有别于梅特涅和哈登堡，但他又易于转怒为喜，这一点又使他不同于施泰因。所有这一切都使俾斯麦得以成为一位强有力的政治家，他喜爱用“真实的政治”这个措辞，事实上即使省去“真实的”这几个字，也不会改变它真正的含义。俾斯麦从未说过现今经常引用的“强权胜于真理”这句话。不过，他确实接受包含这种意思的既成事实。出于他的阶级感情和他对人民的敌意，他不会愿意生活在今天这样没有法治的德国。

在俾斯麦玩弄政治权术，仇恨他人以及追逐权力的背后，人们可以看出德国人浮士德式的思想在他身上的影响。他时而也透露出内心的隐秘。在他已近暮年时，曾给姐妹写下这样一段话：“我目前担任的职务，使我难以悠闲自在，这种心情是我过去从未有过的。一个人不应该不停地驱使自己前进，寄希望于获得更好的地位。”这就是他热爱贝多芬、不喜欢莫扎特的原因。也正是出于这个原因，他说过，他宁愿告老还乡，带上几本歌德的著作，在一个沙漠孤岛上隐居。

具有德意志性格的大学生将会在俾斯麦身上看到他们危险而又美好的生活影子。

13
俾斯麦和他的国王——拉萨尔的出现

1862 年俾斯麦应召执政时，被卷进一场风暴旋涡之中。当时，普鲁士和奥地利之间的相互猜忌，比 50 年代有过之而无不及。威廉一世（1797—1888），这位具有浪漫主义色彩国王的弟弟于 1858 年成为普鲁士的执政者，他最初取代他脱离实际的哥哥而成为摄政王，而后继承了王位。当时威廉一世已年届六十，他对 1848 年革命所持的态度更为人民所痛恨，不过也正是由于这个态度，促使他和俾斯麦结合在一起。当时他满脑子想的是建立一支强大的军队。在意大利战争期间，他满怀爱国主义热情，反对法国，支持奥地利。但是，当他出任联军司令时，维也纳又倾向于媾和，将伦巴第拱手让给德国的对手。正是柏林失望的时刻给威廉提供了宣扬改革军队的机会。他要求拨出巨款，加强军队，而议会中的自由派只允准拨出他所要求的半数款项，而且有附带条件。他发表的登基咨文又加强了议会反对派的地位，于是，国王召回驻巴黎大使俾斯麦，由他主持内阁。

这两个人都很有勇气，不过由于年龄相差 20 多岁，使两个人之间的关系像是父子。他们之间的区别在于步调不一。甚至在今天看来，这对君臣之间的第一次冲突看起来像是国王与王储之间的激烈争吵。两个人的道德基础也是不同的。威廉是位虔诚的基督徒。当他的新首相暗示有必要发动一场战争征服石勒苏益格时，国王说：“我没有权利这样做。”一个世纪以前，奥地利女王玛丽亚·特蕾西亚对她儿子说的也是这句话。不过，后来每当国王取得一次胜利，他总是感到自己只是军人，只是征服者，不得不受到首相的约束。每当双方矛盾僵持时，国王总是按照军人传统行事，宣布退位。国王有着骑士的风度，头脑简单，而俾斯麦狡猾无情，机灵敏锐。国王一生从没有在重要问题上提出自己的意见，只有在可数的三四小时内，俾斯麦需要用诡计或佯装辞职才能取胜于他。俾斯麦后来说：“他是踩着我的肩膀，由我扶持才走向帝王宝座的。”

此时，民族主义思想在欧洲已是风起云涌。拿破仑的侄子发动政变，取得王位。看来，法国将再度强盛，给德国带来新的威胁。俾斯麦看到局势逐渐成熟，但进展缓慢，暂时寻求同法国的友谊。在普鲁士，俾斯麦直到1860年以后才获得影响力。容克地主在上议院再度取得势力，而下议院议员则由公民选举产生，但公民的选票数由本人财富多少而定，一位百万富翁可以保证一个议员的当选，而其他议员往往要得到5万名工人的选票才能当选。这一做法直到1918年才被废止。

这个警察国家到处布满特务和告密者，重新建立了腓特烈大帝时的权势。传教士和教授被置于监视之下，有那么几个容克地主甚至公开叫嚷“科学应倒退回去！”当时的情况和今天相当类似，只不过当时还没有集中营和刽子手而已。

俾斯麦掌握政权以后，首先要控制那些日益狂妄自信、阻碍他前进的资产阶级反派。自由派中间阶层的领导往往来自受开明哲学启发的法学家或其他学者，或来自科学界，如菲尔绍，他们感情真挚，勇气十足，和法兰克福议会代表一样，敢于向国王陈说真情。他们自己并不富有，但认为财产是不可侵犯的，和新的共产主义理想格格不入。

当时的德国工人，仍然什么也没有得到，只不过有些表面的受教育权和领导权，他们很难走出第一步，将自己组织起来，因此只能由一位变节的平民领导。而这个应运而生的领袖就是斐迪南·拉萨尔（1825—1864）。

14
三位德国犹太人——海涅、马克思、拉萨尔——犹太爱国主义者

1850 年左右，除俾斯麦和叔本华以外，最聪明的三个德国人都是犹太人——海涅、马克思和拉萨尔。他们是独具一格的灿烂明星，在历史上可谓前无古人，后无来者。

这三个人相互了解，并且有一度相互非常尊重。他们都是中产阶层出身，来自莱茵州和西里西亚，青年时代受过基督教洗礼，内心尊奉犹太的风俗习惯，对外又多多少少地掩饰自己的内心感情。这三个人开始时都是哲学家，同时又都是从事创作的作家。不过和海涅的高水平相比，拉萨尔只不过写过一部可怜的有倾向的戏剧而已，马克思则在青年时代写过成卷的诗歌。拉萨尔和马克思与之打交道的，是赫拉克利特和伊壁鸠鲁等脱离人民、脱离政治的希腊人，而海涅从事的是将德国哲学介绍给法国。前两者是共产党人。海涅不断预言共产主义的到来，不过他本人也许并不期望共产主义的到来。海涅的著作最富有德意志风格，而马克思的文风则是字字斟酌，下笔有千钧之重。在这三个人之中，只有拉萨尔能言善辩，单凭这一点看，拉萨尔作为作家是非常危险的。海涅太过于唯美主义，影响他采取行动。当拉萨尔在巴黎拜访海涅时，海涅满怀羡慕心情看待年轻的拉萨尔。马克思对拉萨尔也多少有点羡慕，因为拉萨尔锋芒

毕露单枪匹马地投入了暴风雨般的斗争。而且恰好拉萨尔又是这三个人中唯一健康的人，经受得住逆境。

这三个犹太人都受到非闪米特女性的青睐。马克思在一生中只爱过他自己的夫人，一位德国的贵族女儿。拉萨尔和两位肤色白皙、满头金发的条顿贵族女人保持着友谊和恋情。甚至海涅，这位热恋过这么多女性的犹太人，从青年时代以后就似乎没有和一个犹太女人有关系。与此同时，却有两位风趣的犹太女人拉赫尔·莱温和多罗特娅·法伊特与纯德国血统的男人结婚。这两个种族相互吸引原也是自然的。即使在今天，这种结合也会产生积极的效果。

这三个著名思想家各自在不同的领域内从事对德意志国家的研究。海涅从巴黎发出警告性的批评，马克思是第一流政治理论家，拉萨尔既是战士又是领导人。这三个人都热爱德国，与其他德国思想家相比，对德国持较少的批判态度。我们摘录过二十余位德国大人物的评论，与之相比，这三个犹太人远不如他们严厉。尽管他们受迫害，受监禁，被逐出，他们仍然热爱德国，也许正因为他们热爱祖国，才一一遭到不幸。实际上，海涅和马克思一生中大部分时间是在国外度过的。海涅始终留恋着自己的祖国，他被迫背井离乡，也爱自己侨居的国家，这有点像歌德和许多热爱意大利的德国人，所不同的是后者只在意大利停留短暂时间后又回到了德国。

他们三个人可谓相互辉映，充分地显示了犹太人和德国人的品质和才能。他们似乎来自一个源泉，互有抱负，甚至对他们来说意味着危险的敏感都来源于共同的两种血液。海涅的感情更为细腻，善于自我克制，倾向于尊重他人。拉萨尔和马克思除了能容忍自己，不能容忍他人，正是由于这个原因，他们内部总是争吵不休。

这三个人的一生都在深刻思考自己的名誉这个主题。他们更为关切的确实不是在世之时，而是逝世后的未来世界。他们每一个人都享过盛誉，但是没有一个感到满足。如果他们追求的是幸福和财富，那么以他们惊人的智慧，要想成为罗斯柴尔德这样的富豪，本也是易如反掌的事。但是像马克思这样一位声名显赫的伟人，生活上却潦倒不堪，甚至在自己孩子夭逝后，连买棺材的钱也无法负担。这三个人都有着坚强的意志，善于控制自己的思想和感情。他们的父亲在这个世界上都是几乎被视为贱民的犹太人，可是这并不妨害他们跻身名人行列之中。当然，他们各自取得的声名在程度上是有所不同的。

一半是法国血统的海涅早就预感到，有朝一日他一定会成为德国诗人。如今，德国最脍炙人口的歌曲《罗蕾莱》正出自这位犹太人，这不啻是个辛辣的嘲弄！马克思最重要的著作在当时几乎没有发生什么作用，他只能寄希望于他的作品在以后几个世纪里产生影响。而拉萨尔这个人认为一切都是可能的，他曾对他的金发恋人预言，他将和她一起，作为德意志共和国总统夫妇，在四匹白马的簇拥下通过柏林勃兰登堡大门。这是闪族人的野心，还是德国人的想象？这是德国人的空想，还是犹太人的预言？可能拉萨尔比其他两个人更有天才，但他的意志最易于消沉。海涅终生献身于诗作，马克思从事了整个社会体系的研究，而拉萨尔喧嚣一时，最后竟出于神经质的虚荣心，在一场决斗中被一名小小的男爵打死。

马克思、恩格斯和拉萨尔并非出生于劳动人民的家庭，也没有和劳动人民一起生活过，这并不妨碍他们成为劳动人民的领导人，而且在当时没有比他们更受欢迎的领导人。曾被拉萨尔在一幕戏剧中比作自己的化身的胡登，以及不是农民出身的济金根都成了农民的领袖。不过，拉萨尔的梦想过于宏伟，在他的家族中多是浪漫的绅士。尽管他有着雄辩的天才，有着无可比拟的风度，足以使工人为之倾倒，但他对工人来说始终是局外人。就他的精神境界和相貌而言，他是葡萄牙犹太贵族的后裔，哲学家斯宾诺莎就出生于这个贵族家族。不过他头脑中装满的是如何攫取权力。在青年时代，他曾将犹太人团结在一起，正如后来他又试图将工人团结在一起一样。如果他能在世更长一些，也许会实现德国统一。这个人一旦成为最高领导人，也会和俾斯麦一样，用刀和剑将德国统一起来。在他撰写的剧本中，他崇尚的是用武力征服和取得权力；在他的言谈和书信中，他推崇普鲁士的权力，他痛恨奥地利比俾斯麦有过之而无不及。

甚至马克思，这位古典的世界主义者，也有着民族主义的情感。他对德国人的批评远没有达到歌德和尼采的水平。他认为，斯拉夫人应受德国人的教育，因为德国人拥有至高无上的文化，这句话甚至激怒了俄国的巴枯宁。而后来马克思成为斯拉夫人的师长，使他处于前人未能预料的地位，今天看来真富有极大的讽刺含义。和海涅一样，他始终思念着回到德国去，他的内心始终和德国紧密地连在一起。拉萨尔以过分夸大的言辞，表达了他对德国的仰慕。与歌德和亚历山大·冯·洪堡相比，这三位犹太人对自己祖国的依恋之情，远比后者更富有民族感情。我们可以通过这三个人看到，犹太人的解放始于拿破仑，结束于1848年，其结果对德国产生了积极的影响。这些新获得解放的犹太人的子孙更富有民族主义情感。他们的孙子一代在20世纪受到高等教育，有着雄心壮志，盼望成为德国高级官员，如有可能成为高级军官，则参加战斗，为祖国死在沙场上。

15

俾斯麦下棋——将奥地利排除在外——给俾斯麦准备的一颗子弹——尼科尔斯堡的和解

俾斯麦和拉萨尔似乎是天生的盟友，至少在1863到1864年冬天他们两人的意见是一致的。他们两人都反对奥地利，痛恨自由派。也正是拉萨尔第一次将工人组织起来。他们不信任容克地主，也痛恨中产阶级，他们要求组织工会，争取过分的权力。而且在做法上也有类似之处，他们两人都摆脱了阶级和偏见的束缚，相信权力，怀疑议会制度的作用。当时俾斯麦看到在他面前的鸿沟，准备和魔鬼共事。而寻求社会民主支持的拉萨尔，此时正处于新生事物诞生前的阵痛之中，也走上了这条道路。他们彼此都将对方看作魔鬼。

但是他们两人又相互为对方所迷惑。俾斯麦说过，他和拉萨尔私人接触不过几小时，这个人可以说是他遇到过的人中最有才智和最令人喜爱的人之一；而拉萨尔也写过好几封紧急的信，希冀和俾斯麦交好。当时，这两个人都还不甚引人注目，但是两个人又都互相赞扬对方。其中一个由于自己的出身和今后仕途的考虑，选择了国王，另一个则选择了百姓。他们之间的联盟是两个天才之间的联盟，不过这个联盟始终处于萌芽状态，后来也没有进一步发展。

两个人高矮一样，但一个粗壮，像他自己的那头猛犬，另一个则孱弱，像一条躯体细长善于赛跑的灵猩狗。两个人都有高度的文化修养，神经质，热情，都热爱普鲁士。因而他们互相视对方为对手，一旦结盟，就尽可能地欺骗对方。如果今天我们这个时代的两个独裁者也像他们两人那样有才能，我们就会惊讶地发现，今昔何其相似。在那个时候，很多事情都可能发生，甚至拉萨尔希望通过全民投票战胜俾斯麦的愿望也可能实现。而在 8 年之后，俾斯麦果然实行了全民投票。这两个人互相倾慕对方，他们之间的结盟只是由于拉萨尔过早逝世而未能实现。

自由中产阶级反对扩充军队和改革军队是权力问题在议会中的反映。1863 年由于丹麦国王继承问题，矛盾进一步尖锐化了。当时丹麦无视已签订的条约，企图吞并石勒苏益格，而石勒苏益格原先和丹麦之间纯为君王个人之间的联盟。1848 年整个德国民族主义情绪重新兴起，各邦国王和人民都积极要求将石勒苏益格和荷尔斯泰因纳入德意志邦联。俾斯麦出于普鲁士的利益，希望与奥地利暂时结成联盟，征服这两个邦。在普鲁士领导下，两个大国在杜佩尔和阿尔森（1864）取得了胜利。俾斯麦像是在下象棋，利用大国之间的矛盾。他向丹麦宣战，自然就缓和了奥地利的不信任和拿破仑的愤怒情绪，也缓和了德国公众舆论，特别是他自己国王的抵触情绪。直到石勒苏益格和荷尔斯泰因被征服，暂时成为两国的共同财产，这盘棋才算结束。俾斯麦为了实现自己的目的，需要一个国王。后来他说过：“我拴住奥古斯滕堡公爵[1]，让他像牛一样犁地，一旦它开始犁地，我就不用拴着他。”这句话生动地反映出俾斯麦的作风，也使这个大地主对国王的蔑视昭然若揭。

不过所有这一切仅仅是序幕，因为俾斯麦决心要将奥地利从德国排除出去。他毫不犹豫地将这 800 万德国人拒于德国国门之外，这是因为与其说俾斯麦是德国人，不如说他是普鲁士人，并且他也绝

---

[1] 奥古斯滕堡公爵为丹麦国王的爵衔。——编者注

不是什么欧洲人。在俾斯麦以前，梅特涅曾经企图作为欧洲人行事，但最终失败。如果说，梅特涅是因为推行大国平衡政策，从而为德国争取到较长期的和平而获得信任的话，那么俾斯麦也应获得同样的信任。梅特涅维持了 39 年的和平，而俾斯麦维持和平达 43 年之久。事实上，在这两位政治家下台后，和平还继续维持，前者继续了 16 年，后者继续了 24 年。在这期间不仅实现了休战，而且还改组了欧洲。

所谓“大德国解决方案”，是指这个德国应吸收所有德国人，这是当年在法兰克福的大人物所期望实现的目标。[1] 这一方案只有在哈布斯堡王朝分崩离析时，才有可能实现。而要做到这一点，就要彻底击败这个民族众多的国家，这在 1918 年以前始终没有做到。在 19 世纪，一个古代帝王能将这些小邦团结在一起，靠的不是统治者的智慧，而是他们的暴虐，更谈不上靠人民对王朝的拥护。如果俾斯麦能像后人要求的那样统一德国，他早就应该给予多瑙河沿岸 6 个不同民族以自由，建立 6 个国家，并且选举产生 6 位总统。但这在 1860 年为时尚早。

1866 年普鲁士因蓄意向奥地利挑起国内战争受到了谴责，它比 1740 年腓特烈大帝发动的战争更缺乏道义基础。这两次战争的目的都是为了加强普鲁士，不过腓特烈大帝要求的只是一个邦，而俾斯麦所要求的，则是建立一个几乎包括所有德国人在内的联盟。这个目的他达到了。

就事实而论，这场战争完全是他个人发起的，是他将这场战争强加在两国身上，因而他成了普鲁士最受人憎恨的人。俾斯麦使得所有力量联合起来反对他：自由派出于信念，工人为了团结一致，教士出于道德观念，王后由于害怕，王储出于挚爱和平，而国王则因

[1] 1848 年，德国曾在法兰克福举行国民议会，要求将所有德国人居住的土地统一为一个国家。——编者注

为他已经70岁。他们都反对这场战争。全国陷入一片惊慌混乱之中，臣民骚动不安，国库缺少经费。军人也不支持俾斯麦，只有少数将军，特别是一位非常诚挚、名为罗恩的将军。此外，俾斯麦曾获得拿破仑三世某种程度上的同情。他不久前拜谒过拿破仑，巧妙地争取到拿破仑的支持。支持俾斯麦的还有正处在成长过程中的年轻的意大利。俾斯麦设法和意大利签订了条约，要求意大利在普鲁士和奥地利开战之后，也向奥地利开战。此时，一切事情均依靠年已51岁、易于激动的俾斯麦，他经常发怒。一个5月的下午，在柏林菩提大街上，有个青年疾走趋前，走近俾斯麦身旁，在极近的距离内对他连发两枪。俾斯麦没有带武器，他身体很壮实，个性很强，从不要卫士或警察的保卫，在这个刺客还没有来得及发射第三枪时，他迅猛地将他手中的枪打落下来，使自己免于一死。有一颗子弹击中了他，可这就像通常赌博那样，竟然打在他富有弹性的肋骨上又弹了回来。全世界都为这次谋杀失败而惋惜不已。这颗子弹只要向一边移动小小一英寸，俾斯麦就会被打死，当然也就不会发动这场战争。正当俾斯麦这根胸腔肋骨遭到子弹击中后很快复原时，在伦敦的卡尔·马克思撰文指出，历史的进程完全是经济因素造成的。

不久后的6月，俾斯麦以奥地利不履行条约为借口出兵奥地利。在他发表最后通牒后，不发一枪就占领了一些小邦，如萨克森和黑森州的卡塞尔。普鲁士士兵的热情并不高，只是由于他们的勇敢和纪律性，也由于他们有骁勇善战的将军和新型改进的长枪，最终取得了胜利。大约在同时，从南部发起进攻的意大利人在库斯托札和利萨受到挫折。这场战争持续不过几周时间，在波希米亚的克尼格雷茨（萨多瓦）战役决定了这场战争的胜负。在这紧要关头，奥地利被打败了。部分原因是因为奥地利将军、意大利问题专家贝内德克并非出于自己的愿望而被派到波希米亚打仗。奥地利哈布斯堡王朝失败的另一原因，是因为奥地利的威信不高。战争的结果使奥地利在南部失去了威尼西亚。

普鲁士什么也没有失掉。正当普鲁士国王和将军为这场战争的胜利兴高采烈，企图乘胜直接向维也纳进军时，像巨人一般坚定挡住他们进军的正是发起这场战争的人。这些军人既无视战争带来的巨大毁坏，也看不到已经出现早期的霍乱，更看不清欧洲的形势。拿破仑已经一再警告，并且派特使去普鲁士司令部进行调停。俾斯麦清楚地意识到，他可以发动一场反法战争，也许他必须这样做，但现在为时过早，不能立即就干。他表示，节制是古代最崇尚的美德。他既不要被征服的敌人割让土地，也不要他们赔款，更不允许胜者进军维也纳，羞辱敌人。他认为，这种做法只能使仇恨永远存在下去。安抚昨日的敌人，以免明天他们去支持法国；联合高于征服，友谊胜于羞辱，这就是俾斯麦的目的。在尼科尔斯堡发生了激烈的争吵，当国王坚持要求惩处主要战犯时，俾斯麦显示出完美的历史伟人的风度，他说："对我们而言，现在不是去审判谁，而是推行德国的政策。此外，更应该受到谴责的不是为了生存而进行反普鲁士斗争的奥地利，而是进行这场反奥地利战争的我们。"

这时将军也开始仇恨俾斯麦。俾斯麦认为自己已是名誉扫地，他提出辞呈，准备去当一名军官。他很清楚，在国王心目中没有人可以取代他。不过他也知道，他和国王交往只有四年时间，他们之间的友谊还没有成熟，并且还有许多人逼迫国王罢免他。最后还是国王屈从了俾斯麦，此后国王在余生中一直信赖这位顾问。国王是通过发表一份令人难以理解的公告表示屈服的。后来他又对这份亲笔写的公告采取了蔑视的态度。

从此，俾斯麦联合被打败的奥地利，使它成为德国的一个组成部分。这时他达到了一生的顶峰，此后再也未能逾越这个高度。

16

德国反对建立自治政府——《埃姆斯密电》——1871 年的胜利——凡尔赛宫的加冕——阿尔萨斯－洛林

普鲁士获得了德国的领导权。此时，它又兼并汉诺威、黑森州和石勒苏益格－荷尔斯泰因，扩大了自己的版图。对年轻的德国贵族而言，这正是他们一向追求的理想，他们的祖先划地为界，拦路抢劫的封建贵族这样做过，他们的后裔纳粹政权也是如法炮制。这时，柏林宫廷的贵族军官各有打算，吞并黑森州以后，他们想使这个地方公国成为皇家酒窖。连掠夺成性的俾斯麦也不得不出来加以制止。在德意志邦联崩溃之后，俾斯麦终于建立了"北德联盟"（1867—1871），采用新的黑白红三色旗，这是普鲁士旗加上"汉萨同盟"的旗。由于有了这个新的称号，普鲁士在法兰克福国民议会的议席也有增加，而这个国民议会在作了若干条文修改后得以继续存在下去。普鲁士国王掌握了"主席团"，俾斯麦成为"首相"对北德国会负责。至于从邦联向联邦如何过渡，这个问题根本没有得到澄清。

这些变化导致德国建立了代议制的政府。因为在法兰克福国民议会暂时休会时，选举产生的北德国会允许部分德国人民行使权力，制止占用国家拨款，从而对其外交政策施加影响。战争与和平以及与外国结盟等事项完全成为担任议会主席的普鲁士国王的事。而在德国国会中，国家事务继续由德皇处理。俾斯麦为了加强自己的地位，玩弄花招，将内阁大臣会议主席和首相两职合而为一，由他本人担任。这是另一个一直沿袭到1918年的传统。俾斯麦希望自己负全责，将大臣们置于从属的地位，这就需要更大的控制。但是国民议会宪法不是自天而降由上帝恩赐的，而是通过人民投票产生的，因而人民对政府应有最后的监督权。可是在这个问题上，竟因230张反对票对仅有的53张赞成票而遭到否决。这件事发生在美国人和法国人决定自治的一个世纪以后，英国人决定自治的两个世纪以后。而在德国，直到半个世纪以后，即1918年，德国人民才开始有了自己的政府，而14年以后，他们又无可奈何地将这个权力交给了希特勒。

由于各个公国的新议会继续存在，因而在德国建立共和国之前，各个议会之间的竞争十分激烈。俾斯麦容忍这一切，不过是顺应时代的潮流而已。普鲁士内部存在两个议会之间的抗争并不是坏事，他认为，这种新形式最终会遭到人民的唾弃，就像一个刚进糕点店的学徒，先给他吃够甜食，吃腻了，也就不想再吃了。

随着战争的胜利，普鲁士本身的冲突没有多费周折就消失了。胜利对内部危机也产生了同样的作用，就好比生了孩子后，夫妇双方都满意了。俾斯麦机智敏锐，善于利用时机，又提出赔款问题。自由派分裂为二，大部分普鲁士公民被激发起民族主义情绪，转而倾向于政府。此时此刻，治理普鲁士并非难事。在德国，胜利总是削弱人们思考的能力。只有在少数社会民主党人身上还有新时代细微的迹象。只有少数专家觉察出，在此后的三年内，普鲁士内部正在兴起，而法国内部正在衰落。专制独裁在行将衰落的最后时刻，从表面上来看，似乎还富有生命力。然而它的内部早已腐朽不堪，顷刻之间，就会分崩离析。

关于普法战争历史（1870—1871），本来无须重述，只是人们不时以这场战争为例指责德国，对这一点需要加以修正。这场战争不是德国一手炮制的。

在这些年代里，俾斯麦确实一直在密切注视形势的变化，他希望出现一种形势，使他有可能取得或无须取得法国的认可而实现德国的统一。当时确实有一段时期，实现德国统一更大的障碍看上去不是来自拿破仑，而是来自德国的南部。普法战争是在巴黎策划的，这个朝廷之所以发动这场战争部分原因是出于傲慢，部分原因是出于害怕。他们感到自己的地位受到威胁，力图寻找解决的途径。皇后的野心、格拉蒙特公爵[1]的狂妄、皇帝的日益不得人心，简而言之，古代专制独裁统治的规律是：不管是停滞不前还是繁荣昌盛，只要他们没有新的作为，没有新的壮举，这个独裁专制政权就不能维持下去，这时他们就要挑起战争。这正是法国的敌人期望的，但敌人自己并不主动挑起，而是等待对方挑起这场战争。不论发生什么事，两国的人民均与之无关。

当西班牙王位继承问题的冲突日益尖锐时，俾斯麦起先屈服了。而当拿破仑的大使提高要价，以战争或者羞辱普鲁士为要挟时，则遭到了威廉国王的断然拒绝。这位老绅士是在四周一片水乡的埃姆斯疗养时收到法国的要求的，这只不过是傲慢的法国表示不耐烦的一个信号。国王给他在柏林的大臣发出加急电报，指示向所有的外国使节和新闻界公布这件事。国王的目的是要将法国的不合理要求公之于众。国王这一做法，无论从个人还是从政治观点上来看都无可非议。

《埃姆斯密电》有24行之多，文风沉闷，继承了两个世纪以来官僚文牍冗词赘语的传统，出自枢密院顾问之手。这是一份由国王的仆人发给大臣作新闻用的电报。成百份类似的电报由成百位大臣或秘书起草。俾斯麦肯定不能不加修改而予以发表。他将这份快报

[1] 格拉蒙特公爵为拿破仑三世的外交大臣。——编者注

删短为12行，有一处实际上是缓和了国王的语气，故意突出法国挑起战争的危险性，并且沿用了巴黎的语调。不论是作为政治家、军人还是文体家，他都有权力进行这一文字修饰工作。经过他修改过的《埃姆斯密电》经受得起任何宫廷、议会和历史学家的检验。

但是当拿破仑在不到几个星期内在色当战败被俘时，战争的政治目的发生了变化。有些社会党人对战争投过信任票，两票弃权。现在德国人要将这场反对年轻的法兰西共和国的战争继续进行下去，而社会党人反对提供新的贷款，反对在德国突然兴起的要求将阿尔萨斯和洛林攫为己有的运动。这时，只有德国人民自己才能迫使这场战争停下来，而由于不断的胜利，德国人民似乎乐于战争。

这一时刻，正是冯·毛奇将军这位有着一半丹麦血统的人充分显示才干的时机。他思想高尚，沉默寡言，具有诗意般的力量，在典型的普鲁士将军中，几乎是最孤立的人物。

在德国总参谋部军官中不乏这种例外。但是，他们即使庄重而有着高度文化教养，也难以摆脱普鲁士同行的传统束缚。毛奇将军说过，永久的和平不过是梦想，“甚至还不是一场美梦”。

俾斯麦的一生表明，他是一位富有建设性的政治家，从品质上来看，他不同于那些具有破坏性的继承人。在当时他更关心的不是法国的战败，而是德国的统一。在战争爆发的时刻，他成功地说服南部德国支持他，这甚至出乎他本人的意料。现在由不同血统的德国人组成的一支军队正在顺利地向前推进，他意识到时机已经到来，他要和人民并肩战斗，出其不意地提出统一德国计划，使德国国王也措手不及。他一手策划了德意志帝国的计划，就好像手艺娴熟的厨师，顷刻间就端出一盘炒鸡蛋。

他选择波旁王朝旧宫作为举行庄严加冕典礼的地方，甚至在签订停战命令和征服法国首都之前就选好了，这样做是有他的意图的。这一做法或许是有点出于诗人的灵感，但从政治家观点来看，肯定铸成了大错。四年前他拒绝进军维也纳，避免了一场同样性质的错误，而现在他却因指定凡尔赛宫作为加冕典礼的场所，招致每一个法国人数十年的愤然不满。这件事根本没有和德国人民商量过，因为德国国会代表团抵达总司令部绝不是为了将皇冠授予威廉国王，如 1849 年将皇冠授予威廉的兄弟那样，而只不过是为了声明他们同意各邦国王的决定。

威廉和他兄弟一样，本来不希望接见人民的代表，只是在俾斯麦压力之下不得已而为之。在凡尔赛宫举行加冕典礼时，没有普通的德国人。凡尔赛宫明镜大厅里站满军人，唯一不穿军服的是宫廷的传教士，他身着教士制服。

甚至各邦国王也不像绘画中显得那样高兴。巴伐利亚国王不得不根据俾斯麦来信的意见，将皇冠让给他多少有点仇恨的对手。王储们称整个过程是一场精心制造的混乱。而威廉愤然大怒，他并不希望“用普鲁士灿烂的王冠换取一顶污秽的皇冠”。当时他已 73 岁，在这一重大事件的前夕，如新娘出嫁前那样痛苦地大哭了一场。婚礼是被迫举行的，因而新娘究竟应该穿什么衣服，就成为争论的主题。国王不想成为德国人的皇帝，而要成为德国的皇帝，俾斯麦碍于法律，不同意这样做。这一点激怒了老国王，他从皇座走下来，在众目睽睽之下，走过俾斯麦身旁，连招呼也不打，就径直和将军以及各邦国王握手。早在 1000 年以前，卡尔大帝也是在内争纷乱中加冕的。

和约缔结以后，国王进行了报复。这一次，他和容克地主、将军们一起，压倒俾斯麦，取得了重大胜利。俾斯麦在对奥地利战争后，成功地取得了和解，没有兼并奥地利。这次他出于同一目的，主张用同样的方式对待法国，然而他失败了。

在此以前数年内，俾斯麦对阿尔萨斯和洛林根本没有什么打算。出自他手笔的文献和书信，从未提及吞并阿尔萨斯和洛林之事，但令人惊讶地出现了某些方面的内情。比较合理的解决方法应是让这两个地方独立和中立，至少要通过公民投票。但是现在德国将军们坚持认为，如果法国的防线从阿尔卑斯山一直延伸到大海，类似于现在的马其诺防线，而德国又没有一支海军作为平衡的力量，这对德国来说是不可克服的困难。德皇认为，阿尔萨斯的一角邻近德国腹地魏森堡，可以切断南德的通道。面对德皇的异议，特别是将军们胜利后的喜气洋洋以及德皇的威胁，俾斯麦让步了。可是德皇此时又感到他正受到第二次的欺骗。德皇的意图明显带有骑士的气概，他要重新征服过去祖先仅因一笔年俸而放弃让给“太阳王”的土地。

针对德国当时展开的激烈辩论，俾斯麦声称，不论他还是别人都不存在民族主义的幻想。他说：“将阿尔萨斯说成从前是德国的，这是教授们洋洋自得的见解。我们需要的是防守的碉堡……我认为拿下洛林的主张不可取，但是将军们认为，占取洛林的梅斯，相当于加强12万兵力，是必不可少的。”于是这一地区的200万人民，几乎有半世纪之久沦落在普鲁士铁蹄之下。他们的下层人民讲话含糊不清，混杂着两种语言。后来从1918到1940年，他们的日子也不好过。这两个大国竟然不能出于理智而让这一片地区独立。这一令人惭愧而难解的问题今天将再度出现。

17

教会反对俾斯麦——德国的富强——倍倍尔和李卜克内西的出现——俾斯麦要和平——他治理欧洲——专制独裁者

俾斯麦，这位容克地主、胜利者、反动派，转而倾向于自由派。从1871到1878年，他在自由派支持下，主宰德国国会。这个国会是旧的北德联盟议会，只不过由于增加了南部各邦而扩大了。这些自由派人士的确善于甜言蜜语。奥地利战争之后，最墨守成规的容克地主背离了俾斯麦，不久，他自己的阶级和家族的其他成员也起而追随容克地主。对他们而言，俾斯麦的权力太大，而且他还不是天主教徒。当时在柏林，区别一个人好坏的标志是他是否为天主教徒，一个真正的天主教徒。皇后本人最热衷于这一风尚。

建立帝国之后，俾斯麦旋即陷入与新成立的天主教党——中央党的严重冲突之中。这时，使德国中世纪充满铿锵声的亨利和格列高利的阴影在德国再度出现。但是这次却不是教皇声明教皇一贯正确。俾斯麦从不认为有人，包括他自己是一贯正确的，这种声明简直可笑。这场冲突也不是由于耶稣教徒要发动改革而产生的。这场冲突简单地说，就是因为俾斯麦是一个独裁者，他不能容忍在国内还有另一股势力存在，更不能容忍国际势力干预德国事务。此外，还有个人的宿怨。

温特霍斯特，即被兼并的汉诺威前大臣，与一位归尔甫党人（被罢黜的汉诺威国王的追随者）一起为反对普鲁士而战斗。温特霍斯特现在已成为天主教党的头子。这位态度粗暴、冷冰冰又极其机灵敏锐的人，可能是德国第一位也是最后一位议会雄辩家。开始，这场冲突十分平淡，主要目的是击垮持反对意见的传教士。但是，1874 年一个天主教狂热分子企图谋害俾斯麦事件后，冲突就尖锐化了。于是，政府将教区所属的学校均置于它监督之下；提倡民办婚礼；传教士的任命必须公布；移居、判刑等宗教法令在法律上均属无效，致使 1000 余传教士住所空无一人。采取这些措施的目的是鼓动人民的热情，特别是鼓动波兰和阿尔萨斯人民的热情，在这些地方德国政权和过去一样还是遭到反对。中央党在帝国议会中增加到 92 席。因为在德国，即使某个政党遭到非难，其议员仍可公开表示反对意见。

19 世纪 70 年代，德国国会成为全国讨论问题的新论坛。这是一个真正经过选举产生的德国人民代表机构，是进行政治教育的工具，这个制度在西方其他国家已有一两个世纪的历史，德国早就应该拥有这一工具。从这一时刻开始，也就是说，在过去 70 年来，德国人民开始参与治理国家，要对德国发生的任何一件事负责。阶级和偏见始终存在，而且一直存在到今天，不过这 70 年来，德国人民终于知道什么是投票箱，他们至少对历史承担了部分的责任。从此以后，德国人民干的事，特别是他们没有做到的事，并不仅仅说明国王和容克地主的性格，也说明了他们自己，德国人民的性格。

此时，杰出的思想家和战士在国会中兴起，正如每个时代一样，总是左派比右派多。像菲尔绍和里希特这种人出现了，他们是从事改革的继承人，出现了百家争鸣的时代，德意志精神第一次在国家机构中取得了发言权。一小部分具有高度教养的人士在右派行列里也涌现出来。

德国工业兴起后，经历了大危机中断时期，随后又出现了高涨局面。所谓“创业热”时期在德国是新的，也是短暂的，因为这种投机活动终究和德国人格格不入。仅仅1872年，在普鲁士就成立了大约500家企业，拥有15亿马克的资本额，这可谓是一件大事。在这个时期，出现了6家大银行，其中一家早在1851年就成立了。从1870到1890年，资本额的增长达到原先的3倍，这一事实表明，德国正在大力开拓商业经营活动。汉堡到美国的航线和北德伊利亚特航线，由两家大轮船公司经营，发展迅猛。从1850到1890年，德国人口由3000万增加到5000万。每个人都希望流入城市，1890年左右，已有一半德国人民是城市人口，到1895年只有不到19%的人从事农业生产。在德国以其他国家同等的速度发生这一变化的过程中，德国人的性格被破坏，德国的物质财富也被大大丰富。每个国家都需要大量人从事农业劳动，正如大风琴要为大合唱伴奏、农村要为喧闹的城市服务一样。不过德国离开土地的步子更快一些，更热情一些，更彻底一些。当然在农村所谓的德国人的不安全感要少一些，在城市，这种不安全感肯定在增长。德国生活水平的提高是和代议制政府的发展同时并进的。在议会中，城市人口具有更多属于自己同一阶层的代表为自己的利益服务，农村人口则没有这种可能。其结果是他们之间的鸿沟比其他国家更大。

在城市也开始出现劳资之间的利益冲突。拉萨尔死后，社会民主党发生了分裂。首先在北德议会中投弃权票，后来又在对法战争期间发言支持法国自由的两位社会主义者，一个是倍倍尔，一个是李卜克内西。

倍倍尔是进入德国公众生活的第一位工人，他出现得比较晚是因为当时德国没有爆发革命。具有象征意义的是他作为一个士兵的儿子、一个监狱看守的继子，从孩童时代就目睹德国人的残酷。他是拉萨尔曾经非常希望成为而未能成为的人民的人。但他的影响始终未能超出他所属的政党范围。具有更为重要意义的则是李卜克内西。他出身书香门第，一生清白，情操高尚，孜孜不倦，看来他是条顿人最卓越的代表。他是路德的后裔，在他一张年轻时的肖像中，他身穿自由军团军装，从外形看并不像路德，但可以看出他是一个改革家。他是大学生协会成员，在学生时代就梦想侨居在共产党人聚居的威斯康星州。他是那些在1848年起义后没有去成美国的一批人中的一个，他先被判处徒刑，后被赦免。

1869年这两个人，一个木匠和一个政客在爱森纳赫建立了社会民主工人党。它最初的宗旨是仿效瑞士，至少是苏黎世的模式制定宪法，要求建立民兵，实现普遍的公民投票权以及新闻自由，其最终目标是建立共和国。他们两个人被判处轻刑，被监禁在碉堡里，度过了两个欢乐的年头。倍倍尔本来家境贫困，疾病又摧毁了他的健康，只是由于政府的花费，他才得以养精蓄锐，向李卜克内西学习语言、历史和许多他缺乏的知识。他们两个人像济金根和胡登一样，在监狱中，长者教，幼者学；也许这是座令人愉快的碉堡，和古代骑士城堡中的花园也相差无几。

容克地主和自由派之间，自由派和工人之间，教会和国家之间在议会中相互斗争，并且以相当正常的方式持续了七年。

与此同时，法国的神职人员和文人鼓吹要复仇。在巴黎，代表斯特拉斯堡的雕像被蒙上一层灰布罩。在教堂中，人们祈祷要收回失去的省份。看来，三个天主教强国结盟反对新生的德国是可能的。全世界都不信任俾斯麦，这个人在六年之内发动了三场战争。维多利亚女王将他比作新的拿破仑。巴尔干骚乱的加剧又为他们提供了动手的借口。看来所有的情况均在推动俾斯麦再次向孱弱的法兰西进军。毛奇将军麾下有着精兵良将，他预计在1876年开战。今天有些历史学家责备俾斯麦犯了一个错误，没有在当时摧毁法国。

但是俾斯麦没有动摇，他维持欧洲和平达20年之久。如果他热衷于新的荣誉和攫取新的领土，他原本可以在19世纪70年代缔造一个他在德国历史书上看到过的世界强国，至少可以尝试一下，但是他始终没有动手，甚至没有进行恫吓。

1878年他改变了德国政策的路线。他曾引退在家数月，专事攻读经济学，时年62岁。他再度出山后，力主推行保护性的关税制。他和教皇庇护九世交好，长期以来反对天主教的斗争停了下来，矛盾的双方没有一方成为胜利者。俾斯麦已经转而反对自由派，现在又反对社会主义者。他利用两次刺杀德皇事件作为行动的借口。其中一次，这位八九十岁的老人遭受重伤。另一次看来与俄国的虚无主义者有关，而俾斯麦却把这件事算在与此事毫无关系的德国社会主义者头上。德皇和首相这两个人的脾气很怪，由于凶手没有用枪弹，而是用猎枪像打兔子一样朝德皇开了一枪，对这一点，他们两人大为恼火。俾斯麦迁怒于社会党，只是因为它已拥有150万张选票，出版有200余份报纸，这个党实际上是无辜的。俾斯麦转而伙同保守分子提出针对社会主义者的紧急立法。

人们往往以越来越大的兴趣注视伟大人物的晚年。因为这时他们已积累了丰富的经验，智慧和才干也达到顶点。耶稣虽死得较早，但他在临死前也成熟了。拿破仑只是在圣赫勒拿岛上居住时生命才达到巅峰，歌德在晚年和浮士德一样有了真知灼见，而贝多芬则以他的《第九交响曲》达到了音乐创作高峰，伦勃朗和提香最后的作品成为人类神圣的财富。但是俾斯麦和克伦威尔、路德、梅特涅一样，随着年事日迈，每况愈下，当然原因是多方面的。

在外交方面，他在担任首相的20年内，不愧是一名能手。1878年解决巴尔干问题的柏林会议后，德国自维也纳会议以来，第一次处于欧洲的关键地位。这在柏林和普鲁士历史上还是前所未有的。与法国的关系也日益密切，而且自从俾斯麦在同一时间内和俄国、奥地利缔结全面条约以后，这些国家可能结成联盟，对付新德意志帝国这个一直到晚年还缠绕着他的噩梦终于消失了。

俾斯麦完成德国统一大业20年后的基本思想，主要出于对德国地理位置的考虑。他认为，德国地处东西方交界，和邻国有漫长的边界，处于腹背受敌的地位，能攻难守。唯有拥有一支强大的陆军才能避免在两条战线上作战的危险。只有具备了像北美那样的地理位置的国家，才能以海军取代陆军。对俾斯麦来说，在海外占据地盘和拥有一支庞大的海军在当时看来是危险的。德国人在指导管理方面并无才能，英国也绝不可能作出让步，听任一个军事大国在海军力量方面与英国并驾齐驱。和俄国以及奥地利结盟，与法国交好，不参与或少参与大陆以外的争夺，在俾斯麦看来是对帝国安全最好的保证。出于这一原因，他最初不支持任何谋求殖民地的意图，后来他的支持也是有限的。卡尔·彼得斯、吕德里茨和韦尔曼是当时开拓殖民地的先驱人物。直到19世纪80年代中期以后，他才不再抵制而采取稳重的殖民政策。

因而可以说，俾斯麦的外交政策在最初的20年内，并不具有帝国主义特性，甚至可以说，具有反帝国主义的性质。

但是在国内事务上，俾斯麦缺少对人民和时机的了解。他很后悔允诺人民有普遍选举权，认为这是他一生中犯下的最大错误。他希望通过制定三项帝国法律先发制人，对付社会主义者的宣传。他推行医疗、劳动保险和老年退休保险体制，强制工人参加这些保险，以保护工人不受雇主之害。这是最早的改革，之后经过不断修正，实际上各国都接受了这种方式。美国直到50年后，才接受这个基本原则。

与此同时，甚至更早一些时间，他颁布紧急立法，以反对社会主义者的阴谋为借口，查禁1300多家报刊，将900多名工人领袖放逐到国外，1500名工人领袖被投入监狱，给大量工人领袖家庭造成不幸，因而俾斯麦遭到广大群众的痛恨。他既是独裁者又是改革者，这是典型的德国人形象。他想将社会正义和暴力糅合在一起，他甚至诡辩说，在他统治的地方，采取这些措施是基于道义的考虑。尽管他查禁了政党，整肃了舆论，防范了某种思想，可是他的这些做法，却为欧洲上百个正在变化的政府，甚至为他今天的后继人提供了模仿的样板。

他最后失败了，这毫不奇怪，因为所有这一切正是他犯下的最大错误。

18

军人的胜利——尼采论新德国——叔本华和黑格尔——三位音乐家——反艺术的帝国——反精神文明的俾斯麦

“俾斯麦使德国伟大了，而使德国人渺小了”，他手下的一位大使写下的这句话惊人地刻画出俾斯麦和德国人的真实性格。

19 世纪 70 和 80 年代德国统一后，德国人发现自己置身于新富裕起来人民的行列之中。他们经历了长时期的失败和艰难处境，突然醒来，受到无数人的注目，但这并不是由于他们自己的功劳而是由于处境顺利。他们的艰苦劳动，孜孜不倦的奋斗和永不满足的活力，所有这一切赢得了外界的承认，但只是作为个人，而不是作为德国公民。由于德国知识分子的领袖无一不屈服于统治者，德国公民作为自己国家的成员，从来也不能为自己的祖国感到自豪。直到 30 年代的战争以前，德意志帝国还十分强大，不过支持它的不是平民百姓，而是贵族。平民兴起后，德意志帝国一落千丈，衰弱破落，而组成帝国的各个部分依然掌握在各邦国王和容克地主手中。在这个世纪初，父子两代流血牺牲，没有赢得解放。经过斗争，他们没有得到本来允诺给他们的权力。第一部虚伪宪法的制定，不仅伤害也侮辱了德国人民。他们没有找到奋起反抗的力量，他们曾经这么干过，但很快遭到了失败。

但是现在已是1871年，帝国不仅几乎在一夜之间重新统一起来，而且战胜了著名的法国军队，取得辉煌胜利，声威大震。仅在这时，德国人才第一次通过现代公正的选举法，得到参政的机会。本来这是人民穿上军装，通过斗争争取到的权利。可是除少数地方外，人民还不习惯享受这种权利。国家的统一，帝国的兴起，财富的积累，外国的尊重，这一切看来好像完全是炫耀武力的结果，而事实上也确实如此。

一个始终处于统治和发号施令地位的阶级，必然得不到人民的尊敬和仿效，现在人民开始看透了这个阶级。在腓特烈大帝统治下，每一个少尉都是容克地主，即使在解放战争中，至少每个将军也是容克地主。但是实行普遍兵役制后，在时代精神的影响下，俾斯麦在三次战争中不得不允许平民老百姓进入这一身着戎装的禁区。其结果是大大地加强了民族自信心，这是非常合乎自然规律的。

几个世纪以来，德国一直被肢解，现在首次取得世界性的成功，随之而来的是德国人令人不愉快的一面也展现在全世界面前，他们在开始时表现出来的狂妄自负要比实际情况严重。当这种狂妄自大经过一两代人传承已经变成德国人一成不变的性格时，当新的德国人已经给外界留下了不良印象时，德国人感到自己受到更大的损害，抱怨整个世界未能正确认识他们，而这进一步激起他们的狂妄自大和沾沾自喜，引起全世界越来越大的反感，今天人们几乎完全看不到德国人的美德。

敏锐的观察家不久即看到了其内在的原因。尼采，这位除歌德以外，对德国人认识最为深刻的人，早在19世纪70年代就用下面这段话描绘了新德国人的思想状态：

> 在整个欧洲，人们恐怕难以找到更令人反感的语调了。这种语调冷淡，无情，简直是漫不经心的嘲笑。而现在这种语调

对德国人来说却是文雅的。我可以听到青年军官、教员、妇女和商人毫不犹疑地用这种文雅的语调讲话。确实连小女孩也在模仿这种军官讲话用的德语，因为这是军官，普鲁士军官发明的讲话语调。这位军官，作为一名军人，是这一行的专家，具有老练的机智，令人钦佩，所有的德国人，甚至包括教授和作曲家可能都得向他学习。但是一旦他开口或行动，又会成为古老欧洲讲话最刺耳、行动最鲁莽冒失的家伙，毫无疑问，他自己也没有意识到。即使有教养的德国人也没有意识到这一点，因为他们仰慕军官，而军官是为社会定下基调的领导人，那还能模仿谁。

这就是实际上发生的事。首先是下士和中士模仿这种语调，讲起话来粗声粗气。听听那些大声叫喊的司令官，实质上是他们包围了城市，在各个城门外面操兵练马。从这些大声吼叫中，人们可以感到，他们是何等傲慢、粗暴和冷酷。

德国是真正的音乐之国吗？只要听听他们讲话的声音，就能无可置疑地说，这个国家越来越军事化。他们一旦习惯于用军人腔调讲话，到头来在他们写文章时，也是军人腔调十足。某些习惯甚至对一个人的性格也产生深刻影响，一个人一旦习惯于用某些字句，最后甚至思考起来也是用这种语调。

新觉醒起来的市民的野心只能破坏德国人的精神生活。正是这个原因，几个世纪以来，思想教育未能在国家和精神之间取得平衡。过去的规律是国家和精神只能相互抵触，而不能相互支持。即使在俾斯麦权盛一时的时代，也只能导致德国天才的衰落。

在本世纪帝国统一之前，伟大的思想家和富有创造力的艺术家人才辈出。在绘画艺术领域，16世纪产生过许多艺术大师，而现在出现了三个世纪的巨大空白。这一领域早已让法国一执牛耳。在19

世纪三四名突出的画家中，只有门采尔通过描绘腓特烈大帝时代和这个国家保持某些联系。马雷斯、费尔巴哈和勃克林继续走罗马的老路，他们的作品大部分出于意大利。在这一世纪里，简直没有一个雕塑家或建筑师的影响能超越这个国家的国界或超越这个时代。

新帝国是紧跟在德国哲学和音乐时代之后出现的，但新帝国既不重视哲学也不重视音乐。叔本华在1810到1820年的青年时代写下了两部最重要的作品，此时俾斯麦刚刚诞生。不幸的是叔本华在德国历史上所占的地位很成问题。他的祖父母是荷兰人，他的双亲对普鲁士人深恶痛绝。当但泽市落入普鲁士人手中时，他们携带五岁的幼子离乡他去。但是叔本华所受的教育和语言是纯德国的，因为他富有文学修养的母亲在魏玛度过晚年，叔本华在那里受到歌德巨大的鼓励，这对他的命运产生深刻的影响。他和他不共戴天的仇敌黑格尔同时以两种截然不同的倾向征服了这个世界，直到今天，依然对人类思想体系具有决定性的影响。他们的成就是德意志思想精神的财富。这两个德国人以及尼采的哲学，为19世纪开拓了新的重要道路。

黑格尔为新的社会制度奠定了基础。他和叔本华一样，既是哲学的奠基人，又是艺术的奠基人。只是其中一个人的德文非常艰涩难懂，而另一个人写得一手好德文，远远超过以往任何德国思想家。叔本华追随歌德的文风，将天生的直觉和细致的观察，创造性和科学，信念和认知结合在一起。他的父亲很明智，让他通过旅行和学习语言，摆脱国界的限制。在他几乎默默无闻地居住在法兰克福的30年内，大部分时间在国外旅游，或去雅典、伦敦，或到喜马拉雅山脚下。因此，他对德国人的看法和歌德以及其他人一样，他曾经这样描绘过德国人：办事效率高，显然是在政府的驱使下办事；与之相比，法国人举止庄严，有着丰富经验。法国人善于了解大自然，探索自然发展的道路，而不是生硬地改变自然的规律。出生于这个国家，应是多么幸福啊！

贝多芬之后出现过三位伟大音乐家，一位是奥地利人，一位是萨克森人，一位是犹太人。他们也是在俾斯麦之前创作了伟大作品，那时德国还没有统一。三位音乐家都在青年时夭折，他们与国家政权毫无关系，但与德国人有很深刻的渊源。

卡尔·马利亚·冯·韦伯出生于江湖医生家庭，自封为贵族，他创作的浪漫主义歌剧表现了德国人的巨大天才，没有任何其他德国作曲家能将如此悦耳动听而又雄浑刚劲的乐曲倾注入德国人的心坎。韦伯的乐曲富有浪漫主义色彩，刻画森林和矮人、水妖和巫人、月光和幽默的恶作剧，而莫扎特的歌剧都是以地中海人民为背景的。如果说，德国的一切文化都给湮没了，只有韦伯的三部序曲和《邀舞》留下来了，那么几千年后，发现者肯定会得出这样的结论，即这支被湮没的民族一定很迷人。

舒曼几乎被法国人看作是自己国家的作曲家，但他创作的歌词内容表明他事实上是一个地道的德国人。特别是他根据艾辛多夫的诗谱写的曲子，对其他国家来说，有如欧洲人听阿拉伯音乐一样陌生。他和韦伯一样，谱写的乐章中有德国的森林、打猎、号角和其他等等。舒曼和韦伯不同，韦伯身患肺病，在作曲中有着激昂的情绪，而舒曼更为忧郁。他被称为贝多芬的最后一位门徒，这对两者都是不公正的。如果将他的前人贝多芬和后人勃拉姆斯加在一起，那么他兼有这两个人的长处。

门德尔松是位音乐王国的优雅王子，也正是由于这个原因而没有受到专家的信任。他将德国人和犹太人的精神融为一体，使其达到最完善的境界，他比斯宾诺莎和海涅更为成功。这位哲学家的孙子，受教育于才华焕发的父亲。当时在1820年左右，他父亲的家是柏林名流和风雅女人幽会的场所。他的艺术生涯轻松愉快，最初是作为神童，后来又作为钢琴家和作曲家遨游欧洲各国首都。他比莫扎特幸福。他13岁时在歌德家中，阅读字迹模糊、难以辨认的贝多芬手稿，演奏贝多芬的作品；后来他娴熟地与歌德共同演奏，使八九十岁的歌德为之倾倒。歌德听了门德尔松如怨如诉的钢琴演奏，黯然神伤。这是德国历史上最伟大的时刻，因为此时此刻，这位来自地中海的年轻征服者，把歌德和贝多芬融为一体，三个人都受到德国思想精神的熏陶。

门德尔松在17岁还是大学生时，写下了《仲夏夜之梦》序曲，剧中的一个仙女调皮捣蛋，使他的思想中了魔法，而另一个仙女使他心动。这个犹太小伙子演奏这些描绘水妖、天仙的旋律使德国人韦伯受到启发，他采用同样的主题，写下了《奥伯龙》一剧。他们的祖先都在这块土地上生息，他们刻画了反映这个国家本质的自然环境，因而他们创作的音乐作品几乎一模一样，甚至他们自己有时也相互混淆，难分彼此。新帝国的兴起，丝毫无助于音乐王国的发展。勃拉姆斯诞生在一个偏僻的角落里："汉萨同盟"的诞生地汉堡。不过他和奥地利教员的儿子布鲁克纳一样，生活在远离帝国的维也纳。他一辈子始终认为自己是属于南方的。对这个帝国的一切，他总是格格不入。

在帝国内，单调的写实主义风行一时。少数学者十分出色，不过他们年华已逝，如本生、基尔霍夫、赫尔姆霍茨和菲尔绍等人。这些人日后在柏林，以他们的才智而名扬四海，而俾斯麦对他们竟一无所知。最卓越的作家，无论是凯勒还是冯塔纳都从未见到过俾斯麦。冯塔纳是半个德国人，出身于胡格诺派家庭，是他留下了对普鲁士容克地主最好的描绘。格里尔帕策和黑贝尔孤零零地住在怀有敌意的维也纳。凯勒和布尔克哈特两个人都是瑞士人，他们对普鲁士的风气都深恶痛绝；而布尔克哈特，这位最伟大的德语历史学家，早在这个帝国鼎盛一时的时候，就已预言它将分崩离析。

俾斯麦这个最有权势的德国人，尽管他本人知识渊博，有着比国王和王室更高的文化教养，但他的家很空虚，文化界的人士很少会去拜访，这表明俾斯麦憎恨和人接触，而且越到晚年越为严重。他渴望权力到了疯狂的地步，以至于他先是没有时间，后来有了时间但仍没有情绪阅读和倾听一切与政治无关的事。归根结底，他憎恨这个世界的一切，他爱的只有树木、动物和妻子。以前他非常欣赏贝多芬，但是因为听音乐使他太激动，他又放弃了音乐。

在他的那个时代，还有两位具有重大意义的人物，俾斯麦对其中一人是一无所知，而对另一个人又不欣赏。这两个人就是尼采和瓦格纳。

19

瓦格纳的出现——瓦格纳的听众——歪曲德国的传说——舞台上的天才——他的魔力——勃拉姆斯的出现——施特劳斯和奥芬巴赫

在所有富有创造力的德国人中，理查德·瓦格纳（1813—1883）是最危险的人物。正是他造成了很多的混乱，今天德国的情绪确实源出于他。

现在全世界谴责当前的德国制度，将其归罪于尼采，而真正要负责任的实际上应该是瓦格纳。希特勒成为瓦格纳的信徒绝非偶然。外部世界很不了解这一点，法国人因为欢喜瓦格纳的歌剧，因而也将德国的危险带进了法国。非德国的国家只关心音乐，而没有看到音乐主题和内容象征的含义，这一点一直到今天都有影响。

瓦格纳的音乐对民族和国家的独立作出的贡献流芳百世。他发现了谱写管弦乐和声乐的新领域，为整整一代人开拓了新的道路。他发现和创造的音色和其细微的差别，为前人所不知，使后人难忘。而且他善于运用戏剧效果，这也是前人没有做过的。

此外，瓦格纳追求的是突出“艺术的整体”效果，这在当时早已为人们所摒弃。不过，瓦格纳仍不失为艺术史上变态的天才人物，其地位不逊于意大利雕刻家和建筑家贝尼尼或美国作家埃德加·爱伦·坡。

瓦格纳的激情感染力很强，给群众，特别是德国群众留下了深刻印象。他写下了十部诗篇，孜孜以求用古代悲剧哲理给人们以深刻的教育，而后他也是抱着同样的目的撰写歌剧。如果仅仅将他看作纯粹的音乐家，那是贬低了他。他既无意跻身德国作曲家的行列，也不知道正是他天才的性格造成了他的孤立。他不仅和七位大师很疏远，对浪漫主义派也很冷淡，同代作曲家勃拉姆斯也不重视他。不过由于后来的人大大不如他，这倒使他的创作天才显得很突出。在戏剧方面，他作为克鲁克纳和韦伯合适的后继者，成了后起之辈的导师。

戏剧是现实的幻想，这句话包含着瓦格纳的美德和他的危险性。他是德国第一个善于发掘演员的人，而且自从他拥有推荐演员的权力以后，他的做法完全不同于前人，因而使德国的这一做法充分发展。他的作品从来不是纯音乐的创作，而像渗入美酒一样使人陶醉，因而那些对美酒一无所知的人特别欢喜他的音乐。他的作品在音乐欣赏能力不强的国家，甚至要早于德国更为人们所喜爱。最初对瓦格纳作品感兴趣的往往是与纯音乐无关的人。瓦格纳的音乐非常易懂，因为它表现方式多样，情节紧张。他的歌剧易于为人们所接受，因为当人们对音乐感到厌烦时，可以看到动人的演出。甚至连每个孩子都能欣赏他的作品，因为当歌唱演员不能表达某一主题含义时，孩子们却能从剧情猜出其内容。有些人不能记住莫扎特的咏叹调，也记不住贝多芬四重奏的变调，却能毫无困难地记住所谓“不朽的旋律”，它使那些没有旋律的歌剧唱词生动了，活泼了。歌剧中有三分之一是表演，三分之一是舞蹈，这足以使那些心不在焉的观众接受另外三分之一的音乐。

尼采称瓦格纳为“德国式混乱的天才”，这一仓促中作出的断言，充分表明了尼采把瓦格纳的弱点系统化了。由于瓦格纳不擅长旋律，而精于交响乐，他对那些自己能做到的旧歌剧的“保留剧目”不屑一顾。由于他是一个沉迷于性事的小个子男人，他总是将条顿的上帝和英雄描绘成性欲旺盛的巨人。根据他的自述，他的一生始终处于欣喜若狂和挫折沮丧之间的痛苦状态，用他自己的话来说，他不得不使出很大的力量“强迫自己振作起来”，将每件事都看作是幸福的，他将德国传说中的中世纪骑士和女人，变成他自己的类型和同时代带有神经质的男男女女，以引起观众的兴趣，并使观众感到这些舞台上的角色同他们是接近的。

那么到哪里去找自己的观众呢？瓦格纳从未赢得德国杰出人物的欣赏，也没有得到德国广大群众的喜爱。与他同时代的德国最优秀、最有创造力的艺术家以及善于发现天才的人们一致反对他，而当时只有法国文学界人士，多是一些颓废的人，给他抹上一层抒情的色彩。而在另一方面，擅长音乐的德国人民在瓦格纳时期和这以后，继续迷恋着教堂音乐和室内乐。时至今日，他们还依然如此。在瓦格纳歌剧作品中，他们最能接受的是最初的三部浪漫主义歌剧，因为这几部歌剧使他们回忆起韦伯的作品。当争论和流行一时的作品消逝以后，无论知识分子、作曲家和人民都不再去歌剧院。在瓦格纳自己看来比较好的后期作品，也没有一部能像《费加罗的婚礼》《魔笛》和《自由射手》那样吸引德国人。瓦格纳歌剧的观众是小资产阶级，希特勒号召的对象也是这些小资产阶级，当然也包括资产阶级。瓦格纳和希特勒的个性很相似，两者都是十足的狂热分子，同时又都是狡猾的演员。此外，还需指出，所有将瓦格纳说成半个犹太人的企图，都无充分根据，必须加以驳斥。

在德国人性格中，一切最初的向往总是不明确的，他们有野心却没有把握，像淤泥一样，两个世纪以来沉积在河床上，遇有强劲的风暴就翻滚起来。它给瓦格纳这个资产阶级分子带来了深刻的影响。路德的心理状态十分骚动不安，希特勒也是如此，他们两人确实都以变态心理来发泄自己。瓦格纳能够控制自己，因为他是一名作曲家和演员，可以找到各种方式发泄自己内心的紊乱和不安。路德渴望树立牢固的信念，他试图通过祷告加以实现。瓦格纳的一生都是为了争取生存，他通过歌剧中的英雄，特别是女性英雄获得了这方面的力量。如果说瓦格纳塑造的女性揭示的正是艺术家本人的心灵，那么在他笔下的女性，总是残酷和易于冲动，而且总是充满炽烈的感情。

瓦格纳并不比路德、腓特烈大帝更能保持自己内心的和谐，这就是为什么这三个人要比歌德更受德国人欢迎。因为德国人只有生活在没有完工的拱门下时，才能感到像住在家中一样舒坦。他们不喜欢完整性，而在生活中，他们喜欢的也是未完成的事业。体现这一特性的最高形式是浮士德，最低形式则为阿尔贝里希和提督瑞尔等人。

与此同时，瓦格纳在德国资产阶级中唤起的是神经质的性欲狂和出自本能的权力欲。因而瓦格纳不断给俾斯麦写信，《尼伯龙根的指环》一剧和德意志帝国同时诞生并不令人意外。瓦格纳接受一切能让他成功的思想，抛弃一切阻碍他的东西。自从瓦格纳从革命者变成国王的朋友，从反德国的人变成爱国者，从享乐主义者变成悲观主义者之后，他就准备好了，而且以后他也确实如此做的，成为当时唯一愿意和俾斯麦以及新帝国走同一条路的德国艺术家。

瓦格纳为了在歌词和音乐中表达自己的个性，不惜歪曲德国的传说。现在的德国人并不了解这一情况，在他们还没有看到舞台上演出由黑贝尔改编的《尼伯龙根的指环》以前，他们甚至不愿意承认这一事实。在传说中的乱伦、失败、个人的暴力都被夸大，并且用音乐表达出来，用喊叫和咒骂延长剧情，在《费德里奥》和《唐璜》两部歌剧中只有很少几个悲剧性片断才采用这一手法。至于剧情，他所做的只是汲取了传说中他自己喜欢的部分。剧中充满了在财富和性欲引诱下对权力的贪婪。因而在瓦格纳的歌剧中，德国观众看到的是残暴凶杀和无辜不幸交织在一起，让人感到不协调。

《尼伯龙根的指环》一剧最重要的作用在于它显示了统治世界的意愿，而且仅仅用四个不同的主题旋律表达出来。他将这些主题旋律和拯救灵魂的旋律强行糅合在一起，这一过程只有几分钟时间，通过一段朦胧难解的音乐，瓦格纳为了将观众带入一种神秘入迷的境界中去，粗暴地破坏了德国语言。没有一个非德国人能理解这意味着什么，因为他们看到的瓦格纳歌词只是凑凑合合的译文。

瓦格纳粗暴地破坏这种严谨的语言，其严重程度没有一个人能比得上。德国的诗人和作家对瓦格纳的作品嗤之以鼻，经常模仿成滑稽剧加以捉弄。但是德国的市民对瓦格纳越来越心醉神迷，因为他能以德国的方式理解德国古老传说的深刻内容，而且用简练明了的语言表达出来。瓦格纳试图用头韵掩盖他抒情部分的弱点，往往和他试图将剧中引起观众同情的歌词提高到纯抒情诗的高度一样，使人感到荒谬可笑。他在《纽伦堡名歌手》中瓦尔特的《晨曦之梦的隐喻》一段唱词，就是以这种方式处理的。如果将瓦格纳的散文诗和希特勒的散文诗相比，这绝不是对瓦格纳的侮辱。

受诱惑的是青年人。在《女武神》一剧的开端设有长篇的独白，使观众有时间注意舞台的道具。这段唱词有五分钟之久，这时年轻的德国人将一支剑刺入一棵枯树的树干，接着从舞台上方闪出光芒万丈，英雄将剑从树干中拔出，伴随这一动作的是响声直入云霄的C大调和弦，以象征性手法崇尚匕首和手枪。新德国典型的戏剧表演手法，壮观的行列，包括今天的列队行进，旗帜飘扬，华丽的场面，都源于瓦格纳的作品，从《罗恩格林》到《圣杯骑士》都是如此。

从统治世界的诱人幻想，对童贞肉欲的梦幻和瓦尔克利斯屈服于充沛的精力，还有嘶叫的野马，熊熊燃烧的顶峰，黄金、利剑和鲜血作为悲剧结局最后的点缀，这一切构成了德国人梦想的全部内容。上帝不仅以肉体的形式在舞台上出现，而且最后在昏暗的暮色中消失，而英雄也往往因灵魂的极度不安而夭折，这一切都表现了浪漫主义的德国人对死亡的颂扬。他们认为，即使英雄和上帝，也要遭受命运的坎坷。

瓦格纳往往用动作和唱词作为网络，把音乐交织在这张网络上。除了序曲和齐格弗里德的叙事诗，他从来也没有创作过没有歌词的音乐，他留给后人的48首悦耳的乐曲，是他没有发表过的作品。他将这些乐曲编入《帕西法尔乐谱集》中，奉献给他妻子，作为永别的纪念。此时，他已精疲力竭，厌倦了一切。

作为一名全心全意的演员，他需要一面镜子，即使这面镜子只是用歌词构成的；作为一名戏剧导演，他需要节日般的舞台、庆祝的场面和空前动人的故事情节。瓦格纳关于舞台的艺术以及他那大吹大擂的本领，为今天的德国统治者树立了一个榜样，这位统治者凭借自己手中的权力，成千倍地扩大了瓦格纳的行为。瓦格纳不倦地一再重复坚持一个主题的做法，希特勒则把它用于自己的讲话及著作中，认为这是使人相信任何事件的最好方法，即使是谎言，说上一千遍也就成了事实。

瓦格纳对德国的音乐界从来没有形成威胁，但在音乐领域之外，他毒化了这个国家的生活。他任意篡改古老的传说，醉心于复仇、暴力以及统治世界；他颂扬神经质，描写色情狂，一再呼吁生存，证实了这个民族的弱点。他精力充沛，足以扼杀整整一代人的创造性生活。直到1910年他的魔力消失之前，他的影响波及更低更广泛的阶层。[1]瓦格纳的主题旋律产生听觉效果，瓦格纳的歌剧演出产生视觉效果。他们能通过音乐会、游行集会或朗诵，通过画报或用瓦格纳的名字，通过条顿复兴宗教，间接地听到瓦格纳的声音。当鲁登道夫将军创建新条顿异教时，可能他根本没有读过有关条顿族异教的原始材料，

[1] 1913年我在《瓦格纳，或幻想破灭者》一书中就探讨过这一问题。——原注

只是看过瓦格纳的歌剧《莱茵的黄金》和《众神的黄昏》而已。

另一方面，勃拉姆斯的创作时期和瓦格纳属于同一时期，他代表的是另一个新德国。他不是生于普鲁士，而是生于“汉萨同盟”的汉堡，他将贝多芬看作他永远的理想人物。虽然他和贝多芬一样，早在30岁时就离开了自己的故乡，始终孤寂地栖居在维也纳，但在他的音乐中仍然渗透着北方的传统。在他的和声中，波浪滔天，汹涌澎湃，那是波罗的海连绵不断的层层激浪。这位典型的德国作曲家提醒人们，德国也面向大海。

勃拉姆斯是最后一位娴熟于各种形式纯音乐的作曲家。他一方面继承了贝多芬的传统，另一方面又继承了舒曼的传统。他是最后一位保持着伟大风格的作曲家，他没有在和他同时代而且比他获得更大成就的瓦格纳面前衰落下去，而赛萨尔·弗兰克就是在这种威风面前屈服了。勃拉姆斯是音乐史上一个次要人物，他更多的是实行者而不是开拓者。他在音乐上是一个终止符，而瓦格纳标志着一个新的开端。

在那些年代中，拜罗伊特纯音乐、德国的传说和审美观，犹如在《众神的黄昏》巨大的薪木堆上燃起熊熊的烈火和冉冉升起的刺激性的浓烟，此时有两位德国作曲家，分别在巴黎和维也纳点燃起两股轻盈透明的火焰。

奥芬巴赫只能算作四分之一的德国人，因为他生为犹太人，并在巴黎接受了大部分的教育。而约翰·施特劳斯，就出身而言，则比瓦格纳更算是一个德国人，至于他的非婚生父亲一事至今仍未能澄清。

在当时如有人敢预言施特劳斯的轻歌剧日后会享有如此盛名，必然会遭到可悲而又自负的瓦格纳派的嘲笑。但是《蝙蝠》一剧对德国人性格的描绘，和《汤豪舍》一剧竟如此相似，甚至在有一点上完全可以类比；听一下《汤豪舍》第一幕狂饮闹宴的一段，再听一下《蝙蝠》第二幕饮酒作乐的一段，就可以发现两段交响合唱表达了在同样梦境气氛下节日的色情氛围。只是维纳斯山上耽于淫欲的森林之神和山林水仙要比维也纳舞会上的绅士和女士更能放肆表达淫欲的冲动。而且主题始终是同一的，音乐舞蹈激起了情欲，100 对寻欢作乐的男女在自我陶醉。

这两位作曲家采取的描写德国人吟咏爱情的合唱形式，对当时的世界来说是非常新颖的。他们两人对歌剧的影响延续至今，他们的华尔兹对舞会也产生了强烈影响。他们刺激着每一位观众，使他们心情亢奋。但是这种世俗的音乐对不同性格的德国人可能产生极其不同的效果。易于激动的北德人会为维纳斯山上的嘹亮歌声而兴奋不已，而从容不迫的南德人听了之后会更为温柔和善。日耳曼人想象中的爱情，或是像条顿人施暴于处女布伦希尔德，或是像维纳斯暖室中的行欢作乐。施特劳斯的爱情节奏轻松微妙，不同于瓦格纳宣扬的强有力的性欲。两人的传统均存在于德国，由于他们两人在同一时期兴起，并达到如此尽善尽美的程度，他们的音乐征服了整个世界，几乎在一个世纪内，没有一个人能凌驾于他们之上。

施特劳斯的父亲在维也纳曾沿着舒伯特的足迹前进，其子的音乐风行全世界，而瓦格纳带来的却是危险。在这两个人中，一个人的音乐似乎离不开当代社会，通过他的音乐使世界了解德国，使每个人充满欢乐；而另一个人通过他的音乐，使德国又回到古代条顿族的野蛮状态。

20

尼采之对于德国——尼采论德国人——尼采论犹太人——文体学家尼采

面对遥远彼岸的歌德的光芒，尼采的思想光芒从德国领土的这一端照耀了德国整个世纪。没有一个人能像他那样巍然耸立，没有人能像他的光束那样，越过海洋照射得如此遥远。尼采（1844—1900）的思想精神不同于瓦格纳，形成得比较晚，比较慢，因为思想不能通过耳目感观，而是必须通过头脑才能理解。他之不朽，不仅仅在于他的创作范围，而在于他的思想范围。

尼采使所有今天认为自己是德国权力继承者的人得到拯救。由于全世界都认为今天眼前所发生的一切应该由尼采负责，因此我们也必须把他和这些人列在一起，虽然实际上他不应该得到这样的对待。为了自卫，我们被迫起来维护反对当今潮流的伟大精神，并且直接详尽地引用他的言论。

希特勒运动的结果，使他为此应付出的比他计划给予它的多得多。一切今天被称为“元首的训谕”的内容，如超人、繁殖高级人种、培育精华人物、抛弃有病机体，等等，均可在尼采的著作中找到，而且也是纳粹的目标。两人都主张优生学，反基督、反民主。但是尼采和希特勒是有区别的，这表现在如何把这种理论运用于德国人，特别是今天的德国人身上。

由于尼采在希特勒自称是他弟子的30年前就去世了，因此我们只能迂回地证明，他对纳粹主义是否定的。他对日耳曼人的看法，他对种族的看法、他的整个态度，是直接反对新帝国的。

尼采，这个浪漫派、哲学家、历史学家，发现自己的很多思想在马基雅维利和种族理论家戈宾诺那里早就有了。他决定以十分清晰的论点和自己特有的风格，把它们提高到一个崭新的高度。帝国成立时，他风华正茂，刚30岁出头。祖国获得了统一和胜利，梦想变成了事实，或至少接近了这个事实，除了使人感到可以庆祝，还有什么可以给出更多解释的呢?

但是这个国家后来发生的一切使他产生了厌恶情绪，因为他非但没有看到思想精神的发展，反而看到了这个国家的无上权威。尼采与歌德一样对拿破仑抱有热情，他责备德国人破坏了拿破仑的欧洲计划；他不喜欢俾斯麦，特别反对把德国置于俾斯麦的领导之下。

他在1870年12月写道："为了我们的信念，有多少敌人现在正从这次战争沾满鲜血的土地上成长起来！在这方面我等待着更坏的结果，虽然我相信，在过度的苦难和无处不在的恐怖中，知识的夜花将得到盛开。"不久他又写道："我对这个德国再也没有任何尊重之情了，不管它像豪猪那样架了多少武器朝向外界。它代表了德国精神最愚蠢和虚假的方面……我决不原谅任何向这种现象妥协的人。"

假如尼采对新帝国怀有如此敌视的感情，并公正地谴责它不重视思想精神，那么我们可以想象，他对那个由自称是野蛮主义者、公开摒弃思想精神的人领导的社会，以及手执长柄镰刀镇压正义却认为只不过是在扫除几根杂草的俾斯麦是何等愤慨！

现在让我们来听听尼采是如何抨击讨论德国人这一主题的。关于德国和种族问题，与其他问题一样，尼采20年后仍不改初衷。我们发现，所有德国思想家在批评他们的祖国时，都比别的国家尖锐，但尼采在表明自己的观点时比任何人更为明确，比歌德更为激烈，因为他那个时代的德国所取得的成功，为他提供了更多的反对材料。现仅举少数例子：

当我试图设想一个在各方面我都不喜欢的人时，这个人总会是德国人。我受不了这种总是让你感到不能与其为伍的人，这种人不能区别细微的感情，没有感觉。德国人对自己的邪恶毫无意识，而这恰恰是最邪恶的部分。……请问，为什么德国高于一切，难道它希望和代表着某些比世界上其他任何国家更有价值的东西吗？……我感到北德附近的奴隶应该获得解放，那是一个黑色的大陆。……条顿的定义是：服从加两条长腿。……

德国人所做的一切总是徒劳的。改革运动、莱布尼茨、康德以及所谓的德国哲学家、解放战争、帝国——每次争取某些已经存在或无法恢复的东西的斗争，总是不成功。我承认，这些德国人是我的敌人。我对他们的胆怯和懦弱，不敢给予明确肯定的回敬，对这些思想价值概念的模糊十分瞧不起。1000年来他们把所接触过的东西弄得混乱模糊不堪。……

一个生活在德国人之中的人，若能在他们之中找到一个人能远离理想主义的自我欺骗和盲目——这些是德国人喜爱且视其为美德的特质——那便可以说是十分幸运了。……这里的人脾气温顺，一些小小的愉快就不能自制，经常淫荡于梦际，希望能摆脱他们生来就十分清醒的头脑和服从职责的天性，至少在剧院中能做到这一点，他们互相妒忌却又深深地自我满足。……德国人是一个危险的民族，他们懂得如何陶醉。……所有真正的条顿人都到国外去了。目前的德国是前斯拉夫时期，正在为走向泛斯拉夫欧洲做准备。

这段话难道不足以被视作末日终结时的预言吗？但是至今仍然有人认为种族论是尼采发明的。如果尼采确实不喜欢德国人，难道尼采就连赞扬这个种族纯粹性的话也没有说过吗？

> 在今天种族混杂十分严重的欧洲，提出一个人的血统不会混入婆罗洲人的血液这一假设的人是何等无知与愚蠢。种族越混杂，人们会发现那里的文化越发达。我的原则是：绝不要和具有这种错误种族观点的人打交道。……一个民族可以混杂和混乱得十分严重，甚至可以想象混有前雅利安人的成分。作为中间状态的民族来说，在各个方面，德国人与其他民族比起来，总是最难理解、自相矛盾、靠不住、出人意料和令人可怕的。他们逃避明确的界限，仅此一条就会使法国人绝望。……外国人对他们天生的矛盾性格和因此而构成的神秘感到既惊讶又好奇。本性温顺却又邪恶，这两种个性的并列对任何国家来说都是矛盾的。……德国人的内心是病态的。就像所有的慢性病患者，所有的消化不良症患者都趋向于安逸的生活一样，德国人也喜欢“坦率和单纯”。做一个坦率和单纯的人多方便啊！

这些就是尼采关于德国人和种族的思想。的确，具有这种思想和感情的人是无法与俾斯麦或瓦格纳合得来的。开始他确实试图使自己适应瓦格纳，瓦格纳也确实称他为唯一完全了解自己的人。尼采离开瓦格纳是早在他生病以前，完全是在他健康时发生的，他认为瓦格纳是一个患有疾病并需要克服的人；尼采在这里并不单指瓦格纳，而是泛指德国人。他与瓦格纳的整个斗争是反对德国人的斗争。

既然有人说尼采是反犹太主义者，那么请不妨看看他下列文章片断：

> 能与一个犹太人接触是一种愉快，特别是当你生活在德国人中间的时候。……毫无疑问，犹太人是目前生活在欧洲最健壮、最坚强、最纯洁的民族。……犹太人，如果他们愿意，他们确实现在就可在欧洲获得真正的优势，这是很清楚的，但他们并不在向这个目标奋斗，这同样也是很清楚的。……反犹太往往是那些低劣、妒忌、怯弱的人的表现；现在加入这个行列的人,在他内心一定带有这种群氓意识。……现在他们年复一年、锲而不舍地与欧洲最优秀的贵族通婚，他们将很快在精神与体魄上继承优秀的遗产。100年后，他们看上去将是十足的贵族，不会因为出身低微而羞于成为优秀者。……然后他们将会成为欧洲的开拓者。

的确，在优秀气质方面尼采也是一个德国人，这就是说一个浪漫主义作家也具有严肃的思想，一个哲学家也能创作音乐。他与瓦格纳的不同在于他的鲜明性和内心的安全感，他用不着矫揉造作，他的内心相当平衡，这是地中海地区人民的特征，这位伟大的德国人也把那里看作自己灵魂的家园。

关于俾斯麦，尼采只有一鳞半爪的印象，因为那个时候关于俾斯麦的个人材料完全没有公开。他对俾斯麦的了解就像马基雅维利之了解恺撒·博尔吉亚。俾斯麦不就是一个独裁者吗？他是人民的敌人，他十分强有力，这难道不是很清楚吗？尼采只看到俾斯麦否定思想精神政策的结果。尼采反对德国人成为世界使命的肩负者，没有一个德国思想家希望德国成为世界统治者，或者认为他们有能力完成这个使命，甚至俾斯麦也不这样认为。这样想的人一定是个无知的疯子，也只有希特勒分子才相信这一点。

尼采和俾斯麦几乎同时从舞台上消失，一个病了，一个退休了；而且两个人又都在10年以后去世。两人身后一度都没有子弟。如果俾斯麦晚年身体允许，继续叱咤风云，他也许会引起尼采的强烈兴趣。这是德国历史特有的镜头，两个在同一时代强烈关心德国人的人却互不认识，这是因为一个属于国家政治，另一个属于思想精神，这两股力量在德国各行其是，似乎中间隔了一道玻璃墙，可见而不可及。

尼采是这个世纪继瓦尔特·封·德尔·弗格尔瓦伊德、路德、歌德之后又一名伟大的文体学家。歌德为德文引进了罗马字母，尼采则为其引进了拉丁发音法，对德文语言都作出了贡献。他像一只海鹰，无论在高山或海洋上都希望翱翔至最高点，引颈高歌，让全世界都听到他的声音。他飞越过本世纪，在全新的起点上迎来了新的世纪。

21

威廉二世的出现——开端——罢黜俾斯麦——威廉二世

俾斯麦的结局是在意料之中的。如果他由于疾病或死亡而退出公职，他的形象将不如现在这么突出。事实上是两股完全不同的势力——一股来自上面的统治者，一股来自下面的部分人民——联合在一起，将俾斯麦推翻的。

在他治理国家的最后10年中，他成了彻头彻尾愤世嫉俗的人，连最熟悉的老朋友也不信任，他在晚年只和美国朋友莫特利交往，这个人是他在大学时结交的。他毫无理由地阻挠了儿子的恋爱，迫使他与一个美国犹太人的孙女、波希米亚的女伯爵结了婚。这样，他终于在老年实现了他早期表示过的，一个德国贵族最好与犹太女人结合的主张。然而俾斯麦家族终于迅速衰落了。他的愤世嫉俗达到了无以复加的地步，已经几乎没有人能感到他是真正热爱德国。他和国王一样，在任何情况下，都坚持声称自己是一个普鲁士人。

他继续镇压社会党人。他迫使成千上万的波兰人沿着东部边界迁移出去。他不顾国会的反对，对宪法置若罔闻，一意孤行，实行独裁。只有在外交领域，他仍然是一名老手。他对德国无意成为世界强国采取默认的态度，将一切爆发新战争的根源扼杀于襁褓之中。在他离开之前，德国始终没有成为所谓的“帝国”。

俾斯麦作为独裁者依靠的是他的主子，但是即使到了皇帝的晚年，君臣关系已成为一种形式时，他们之间关系的维持实际上还是因为威廉的年龄。一位年届八九十岁的国王已不会再考虑摆脱自己的旧臣，就像一个年老的丈夫已不会再想休掉自己的妻子一样。这就是为什么直到威廉皇帝殁于 91 岁时，这种形势才发生变化。而情况发生更彻底的变化则是在他病魔缠身的儿子称帝仅 100 天旋即去世以后，当时新的继承人年仅 28 岁。

客观地讲，威廉二世（1888—1918 年在位）采取反对俾斯麦的第一步并非全然错误。如果他后来的表现能证明他的价值，历史也许会赞扬他。但他执政后的政策表明，他和他的浪漫主义先辈一样敌视人民，与腓特烈・威廉四世最初也踌躇不决地采取了一些自由化步骤一样，威廉和大多数王储一样，在对待国家事务上轻率从事，以为只要态度和蔼可亲就可以解决社会问题。他用阿谀奉承和许愿允诺麻痹德国工人的斗志，只会促使俾斯麦采取更强硬的态度。俾斯麦决定利用某种借口或者用政变方式剥夺工人的公民权，驱赶他们上街，迫使他们造反，然后加以镇压。1890 年 2 月的选举中，这两个人的做法都是错误的。威廉的虚假改革，俾斯麦的威胁，这两手的结果是使赤色分子增加了 150 万张选票和 35 个席位。这是全世界工人政党首次取得的伟大胜利。

威廉从登基的第一天开始就期望摆脱俾斯麦，这时他将一切罪责归咎于俾斯麦，采取非常粗暴的方式罢黜这位先统治普鲁士而后统治德国达 28 年之久的老臣，甚至不让他有充裕的时间收拾自己的东西。威廉的目的是缓和群众的舆论。所有的政党都为终于排除了这一大障碍而欢欣鼓舞，但是他们又感到内疚，于是他们采取浪漫主义的态度，将俾斯麦偶像化，说这样的人现在却被如此粗暴地赶出内阁。

但是仅有少数人认识到罢黜俾斯麦给帝国外交政策带来的剧变。

1890年3月期间的剧变,重新决定了今后相当长一个时期的德国命运,在策动世界大战方面也起了作用。

20年来,俾斯麦深刻感受到了德国所处的地理环境带来的威胁,因而力图通过结盟保卫这个国家。奥地利被排斥出帝国后,对德国的宿怨再度滋长。奥地利青年提出要为萨多瓦复仇,对玛丽亚·特蕾西亚和腓特烈的回忆逐渐被对梅特涅的怀念所代替。和奥地利的友谊并无保证,这个国家和匈牙利联合,生活在德国之外,统治的是奥匈王朝。和它的友谊是一把双刃刀剑,奥地利所有的盟国现在都同时和8个国家结着盟。对奥地利友谊的离心倾向可能对波兰人、丹麦人和现在已并入德国的阿尔萨斯人产生消极的影响。

法国在建立第三共和国以后的情况也是一样不稳定,法国的复仇主义情绪促使大臣们谋求建立反德联盟。和德国并无任何实际冲突的英国,很难回避俾斯麦组成联盟的建议。1888年,俾斯麦根据这个设想致函索利斯伯里伯爵。

在这动荡不安的欧洲国家关系中,德国只能向一个国家寻求友谊,只能和俄罗斯结成联盟。这两个国家和两国国王之间保持着传统的友谊。俄国农民处于半农奴的地位,缺乏民众的代表,这正是俾斯麦所希望的,他喜欢的正是和一个能独立行事的沙皇打交道。因而他着手建立一整套狡诈的缔约体系:和奥地利、意大利建立三国联盟,与此同时,又和俄国缔结了《再保险条约》。俾斯麦称,这是一场玩5个球的游戏。

而这时来了个年轻的皇帝,他要求每做一件事都与以前的做法有所不同,当然是要求比以前干得更好一些。在威廉和俾斯麦的最后斗争中,由于俾斯麦注意到沙皇的某些评语落入威廉耳中,终于使俾斯麦大大地触怒了皇帝——沙皇的评语称威廉是一个脱离实际、怀有恶意和没有教养的人。王室的少数官僚长期以来就希望俾斯麦下台,他们在获悉沙皇评语的第二天,就向皇帝递呈一份陈腐不堪的报告，称俄国军队正在沿着边界调动。正在此时，俄国内阁大臣舒瓦洛夫为两国条约延期事宜抵达柏林。这个条约刚刚满期，条约通常以三年为期，而它是以六年为期，俄国拟将它转为长期性的条约。皇帝企图以事实上并不存在的战争危险，来证明打击俾斯麦是合理的。新的阿谀奉承者纷至沓来，他们竭尽全力指责俾斯麦。德皇拒绝条约延期，并在同一天要求俾斯麦提出辞呈，这就为自己既向俾斯麦也向沙皇报了仇。

和今天的德国一样，德皇这一动机之所以能得逞是由于国家的命运操纵在帝国和少数独裁者手里，他们总是关起门来，由两三个人决定国家大事。德皇的这一做法立即影响到世界历史的进程。沙皇突然感到他在欧洲受到孤立，他尽管憎恶法国人，可是在一年之后即 1891 年，还是和法兰西共和国签订了第一个协议，这一协议导致了后来俄国和法国的结盟。

德意志帝国的安全已岌岌可危。从今以后 20 年，德国总参谋部不得不为两线作战做好准备工作，而俾斯麦曾经防止出现这种局面达 20 年之久。当时德国没有任何理由不延长和俄国的结盟，如果俾斯麦在位的话，一定会使联盟继续下去，德国也不会腹背受敌、两线作战。德国如果和俄国结盟，十之八九会在世界大战中获胜，而俄国革命也不会爆发，至少不会在当时爆发。

这位年轻的皇帝在埋葬了这一切的可能性后，在 19 世纪末面临的问题是他究竟需要多大的天才和热情来治理这个国家。德国皇帝仍然是一个彻头彻尾的独裁者，在战争与和平问题上，他可以不受任何约束，自行作出决定。如果他是一位天才，这本是个可以充分发挥并证明他才智的时机。如果他比较谦虚，他可以像自己的祖父那样允许别人出来治理国家大事。

由于他既非前者，也非后者，而恰恰是有着德国人神经质性格的歇斯底里的继承人，他总是要求别人对他作出高于他本人水平的评价。由于他是这一种类型的人，德意志帝国虽经重重苦难得以建立，又付出艰辛代价，谨小慎微地加以治理，但也注定要夭折。因为这个帝国的君主不仅思想离奇，而且矫揉造作。

第五卷

衰　落

从威廉二世到希特勒
（1890—1940）

也许需要几个世纪，才能使高尚的精神和高度的文化深入到我们同胞的心中……因为我们每个人都可以说，长期以来他们始终处于野蛮和愚昧状态之中。

——歌德

1

世界反对德国——德国廉价的工业——工人和士兵——法德备忘录——德国的运动员

欧洲的和平持续了40年之久。在这个大陆上，五大国并存，相互合作，时而为盟国，时而为对手，但是没有一个国家能剥夺其他国家的发展机会。“大国”这个词和人们讲到“第一流旅馆”一样，并没有严谨的含义。欧洲当时的“大国”也可以说包括第六个国家意大利在内。人人都知道，意大利和其他国家相比还算不上是一个“大国”。甚至在地道的大国中，有两个国家尽管都有强大的军队，但是否能真正称得上大国也殊属问题，这就是俄国和奥匈帝国。这两个君主政体的国家在同一朝代下已统治达数个世纪之久，了解情况的人都知道，这两个国家已经衰微败落，俄国由于社会问题而分裂，奥匈帝国则因民族问题而分裂。在这个新世纪中，到处都提倡两个一致的要求：给穷人即大多数人以平等权利，给生活在外国统治下的少数民族以平等权利。而这两个国家却置若罔闻。

从1871到1911年，和平遭到破坏，除了一半在亚洲的俄国和土耳其发生过战争，在欧洲没有开过一枪。在文明古国的大陆上，既没有家破也无人亡，但是有两件事对欧洲各国国内形势产生了深刻的影响。这个世纪末，英国在南非打仗，但运气不好，南非这样一个小农国家的人民第一次向世界显示，在一个没有交通通道的国家，能够坚持反抗强大的帝国主义。全世界数以百万计的旁观者都对看来一度扮演压迫者的英国不满。不久以后,俄国在对日战争中被打败,信誉扫地。欧洲亲眼看到,美国和日本这两大新的世界强国正在兴起,而且在本世纪初开始理解,今后的战争将再次演变成像17世纪那样的世界大战,而且规模要大得多。

大约在1910年,世界对欧洲的舆论已发生变化。英国由于主动将重大的特权让给战败的布尔人,其道义的威信得到恢复。俄国的威信也得到了恢复,这是由于它成立了第一个虚假的代议制民众政府,而且沙皇在战争爆发前还提出过真诚的和平倡议,这一点在他在位时一直对他很有利。与此同时,世界舆论从支持德国转变为支持法国。

最主要的原因是害怕德国这一巨人的兴起。其二则是因为对德国人的高傲自大不满。看来,歌德对我们这一时代早已有了预感,他曾经写过下述一段话:

> 德国人的生活和感情是出名的枯燥无味,他们阴郁寡欢,毫无机智。他们在私人关系中也感觉迟钝,特别是他们生性妒忌心重,行动鬼祟,这一切都使和德国人共同生活的人们深受其害……而现在这种极度的动乱不安,这种对成就和利润的追逐,对机遇的过高估计,更是使德国人坏上加坏。人们不得不愤然认为,德国人所有这些精神上的恶习和弱点,只能掩盖一时,而不能永远根治。

在威廉二世统治下,皇帝本人和国民已养成习惯的讲话语气,德国人在世界各国旅游时的那种神情,刺耳的喧笑声,尖刻的讲话声,挑衅性的玩笑,也许没有什么比这一切更能损害德国人的形象了。各国旅游者总是带着尊敬却冷淡的心情参观柏林,而带着友好景仰的心情参观巴黎。在柏林，他们看到的是艰苦工作的人民，和纽约一样忙忙碌碌和急功近利；而在巴黎，他们看到的则是生气勃勃而且富裕的人民。他们本能地感到长此以往，平静的局面难以维持。在德国，人口在增加；在法国，人口却在减少。在德国，一切井然有序、准时，而这两个优点法国都没有。在德国，人人服从，在法国无人服从。在德国，军队士气高涨，显然是已做好出击的准备；而在法国，军队人数不多，主要是为了防卫。德国的戏刚刚演到第二幕，而法国已进入第四幕。

有谁能拒绝尊重一个发展如此迅速、成为世界第二个工业国家的人民呢？除美国以外，又有哪一个国家能和德国卓越的组织工作相媲美？当埃森的工业家访问曼彻斯特归来，或者波鸿的矿山老板视察威尔士归来，在他们精致的别墅品饮莱茵葡萄美酒促膝交谈时，他们会说："我们都超过了他们。"在英国，一切事物，从机器、工厂到办公室，似乎都是循规蹈矩，守旧落后，至于商业理论更是如此。当今天灵巧轻便的产品风行之时，这些英国绅士刚刚开始计划停止生产结实耐用的产品。当"德国货"成为时髦名词，德国商人将贴上英国标签的德国货在大不列颠销售时，这是德国历史上的一件大事，就好像今天日本货首先渗入生产同类产品而且质量要高得多的国家中去一样。

19 世纪末，德国开始生产成本较低的商品，就和日本在 1930 年左右的情况一样。因为这两个国家的工人工资远比其他国家低，组织形式更为有效，可以节约数以百万计的管理费用，同时还由于好战的传统和严格的训练，服从性已在人们思想中根深蒂固。1700 年普鲁士国王用棍棒将整个国家变成欧洲最优秀的军队，到了 1900 年左右，克虏伯工厂已不再使用这种棍棒，但这些棍棒依然在后代身上起作用，他们一直没有追求自由的向往。那些在机床上生产炮弹，或者在微弱灯光下一天 10 小时背驮煤块，用手推木轮车运输的人，仍然是那些从前当过三年兵，尝过各种拷打和惩罚滋味，而且从来也不反抗的人。他们充其量只是通过一位无权无势的代表，说几句将迅速被人遗忘的控诉。情况为什么会这样呢？

因为工人和平民一样喜欢当兵，而平民又和容克地主一样喜欢当兵。因为所有那些在五一节发誓要最后建立共和国的社会党人，也普遍崇拜他们的军士甚至国王和上校军官。德国工人从来也没有认真期望过对他们来说毫无意义的共和国。尽管社会主义者并不喜欢威廉皇帝，他们却在巴黎宣称，一旦成立共和国，也要由这位大公爵出来当总统。而德国社会民主党人，他们连当夜间看守人的资格都没有，却和永远也不能成为卫队军官的平民一样，一直怀念他们服兵役时度过的岁月。当他们在一起喝啤酒时，最喜欢唱的是军队进行曲。他们怀念三年兵役期间愉快的往日。德国工人最喜欢唱的不是《国际歌》，他们重复地唱着的是：

> 年轻人再也不回家，
> 他们将战死疆场。

大多数德国人和德帝国前总理布吕宁一样，留恋旧日服兵役的日子。这位前总理在流亡时曾对我说过，他一生最美好的日子是在军队中度过的。多少世纪以来，德国人习惯于服役和受苦受难，而当他们服役又不怎么吃苦时，他们就会感到很满足；一旦要求他们独立行动，承担责任时，他们就会感到不自在。

德国工人甚至像传播革命思想一样，将他们在军队学到的服从和秩序带到工厂和党内去。他们力求成为一个相当于军士的人，至少可以指挥十几个人，反过来自己又对上级唯命是从。德国社会民主党是世界上组织性最强的政党。从数量上讲，它也是最强大的政党，拥有数百万选民，而法国社会党仅有 10 万选民。在法国，对自由的热爱在人民心灵中根深蒂固，这使他们倾向于无政府，难以容忍相互之间建立固定的联系，更谈不上一个有着固定议会并要求人民履行义务的政党了。在德国，对金字塔式的国家等级制的偏爱，破坏了所有对自由的热爱。法国工人在短短一个世纪内发起了两次革命，但他们的群众大会却只有少数党员参加。德国工人的选票在 25 年内从 75 万张增加到 400 万张，其中 1/4 的人组成一个庞大的政党，但是他们的革命却失败了。最后他们没有反抗就被解除了武装。

德国成为世界瞩目的中心，是因为人们感到德国人的性格使世界面临危险。法国逐渐放弃复仇思想，部分原因是俾斯麦奉行和解政策的结果，另外一个原因是拿破仑采取暴力政策，使法国一个世纪以来已经筋疲力尽，大伤元气。世界大战爆发前的最后 10 年，法国的学校教科书婉转地赞扬 1870 年的战争。为失去省份而举行的哀悼仪式几乎在同时停止了。只有从阿尔萨斯省移民出去的家庭，还在教育自己的子女不要忘却旧恨。当法国在 1904 年和英国缔结协约时，它们还没有想到要对付什么侵略战争。那些不同意这一看法、对形势作出不同分析的人误解了法国人的心理。从 1870 到 1917 年几乎有半个世纪之久，德国的中小学校和大学一直在庆祝纪念色当的胜利，用以培育青年人获取新的胜利所需要的傲慢情绪。

只有内心没有安全感的人，才会一直记着凯旋的日子。

德国体育运动员对运动的态度也有类似之处，他们并非出自内心的喜欢而从事体育活动，而是一般来说出于对比他们优秀的运动员的妒忌，或者出于争取客观世界承认的愿望。当 1912 年德国最优秀的田径运动员在奥林匹克运动会上被两个美国运动员挫败时，德国人将这一失败归咎于条件不平等。

一旦有人超过德国人，这种内心的不安全感就会促使德国人怀着愤恨的心情向世界挑战，在世界大战失败后，德国人内心的不安全感，不可避免地进一步加剧。在 1928 年德国人再度参加奥林匹克运动会之前，德国奥林匹克运动委员会写道：这不仅仅是比赛和奖章的问题，而是“在过去的52个月来成功顶住了世界的压力”的德国现在终于再度参加竞赛，“德国之鹰超过了一群狼”。在阿姆斯特丹，荷兰东道主抱怨德国人的举止像一群入侵者。当德国足球队败给乌拉圭时，他们立即指责埃及裁判员。

德国伯爵哈里·凯斯勒在他的回忆录中，曾描绘过这种反映德国人性格的德国运动员的举止。凯斯勒在阿斯科特受过拳击运动的训练，他16岁时和一个特别傲慢自负的德国小伙子进行拳击比赛，他勾手一拳击中这个小伙子的下颌，将他打倒在地。“这个小伙子费劲地站起来后还头昏目眩，我走到他面前和他握手。但是他却对我大为光火，然后转身走了。其他孩子都笑我是笨拙的骑士。”帝国总理比洛也叙述过类似的情节。当伟大的张伯伦之子作为英国下院的年轻议员发表他的处女讲话时，张伯伦的死敌、自由党人格莱斯顿通立即发言表示深为满意；他说，看来父亲的杰出品德，已经由儿子继承了。大约在同一个时期，俾斯麦的儿子也在德国帝国议会上发表处女讲话，而尤金·里希特，类似上述英国的自由党人、俾斯麦的死敌，却走向讲坛，不断地诘问俾斯麦的儿子，企图使他陷入窘境。比洛诸侯和凯斯勒伯爵都是德国贵族，他们指出，通过这一事例，他们认识到了德国人和英国人性格的区别。

2

士兵至高无上——权力更甚于金钱——种族论的前驱——“让魔鬼消灭所有的文化”——伯恩哈迪的哲学——施里芬学派

在世界大战之前的1/4个世纪里，德国人民在三大运动中显示出他们的力量的不断壮大。

工人们将他们的军事纪律带进了社会民主党内，缴纳党费，举行阅兵游行，唱歌，一切都严格按照规定办事。早在1912年，它就成为帝国议会最强大的政党，它的代表团拥有110个议席。这些所谓的“赤色分子”很自然地引起富人的仇恨和蔑视，但是几乎所有知识分子也都回避他们，因为当时不当赤色分子是一种时髦。甚至到了帝国最后的10年中，赤色分子的成就也不大。至于他们未能阻止世界大战，这并不是他们的过错，而在于国际的不团结。战前，他们投票反对扩军拨款或者反对建立新舰队，总是遭到具有民族主义倾向的资产阶级的一致反对。推行军国主义，对德国人而言是非常自然的，拒绝走这条路才是难以想象的。

几乎不知不觉开始蔓延的和平主义，在德国工人和农民的心灵中并无反响。甚至倍倍尔也曾经说过，如果德国反对俄国，他将扛起枪走上战场。他未能认识到，在这种结盟的体制下，俄德之战是不可能孤立发生的。他看到的只是血腥的沙皇和1905年圣彼得堡暴动时被击毙的群众。在他的心目中，更重要的是废黜沙皇而不是制止战争。当时普遍认为，在对俄战争之后，随之而来的是世界革命，倍倍尔确实也受到这种见解的影响。无论如何，这种话出自一个社会党领袖之口，对一向服从成性又天生好战的数百万德国工人是很容易接受的。要想找碴儿打架，从来也不会找不到道义上的托词。

工人终究首先是一个德国人，其次才是工人。因而，甚至在《俾斯麦紧急法》停止执行 20 年之后，德国工人的巨大政党还未能取得任何决定性的成就。它甚至不能改变普鲁士羞辱性的三个阶级的特权。在拉萨尔时代，德国社会党人经历了一个美好春天的前兆，随着春天而来的却是迫害和流放。从此也就没有夏天和秋天，更无硕果可言。

第二个运动是德国工业的迅速发展，这应归功于德国人具有的服从意识和纪律观念，而不是因为德国工业领导人比其他国家的工业领导人更具有天才。他们自认为是半神半人，虽然他们没有互相称呼为罗马神话中的朱庇特或沃坦，没有采用天上战神的称号，而是用了“总经理”或是“工业界头子”之类的称呼。德国工人的献身精神和纪律性，他们甘愿受剥削的性格，是德国工业兴起的重要原因。而每一个德国人，无论是现在还是过去其内心始终深信枪炮比黄油更为重要，他们甚至认为，没有磨炼，没有服从，没有大声叱责就做不好工作。最重要的一点是，他们认为小小的改革要比一场大革命好。一个具有这种性格的国家能培养出最优秀的军人，也能生产出最价廉物美的产品。

他们出于同样的责任心，能生产出最精密的显微镜、照相机和化工产品。从事这类精细的工作，需要的是同样的献身精神，要能坚守自己的岗位，即使油罐大火熊熊，也不会逃离工作岗位。通过一件件事例可以看出，他们想到的并不是祖国，而是上级和服从。他们用以研磨出最精密镜头的双手，不仅能生产最现代化的武器，还能完美无缺地使用这些武器。服从、责任感、朴素的生活方式：这一切保证了德国人能迅速发展工业，并进行战争。当埃及人出于宗教信仰渴望修建宏伟的大金字塔时，只有服从和精确度才能保证这一工程的完成。当具备了这一切条件，再加上古代战争的本能，就会培养出最完善的现代化军队。具有这些特点的德国人，能生产出全世界难以媲美的蔡司双筒望远镜。也正是因为德国人具有这些特性，他们才能向波兰进军。

现在这个国家第一次获得了统一和成功。从中世纪以来，德国第一次作为一个强国雄踞欧洲的中部，他们似乎可以实现自己的梦想了。德国人在他们的精力、天性和历史方面，和美国人有类似之处；所不同处在于，即使财富再不断增加，也难以使他们满足。这个国家自古以来一直幻想主宰世界，现在这种幻想进一步加强了。如果德国人仅仅是为了金钱、舒适的住房、汽车和花园，他们只要在国内好好工作就能不断地发展。而要做到这一点，就要有幽默感和业余的爱好。但是，不论是新工业界头子还是老一辈将军或容克地主，都不具备这些特点。他们这些人一个个都是野心勃勃，渴望权力远远胜于追求金钱，甚至在今天，促使他们拼命的也不是追求更多的财富和生活的享受。一个好战的民族从来不会在假日或周末闲情逸致地享受一番，相反，它希望剥夺别人这种享受的权力。德国人认为，轻而易举获得的东西都是没有价值的，通过千辛万苦征战攻取而获得的，才是有价值的。

在世界大战前的20年中，德国不断扩军，建立起强大的海军舰队，正是这种强烈的霸占欲的反映；它的整个计划在于攻击邻国，加以征服。他们臆造出德国被包围的神话，以煽动人民的情绪，正如所有的神话一样，只要反复宣传，人们就会相信。这是第三个决定德国前途的运动。所谓“人民没有生存空间”，不对外扩张德国就会窒息，并不是问题的所在。首先，和比利时相比，明显的事实是比利时的人口密度等于德国的两倍。而比利时也只派了数千人到殖民地去，并且在它吞并刚果之前就是一个富裕的国家。其次是过去德国所有老殖民地的赤字总额，大大高于他们为德国带来的收益。英国拥有比任何国家还多的殖民地，并且有将子女送到海外的悠久传统；尽管如此，国内的人口密度还是不断增加，而且越来越比德国富有。

德国更善于当征服者，而不是殖民者。他们需要为他们的梦想炮制一个理论，德国人民的领袖并不满足于像罗马人那样仅仅发出战争的叫嚣。他们将自己的枪炮披上一件华丽的外衣，只露出枪口炮口。这一伪装就是“种族”和“文化”。

帝国议会议员、泛日耳曼联盟主席哈塞在 1895 年出版了一本名为“1950 年的大德国和中欧”的书。在这本书中，他鼓吹俄德战争，并声称在德国取胜后应当吞并巴尔干国家。所有的犹太人和斯拉夫人将从德国被遣送到波兰和鲁塞尼亚。大德国包括荷兰、比利时、瑞士讲德语的部分地区和奥地利 – 匈牙利。也就是说，要将波兰、鲁塞尼亚、罗马尼亚和“扩大的塞尔维亚”均并入德国版图之内。它将拥有 8600 万人口，将有 1.31 亿人在经济上依赖于它。这本书出版于希特勒执政前 50 年。

有两个非德国人奠定了日耳曼人或条顿人是世界上最优秀的种族这一理论：一个是重要的法国人戈宾诺，另一个是浅薄的英国人休斯顿 · 斯图尔特 · 张伯伦。这两个神经质的人将他们的理想寄托在光彩照人、卓越的种族身上，而他们自己缺少的正是这种品质。戈宾诺宣称，尽管他仰慕瑞典，但他不能忍受瑞典酷寒的气候。张伯伦的准则完全建筑在种族和崇拜瓦格纳的基础之上，他在 1900 年左右是一个颇有影响的人物。有两位读者写了一封充满激情的感谢信给这位作者，他们就是威廉二世和希特勒。张伯伦这个老人实际上承认希特勒在执行他的计划。我们无须就种族优越问题进行争论，世界对此早已有定论。至于对种族和门第发表了大量言论的尼采，我们在本书中已扼要摘引了他对德国人的看法。

德国还利用文化作为形而上学的镇静剂。普鲁士国防部长在帝国议会中甚至还乞灵于这种文化。这个人就是法金汉将军，他在世界大战前说过下述一句话："如果文化发展到我们的军人再也不能充满信心地进行战争，那就让魔鬼消灭你们所有的文化吧！"但在其他方面，文化却常常被用作一种展品，置于突出的地位。早在1900年，纳粹的前驱大日耳曼联盟就以文化相同为借口，在其纲领中公开要求"将荷兰、比利时、瑞士德语地区和奥地利并入德意志帝国中来"。

还有一位历史学家和一位将军支持这两位优生学理论家。早在半个世纪以前，海因利希·冯·克莱斯特就把战争鼓吹为一种哲学，现在他继续通过他的追随者施加影响。他写道："只有在人们感到厌倦和软弱的时候，才会要求维护和平。"骑兵将军卡尔·冯·伯恩哈迪正是为了防止出现这一局面，才锻炼骑马疾驰和用语尖刻。1910年以来，他的书对受过教育的德国人产生很大的影响，当这位普鲁士将军鼓吹战争的理论和实践时，甚至全世界都在倾听。以他的身份而言，他的讲话可以被认为代表官方的立场。此外值得一提的是，他的出版者一度是歌德的出版者，他赞叹这位将军具有文学的语感。除文风较为流畅外，伯恩哈迪1917年撰写的《德国的未来》一书可以说整页整页论述着和希特勒后来非常类似的内容。所不同的是，在当时没有人敢于公开嘲笑正义和文明。相反，人们对正义和文明予以肯定并且利用它们作为掩护。

这位骑兵将军在这本书中说："美国塔夫脱总统实际上是建议在大国之间缔结仲裁的条约。我们必须挫败和质疑这种努力，必须肯定战争在道义上是合情合理的，这一点甚至对公众舆论也要阐明。战争是推动文化发展的强大动力，其伟大意义必须做到家喻户晓，以使其与本身的价值相符合。简而言之，一个高贵的民族为了理想或为了自己的生存而战，不能被视为野蛮，而应被视作文化最高尚的表现。为此而战是人类崇高的行动。为了人类的理想，不能顾忌个人的粗暴，更不能意志薄弱。就斗争的形式而言，以骑士的气概使用真枪实弹进行一场战争，要比那种在表面和平的掩盖下，企图利用金钱的力量或阴谋诡计挫败敌人，具有更为崇高的道德性。只有存在着战争的可能性，一个民族的精力才能保持旺盛。

"缔结全面的仲裁条约肯定对正在兴起的国家，例如德国，是特别有害的，因为这些国家还没有达到其政治和民族顶点，为了充分完成肩负的文化使命,需要扩大自己的势力范围。只有这样一个强国，能充分发挥人类最宝贵的才智。"

当其他人也以德国人注定要独霸世界的名义祈求康德和歌德的幽灵之后，这位骑兵将军骑在高大的军马上表达了要给德国人以世界统治权的真正理由。德国人口每年增长 100 万人，法国人口根本没有增加，因而德国人有权利"和法国彻底清算"。4500 万不列颠人却统治着 1500 万异族白种人。世界上不列颠人要比德国人少，但是不列颠人以他们的残暴征服了 1/5 的世界。俄国人和波兰人的文化完全归功于德国人，因而应该置于德国的统治之下。为了避免种族混杂，德国人必须移居到波兰去。纯粹从法律形式上占有刚果的比利时，在文化上对刚果没有什么建树，因而"可以认为比利时在道义上早已失去占有刚果的权利。从崇高的人类法则来看，确实可以提出这一问题，即比利时占有刚果的时间是否太长了些"。由于人口过剩，德国从道义上讲，有权利要求将那些仍然受外国剥削的国家归为已有。

这不过是一个骑士气概国家的某些理想目的而已。从这位骑兵将军讲话的傲慢口气中，就可见一斑。他说，德国应该自愿地和英国结盟，条件是"英国对德国在欧洲大陆上的任何扩张都应事前就予以赞成，与此同时，英国还要脱离协约国"。至于不履约的问题，这位骑在马上的将军早在30年前就企图越过这一障碍，他操着惯常的文雅口吻说：“如果能通过其他的手段使一个国家生存得更好，更有把握，那么没有一个国家会把自己的生存寄希望于条约义务的恩惠上。”

这些话均出自这位骑马的政治哲学家之口。

步兵将军们飞速地推行他们的“文化”计划。著名的施里芬被认为是一流战略家，他的计划也许被错误地执行了。他要求总参谋部按照打过83次战役的七位将军的做法，在任何情况下都要出击。他的这一计划被认为具有充分的权威性，以致二十年来从未修改过。

这份计划假设取道比利时或荷兰入侵，从而必然挑起英国的干预。虽然鲁登道夫1917年在一份秘密的备忘录中，明确表示对德国能否获胜持有异议，并且提及英国和比利时的军队都可能成为敌人，战争的关键问题是如何反对英国，但是没有一个文件对这个问题进行过研究。这一点在今天已可以由共和国公布的文件得到证明，事件似乎早在几世纪前就策划好了。普鲁士军事学院坚持认为：“政治决不能给战争的进行带来丝毫影响。”

从此，德国军人占优势的历史从普鲁士开始，在国家生活中上升到前所未有的地位，当时的皇帝、首相和总参谋部，对这样一个与德国人民有着切身利益的重大问题从来没有讨论过。比洛诸侯曾对我说，他就提出过三种可供选择的出击计划，其中包括出兵比利时，但是他并无决策的权力。在当时，基本的作战计划被认为是“不可修改的”。因而，不是军人根据政治形势的发展而进军，而是政治家不得不根据出击计划调整政策。

按照施里芬和毛奇学派的主张，政府领导人在战争时只能完全依靠将军。对于诙谐的柏林人以及其他德国人来说，总参谋部大楼成为某种阿波罗神式的圣殿，那些进出这个大楼的身穿宽红条镶边军裤的军人，则好像人人头上都有一圈圣人的光环。这种感情深深烙印在人民心上，更进一步增加了军人对平民的蔑视。每一个少尉都感到自己是身着宽红条镶边军裤神甫手下的唱诗班儿童，因而有权对平民耀武扬威。在柯尼希广场上总参谋部红色大楼的对面是德国国会大厦，但从来都是前者蔑视后者，而不是后者蔑视前者。

在所有国家中，将军和政治家在战时总是势力相当，回忆录中不乏这种记载。但是只有在德国，将军认为自己远比政治家优越，是他们创造了历史的主题。直到今天，德国军人还怀着这种优越感，因为他们感到自己是受到他们民族的宗教信仰支持的。

因而，当 1914 年 8 月德国入侵比利时的时候，总参谋部迎来了欢呼，全国都表示支持这一行动。没有人挺身而出反对这次入侵，连最优秀的思想家都缄默不语，他们认为，既然总参谋部下令出击，就表明这一行动对取得战争的胜利是必不可少的。这种反应必然使德国在战时失去政治领导，招致兴登堡和鲁登道夫这两个将军的专政。

3

残废的左臂——威廉的性格——威廉二世与希特勒——一堆马屁精——德国的危机——退位？

威廉二世和路德、俾斯麦一样，在青年时代对自己的母亲充满敌意，而责任也在于威廉的母亲。这位维多利亚女王的女儿总是感到自己和普鲁士人格格不入，在她眼中这些普鲁士人都是野蛮人。她也渴望权力，曾经希望很快就能获得她公公的继承权。她在失望之余却发现，她比自己的丈夫更能得到知识界的支持。

维多利亚这个英国女人的愿望是生一个体质强健的儿子，可是头胎生的儿子体格却不健全，这就使今后的发展前景更难预测。母亲的虚荣心和普鲁士人要求未来的国王首先是一个军人的思想偏见在无形中结合在了一起。尽管这位王子的左臂太短，完全残废，可还要接受残酷的训练。他要和其他军官一样，骑马和游泳，击剑和射击，而且要干得更出色。

这样的童年生活必然给他的性格带来两方面重大的影响。他痛恨母亲让他知道自己的弱点，于是就和俾斯麦一样，和母亲背道而驰：既然她是英国的自由派，他就要成为普鲁士的反动派。他的身体明明有生理缺陷，却被迫去做某些他做不到的事情，这一点对他的影响十分重大。他简直是在当演员，一直在扮演强健而又敏捷的军人。当他参加奠基典礼时，总用右臂使劲抡锤，以遮掩他孱弱的左臂。如能给他很好的知识教育，而不仅仅是军事训练，那么以他的缺陷以及异常的聪敏，德国将有一个浪漫主义的国君，而不是一个大声咆哮的战争元凶。由于担心被人看作弱者,他一直保持昂首阔步、虚张声势的架势。在几乎1/4个世纪的时间里，他一直面对世界高谈阔论，然而他那无休止的咆哮和所有咄咄逼人的讲话，都只是装装门面而已。他最亲密的朋友证实，从性格上来看，威廉是个胆小羞怯的人。

威廉左臂瘫痪造成的悲剧，实际上并没有改变世界的进程，却使这个统治者成为神经衰弱的君主，他的反应和感情使世界大受影响。将威廉和罗斯福相比就非常能说明问题。罗斯福的缺陷给他带来相反的影响，他在40岁没有受到瘫痪折磨之前，性格并不坚强。罗斯福可以自由地接受教育，而威廉不行，也许从这一点看，他可以获得原谅。他的父母本来应该开导他，告诉他身体缺陷并非耻辱，确实，对一个身体健康、头脑健全的人来说，某个方面的身体缺陷并不是重要的。

威廉由于身体原因而产生了自卑感，在他成为德国统治者的继承人后，又出现了另一种自卑感。德国连续有两个神经衰弱的人当领袖，德国人被迫去仰慕这两个人，这一事实具有深刻的含义。

威廉在他一生中确实掩盖了自己的缺陷。通过无数的照片可以看出，这位出访频繁从不厌倦的国王在上千次招待会上总是落落大方。在德国，从来也不允许神职人员、朝臣或是学校教员对国王说三道四，这一点和美国形成鲜明的对比。在美国，人们受到的教育是，尽管治理国家的领导人有先天的缺陷，也应该尊敬他。这位国王后来在回忆录中叙述过自己可怕的青年时代，但在我将他形象展现在世人面前之前，世界上没有人了解过他。这件事正好反映了德国民族不平衡的特性。德国人在世界上惯于采取的那种粗暴、大声喧哗和傲慢自负的举止，在这个国家的头号人物身上表现得更为淋漓尽致。

威廉28岁时，由于父亲的暴卒，接管了这个由俾斯麦缔造的强国。他面临种种棘手的问题，从任何意义上来说，他都是不成熟的。两年以前，他的父亲就写过："鉴于我的儿子不成熟，又具有傲慢自负、自高自大的倾向，我不得不认为，在这个阶段让他接触外交政策问题，实属危险之事。"

放任这位年轻的统治者行使权力的结果，驱使他那神经质的性格达到了极限，越过这个极限就是神志不清。他最亲密的顾问一再提醒，他可能像他叔祖父一样失去理智，也许不得不宣布他不能胜任现在的工作。当威廉30岁、37岁和44岁时，他的臣属都考虑过采取这一步骤，这些人后来公布的文件均提及这一点。不过，威廉显然是个天才人物，他善于灵机一动，以通情达理取悦于人，而且善于在关键时刻甚至在一个时期内，把他英国母亲的智慧和他父亲的耐心结合起来，这一点吸引过许多人。

他的性格和希特勒有很多相同之处，这两个人都不信任自己的伙伴，总是自己奋起，在短暂的时间内狂热地工作。两个人都是才华横溢的雄辩家和演员，因为缺少文化，喜欢讲排场，而个人倒有节俭的习惯。两个人在关于艺术问题的公开讲话中，都是一派胡言，而两个人又都认为自己被艺术家误解了。两个人都有神秘感，喜爱祈求上帝的保佑，都认为自己是人类的精华，自恃拥有伟人的知识，向人民许诺缔造光荣的时代。这两个人都既是庸才又是演员，他们既易于上当受骗，同时又是大吹大擂的专家。

这两个人的主要区别在于，威廉是稻草闪光的火焰，而希特勒是干柴烈火。威廉因为他的世袭而受到宠幸，希特勒则苦于斗争。因而威廉易受友好感情的影响，希特勒则是内心充满着仇恨的化身。威廉生长在权势财富之家，没有后顾之忧；而希特勒出身贫寒，始终担心会失去已经获得的巨大成就。早在1890年，威廉的一位密友就对30岁的威廉作过下述一段描述，这段话也许也很适合希特勒：

> 这个人希望自己的一切行动都超过别人，从关心自己的地位到取得人们的爱戴。此外，还得加上担心自己的安全和迅速膨胀的虚荣心。他抓住一切欢迎场面，最喜欢博得群众的掌声和欢呼。由于他过高地估计了自己的能力（实际上这是一种不幸的错觉），因而非常喜爱听恭维话。他走到哪里都能赢得人心，只是不能停留太久。

希特勒这个人虽然没有一丝英国血统，却可以说他继承了威廉对英国又爱又恨的感情。这种感情支配着威廉的整个政策，成为世界大战的一个起因。

如果威廉没有被德国人的恭维奉承弄得飘飘然，如堕入五里雾中，他本可以具有更高一些的水平。谄媚奉承之辈尾随他长达 25 年之久，直至他溃逃为止。这一类人在生活的各个领域都有，他们缺乏自信心。德国人这种性格上的缺陷，使德国统治者几个世纪以来一事无成。

从上层的容克地主和伯爵开始到下层的仆从，这些人包围着威廉，他们只是通过制服的不同来判断别人地位的高低。其他的国王也被拍马奉承之徒所包围。不过历史上也有少数人，如前面提到过的耶各比，曾经将 1848 年的真实情况告诉国王。在路德以前的年代中，每个世纪都有一两个这样的人。但是新的德国人已被帝国弄得眼花缭乱，被金钱毒害，被他们在这个世界上新的地位弄得昏头昏脑，这些人拥戴威廉达 25 年之久，如果他们有机会，他们也会推举威廉当选为总统的；30 年以后，也是这类人出于同一思想，投票支持希特勒当权。

例如，有一位伯爵曾经卑微地请求国王允准他的母牛戴上和皇家牛群一样的颈铃。还有一位容克地主在狩猎之后用金字在一块花岗石上刻下这句话：“皇帝陛下在此地猎获一头白公雉，是为至尊无上的皇帝捕杀的第五头野禽。”还有些教士在皇帝本人在场的时候，敲响教堂的钟声，颂扬他的美德。而那些大使将自己都难以置信的恭维皇帝的话塞进驻在国国王的嘴中。至于一些将军则在举行皇家军事演习时，秘密地保留着数百名狙击枪手，在关键的时刻放出来，使皇帝领导的一支军队获胜。还有一个名为冯·马肯森的将军甚至会亲吻皇帝戴着手套的手，而且在陆军中推广这一做法。

数十年来，剪辑报纸的人只让皇帝知道赞扬他的国家的报道。皇帝对大使报告的边注和评语又被电告给驻外大使，以便他们可以发回更合乎皇帝口味的报告。驻华盛顿大使施佩克·冯·施特恩堡在一次公开讲话中，将皇帝描绘成“世界最伟大的万能贤人，一位在工业和科学、艺术和音乐各方面都具有同样水平的大师”。在市和镇的大厅门前，市长与镇长不着大衣，穿带有金黄穗子的全套礼服，颤颤发抖地欢迎他们身穿皮毛大衣的封建君王。因为皇帝通常骑在马上聆听大臣的祝词，这些大臣一个个脖子冻得僵直。主管皇家资产的官员向皇帝报告，他的母牛每天产奶40夸脱，至于他们给这些母牛饮了多少奶，皇帝是从来也不过问的。而那些德国教授，诸如斯拉比、哈纳克、德普费尔德、波得之流，在干此类蠢事的程度上，可以说达到了极点。这些教授们肃然起敬，洗耳恭听皇帝大言不惭地对他们主管的专业作出最愚蠢的判断。当时一位学界巨子多伊森教授写过:“皇帝领导着我们从歌德到荷马和索福克勒斯，从康德到柏拉图。”而兰普雷希特，这位颇受赞扬的德国历史学家，直到1912年还在撰文恭维皇帝是“远古圣贤的再现，是一位有着强大意志的巨人，所有创造性艺术的大门对他始终敞开”。

在这些教授中也有令人难忘的例外，如蒙森教授，他就有一次当众顶撞皇帝。这位罗马史专家直截了当地对皇帝说，他正在修复的一座古罗马城堡并无多大价值。还有一位男爵冯·莱韦措，在一次公开的晚餐会上驳斥了皇帝对他那个阶层的侮辱。

一片赞美皇帝的合唱声有时也受到知识分子的干扰。克维德写了一部历史，富尔达写了部戏剧，嘲笑威廉。雕塑家高尔拒绝在皇帝的纪念碑上刻下飞鹰。少数社会党人的编辑有时也密闭门窗，谈论真实情况。不过，真正反对这种拜占庭式统治者的知识分子的斗士只有两个。一是《愚人》(*Simplicissimus*)杂志的诗人和艺术家，他们敢于讽刺这个政权；还有一位是马克西米利安·哈登，他有力地抨击这个政权，并且进行大规模的批评长达 20 年之久。他的作品可以和维也纳的卡尔·克劳斯相比，为德国资产阶级革命奠定了思想基础。

德国人民只有一次显示出要起义反抗他们的皇帝。这是在 1908 年 11 月，皇帝背弃德国人民 10 年之前。在一次军事演习时，威廉骑在马上向一位英国上校透露，他在布尔战争期间曾向外祖母维多利亚女王提出过建议，按照皇帝的说法，那是一个战役计划，如果英国罗伯特伯爵采纳，英国本会获胜。这个谈话内容，不知怎的首相没有看到。皇帝用了令人难以容忍的措辞指责英国人，消息传到伦敦后，英国人对这种侮辱用沉默表示他们的愤怒。至于德国人，他们纷纷反对这次谈话内容。在报刊，在会议上，在每次谈话中，社会各个阶层都对皇帝这次毫无策略的谈话愤慨万分。即使没有战争，没有失败，没有紧急法或警察措施，德国人民也感到皇帝是在没完没了地说些浅薄的话来欺骗他们。

在这场危机中，威廉本来应该被迫退位的。他本人确实也想到了这个可能性，他之所以没有这样做，是由于他儿子的反对。但是只有他的容克地主们对这件事十分认真。在帝国议会上，首相说了些半心半意的话，与其说他是在为自己的主子辩护，不如说是在指责他。在这次会议上，只有少数人发言，根本没有通过任何决议。在这种情况下，德国人总是墨守成规，笃信法治和权威。两周以后，一切又被置于脑后。至于皇帝本人，报刊报道此事时，他和皇室的朋友正一起寻欢作乐，以显示他对此事不屑一顾。和 1848 年一样，德国人对这种厚颜无耻的行径大吃一惊。可是他们后退了，他们容忍了这个人、这个政权，甚至还和同一个首相一起，继续治理这个国家，直到一场战争不可避免地爆发。

4
艺术的衰落

在威廉时期，德国科学界和工程界产生了许多真正伟大的人物，如伦琴、埃尔利希、爱因斯坦、普朗克、狄塞尔和齐柏林，而德国的文学和艺术却停滞不前。在美术和文学领域里，没有一个出众的思想家和富于创造力的人物能逃避时代的厄运。没有一个人成为德国知识界的领袖。今天，不仅学院派人物，甚至左派和现代艺术的代表人物——他们的作品曾取得破纪录的演出成就并达到最高销售额——例如霍普特曼和维尔登布鲁赫这些人的姓名，早已被人们遗忘了。

迄至世界大战前，托尔斯泰、左拉、易卜生、比昂松、萧伯纳等外国人受到有思想的德国人的推崇。可是自己国内的人物，如马克斯·韦伯等极为卓越的教授以及少数新闻评论家却没有造成什么影响。在这个时期，即使一本德国书也没出版，德国的革命依然可以来而复去。在最近 20 年内，即使德国书译成世界主要语言的数量比以往要多，可是在德国以外，却没有对世界思想界产生任何有分量的影响。施本格勒《西方的衰落》一书例外，不过它产生的肯定是消极的影响。

1900 年以后也产生了一些真正的诗人，特别是德默尔、里尔克和霍夫曼斯塔尔。不过在尼采以后，他们之中只有一个人对德国人的思想产生了结构性的影响。这个人就是斯特凡·格奥尔格。尽管读他书的人并不多，他却建立了一个小圈子，最初在纯美学界，后又逐渐扩展到各大学，甚至政府部门。格奥尔格和从前的克洛卜施托克以及荷尔德林一样，献身于无形的德国，对德国人持怀疑的态度。他在近代德国历史中具有独一无二的地位，他的生涯由于遭到少有的公开侮辱而达到悲剧的高潮。在30年前过早地失去尼采的纳粹分子转而颂扬格奥尔格为“优秀的人”，他们确实也想让格奥尔格在这个新国家中担任一官半职。这位诗人本该接受这个位置，但他们的领袖像使他毛骨悚然，把他吓跑了。当纳粹分子继续和他纠缠不休时，这位从未外出旅行过的年迈而又身患疾病的诗人一夜之间逃离德国，就像古希腊悲剧家欧里庇得斯一样，旋即死于逃亡之中。在瑞士最南端的穆拉尔托，用12块花岗石板堆砌了诗人之墓，周围饰以月桂树叶，它使人们想起还有很多坟墓，为了精神的统一而逃离德国政治的先知和诗人在那里安息。然而斯特凡·格奥尔格是为了避免受到纳粹青睐而逃离这个野蛮国家的第一个人。

不过，在某一个艺术领域，威廉的德国位居先列。在这个演员皇帝统治下，德国的戏剧取代法国而首屈一指。在世界音乐之城维也纳以它的歌剧见长于世的时候，柏林有两个人创造了新型的舞台艺术，其演出效果要远远超过德国的现代戏剧。一个是现实主义的勃拉姆斯，另一个是马克斯·莱因哈特。后者除了创作了许多杰出作品，还向德国人介绍了新莎士比亚戏剧。它对舞台艺术的意义，不下于100年前施莱格尔将莎士比亚戏剧译成德文出版。除了弗洛伊德和施特劳斯两个例外，莱因哈特的戏剧是半个世纪以来，德国能征服世界的唯一成果，是纯粹的民族成就。也许只有齐柏林的成就可以与之媲美，最后他的飞艇和其他德国梦想一样，在空中焚毁。

此时不仅在德国，在其他国家，创造性的艺术也都暗淡无光，让位于音乐演奏的熟练技巧。德国人面对这种变化，仍然忠实于他们古老的使命，保持了首屈一指的音乐地位。德国的音乐指挥、歌唱家和独奏家名扬世界，名声最大的则是理查德·施特劳斯，可以说，他掌握了当代最熟练的技巧，用他那魔术般的手指使瓦格纳的风格走向极端，因而喜爱音乐的青年纷纷脱离这种风格。德国新作曲家，特别是马勒和雷格尔都抛弃了瓦格纳。

5

“维利”和“尼基”——德国反对社会——俾斯麦最后的警告——不要联盟要海军——不要殖民化——英法联盟——恩格斯的预言

自从签订了所谓的《1867 年协议》以后，生活在奥匈帝国哈布斯堡皇朝下的七个民族受两个民族——德意志人和马札尔人的统治。捷克人、鲁塞尼亚人、斯洛伐克人、波兰人、塞尔维亚人和克罗地亚人在奥匈帝国议会中均有自己的代表，可是在政府中任职的只有少数几个人。这个拥有五千万居民的多瑙河国家，直到世界大战以前实际上是处于二十多个容克地主家族统治之下，因为其政府一成不变地由贵族阶层的德匈成员组成。政府和军队一直在试图解决语言问题，而到头来这个皇朝也无能为力，解决不了。在瑞士这个小国家，能做到三种不同语言都受到尊重，而在维也纳就不可能，唯一的原因是弗朗茨·约瑟夫明确表示自己是德意志诸侯。

年迈的皇帝固执己见，专横傲慢，心胸狭隘。当时有两条道路可由他挑选，任何一条都可以拯救奥地利，可是他一一拒绝。他或可以采取梅特涅的方式，恢复专制体制，这当然不符合时代的精神，但还合乎逻辑，暂时可以像俄国那样走下去。或者他可以将帝国变成由独立各邦组成的联邦国家，采取英国战前的方式，由英王作为国家的元首。这是他的继承人弗朗茨·斐迪南想象中的解决方案。

全世界早已预见到腐朽的奥匈帝国的结局。可是德国却要和它结盟，用威廉二世的方式，用真诚感情结合在一起的联盟。用当时流行的说法，这两个皇帝相互以尼伯龙根式的忠诚向对方保证，虽然尼伯龙根本人就破坏过誓约，并不忠诚。本书顺便提上一笔，对结盟不忠诚的不是德国，而是奥地利。1908 年，奥地利突然吞并波希米亚，对抗它的盟国。

此外，正是出于这个原因，威廉笃信帝国使命是上帝恩赐，坚持和沙皇维持良好的关系。特别在老沙皇死后由他神经衰弱的儿子尼古拉继位时，威廉仍然坚持这样做。后来由布尔什维克公布的两个皇帝之间十分可笑的通信中，两人互相用小名称对方为“维利”和“尼基”，虚弱的德国企图蒙蔽更为虚弱的俄国。当沙皇由于被日本打败而完全被吓倒时，“维利”却于 1905 年夏天秘密结盟而使“尼基”十分震动，此事旋即遭到沙皇大臣的谴责。

正当俾斯麦遭到罢黜时，德俄条约破裂，这是具有决定性意义的大事。从此，俄国倒向法国，和法国站在一起，正式参加世界大战，反对德国。因而这种对德国的“包围”，完全是皇帝本人咎由自取。在他争取意大利支持时，他很清楚，或者至少别人这么看，意大利对奥地利的旧恨未消，而要保持三国同盟，唯一可行的办法是由奥地利方面作出重大的牺牲。

在欧洲处于分裂之际，沙皇的朋友提出设立国际仲裁法庭的设想，德国人的反应和冯·伯恩哈迪将军一模一样，他们大声嘲笑说，只有一小撮没有影响的人妄想在 1898 年可以在海牙写下历史新的一页。难道要我们放下武器，在我们打仗的地方，对我们进行仲裁？品格高尚的男爵夫人冯·苏特纳，多年以来一直在德国为争取世界和平而斗争，可是她的见解现在却成了嘲笑拙劣和虚伪讲话的主题。当皇帝将这个设想批注为“无稽之谈”后，首相随即宣布，“否定这一设想”。英国内阁首相在伦敦也遭到军事集团的反对。这个计划到处受到嘲笑，只是在柏林更为严重。

在首次海牙和会上，德国几乎是唯一反对国际仲裁法庭的国家。可以说德国的国家道德观念，甚至在那个时候就已经形成，并且在第一次和第二次世界大战中体现了出来。比洛呈报给皇帝有关这次和会的报告，读起来就像犹地亚总督为镇压新兴的伽利略学说向罗马皇帝送呈的报告。至于威廉本人，则在这份报告上，用了几句直截了当的军人用语作批注，结束了这个插曲：“我将依仗锋利的刀剑单独向上帝呼吁！关于和会的所有决议都是混账话！！”

一年以前，皇帝受到了最后的警告。俾斯麦几乎出于本人意料之外受到大家的欢迎。80岁的俾斯麦在耶拿广场上向人民发表了第一次讲话。在这座图林根森林小城中，发生过路德事件，后来又发生过歌德和席勒事件。1817年少数好斗的大学生也是在这里烧毁了假发辫子和俱乐部。而现在又是在这个地方，长期以来不受欢迎而在1892年被罢黜的首相，却第一次受到德国人民的尊敬。

皇帝没有屈服。他的小心眼、易变的性格，以及他对任何在这个国家比他更受到欢迎的人的妒忌，都驱使他制造一场戏剧性的假和解；但是这位老臣依然毫无干扰地不断攻击这个政权。他担心自己亲手缔造的帝国会在这位漫不经心的后继人手中遭受厄运。俾斯麦作为一个引退了但受信任的奠基人，当他在报纸上看到，当今的皇帝用过去政府担保的投资从事投机活动时，他不禁为帝国的命运忧心忡忡。当皇帝知道这位讨厌的老人行将就木时，他于1897年再度拜访了俾斯麦。俾斯麦坐在群臣面前，连开场白也没有讲，就提高声音，对皇帝讲了他最后的一句话：“皇帝陛下，只要您将军官团掌握在自己手中，您确实什么都可以干。而您如果掌握不了军官团，那情况就完全不同了。”

这一警告并非无的放矢，20年后军官团终于垮台。但皇帝当时对这番话置若罔闻。他从不和这位老人深谈，在整整8年内，他再也没有听取过俾斯麦的意见。他认为，他对什么事都很了解。请看他是怎么答复这位老人的，他漫不经心地开玩笑说："你知道雪茄烟和丈母娘的区别吗？"

俾斯麦预见到将来要发生的一切。这时，他已决定放弃帝国，就好像他已经丢失了这个帝国一样。他最后一次谈话，就像上述引录的那段话一样记录在案，他和皇帝的母亲一样，预言共和国的诞生。

威廉称在海牙发生的插曲（1899）是"小孩子梦中的愚蠢恶作剧"，他指的当然是沙皇。在这以后，军备竞赛开始了。欧洲有一半国家希望在陆军方面和德国齐步并进，在海军方面和英国并驾齐驱。

直到这个时候，战争仍然是可以避免的。主要的大国应该有理由在巴尔干问题上达成某些协议。在法国，主战的政党力量很小，而人民对和平的渴望是巨大的。两个支离破碎的东方帝国一想到战争都战栗不已。至于英国，它不能表明自己有半点战争意图。从某种意义上说，根据冯·伯恩哈迪和威廉关于战争的讲话，世界上除德国以外，没有一个国家企图对外扩张和谋求世界市场，不过德国已受过教训。当时世界上多数人认为，要想通过战争将其对手德国压下一头的是英国。而皇帝本人为英国的诽谤提供了根据。

一生交织着爱与恨的威廉二世，始终抑制自己内心深处的感情。这种感情来自对自己一半英国血统的不满，来自对自己母亲的仇恨。仅凭这个原因，他也不会信任母亲的兄弟——英王爱德华。还在他年幼时，当他知道这位年迈和善的老人是他的舅舅时，他就开始仇视他。因为这位英国绅士和商人从来也没有认真对待过他这位大摇大摆、高谈阔论的亲戚，这一点使威廉感情上受到创伤。这种个人之间的敌意也恶化了海军问题，从而决定了英国的对德政策。

1900 年前后，英国有三次试图和德国结成联盟。约瑟夫·张伯伦，这位有着两个著名儿子的父亲，曾经争取实现俾斯麦的最后计划，建立英德天然的联盟。当柏林了解到张伯伦意图时，反应是典型的德国式的：两次都断然拒绝！一个有着很大影响的枢密院议员，同时也是荷尔斯泰因人的小阴谋家和股票投机商插手私了此事。当然这个人不过是德国人性格的象征。当这次谈判获得双方民众充分支持，工业界和商业界几乎完全同意，工人也无保留意见顺利进行时，皇帝和首相却欺骗了他们的新伙伴。这个皇帝的专横政府，无须要求任何人同意就可以结盟，干下了与其说本世纪不如说是洛可可时代的荒唐事。皇帝为祝贺考斯划船比赛发去一份极无策略可言的电报，导致所有的谈判破裂。历时四年之久关于建立英德联盟计划的谈判，在很大程度上，最后由于一个古怪男人的怪癖而招致失败的厄运。

德国在扩建海军方面也采取了同样欺骗的手段。英国作为岛上帝国难以轻易放弃海上优势，因而它要求就修建海军一事和德国达成协议原也是合乎情理的。但是自从 1897 年来就担任要职的海军大臣竭力鼓吹扩建海军。这位名为冯·蒂尔皮茨的海军上将是个专家，水平很高，代表了德国性格的特殊变种，却是个说谎者。蒂尔皮茨是第一个冠冕堂皇玩弄花招的德国军官，这种恶习到戈林时竟成为军人的美德。随着蒂尔皮茨不断地玩弄手腕，这位“老成的水手”、布吕歇尔式的“先遣将军”、普通的德国军官——身穿补丁衣服的德国米歇尔，这种种朴素的形象消失了。蒂尔皮茨欺骗了英国和德皇，还欺骗了比洛诸侯。他提交了一份隐瞒了真正目的的计划。他的目的之一是不受阻碍地通过连他自己也认为是危险的区域，在那里修建大批军舰，消除英国的威胁。

皇帝曾在 1908 年写道：“1920 年以后我们将能不受约束地和英国就海军建设问题达成协议。”德国大使沃尔夫·梅特涅公爵，这位高贵的新德国最敏锐的人之一，认为英国海军具有优势，和蒂尔皮茨斗争达九年之久，但最终他屈服了。很多年以后，当他已经退休，眼见威廉崩溃，在朋友面前还是不愿说皇帝的坏话，尽管皇帝后期对他很不好。在德国贵族中也不乏令人尊敬的例外。

当时建设德国海军的理由是谋求海外殖民地，这一点从未受到德国人民的欢迎。德国人擅长的是沿着军事防线行动，在非洲也是如此，和英国人不同之处是他们的军官总是先于商人到达殖民地。德国拥有殖民地 30 年历史的后果是，除一处例外之外，花费了不少却没有带来利润。我在非洲所到之处，均不能证实后来人们所说的德国人对付黑人特别残酷的行径。德国人不受欢迎，是因为他们对待有色人种和对待自己手下的白人一样粗暴和冷酷。普鲁士人从来不是天生的殖民者，少数适应性强的奥地利人比他们干得好多了。

广布的邮船航线，大规模的德国移民，到达的不是德国殖民地而是外国。威廉二世的德国逐渐富裕起来不是因为有了殖民地，事实上它轻视殖民地。斯堪的纳维亚国家的相对繁荣和与瑞士和比利时形成的对比，驳斥了缺乏原料无法生存的说法。比利时拥有广阔的殖民地，并不比没有殖民地、原料和船只的瑞士更富有或更幸福。各大陆之间迅速的信息交流，现代世界商业和化工产品的出现，这一切使所有国家可以摆脱对殖民地的依赖。今日的德国难道不是很好的证明吗？据说，德国在战争中攫取地盘是为了分享世界的财富，现在德国并没有分享多少财富，却能武装起来，而且在几个月内征服了半个欧洲大陆。仅这一事实就说明，必须要有直接殖民地的说法是站不住脚的，整个殖民地时代确实已经是明日黄花了。

在激动人心的海军军备竞赛问题的谈判过程中，有关国家的文件是用“外祖母”和“亲爱的威廉”称呼开端的。皇帝内心深感沮丧，因为他不承认在这件事上他有感情用事之处。他好比一位多年来尽找自己妻子的岔子，事事神经过敏几乎将妻子逼疯的丈夫，而当妻子突然提出离婚要求，他竟感到吃惊，认为自己是无辜的一方。在这些文件上，威廉的旁注是：“撒谎”“狗在撒谎！”“英国！”“叔叔！”“可爱的绅士”“令人难以相信的厚颜无耻！”“虚伪！”“废话！”“胡言乱语！”“好啊！这帮英国恶棍！”威廉态度之直率由此可见。

结果是造成英法联盟。爱德华八世再也不担心像以前张伯伦那样在世界上处于孤立无援的地位。他用了很多时间，在巴黎争取使法国倾向于当时很不受欢迎的英国和他本人。这件事几乎成为一件笑料。尽管在几年以前，法国还因为英国沿着尼罗河占取殖民地而感到受骗上当，可是爱德华还是获得了成功。法国面对气势汹汹的德皇，感到1905年在丹吉尔丢了脸，因而接受命运的暗示，握住英国伸出来的手。但德国并没有被包围，它将自己置于这个范围之外。现在两个结盟的集团在欧洲互相对峙。它们之间的冲突必然导致战争。

谁都知道，一场世界大战在不远的未来将要爆发，然而只有少数人知道，它已近在咫尺。有一个人早在30年前就预见到未来的这场战争，他的看法非常了不起。此人就是弗里德里希·恩格斯，他在1888年就写下了一段话："对于普鲁士德意志来说，现在除世界战争以外已经不可能有任何别的战争了。这会是一场具有空前规模和空前剧烈的世界战争。那时会有800万到1000万的士兵彼此残杀（后证实有900万人死亡）……三十年战争所造成的大破坏集中在三四年里重演出来并遍及整个大陆：到处是饥荒、瘟疫，工商业和信贷的混乱，其结局是普遍的破产：旧的国家及其世代相因的治国才略一齐崩溃，以致王冠成打地滚在街上而无人拾取。"[1]

---

[1] 见恩格斯《波克罕〈纪念1806到1807年德意志极端爱国主义者〉一书引言》，《马克思恩格斯全集》第21卷，第401页。——译者注

6

对自由的服从——战争的罪责—— 一幕闹剧作为前奏曲——1917 年 7 月——战争机器的力量—— “让我们感激上帝”

然而，当这场战争在 1914 年爆发时，德国人民和其他国家一样感到意外。作为一个民族，德国人并没有像 25 年以后那样既有期待，又做好了准备。所不同的是他们并没有像其他国家那样惊慌失措，而是欢欣鼓舞地迎接这场战争。战争这所锻炼人的大学校一直在延续着，最初是 300 年，然后又是 40 年，年复一年的战争，使这个国家一直保持着武装准备。德国人，他们之中有数百万人好像是专业的消防员，每个人夜间躺在床上，一听到第一次警钟声就迅速起床，到经过上百次实战演习指定的地方去。而其他国家人民则像义务消防员一样，在一片混乱和惊慌中奔向各地。

本书在其他章节讨论过战争的罪责问题。有 4 个或者说 5 个国家的政府，有的出于私利，有的出于错误，都是有罪责的。如果没有注意到普鲁士的心理、其宣传教育和方法，那么从整个背景和宣战书来看，这场战争最大的罪责应由柏林和维也纳承担。但是所有这些陈述，都没有涉及德国人民应负什么罪责。这种罪责不是指那个蛮横无理的政府，它在作出决定时，没有和人民商量，甚至连帝国议会也没有通过。这场战争结束后，在凡尔赛和会上，根据已作出结论的证据，确定德国政府是有罪责的。

但是在国内深入追究这场世界大战的罪责，就会直接指向德国人民。德国人民多年来以默许的态度对待这场罪恶，现在要想说成是无所事事的旁观者或无辜者，是徒劳的。一个丈夫，其生活被他自己的妻子毁了，就应该捶胸自问："我为什么娶了她？又为什么养活了她？"近百年历史和近十年来的历史，都表明德国人民是有罪责的。在19世纪，德国周围有6个国家的人民起来反对它们的政府，推翻了国王，设置了街垒，制定了宪法，设立了议会。他们为自己而战，牺牲了生命。只有德国人连指头都没有动一下，认为自己能治理自己而心满意足。他们接受了无能的诸侯、蛮横无理的容克地主以及腐化堕落的公爵强加在他们头上的奴隶制。如果有那么一次他们敢于起来反抗，用不了多久就会立即逃回自己的老鼠洞内躲藏起来。为什么？而在战争中，他们又从来没有胆怯过。这又是什么原因呢？

他们总习惯于服从，这使他们不能为自由而斗争。他们对自己的上级总是顶礼膜拜，进而和宗教教义协调一致，这就使他们不会开枪射击他们的压迫者。德国人干革命也要等待从来也不会等到的上级指示。他们确实有过少数受欢迎的领袖，由于他们没有穿制服，群众就从不敢趋前进行辩论。他们起来战斗是出于服从而不是出于愤慨。在组织卓越的军队里，他们人人善战；但在非正规军里，他们的战斗力就很差；在革命运动中，就更谈不上战斗力了。这就是他们为什么从来也没有西班牙人那样的气势和拿破仑作战。

20世纪人情激愤，德国人在众目睽睽之下，依然像一群被驯服的羊，不受任何大事对国家产生的影响，听任牧羊人带着自己走下去。他们确实出于自愿在北德国会上（1867年通过，1871年批准）投票反对议会行使监督国家事务的权利，因而在决定战争或和平这些重大问题上放弃了自己的权利。现在他们的皇帝是一位90%的独裁者，有着宣战和结盟的权力，引导他们在最坏的条件下进行生与死的斗争。被选举出来的665名代表不得不服从。

数十年来，德国工人和外国工人亲如兄弟，发表不少讲话，通过无数决议，要求制止战争。现在行动的时刻到来了。在战争爆发前几天，国际劳工协会在布鲁塞尔聚会决定进行总罢工，如果真正这么做了，是可以使战争机器瘫痪的。当然像这样的总罢工应该双方同时举行，至少是柏林和巴黎应同时举行。正在遭受容克地主虐待和监禁的工人，难道不也正经受着皇帝的压迫吗？“他们只有一个意志，即朕的意志。现在颠覆活动可能猖狂起来，我命令你们枪杀你们的亲人，包括你们的父母和兄弟，但愿此事不要发生！如果发生了，你们不要埋怨，而要执行我的命令！”1900年柏林市电车工人罢工后，皇帝打电报给首都卫戍司令官称：“我期望下一次至少猎获500个。”皇帝将他的臣民视同玩物，因而采用了打猎的用语。

当国家可以授权拒绝数十亿军事拨款时，社会民主党却一致支持这一提案。在国会就第二次军事拨款表决时，只有一个名为李卜克内西的代表投了反对票。这个人的父亲在1870年7月相仿的形势下，为对付法国通过类似的军事拨款案时也投了反对票。这是霍亨索伦家族和李卜克内西一家在德国历史上的再次相逢。

德国人像勇士一样热情地走上战场，因为他们被告知德国遭到可怕的攻击。这个国家的军歌使人们回忆起它的残酷、它的军营以及在战争爆发前几个月对一个厚颜无耻的少尉的颂扬。通过这件事，世界深深为德国这种依仗军刀、手枪和军服横行霸道的作风所震惊。

事情发生在阿尔萨斯一个军事小哨所察贝恩，有个20岁的容克地主少尉侮辱阿尔萨斯新兵，鼓励士兵殴打不守纪律的阿尔萨斯人。当这件事公之于众时，学生们开始拦住这个少尉，要和他算账，后来他不得不下令让卫兵护送他进城。用武装警卫对付学生一事，使他成为嘲笑的目标。另外还有一个容克地主上校命令50名荷枪实弹的士兵在军营前设立纠察线，这一做法激怒了越来越多的镇民，他们聚集在军营前。这位上校向人群发表讲话并以流血相威胁。有两个人因大笑而被拘留，监禁在兵营的煤库内，准备次日审讯，其中一个人还是地方检察官。由于一些学生手脚敏捷，一溜了事，这个上校军人只能抓住一个跛脚的皮匠。这个皮匠竟被少尉用军刀砍头而死。

这一事件被传出后，人们心情激动。最高军事当局为了“教育下层公众何为尊重和揭露阿尔萨斯纪律松弛的民事当局”出面干预此事。这位容克上校得到训令公开嘉奖这位少尉，容克将军得到训令公开表彰这位上校，而国防部长又奉命公开表扬这位将军。这件事引起帝国议会群情激愤，导致历史上第一次对首相和国防部长提出不信任动议案，但是皇帝却立即表示他信任这两个官员，致使表决未能通过。柏林警察局的容克地主头子在《十字架报》上认为这些军官的举止是他们的权限，是合法的，军事法庭随后宣判他们全部无罪。只有几个对少尉出钱鼓励一事评头论足的新兵受到了监禁。阿尔萨斯总督被免除公职。

这场闹剧只是前奏曲，随之而来是一场战争的悲剧。历史学家早已从中看到分裂的因素。察贝恩事件表明德国军官的精神完全脱离了时代和人民。这种精神必然使国家权力机构不能发挥作用。这种将军怎么能在战场上作战，怎么能期望怀有这种情绪的将军在战壕中了解自己的士兵，又怎么能期待这些士兵理解他们的领导人？这种将军一旦掌握了政治权力，如果在战争危急时刻，整个国家受这些在察贝恩事件中宣判无罪的人领导，又会产生什么后果？而国防部长冯·法金汉正是因为在这个问题上采取毫不妥协的立场，而得到了皇帝特别的宠爱。如果没有察贝恩事件，冯·法金汉还不会在短短几个月内就出任最高司令部的参谋总长。

但是德国的悲剧并不是由于出现了人民和领导人之间的区别而

告终。这仅仅是开端，还有着更为深刻的冲突，随之而来的还有体现在皇帝身上那种德国人的不安全感和自负。

从1914年6月28日到7月28日，有一个月之久，德皇煽动他的盟国、大使以及首相进行战争。在无数的批注中，他下达的旨意反映了他的情绪。奥地利大公遇刺一事引起他勃然大怒，他内心并不喜欢这个人，不过他想利用这一事件，实现自己的神圣使命。法国总统卡诺遭到暗杀时，他的反应并不带有感情，而企图谋刺国王翁贝托则引起他的暴怒。现在大公遇刺则深深伤害了他，他写道："要么现在就干，要么永远也别干！我们必须除掉塞尔维亚人！"

此时，他要表现出自己是强有力的人，也就是他一生中一直企图掩饰自己生理缺陷的那种愿望。他知道，将军们认为他胆怯，而将大公看作英雄，后者也只不过在闺房中逞逞英雄而已。另一个促成这次战争的因素，是威廉只能容忍软弱和忠诚的大臣，如贝特曼·霍尔维格之流。在1914年7月发生重大事件时，如果不是由谨小慎微的贝特曼·霍尔维格、心怀不满的伊兹沃尔斯基和可耻的伯爵贝希托尔德来处理，而是由以前曾掌过权也还在世的比洛、维特和蒂萨处理，世界大战或许可以避免，至少不会在那个时候，那种情况下爆发。

德国最先寻求战争，进而制造战争，而后指挥战争，最终在这场战争中败北。这场战争在爆发时，充分地暴露出这批贵族继承者的昏庸无能。他们垄断了大使和内阁大臣的职位达300年之久，在具有决定性的关键时刻，却不能像商人那样在谈判中运用自如。

德国驻圣彼得堡大使普塔莱斯伯爵收到的从柏林发来的宣战书有两个版本，以对付两种完全不同的情况，但是为了可靠起见，他将两个版本写在一张纸上，都交给了俄国大臣。在这同时，圣彼得堡奥地利使馆成员一直在等待随时可到的本国的宣战书，最后终于收到了密码电报。军官译出电文后，大使紧张地向心情激动的使馆成员宣读电文。而电文的内容却是“尊敬的贝希托尔德伯爵夫人要求不要忘记长期订购的俄国巧克力，1914 年 8 月 1 日发自维也纳”。这是当时在场目睹的人告诉我的。

这一天，皇帝已在这场赌博中输了。他走得越远，他的神经质性格就越使他犹豫不决。作为演员，他鼓舞自己像英雄一样死在战场上。但可以肯定地说，他只是想像演员一样死在舞台上，而不是在实际生活中。因而，当塞尔维亚人几乎全部接受了维也纳的最后通牒时，皇帝感到宽慰，他写道：“这就消除了任何战争的理由！”但此时已为时晚矣！维也纳伯爵们已经进行了周密的筹划，他们不愿意放弃这个计划。40 年来，每年举行的军事演习和动员只是纸上谈兵。而现在战争阴影已遍布欧洲，成为现实。甚至战争的另一方，圣彼得堡和巴黎也在期待这一天的到来。3 天来，威廉徒劳地发出一次又一次的紧急电报，警告他的维也纳盟国和柏林的将军们。可是现在战争的机器比他更强大，他单独的行动再有力，也不能关上战争的大门，他已经失去掌握战争的钥匙。在这一时刻，他甚至害怕会遭到大公集团的废黜。

当这一切过去以后，他和懦弱的人一样，将一切归罪于别人。他写道：“斯拉夫人的背信弃义，拉丁人的横蛮高傲，英国人的言而无信对这场战争都负有罪责，而真正的战争罪犯是英王爱德华，即使他死了，也比我这个活着的人还有影响。”至于威廉，在人们看来，他是德国军人的国王，实际上正是他，铤而走险投入这场世界大战中去。他站在皇宫的阳台上，带着悲剧的表情，向柏林市民大声地讲了几句话。而站在阳台下的人群，并没有唱起德国国歌，也没有唱起皇室的颂歌或旧军歌。他们唱的是一首古老的路德赞美词，一首更适合在战争结束时唱的歌。歌词的开端是：“让我们用心灵、双手和声音感激上帝！”两代人以前的 1848 年 3 月，叛乱的人群在皇宫前唱过：“耶稣，护送我的灵魂走向天国吧！”

7

军阀的厌战——兴登堡和鲁登道夫的出现——两者的对比——相互配合——兴登堡的传说——德国的英雄

本书不准备论述这场世界大战的进程。在这场战争中，勇敢、守纪律、随时准备牺牲，这种种德国人的特性得到了充分的表现。德国人家园的破坏要比法国人的更轻，因为敌人实际上并未踏上他们的国土。然而从另一方面讲，他们固守碉堡，生活极其困苦，在战争的后期，德国饿殍遍地。在这两个国家中，每个家庭中都有死亡，然而两个国家人民的内心都感到道义上的安全感，因为他们都感到无端地受到了攻击。德国中产阶层和劳动阶级都不能抱怨在战争之初受到了欺骗。但是即使说德国人民因相信了政府的一小部分人，因而对战争的爆发承担一定的责任的话，那么对这场战争的延续，他们是无罪的。在“国际”遭到破坏以后，工人已失去了争取和平的手段。当他们试图这样做时，他们已无能为力，成了乌合之众了。

当时只有个人，可以作为象征牺牲自己。卡尔·李卜克内西这样做了，结果受到了监禁。在战争爆发两年以后，他在柏林散发传单，向大家发声呼吁，德国只有在保卫自己的时候，才应该起来战斗。而政府宣称，它正是这样做的。1917年初，柏林20万工人罢工，只是在政府采取暴力手段并颁布军事法之后他们才被迫屈服。1917年底，俄国人，特别是托洛茨基从布列斯特—立托夫斯克发出的呼声传遍了全世界，给德国带来了深刻的影响。1918 年初，有 150 万奥地利和德国工人罢工。他们唯一的要求是谴责任何企图征服他国的行径，在这个准则的基础上，德国才有可能取得体面的和平。为了对付这些工人，当局采取了种种残酷的惩罚手段，其中有一种严重伤害了德国人心目中的战争光荣感。这就是凡是被认为是犯法的工人，就得从工厂强制遣送到战场上去。本来不去打仗要受到良心的谴责，是不光彩的，而现在人们认为只有犯法堕落的人才走上战场。

谁是最大的军阀现在已经显而易见。在经历了异常狂暴的 25 年以后，他坐在宫内，心情烦闷，身着草绿色军装，这是他参加这场他应承担责任的战争的唯一标志。当全世界称他为第二个阿提拉[1]时，他早已引退，面色苍白，离开了危险和决策的地方。这时敌对的双方军阀最关心的是相互宽容。他们商定彼此不轰炸对方的司令部。在战争爆发前夕，焦虑不安的德皇曾下令立即要将海军舰队从港口调离出去。后来并没有执行这一命令，德国海军舰队依然在港口内安然度过了四年。战时，德国人均得交出家中的铜器，而德皇的专列火车上却装有铜浴缸，德国人每个月分配的鸡蛋不多于两个，而德皇普通的午晚餐都得有三道菜。

德皇最后交出权力的根本原因是害怕发生叛乱。为了维护自己的形象和名誉，他不久即在将军们的保护下自行引退，避免了臣民的攻击。于是国家的重担落在冯·兴登堡将军的肩上，他先被任命为陆军元帅，随后又被任命为帝国总司令。这是德国人决定命运的一件大事，它的后果是使德国人民遭受了有史以来两次最大的失败。兴登堡这个独裁者在上次世界大战中落得失败的下场，后来又是他被纳粹召来出任总统。

[1] 阿提拉（Attila，406—453），匈奴人领袖，以凶暴著称，被称为“上帝之鞭”或“天罚”。——译者注

在战争之初，当已经退休的兴登堡被召回时，他已是 66 岁年近古稀的将军了。他是容克地主、东普鲁士地主的儿子，任职军官已有数十年之久，而且他也是捕捉鲱鱼的渔夫和掘墓人的后裔，因为他有一个祖父走错了一步，娶一家平民女儿为妻。这门亲事使兴登堡有了一个曾经站立在波茨坦宫前肃立致敬的高大榴弹兵外曾祖父。他的外曾祖母是宫廷洗衣妇，很可能洗过他曾祖母为出席宫廷舞会而穿的衣服。兴登堡的母亲深为她的祖先而自豪，1848 年时她曾收藏和保护过国王的旗帜。她是在对人民怀有敌意的气氛下将兴登堡培养成人的。但是兴登堡最重要的一个条件是身高一米八多，不提及这一点难以理解他日后的仕途。他的高大身材，并不是继承容克地主的血统，而是继承了当榴弹兵祖先的血统。

1871 年他在巴黎时为少尉，后来骑着马在国王后面随着凯旋的队伍穿过勃兰登堡大门。后来，他作为恪尽本职的军人，总是按规定逐级提升，从未引起人们的注意。而现在要将这个人放在鲁登道夫将军的上面，因为鲁登道夫作为战略家是众所周知的，但是在人们看来，他又过于年轻，当时的惯常做法是由一位年老的绅士出任协会的名誉主席，置于协会干具体事的执行秘书之上。

兴登堡和鲁登道夫两个人受的教育虽然类似，但由于两个人的性格和青年时期的不同经历，两人既有截然不同的一面，又有互相补充的一面。所有目睹的人谈论兴登堡时，总是谈论他的性格，而对鲁登道夫则是谈论他的精神。在谈论兴登堡时，没有人记得他在专业或个人方面有什么独特的见解；而在谈及鲁登道夫时，没有人认为他有哪怕一丝一毫的善良个性。兴登堡给伙伴留下的印象是沉着，而鲁登道夫则富有能力，这是前者所不及的。福煦对这两个人的评语是：“鲁登道夫是位将军，而兴登堡则是爱国者。”

他们的身材也成鲜明的对比。兴登堡粗犷朴实，像一座木雕像，生来就受到人们尊重。鲁登道夫的个子则要小得多，看起来长得不够匀称，但并不纤弱。这两个人不像济金根和胡登，在身材方面有着极为鲜明的差别。兴登堡这个人到 70 岁依然健康，直到 87 岁也还是如此。他在整个一生中，睡觉、吃饭和行动等都非常有节奏，从不受工作的影响，在战时也是如此。而鲁登道夫在战争前夕因患病已筋疲力尽，面色苍白，双颊瘦削，这是浩繁的工作在他身上留下的痕迹，他的身体从未通过体育活动或娱乐得到过恢复。鲁登道夫从来不知道休息，也从来没有满足过。

从来没有人看到兴登堡激动过，也没有看到鲁登道夫大笑过。鲁登道夫这个人可能由于是天生的怀疑主义者，他所有的感情，除了野心勃勃外都受到压抑;或者可能是宿命论者，他越来越陷于沉思，探讨人类的问题。只有一点是肯定的,那就是鲁登道夫不相信任何事，他靠的只是运气。

而兴登堡这个人一生都笃信上帝，忠诚于天降以重任的国王。他在下达军令时总要祈求上帝的保佑，每当他作出重大决定时总是要加上一句:“愿上帝保佑我们！”

这两个人都是士官生出身，一个以他的品质和坚定不移，一个以他的能力和知识，通过不同的途径，成为著名的第二流人物。两个人都有忍耐的美德，有责任感，为人正直，有不为人收买的品德。但是要指挥 1000 万人、指导 6500 万人、取得对世界的了解、获得有关欧洲的知识，这显然是总参谋部主管人力不能及的事。要做到这一点，除必须承担的义务和责任之外，还要求具备天赋，这就是生下来就具备的品质——灵感、激情和想象力。作为一个老人，届此高龄，体力和性格的变化导致兴登堡早已不会再有任何妒忌心。而那位年轻人也很狡猾，他先将荣誉让给别人，因为他的野心在于权力而非荣誉。确实，他后来声称，一切的荣誉都应属于他。

从来也没有一个总司令和参谋长能像他们两个人一样，完全在个人的基础上建立这种恰当形式的关系。

鲁登道夫处于优势地位并不意味他单独承担责任。兴登堡从来没有否认他自己应承担的责任。兴登堡承受鲁登道夫全部荣誉的同时，也忠实承担了由于鲁登道夫的错误而造成的全部压力。兴登堡确实不想争权，但他被自己签署的命令弄得束手无策；如果有人将日后任何涉及德国命运的决定归咎于鲁登道夫个人，这将意味着对兴登堡形象的丑化。

促使两位将军分道扬镳的故事，简直是传奇性的。其原因深植于德国人的性格，德国人总是赞誉一个人，而将属于别人的努力也归功于这一个人。没有这个传说，战争的进程也许会有所不同，结局也许会有所不同。这个带来危险后果的传说来自人民，因为他们一直在寻求一位想象中的领袖人物，因而必须回过头来谈谈人民。

形成这一传说的第一个起因是坦能堡的胜利。这是德国在这场战争中取得的首次胜利，是为人民所理解的一种胜利。敌人被包围，他的军队被消灭，有10余万人被俘虏。每个人都在问，是谁打了胜仗？

德国人首先获悉的是兴登堡是个巨人，和齐格弗里德一样强劲有力，同时又和孩子一样温柔。他外表粗野，内心却很纤细。他的头像很适合做成石膏像，目光安详，髭胡繁盛，一副雕刻出来的军人面部表情，对每个人都有极大的感染力；同时他体格魁梧，头发灰白，温情脉脉，又显示出他是德高望重、强劲有力的贵族。而当德国人听说他本已退役时，他们满心高兴。这既是误解同时又可以使人内心感到纯洁。此外“兴登堡”这个名字富有音乐旋律，他在坦能堡胜利后第一次签了这个姓名，没有用他的全名——冯·贝内肯道多夫。他的外形威风凛凛、沉着坚定，有着指挥作战司令官的风度，同时又有着慈父般的感染力，具备赢得德国人崇敬的所有特点。为了取悦人民，他使尽了一切力量。“这场战争对我很适合，好像进行了一次温泉疗法。”当他说出这句话时，他完全赢得了这个尚武民族的心。

所有这些长处，鲁登道夫都不具备。他既不高大，也不是贵族；

他不老，不像和蔼可亲的父亲；没有粗野的外表，内心也不纤细。恰恰相反，他阴险、易怒、野心勃勃，但是德国人尊敬他，需要他，有如诸侯需要有一个为王室传宗接代的配偶一样，认为他是一个不可缺少的人。由于他不是最高司令官，他甚至在权威面前，公开回避德国人对他的崇敬。

有许多论述提及并且认为，这位新将军在坦能堡曾经进行过认真的研究。实际上他只不过参加了一场早已在进行的战役。至于这场战役的继续，鲁登道夫是要单独负责的。因而，鲁登道夫的助手，霍夫曼将军后来说，当他听到是兴登堡在坦能堡取得胜利时，他对当年迦太基将军汉尼拔在坎尼战胜了罗马人的这一说法再也不相信了。短短几个月内，在人们脑海中，兴登堡取代了皇帝。对皇帝的焦虑不安和讲话，人们已容忍了很长时间，现在至少出现了一个性情这样平和、语言极有分量的人，自然取得德国人的欢心。这一切在德国历史上都是新的，很难和俾斯麦相比。

这一传说形成于 1914 年秋，它对接踵而来的 50 年德国历史产生了极为巨大的影响，它确实决定了这场战争和后来建立共和国的历史。自从兴登堡开始在一次真正的战役中取得胜利以后，人民寄希望于他个人取得这场战争的胜利，即使在失败后，这种希望也没有消失。这一点和德国人的性格是一致的。德国人总是愿意把智慧才能转化成为感情，他们信任的不是一个人的才能，而是一个人的性格。他们赞赏的是崇高淳朴的理想。

德国人只是偶尔受另一种类型的人的迷惑，那就是威廉二世和希特勒这类善于做作的人。

8

残酷无情的潜艇战——在将军面前的代表——“恐吓战略”

这两位将军统治德国为时两年之久。这在德国历史上是第一次不由国王，而由一个容克地主和一个平民实行独裁。当兴登堡和鲁登道夫 1916 年取得军队统率权时，俾斯麦的宪法实际已停止执行。当时的局势和今天有些相似，只不过那时是由军人保护领袖，今天是以政党为后盾。专政独裁的范围成倍地扩大。这两个将军强行制订了一份新的针对西方的战争计划。他们百般干扰首相和内务大臣的工作，将拘留、新闻检查和宣传权转到各省军区司令部的手下。他们筹划整个帝国的经济工作，对战争的目的发表看法，提出和平建议，颁布大赦令。除战争计划之外，面对这些繁重众多的任务，这两个人缺少知识和经验。不像今日纳粹的领袖，他们没有七年的经验可以汲取。因而他们在司令部里掌握着同样的权力，面对着同样的问题，只是能力相差太远。

德国和其他国家还有一个区别，即议会的作用。最初，德帝国议会这批听话的议会代表在通过数十亿战争拨款案之后均已回家，各政党也达成了休战协议。德国人民为它起了非常浪漫的名称：城堡内的和平（封建的和平），但是将军们并不认为是“和平”，仍然宣布德国处于“戒严状态”。伦敦、巴黎和罗马的议会都在开会，只有柏林和维也纳处于闭会期间，有时为了批准某些新基金会等项目，召开过一些短小的会议。“在战争期间，政治家必须缄默不语”，这是德国军人和皇帝向所有宁愿为德国而死，而不愿为德国而思的德国人发出的一个精辟口号。但是仍然有极少数人集合在一起，派代表团请愿，要求不要打仗。这几年来，形成了独裁者、将军和容克地主为一方，左派政党代表为另一方的分歧局面，后者希望通过谈判取得和平，独裁者则反对，因为他们和重工业集团都希望彻底征服对手。

当他们再也不知道如何将这场战争进行下去时，就于 1917 年 1 月决定，采取潜艇战这一新形式，封锁英国。他们肆无忌惮地将它命名为“残酷无情的潜艇战”，由此可见它的真正意图。了解美国的人早就提出警告，要防止美国参战，对此，一个容克地主在帝国议会上称：“美国人既不会游泳也不会飞，他们能把我们怎么样？”此时，甚至首相也鼓起勇气对这一决定提出警告。在开战的第一天，皇帝授予首相以军事委员一职，以免他因身着便服出席帝国议会而窘迫不堪。这位刚刚表示过进行潜艇战是致命危险的首相，当他身佩闪闪发光的勋章在总司令部出现时，却一改原来的态度，表情坚决，小心地和副首相一起签署了进行潜艇战的文件。

1917 年 7 月，帝国议会代表群情激愤，议会以绝大多数票通过一份宣言，要求和敌国谈和。独裁者以及国王此时都回到柏林，劝说这些文职人员恢复理智。将军们两次会见了议员代表。如果其他国家出现这类危机，通常应该由将军参加内阁和议会的会议。这是一个历史时刻，将军应在代表大多数人民的议员面前，对他们的质询作出答复。

代表德国人民的这十几名议员在这场赌博的开端就已经输了。他们不是在帝国议会接见将军，而是由议员代表走访总参谋部，而且一次只见到两三个人，好像一家人去看牙医一样。军事独裁者对迅速实现和平问题只字不提，却大谈占有比利时和东西欧煤矿、矿产地和生产谷物的省份的必要性。

次日，皇帝第一次会见民主人士和社会党人的代表。在这以前，皇帝只从很远的距离，在一个群众云集的场面上看过他们一眼。现在皇帝嘲笑这些应一个大臣邀请来会见他的代表，狂妄地侈谈他正在准备对英国进行第二次背信弃义的战争，最后他表示："凡是在禁卫军出现的地方，就不能有什么民主可言。"这一谈话精神，贯穿于这次代表两个世界会见的整个过程之中。没有一个人民代表敢吭声。皇帝和容克地主大声嘲笑工人和市民。

1917 年圣诞节前后，正在以不兼并领土为条件寻求和布尔什维克进行谈判实现和平时，由独裁者派去的将军却要求割让领土和有 200 万波兰居民的"走廊"。谈判因而突然停止，双方再度出现敌意。后来以割让立陶宛和爱沙尼亚为条件，实现了遵照德国意旨的和平。此后不久，即 1918 年春，在布加勒斯特再次实现了遵照德国意旨的和平，罗马尼亚的石油、谷物和铁路被交给德国人 99 年，这个国家继续被占领 5 年。战后，人们将同样的条件强加在德国人民身上时，他们却称之为"这是受奴役的屈辱的和平"。与此同时，独裁者继续在前线贯彻福煦所称的"恐吓战略"，向拥有优势的敌人发动正面的攻击，又有 50 万德国人白白牺牲。到 1918 年 8 月，当兴登堡已经放弃了胜利的希望时，他仍然不接受进行果断的和谈以避免战争造成灾难的建议，而是继续将这场战争进行下去。独裁者对在战争最后 3 个月毫无必要死去的每一个德国人，都应该受到良心的责备。在总司令部召开具有决定性的会议上，他们不告知大臣早先已有秘密报告指出这场战争已毫无获胜的希望。兴登堡甚至在讲话时，对底稿上有句听起来不那么英勇的词句略去不讲。独裁者蒙蔽政治领导人，不让他们了解真实情况，就像破产的企业有时窜改资产负债表一样。大臣们因不得不向"这些在战争中应运而生的将军俯首乞求"，而放弃了他们的要求。

9

自上而下的民主——崩溃——皇帝的出逃——凡尔赛——法国的错误——奴役的条约

1918年9月底，鲁登道夫突然摊牌，抛出一份文件声明，要在24小时内停战。和所有其他文件一样，这份文件是由兴登堡签署的。这就是说，是他首先提出要求进行仓促的灾难性停战。

但在这一刻，一切都已失去的时候，独裁者却认为依靠民主的眷顾，可以保住自己。在德国人民被打败后，他们却受命今后自己治理自己；在他们的领导人再也不能将崩溃破产的真实情况隐瞒起来，需要有人出来清理这一破产企业时，德国人民在19世纪曾经3次试图建立都未能成功的代议制政府，现在却得到了允准。这一绝望的形势只向少数政党领导人作了通报，他们根据兴登堡的紧急指示，要在24小时内促成停战。代表们大吃一惊，不知所措。在场的人后来描绘这种情景时说，代表们顿时面色苍白，接着痛哭流涕。但是没有人出来反对承担和谈的责任。为什么这些在过去一两年中早就主张和谈的人，在这一场合下却失去了勇气呢？为什么他们不将这个球踢回去，要求皇帝、独裁者和容克地主阶级去缔结这个灾难性的和约呢？有指望的日子终于到来了，现在是德国成为人民的国家的唯一时机，一旦错过便不会再有。

1918年10月初，一切事情依然如旧。原本无辜的人心情沉重，默默地承担了战争的罪责，连反对的意见都不提。有十几个公民，过去在宣战或这场受到谴责的战争还在进行时，未被征求过意见，现在却被要求出来承担责任，就好比明明没有参加聚餐，现在却要掏腰包。巴登诸侯马克斯，这位精神不安、虚弱的人也是最后的一位伯爵，被任命为首相。他拒绝仓促向威尔逊发出求和的电报。他向独裁者提出少许问题，获得的答复是一切均已解决。容克地主突然不见了，现在治理这个国家的是工人和市民，但他们的死期早已到来。皇帝宣称，“我将欣然和艾伯特先生一起合作，我并不反社会民主党，只不过这个党的名称需要改变。”巴登诸侯马克斯，这位首相同时又成为民主派，也许只是暂时的民主派。他为新旧两个德国之间搭起了一座桥梁，尽他所能撮合这两个德国。

到了这个时候，皇帝也还没有签署新宪法。逃避制定这样一部宪法是他的本性。外交大臣一再敦促皇帝签署，事后他描绘这幕情景时写道：皇帝先是要求去吃饭，转过身来向大门走去，听任宪法放在桌上未予签署。4 年多来，容克地主和将军一直不让德国人民参政，却让他们流血牺牲，不征求他们的意见。30 年来，皇帝一直拒绝人民对政府行使的监督权，现在由于岌岌可危的形势而从他手中被夺走了。辛兹大臣写道：“桌上放着至高无上的诏令，日期为 30 日，我一直尾随着皇帝陛下走到大门前，反复告诉他，新政府能否成立取决于他签署与否。皇帝转过身来，跨步走向桌前，签署了这份诏令。”

德国就以这样一种漫不经心的方式建立了民主。因为它是自上而下交出的民主，而不是通过斗争争取到的民主，因而它缺乏内在的力量，几年之后就分崩离析。

和威尔逊的停战谈判，是在 10 月份由双方交换照会之后仓促开始的。因而，歪曲历史的人可以告诉下一代人，正是这些民主派进行了这场输掉的战争，否则又为什么要他们出来收拾残局呢！

在这些宣传的影响下，有一小部分人民和军人起来叛乱，最早是基尔和威廉港的水兵，而后是慕尼黑、弗兰肯，最后是柏林的社会党人。在维也纳也发生了类似的运动，因为哈布斯堡皇朝也战败而分崩离析。没有人要求追查政府首脑的罪责。水兵的要求并没有使人们吃惊，而是得到了人们的同情。

"只要给我们同样的食品和平等的报酬，这场战争早就获胜有期！"这句话反映了普通军人不满的主要原因。他们所要求的不过是不能比军官吃得差。直到1918年底，普通士兵看到在某些餐桌上放的都是印刷精美的菜单，这会使他们产生什么想法？一个老兵后来说，餐刀被用来当"暗中伤人"的武器，还有开酒瓶塞的刀、开罐头的刀和碎冰器都派上了同样的用场。在最后的夏季战役中，老兵们确实已满腹怨气，偶尔也以"罢工破坏者"等骂人的话欢迎年轻的补充兵员。几年以来，他们亲眼看到和听到一个又一个传说中的事。当他们衣衫褴褛回来时，在基地上生活舒适的军官却用"前线的猪猡"这些骂人的字眼欢迎他们；在成千名预备军官中几乎没有人被允准晋升为参谋部较高级的军官。乳臭未干的少尉可以对每一个老预备役军官大声叱责。这支军队接受了两个世纪以来的普鲁士纪律教育，否则他们在前线就会爆发一场革命。直到11月革命前，劳动阶级还没有要求建立共和国。

独裁者终于决心改弦易辙，不再反法，而是将目标对准国内的反叛。只有民主派人士关心停战，至于帝国议会，并没有夜以继日地开会，而且还在10月26日星期日自动休会一天，迟至11月8日才和皇帝多次讨论向柏林进军问题，行动的代号是"向祖国进军的行动计划"。

军官已人心涣散。这些军官家族们30年来享受了前所未有的特权，而现在却没有一个人愿意为皇帝杀身成仁。皇帝想尽一切办法也是徒劳。在这以前，他罢黜了鲁登道夫。兴登堡告诉他，军队早已拒绝调遣。忠诚于皇帝的封臣知道，这位优柔寡断的主人所能做的，不过是寻求生路而已。这些封臣依然留在皇帝身旁，沉闷迟钝，几乎是毫无生气。

当威尔逊的照会要求皇帝退位时，柏林也发出了同样的呼吁。新首相每天——后来每隔半小时——就打电话给皇帝要求他退位。在11月9日这一天，当首相得到皇帝半心半意的退位保证后，皇帝在柏林宣布退位。威廉别无选择，因为工人领袖只有在皇帝退位的条件下才同意不流血而改朝换代。所谓不流血，是指德国人在这场失败的战争中已经死亡200万人后，不要再流血了。

在这最后的时刻，皇帝还抱着幻想，面对壁炉里还在燃烧的余烬，他仍像演戏一样，神气十足。但是正当他声称明天即将进军国内时，他却已经看到窗外白金色的专列火车，像匹强健有力的骏马整装待发。他知道，他乘上这列火车后将一去不复返。此时，他还对自己的儿子说："决不退位！"而每个人都知道，次日他即将黯然离去。最后，他告诉那位越来越让他讨厌的副官说："好吧，如果一定要我退位，那也要等到明天早晨。"于是，副官在专车上准备好了六个人的午餐。

次日清晨，当他儿子起来时，父亲已乘汽车悄然离去。在晨曦微露的时刻，威廉逃到了荷兰，在未获准避难前，不得不在边境上一幢用波纹铁皮搭的小候客室里等了六小时之久。

柏林革命的消息于午间传到圣彼得堡，德国大使米尔巴赫伯爵在餐桌上大声朗读来电。在座的绅士们放下刀叉，顿时脸色苍白，面面相觑。可是最为吃惊的却是在旁侍候的招待员，一个德国士兵。他本来应该感到，此时此刻他是唯一可以代表德国人民的人，他应该有所作为。他本来可以高呼"共和国万岁！"或者打碎一个碟子。在这一尴尬的处境中，他为了稳妥起见，只是脱下了自己的白手套（据一位目击者告诉我的信息）。这名德国人就是这样，继续以赤裸的双手为自己的主子服务。

欧洲不少国家在战败的困难时期建立了共和国。1871 年，革命的法国不得不为皇帝打败的战争付出代价。新建立的法兰西共和国剥夺了被废黜的王朝及其阶级的权力。直到这次世界大战前，被赶下台的家族始终被放逐在国外。而德国的做法却恰好相反，这不能推诿于签订了一个不好的和约，而是由德国人的性格造成的。

因为不论《凡尔赛和约》如何不好，与一年以前德国强加在被它击败的俄国和罗马尼亚头上的和约相比，还是温和得多。而如果没有新的世界道义代表威尔逊的坚持，这个和约的内容可能更为温和。这个和约内容非常多，难以一一枚举。简而言之，《凡尔赛和约》基本条款可归纳为下述几点：

> 德国将阿尔萨斯—洛林割让给法国，以前从波兰抢来的波森归还给波兰，西部一小角土地让给比利时，但泽成为自由市，梅梅尔属立陶宛所有，上西里西亚和石勒苏益格举行公民投票决定归属。因而，德国所失去的只是原先外国人居住的德国地区，这些地区现在被归还给原来的所有者。6500 万的德国居民减少了 700 万人。莱茵河左岸和萨尔区被占领 50 年，萨尔区通过公民投票决定未来的归属。莱茵河以东 30 英里内的防御工事全部被拆毁。和约规定交还大量的船只、牛群、煤和铁路设备。还规定赔偿战争损失，不过赔偿额尚待确定。此外，德国还被要求裁减军队，陆军缩减到 10 万人，海军缩减至 1.5 万人，允许拥有小型舰只。德国交出它的殖民地，在国联监督下，由不同国家托管。

几乎所有这一切均符合威尔逊提出的停战原则。此外和约还规定通过公民投票确定阿尔萨斯的归属，老年退休金不应纳入赔款项目内，德国的裁军应在全面裁军之后进行。

但是协约国最大的疏忽，是未在停战之后立即派出一艘满装食品的船拯救即将饿死的德国孩子。丘吉尔和劳合·乔治均向我保证说，他们最初确实想这样做的，“但是这个国家当时充满着对德国的仇恨”。但当时如果作出这种姿态，将会赢得上百万德国人，特别是母亲们的心。

如果人们将法国人在1919年打败德国和德国人1940年战胜法国人之后提出的要求相比，《凡尔赛和约》显然非常有节制，这是毋庸赘言的。

《凡尔赛和约》中没有一个条款对德国来说是难以忍受的。东部地区几乎是渺无人烟的地区。我就诞生于靠近那里的边境地区，经常有人打听那一地区是否已成为俄国人的波兰地区。斯特拉斯堡既不是德国的，也不是法国的，而是阿尔萨斯人的。因为阿尔萨斯人既不喜欢被法国统治的47年，也不喜欢被德国人统治的20年。居洛林支配地位的是法国人，因而俾斯麦根本就没有想吞并它。阿尔萨斯和洛林本来可以建立小公国，而现在也只能建立小公国，类似的公国在欧洲大陆上目前有五六个。在德国人的心目中，莱茵河是他们的边境，莱茵河一直是德国的。

《凡尔赛和约》的错误在于只要求德国一方面裁军，而它的周围邻国依然是刀光剑影，对于这个剽悍的武士民族来说是过分了。德国的复仇运动根深蒂固。这是出于德国人的荣誉感，就和身上佩的刀剑一样，是一种至高无上的光荣。现在德国人失去了刀剑，而其他国家却仍拥有刀剑。他们感到他们的荣誉也随之消失了。

不过如果那时允许德国保留武装，保留所有的城市和省份，一寸土地也不丢失，那么不是在15年之后而是早在5年之后就会出现一个希特勒；因为德国人誓为失败而复仇的愿望，埋在内心的深处。

然而，1919年5月，巴黎已经预料到这些条件会遭到拒绝。这是事物发展的必然规律。当时，德国人正处于饥寒交迫之中，情况非常悲惨，共和国代表在魏玛举行了会议。难道因为他们是工人和平民，他们就不爱自己的祖国吗？当时又有谁敢说，某个阶级比另一个阶级更爱自己的祖国？确实，正像高贵的伯爵兰曹所做的，拒绝巴黎的和平建议的可能性是存在的。

因为德国人得到了多年来连想都不敢想的两位朋友的帮助，一位是威尔逊，另一位是列宁。前者带来了重新和解的原则、正义和国联。后者是德国敌人的敌人，准备尽快出动红军援助这个新兴的半社会主义魏玛共和国。如果魏玛确实热爱自己的祖国甚于其他，就必然会和这个事先没有预料到的国家结盟，将这场战争继续进行下去，以击败已经同样筋疲力尽的敌人。

但是同样存在的还有对共产主义的极端害怕，内部派别领导人之间的互相仇恨，还有怒火满腔的德国社会党人，他们不愿意看到俄国人通过革命而不是通过改良来解放自己，以及天主教中心对俄国无神论者的反感。伤感、饥饿、财产、恩怨，种种因素结合在一起，促使德国人不愿意和布尔什维克站在一边将这场战争进行下去，而宁愿接受条件苛刻的和平。于是，温和的左派接受了这一所谓的“屈辱的和约”，而唯一挑起这场战争的罪魁民族主义右派，却高傲地反对这一“和约”。

这一高傲的“不”字，使容克地主、工业巨头和日后出现的纳粹，得以继续保持他们的政治生命达十余年之久。

10

革命，而又秩序井然——他们仍然是臣民

这次动乱几年以后，一位普鲁士诸侯将房产家具拿出去拍卖。在拍卖品中有腓特烈大帝的一支长笛。一群波茨坦军官决意要为霍亨索伦皇室保存下这一遗物，他们参加了这次拍卖，有位军官对普鲁士诸侯说：“我们不能让这一宝物落入世俗之辈手中。我们应该像一个人一样，在我们伟大国王的长笛面前立正看齐。”

诸侯冷眼横对他们回答：“如果你们在11月9日，也能坚决地团结在国王的周围，这支长笛何能落到今日第一件被拿出来拍卖的地步？！”

德国革命给历史带来了奇特的现象。一旦国王下台，军官、容克地主、仆从和宫廷人员都背信弃义，不再忠于国王，唯一还忠于国王的是平民、人民。他们依然毕恭毕敬地在诸侯面前出现，并没有在最初的惊慌失措中逃走，他们带着窘迫的表情，恳求诸侯们安然撤离。当身居波茨坦宫的皇太后在子孙的簇拥下，听到士兵在开枪，想到沙皇、皇后是在何等恐怖的情景中遭到追捕时，一位使者走进宫来，肃立致敬，并以训练有素的军人腔调报告说：“陛下，您在我们保护之下。我们已采取防范一切的措施。敬候陛下谕旨！”

22位德国国王和诸侯，或者他们的皇亲国戚，加在一起估计有120人，没有一个德国士兵或工人从他们身上拿走任何一件东西，就

是数以千计的宫廷官僚机构中的大大小小官员也没有一个人这样做。

这是历史上最奇特的一次革命。最后，只是因为更富有战斗性的李卜克内西 20 分钟前在皇宫中宣布成立红色共和国，谢德曼才在国会中宣布成立资产阶级共和国。那天中午，阳台上的一场斗争决定了德国的命运。艾伯特在听到宣布红色共和国成立后，“气得脸色发紫”，他对着自己的伙伴大声咆哮：“你不应该这样做！只有国民大会才能通过组织政府的决议！”

然后就发生了水兵兵变。他们在 10 月底拒绝执行军令，因为他们在军港中已经生活了 3 年，在兴登堡宣布战争结束后，却突然受命要奔赴远洋作战。至于水兵在 11 月 5 日的要求也不过是释放被押的同伴，保证不在他们的军人证上记载不利的评语；官兵伙食平等；废除在非值勤时强迫性的敬礼；最后还有改变对军官称呼的方式，“舰长下令……”只在报告开始时使用一次，随后只用“你”这一称呼，而不再称呼“舰长”。这些就是 8 万名水兵的要求，他们当时已经扣押了 3000 名军官，并控制了所有的武器。

工人和士兵委员会秩序井然，以至于兴登堡也表示要支持这个委员会。几百名营养不良的水兵占领柏林皇宫达数周之久，他们突然发现自己群龙无首，而皇宫的地窖中装满了德国人 4 年来连味道都没尝到的各种食品。他们会不会猛扑上去，举办个宴会，大吃大喝一场呢？不，他们交由一个特别行政小组，荷枪放哨，装备有催泪弹，严实看守 54 个地窖房间的每个门户。他们按照每日配给量分给每个同志，而且都登记入账，一清二楚，留给张伯伦伯爵。后来，当他们在楼上窗口架起机枪时，还铺好旧报纸，保护精致的硬木家具。在皇宫被敌人轰炸后，他们将碎石乱砖在院中清理成三堆：一堆灰泥，一堆铁，一堆玻璃。

在德国遭到轰炸后，德国市民也被分成三堆：旧掌权者，新掌权者和激进分子。在这场暴动中，问题并不在于哪一派更勇敢，或是哪一派更胆怯。路障既不是用石块，也不是用车辆，而是由无数的教条堆砌起来的。他们手执的不是枪炮，而是言辞。他们缺少的是足以燃起一场革命的最关键的火花。只有在开枪射击反对激进分子的地方，才会出现这样的火花。两派反对一派，这是造成共和国垮台的最重要原因。

在这场斗争中，跨出的第一步是具有决定意义的。德国的命运在共和国成立的最初几周内已露端倪。只要旧的压迫者还在胆战心惊，等待着有人出来炫耀权力或发表强硬的声明，他们对新当权者就还是尊重的。不过他们只是站在隐蔽的地方，竖直了耳朵却什么也听不见，然后他们从隐蔽处面带笑容地走出来，悄悄地走近他们的同志说:“当没有什么令人害怕时，我们就会收复失地！”

11

缺乏治理国家的天才——新国旗

这几年德国发生了什么事？或可能发生什么事？

多少世纪以来，这个国家的容克地主拥有一切合法的权力，其必然的结果是滋长的权力欲取代了对自由的热爱。德国工人革命受挫，并不是由于他们太富有民族感，而是他们太热切地要求自己处于“从属”的地位。

因而绝大部分沉着镇静的工人和四年前的所有德国人一样，被迫两线作战，把自己全部投入反对激进的兄弟伙伴的斗争中，希望自己强大起来，在清除激进分子以后转而对付旧执政者。但已为时过晚，良机已失！旧执政者此时又积蓄了力量。这就是德国的悲剧。

为了停战谈判的需要，老百姓解除了军人贵族的职务，防止他们卷土重来，而现在缔结的和约实际上更加重了市民的负担。在这时出现了双重变化。统治这个新国家的资产阶级集团和保守的工人在讲话和声明宣言中，以及报刊和书籍上，经常指责敌人用武力将和平强加于德国人身上，却从来也不指责那些真正有罪、多年以来一再拒绝合情合理和平建议的人。资产阶级集团和保守的工人后来习惯以这样的方式统治国家达数个世纪，他们非常狡猾，不指责敌人，却埋怨老百姓签署了和约。

鲁登道夫归罪于停战，这造成的道义和政治的后果是巨大的。

造成共和国失败的另一个原因，是新政党缺乏治理国家的天才。在50年专政期间，最初是以俾斯麦的名义，而后是威廉，最后是鲁登道夫，政治才干从1848年以前代代相传，保证了无数的冲突得以缓解。容克地主没有学会治理国家的本事，他们只是统治这个国家，而作为真正的军人，他们知道如何补充兵员，不断地吸收新鲜血液。30或40个有效管辖普鲁士达200年之久的家族，保护着容克地主的统治，保证国库的财源供养这些容克地主们。他们时常会派一位兄弟或堂兄弟在政府中任职。人们还记得热那亚或葡萄牙商人总是派遣自己的一个儿子随着帆船队远涉重洋带回财宝，这样他们可以轻而易举地出卖这些财宝。只要在柏林有一位农业大臣，就可妥善地照顾易北河或奥德河两岸数百家权势赫赫的容克地主。

现在出来协助党内数百万同志的新人按照教条行事，他们没做任何事使外界了解德国已经发生的变化，却千方百计地说服国内头面人物，让他们相信形势并不是那么坏。在反对主张建立社会主义国家的党内激进派的持续斗争中，他们企图继承旧世界的传统；他们不想朝前看，只为自己的过去而骄傲，竭力不使委员会采取任何社会主义化的措施。

新统治者对实现自己的理想掉以轻心，使敌人得以轻易地复辟。人民被排除在外达30年之久，从未担任高级官员，因此在这场动乱中形成真空，只能留用旧文职官员加以弥补。一位枢密院官员坚持认为枢密院的工作具有特殊性，不能中断，更谈不上涉及工资的问题。其结果是没一个容克地主愿意给平民让出自己薪俸优厚的职位。

旧执政者对这场疾风骤雨先是大吃一惊，随后迅速紧密团结在一起，加强自己的力量。新执政者为了显示自己尊重言论自由，允许旧人物嘲笑刚刚在六周前选举出来的新政府。他们允准这个国家的公民首先公开诽谤新政府，而当总统向法院提出控告时，那位面部有着刀疤的审判官竟然洋洋得意地指责国家元首。

新政府虽然勇敢地决定采用黑、红、金黄色的新国旗，但仍同意旧国旗继续作为海上船只用旗，新国旗只插在标志国籍的船首。这个新政府1920年被迫解散，1922年主要大臣被暗杀，即使受到了这样粗暴的干预，这个政府也未能采取措施制裁那些挑起事端的旧臣。

这一切之所以可能，并不是因为新统治者个人突出的懦弱性格，而是几个世纪以来德国人顺从上级的训练，使他们成为唯唯诺诺的人。共和国的第一个总统艾伯特，一生无可指责，忽然在50岁时要学骑马，因为旧时欧洲国王都是骑在马上出现在人民面前的。其他的总统则突然要求学打猎。一位衣着入时的女流，炫耀她和一位伟大的劳工部长眉来眼去，私下幽会。他们不去驾驶新时代的拖拉机耕耘自己的土地，而是拾起19世纪早已遭到人们唾弃的玫瑰花。

12

失望的归家者——“共和国应负责”——“老长官重返军队”

时间是如何波涛汹涌般地向前奔流不息啊！新的颜色，新的声音，虽尚模糊不清，但即使是那些漫不经心的报刊读者，也能感觉到一二了。

21 位诸侯放弃了德国的王位，同时失去了土地和权力，因为他们只想保住自己的财富。他们宁愿庄严地号称受到了侮辱性“和约”的玷污，也不愿为了饥饿的人民放弃财富。如果他们能拿出自己的财富分给饥饿的人民，可能正是日后恢复权力的最好办法，可是他们不愿意。

上万名外国兵进入莱茵河沿岸。黑黝黝的摩洛哥士兵引起了人们的反感，担心自己的金发女郎受到侮辱。西部邻国为了索取战争赔款再度入侵德国，人民群众群龙无首，他们身居亚平宁深谷沟壑之间，出于真正的仇恨在工厂地区开展游击战。

四年来，数百万人流血牺牲，现在又在大屠杀中将财富消耗殆尽。人们早已见不到黄金，看到的只是纸币，现在纸币也已褪色，一夜之间变成废纸。每个人都力图得到看来似乎还可以依赖的外国货币。

有位名人像昙花一现般出现在德国地平线上。他的名字叫施廷内斯，这个雅利安人善于杜撰爱国的口号，他的目光多少比其他人看得远一些，他收集大量的纸币卖到境外去。他向政府借钱，购买一切凡是他能买到的东西——船只、旅馆、铁路、剧院和矿山，然后再偿还这笔早已贬值的债款。他就是这样从破产的人民手中搜刮了大量的黄金，夺得巨大的权力。他甚至在临死前，还骗取了一笔遗产税。

成千上万的青年士兵就像300年以前那样被征入伍。他们向东进军到俄国边境的国家，一路上烧杀掠夺，无所不为，企图通过流血将他们向往殖民的地方纳入自己的版图，而结局不过是失败而已。他们双手空空而归，纠集在一起，失望至极，直接迁怒于这个新的国家。存折上的钱渐渐用完，保险政策早已失效，遗产荡然无存。相互之间的不信任导致旧证券价格急剧下跌。新的灾难给许许多多善心的人带来苦难，而作为这个国家外来户的犹太人更是遭到打击，人们将这一切后果都归罪于犹太人。

当强加在德国人身上的战争赔款不能偿还时，宽肩膀的美国人出现在无数国际会议上，计算着德国人应偿还的数以十亿计的赔款，包括德国下一代人的住房也要作为赔款偿还。为了解决数百万人的饥饿问题，不停地召开各种会议，将金钱滥用于支付部长们旅馆住宿费的账单。这时自杀的人有增无减。

尽管发生了这些事，新统治者仍然不知道他们能为人民群众采取什么措施。这些正直的民主派人士和迄今为止德国统治者的区别仅仅在于他们太缺少想象力。人民群众经历了灰蒙蒙的战争岁月，现在需要的是色彩缤纷的生活；在经历了顺从的岁月之后，他们需要自己的理想。这些民主派人士和他们以后执政的独裁者一样，没有效仿莫斯科的做法，采用新的象征、新的称号和新的国歌，给人民群众带来新时代的生动景象，而是提出使人厌烦、枯燥无味的纲领。2000字的基本纲领没有一个新词或有声有色的语言，没有给工人以自信心，使他们感到是“这个国家的主人”。对市民而言，没有任何内容可以吸引他们。激进分子没有重新提倡胡登或恩格斯精神，而是选择了一个古罗马反抗者的名字——斯巴达克，这个名字对德国人并没有号召力。人民群众排斥了旧的象征，可是没有新的歌曲和新的旗帜，没有雄辩家和作家，也没有新的装饰和姿态可以取代。一个没有愿景的国家难以延续，一个国家没有理想，如何能生存？

旧统治者看到了这一点，他们相互呼应，开始向全国进军，大叫“共和国出卖了我们的荣誉！”与此同时，他们还将没有一个人能接受的德国是唯一战争罪犯的理论，篡改成德国在战争中无罪的理论。他们开始告诉人民，他们既没有发动这场战争，也没有在这场战争中被打败。无数的书籍和讲话都充斥了这种论调，而统治的胜利者并没有出来制止。如果德国人坚持自我欺骗，又有谁会出来反对这支战败的军队自称为“不可战胜的军队”呢？但是这样做忽视了一个重要的后果，这就是通过十年来诸如此类的教育，足以使轻信的青年人相信德国确实是无罪的，敌人是令人怨恨的，结果是复仇之心不断滋长。

使这些军官和容克地主得以复活的温床是帝国军队。难道新政权没有采取过什么措施，防止这些人在新旗帜的军队中继续供职？但他们只消玩弄个小小的花招，就可以使他们的名誉不受玷污，继续在他们仇视的旗帜下供职。在他们看来，这面旗帜是他们蔑视的革命和破坏皇权的象征。既然他们可以轻易地撤销对国王的效忠，那他们也没什么理由不能在思想上有保留的条件下，第二次宣誓效忠。后来，纳粹坚持认为，在这种情况下，确实有责任宣誓假效忠。

老军官回到军队受到欢迎。因为德国没有托洛茨基，老军官都回来了，一个新军官也没有增加。1913 年，在普鲁士军官中有 22% 是贵族，而到了 1921 年，这个数字居然又回到 21.3%。革命的结果是只减少了 0.7%的贵族。由于裁减军队，有数千名军官未能回到军队中去，这批人就由政府赡养。退休金没有减少，特权也没有减少。

在 1870 年战争以后，还有一位军士被提升为将军；而在世界大战和革命以后，竟没有一个军士被提升到上尉以上的官阶。现在这些军官和“无产阶级的首长”一起去娱乐场所，合乎时宜地向他们表示尊敬，直到最后双方剑拔弩张大打出手，以至压倒他们。国防部长感觉遭到了自己兄弟伙伴的敌视，却得到这批优秀军官的保护。

13

兴登堡的谎言带来的灾难——“背后遭到暗刺”

兴登堡在写他的回忆录，或者说他已经写好了，将事实颠三倒四，弄得乱七八糟。在11月10日，他被迫签署停战协定的那一天，他写道，“然而战争绝没有结束”；在这紧急关头的六周内，没有一份文件指责自己的国家。可以肯定，德国人不能从这本回忆录中了解到当时的情况。这本书只提及政府如何懦弱，而支持这个政府的又是精疲力竭的人民，好像战争失败的原因就在于此。为了给读者制造一个深刻的印象，这本书的结尾强调，“正像齐格弗里德倒在邪恶的哈根长矛之下一样，我们虚弱的前线也崩溃了。”

成千个雄辩家不断地重复这句话，使千百万德国人心中铭记这句话。青年不得不相信这句话，因为此外也没有别的说法。勇士们也喜欢听这句话，用以宽恕自己，因为在这种情况下，没有一支军队能逃脱覆灭的命运。没有上前线的市民们相信这句话，因为他们并不知道这句话的含义，而是认为在背后暗刺齐格弗里德的那个“邪恶的哈根”就是社会党人。

兴登堡这部回忆录，对削弱共和国的恶劣影响很快就出现了。旧统治者找到借口掩饰自己的战争罪责。官方教科书宣扬这场战争失败的原因是“背后遭到暗刺”，这种说法显然是出自兴登堡之口。

旧独裁者似乎又在蠢蠢欲动，企图东山再起。1919年11月，他们在一起聚会。这次聚会给德国的命运带来严重的后果。新的国会成立专门委员会，质询两位将军，以调查造成这场战争的原委。这个委员会不是法庭，没有像军事法庭那样审判战败的将军，追究他们在战争或战役中失败的责任。国会成立这个委员会只是为了调查历史事实，起到司法传讯的作用。

民族主义分子使用各种手段，包括派出专列火车，组织仪仗队，成立专管护送的代表团，指定两位帝国军官作为私人警卫官，以及派出帝国卫兵哨去迎接兴登堡，使这场对兴登堡的审查变成全国欢庆的日子。而这个已是72岁的容克地主心情又是怎样的呢？20年来，他第一次向国王以外的人报告。他会不会挥舞强有力的双手，予以拒绝呢？不，他从口袋里掏出角质架眼镜，手拿几张纸，像讲故事一样，开始从容不迫地朗读起来："我们进入总司令部时，战争已经进行了两年。怀着对祖国的热爱，我们只有一个目标，即保卫德意志帝国，不使德国人民受到伤害，引导他们走向正义的和平。这就要求我们意志坚定，战胜敌人。这个坚强的意志取决于坚信我们的事业是正义的。我们的外交失败了。我们并不谋求战争，然而我们从事的是最伟大的……"

这位将军继续讲道，"我知道，有一件事是绝对肯定的，那就是国家不再支持我们了。我们始终担心，国家是否还会坚定地支持我们。而此时，在陆军和海军中开始了秘密的有计划的颠覆活动，这是和平时期这种活动的继续。英勇的军人起来反对革命分化瓦解的活动，而最妨碍军人行动的是革命同志的反抗斗争。"

现在兴登堡将军开始讲解，他为什么不顾美国而决定开展潜艇战以及为什么一定要停战。他非常狡猾地在共和国最内层核心，在帝国议会中，向全世界指责缔造这个共和国的最主要支持者的政党。

"德国军队遭到背后的暗算。从而使在各个阵线上取得一系列辉煌胜利的德国，在战争中得到了悲剧的下场。"

面对这种大吹大擂，可怜的主席不知所措，无言以对，即使现在，他也无法为目睹自己的儿子和兄弟战死的德国人民讲话。

当这位谦逊的公民问这两位将军他们下午是否打算回来，他们答称，他们不能这么做，然后再也没有回来。

六年以后的1925年，兴登堡的姓名又魔术般光彩耀目地出现在德国选民面前。由于艾伯特，这位最谦虚的平民、新共和国的第一任总统的逝世而有必要进行总统选举。德国人要选择一位新领导人，据说，这位领导人必须具备两个条件：他必须是一个具有政治气质的人以及必须是一个共和派人。兴登堡这两个条件都不具备。他不具有政治头脑，而且是一个拥护君主政体的分子。然而一半德国人却大声呼唤要选他，“还有更为重要的理由！”有什么重要的理由呢?外国人不禁发问。德国人叫道，兴登堡是坦能堡战役的胜利者！德国诸侯都一个个悄悄地溜走了，德国人现在再也没有崇敬的对象了。他们心情忧郁，渴望至少能在大街上向身着镶金边军装的将军致敬，因而右派分子联合阵线得以提出推选兴登堡为总统的奥妙理由：“兴登堡作出过巨大的牺牲，应该推选他为总统。我们认为，全力支持我们的兴登堡，是所有城乡德国人不可推卸的责任。”这种推选兴登堡的理由是典型的普鲁士式的理由，即老绅士的牺牲是应该获得嘉奖的，军人应该再次成为帝国的首脑。不过选举的结果是，兴登堡只以微弱的多数票获胜。

当兴登堡步入帝国议会大厦时，老容克地主看到的是他们青年时代就已痛恨的色彩。当这些容克地主还在襁褓之中时，他们的父辈就经历过这些黑红金国旗带来的革命恐怖。对每一个容克地主而言，黑红金色是他们内心仇视的共和国象征，而现在，他们却要宣誓效忠共和国的宪法。

兴登堡笔直地站着。德国人民的代表选举一个小工人作为议会的主席，现在这位小工人又将誓词交给德国人自己选举出来的新总统。正好60年前，兴登堡宣誓效忠德国国王，请求救世主耶稣基督允准永远臣服国王。他以自己的方式，始终忠于自己的誓言。直到现在，他又站在议会中，宣读自己的第二次誓言。他看上去仍然很忠实坚定。他那深沉的低音在大厅中回荡：

“我向万能和无所不知的上帝发誓，我要为德国人民的幸福贡献我的一切；凡是对德国人民有利的，我要促进；凡是对德国人民不利的，我要避免；我将坚持国家的宪法和法律；我忠实地履行自己的职责，我坚持正义高于一切。祈求上帝保佑我！”

据说，在他讲到最后几句话时声音已经颤抖了。

14

国联——凡尔赛铸成大错——德国的复仇——兴登堡压倒国王——国王得到了财产——兴登堡保持沉默

在凡尔赛，对德国人犯下了最严重罪行的是国联。德国人不得不期待希特勒出来解放他们，摆脱德国战败的局面。通过国际法废除封建制度的概念，也许根本不能强加在典型的德国人身上，更不能影响这种概念所必需的感情。总之，德国要比其他国家多用两个多世纪的时间，才能达到废除封建贵族割据的智力水平。在海牙会议上，也是由于德国人的反对，致使这种反抗情绪越来越高。这种战斗精神如果仅仅建立在渴望体力比赛的基础上，那么在体育竞赛中完全可以得到充分发挥；如果这种战斗精神仅仅为了渴望统治，那么可以在阶级斗争之中，新兴企业互相竞争之中，以及个人与个人之间的对抗中进行战斗。爱好自由的国家和人民，就是用这些方法来满足人们的权欲，并且在捍卫自己的独立时，以此得到鼓励。

但是德国人的情况不一样，长达数世纪以来，他们深受权威思想的影响。只有在掌握了权力，并能胜过反抗力量的情况下，这种发挥战斗精神的方法才能为他们内心所接受。没有一个文化伟人能够取得权威的地位；他们每个人都是有争议的，充其量也只能承认他们是古怪的空想家。歌德和康德的学说缺少宣传的手段。甚至教会也只有在得到罗马教廷支持的情况下才掌握权力。作为一个真正的德国人，路德曾代表手无寸铁的传教士，为了谋求国家和政府的支持，一度放弃原来的激烈反抗，同意授予政府全部权力，否认人民对政府有丝毫的监督权利。

服从和命令一旦上升为社会性的宗教，争取自由的意志就会让位于屈从，有些人将此美其名曰秩序，有些人却称其为走狗的准则。1525年、1848年和1918年，这三次德国革命的失败，其延续时间之短暂，绝不是偶然的，而是具有象征意义。德国人自愿放弃可以争取到的或应该争取的权利，这一弱点使德国人在世界上遭到孤立，使他们成为世界上最理想、最驯服、听凭别人摆布的工具。如果某一天他们被命令成为共产主义者，德国人将照样那么准时，那么服从，那么出色地进行组织工作，继续在新的旗帜下生活下去。

而现在却要在法律、谈判、仲裁的基础上建立新的国际秩序！150年以来歌德、康德、赫尔德、席勒、贝多芬、叔本华等德国知识分子一直在追求这个目标。但是由于德国人之间致命的分裂，思想精神与国家政治之间的距离，这些思想始终未能付诸行动。如果说2000年来两三种不同形式的基督教都不能使德国人放弃对武力的信仰，怎么能设想通过各国派出几个代表，通过开会及一些笔墨纸张，就能作出过去需要通过刀剑才能作出的决定，要求同一批德国人放弃异教徒的思想呢？怎么能使这个尚武的民族接受新秩序的观念？根据这个观念，原本地位最高的人将被贬为警察。

这个民族十分重视并以穿着军服为荣，无论他们在什么地方出现，都充分表明了他们这种社会哲学心理。这样的一个民族，怎么会仅仅由于被强大的协约国军击败而脱下军服呢？德国人常常自负地说："下一回我们将战胜！"然后他们回家再次准备武装。由国联提出的裁军方案只要求单方面裁军，这是战胜国犯的一个错误。其原因众所周知，本书不拟重复。德国必须单独解除武装，这对他们来说是双倍的不能忍受，因为即使普遍裁军他们也无法接受。威廉国王写道：“我视海牙决议为粪土。”这句话直截了当地道出了德国人的心里话，当然不包括少数思想家或空想家在内。

凡尔赛会议面临两条不同的道路，一条是人道的，实际可行的普遍裁军的道路；另一条是征服者严峻的道路。如果新的国联成员国都同时裁军，英法消除分歧，互相信任，美国停止党派之争，那么实现第一条道路是可能的，因为总的来说，战胜国没有谋求统治世界的野心。

如果要走第二条道路，将德国式的和平强加在德国人身上，那么首先应该研究德国人的性格，这一点法国克列孟梭总理最擅长此道。人们必须知道，德国习惯于服从，他们甚至对征服者的冷酷无情、严厉苛刻也感到钦佩。德国人具有神经质的性格，他们往往屈服于对手的威胁，却将对手的和解态度视为软弱和胆怯的表现。

那么可以采取一个中等强硬程度的和平方案，以和解的方式进行吗？那种认为采取温和的和平方式可以防止第二次世界大战的传奇式的说法，只能出于从来没有研究过德国人性格的人之口。紧跟在温和的和平之后，没有全面裁军，第二次世界大战可能会提前10年爆发。白里安[1]知道这一点，他对我的一个朋友说，他唯一的希望是为法国赢得30年时间。德国人无论如何都会要求武装和报仇的，只有全面裁军和一支国联军队作为威胁，才能制止德国人实现这个企图。事实正是，面对步步退却的敌人，德国人又开始信心十足起来。他们被禁止拥有的武装，对他们来说，具有神一般的吸引力。

在被法律禁止武装10年之后，武装在德国却比以往任何时候都更普遍。每个政党都建立起了自己的军队。在这样一个国家中，除出现一个新的独裁者之外，还会发生什么别的呢？

---

[1] 白里安（Briand，1862—1932），法国政治家，曾获1926年诺贝尔和平奖。——译者注

官方的帝国军队是各种军队中最小的一支。它们是由参加世界大战的德国将军中最有趣的一部分人建立的。冯·泽克特将军就是这些具有高度文化修养的例外军人中的一个。这种现象经常出现在普鲁士军总参谋部，它的成员往往会出现半个数学家或半个诗人。这个军人也是一心为了复仇，但他认为这是两军之争，而不是两国之战。他甚至在理论上也主张建立一支小的军队，但在行动上却和哈姆雷特一样难以下决心。1923年秋，他被推上摧毁正在兴起的纳粹、暂时掌握一切权力的位置，但他退却了。实际上，后来是他自己同意让对他怀有敌意的兴登堡取而代之，大权旁落的。

可怜的德国青年由于不被允许服军役，便成群结队地涌向私人军队。由兴登堡亲自指挥的“钢盔队”要比诡称保卫共和国的“帝国旗帜队”更善于伪装，声称这支队伍是为了民族利益而战斗。但是“钢盔队”也同样，更强烈地依靠传统聚合在一起，甚至共产党的“红色阵线”也表现得朝气十足。所有这些组织开始时都既不提战争，也不提胜利，而是强调“合法”。他们在“宪法范畴内”从事违反宪法的活动，以合法为幌子，用暴力扼杀共和国。这是典型的德国极左和极右分子的目的。“帝国旗帜队”毕竟是合法产生的，它处在中间左顾右盼，感到很安全。每个人都仰慕墨索里尼，但没有人想到进军柏林，甚至当时已兴起的纳粹也没有想到这一点。

当这些军队打鼓吹号在全德国行进时，各种理论观点也相继出现在各种会议上。这些理论观点有一个共同的倾向性，即它们的破坏性。除了一些空洞的“新德国”这类词句，没有任何实际作为，破坏性都不小。他们反马克思，反犹太，反法国，也反欧洲。除了少数秘密的知识分子，都反对国联与重新和解的主张。与此同时，建立了虚假的谋求国际谅解的民主社团，其中有些人是愚弄法国人的骗子。希特勒发现这些人都可以加以利用，他所要做的只不过是精心策划。

各党派的军队经常火拼，流血，他们的目标都对准总统府。一个80多岁的老人坐在里面，由容克地主、有钱的将军和反动士兵包围着，严严实实地锁在城堡里。只有他儿子和秘书掌握着开门的钥匙。这位国务秘书迈斯纳是德国人中最后一代最卑鄙的人，也是最有耐力的人，至于从道义上来说，唯一能与他匹敌的是巴本先生，这个人曾在第一次世界大战初期在美国犯过罪。多年来，正是这批人操纵着德意志共和国的领导人，为其献计谋策。由于兴登堡是泰坦巨人，他有能力摆脱皇帝的阴影，而那位头脑方方、身着文官制服的艾伯特，皇帝却能对他施加影响。不过兴登堡不得不沉默地站在过去皇帝站立和发号施令的地方，而德国人已将王朝置于脑后。

在紧急关头，找不到一个容克地主出来保护他们的诸侯，这段历史令人记忆犹新。这件事也从另一方面表明王朝的衰败。22个统治家族几周之内就烟消云散，在这22年中，没有一个儿子或孙子以他的天才和勇气或者英勇的功绩，使那些服从了他们1000年的德国人记得他们。既然只要有少数上百个坚决的贵族军官就可以在1918年秋季事件中拯救封建王朝，那么一个现代的勇敢的诸侯，即使他只是一个雄辩家，也就可以让德国人心目中远未熄灭的封建王朝火星复燃起来。可是今天已为时晚矣，无论在德国发生什么情况，王朝再也不能复辟。兴登堡已尽了一切努力，违背他的誓言，为了霍亨索伦王朝的利益，牺牲共和国。

早在他出现以前，关于皇帝百万家财的争吵就已严重地损害了王室思想。这件事加上皇帝将自己的回忆录出售给以前的敌人，以及他的第二次结婚，使皇帝再也不可能重返政坛。

德国皇室在6年时间内积欠了债务，又花了同样6年时间成为债权人。当1200万德国人现在通过公民表决要求没收皇室财产时，这位总统扪心自问，作为陆军元帅，他是否可以袖手旁观，因为宪法规定禁止他干预。于是他设法写信给过去曾为他进行过竞选活动、现在还为德国皇帝斗争的一位容克地主老朋友。他希望告诉这位老朋友，“依我的个人看法，我完全同意你所表示的遗憾。我整个一生都在为普鲁士国王和德国皇帝服务，毋庸赘述，我认为这次公民投票极不公正，缺乏对传统的尊重，纯粹是忘恩负义。”

次日，在公共场所的招贴牌上出现了这位共和国总统的私人信件，兴登堡对他老朋友的泄密行为又能做什么呢？他只能让他的私人信件在那里，公之于众。德国人了解了他们的最高领导对他们这一忘恩负义和过激行为的不满，他们似乎很高兴听到这位领导人的心声，现在他们终于在通向自由王国的道路上，稍稍迈出了远远不够的几步。让我们的好国王尝尝悲惨困窘的滋味吧，他在11月那一天纯粹为了公正的和平牺牲了自己。抛弃他吧，正是这个人的祖先使我们德国成了伟大的国家！因此，尽管1400万人投票赞成没收国王的财产，公民投票还是失败了，最后一次表决决定霍亨索伦王室除了在1919年获得的所有现款，另外再给他们1.5亿英亩土地、无数的城堡和1500万金马克。共和国的斗士社会党人在国会公开投票时窘迫不堪，最后弃权。

和每一个老人一样，兴登堡拥护缅怀过去更甚于关心未来，尤其考虑到这是一个光荣的过去。当涉及国家的国旗和诸侯们的未来时，他就予以干涉，但是涉及帝国未来的地位时，他就听任部长们作出决定。能寄希望于他认真地进行复仇的准备工作吗？这个八旬老人能在大难中免于垮台，经常向往退休，人们能期望他重整兵戈，再次走上战场吗？兴登堡甘愿接受部长们的和平政策，在执政9年中，他很少过问外交事务，却经常干预国内问题。

15
拉特瑙——施特莱斯曼

在这重建祖国的岁月里，忠于传统的德国知识分子，在所有重大的民族问题上，始终是忠实的民族主义者。为数不多鼓吹欧洲福音的学者和作家在共和国时期的遭遇并不比国王统治时期更好。这次也一样，教授们在反对新的民主问题上，更甚于其他人。其中少数被要求去研究崩溃的责任问题，他们花六年时间编辑了一本书，用文件证明兴登堡和鲁登道夫是有罪的。此时，鲁登道夫是一个可攻击的对象，而兴登堡已成为全国性人物，正当这本书付印时，兴登堡已成了帝国总统。怎么办？一位编辑找到了一个补救办法。迄今为止，只有委员会的半数发现鲁登道夫是有罪的。“既然兴登堡当选为总统了，事情就好办了，我想我们不妨将这部分删去。”于是进行了七年之久的调查工作顿时付诸东流。世界战争的独裁者由于当选了总统，于是也就被认为无罪了。

当时也确实有不少真正的德国男女英雄，他们与古典悲剧中的英雄一样，为自由而献出了自己的生命，或者为了自由而冒巨大的风险。李卜克内西、卢森堡、兰道尔、艾斯纳，他们最后死在当时猖獗一时的纳粹枪口下或被折磨致死。托勒尔在监狱中度过了五个年头；暗杀奥地利部长的弗利茨·阿德勒后来被宣判有罪，革命来到后获得释放，他的法庭辩护词是纳入德国历史中少有的赞扬自由的文件。少数贵族也维护了他们自己的声誉。在一些大学里，有一些具有欧洲头脑的知识分子，但他们既得不到教员也得不到学生的信任。在这个寿命不长的共和国里，也有少数勇敢和明智的国家部长，拉特瑙和施特莱斯曼就是其中的佼佼者，可是他们的下场却是一个被杀，另一个被折磨而死。

瓦尔特·拉特瑙作为德国事务领导人，只有威廉·冯·洪堡能与之相比。他们都是思想界名人，被召参加政府工作。拉特瑙深深了解德国人的性格，他绝不应该采取这一步。他应该知道，德国人不能也绝不会容忍一个犹太人成为他们的国家领导人。汉堡－美国航线公司的领导人、国王的朋友巴林就是因此而拒绝了同样的任命。确实他对普鲁士的一片激情达到了狂热的程度，除了海涅和拉萨尔，他是第三个热爱德国的犹太人。他强调同时又竭力压制对自己身为犹太人的骄傲，这一切都不能阻止他希望犹太人和德国人完全融合的愿望。

的确，战争期间他与为数不多的几个人一样参加了帝国军队，在战争初期，他就预见到在一场持久的冲突中德国原材料的缺乏，后来在国防部工作中他成功解决了这一问题。几周以后，在马恩河战役后，他出于敏锐的经济头脑，看到了和平的必要性，他将这个结论性的看法告诉了鲁登道夫。鲁登道夫对拉特瑙提出的潜艇战不可能有任何取胜机会的数据进行研究后，答称："我的本能告诉我不能同意你提出的看法。"

1920 年拉特瑙作为帝国特派员在一次会议上和战胜国达成了第一次谅解。当他担任外交部部长时，在日内瓦会议上为德意志帝国争取到了一个席位和发言权，得到了别的国家的承认，其他的代表惊讶地看到，竟然还有这样一个德国人。拉特瑙拒绝别人的敬畏，他促成了此时已被人们抛弃的德国和俄国的第一次结盟。几周以后，他被刚刚组建的纳粹党分子谋杀了，这个凶手的坟墓成了纳粹党徒朝圣的地方之一。他执政了五个月，洪堡只执政了四个月。

德国知识分子这种突然进入政界的结局必然是悲剧性的。拉特瑙是一位具有深刻见解的思想家，是当时最有文化修养的天才，他既有思想，也有实践能力。他为德国战后重建，为德国有能力同别国缔结同盟迈出了第一步。与此同时，战争仍在进行，他预见到并在好几本书中提出执行国家社会主义形式的“计划经济”。希特勒的党徒暗杀了拉特瑙，但却按照拉特瑙的计划，建设他们的经济体制。

施特莱斯曼，与其说他是作家，不如说他是演说家，他比哲学家实际得多。他崇拜德国的心情比拉特瑙受到更严重的摧残。直到战争晚期，他还是一个彻头彻尾的德国派。他受到的震惊竟如此强烈，以致在一夜之间就改变了自己的信念，从而成了一小部分德国人从崇尚武力转而崇尚法治的最好例子。他 1925 年在洛迦诺取得的成就，以及为争取再次建立世界信任而取得的成功，都是因为世界理解了他的象征性使命而取得的重大胜利。正是这位施特莱斯曼在正式条文提出前五年，成功说服了法国人自愿从莱茵地区撤军。他在对方的阵营里找到了一位与自己有着同样良好意愿的人；而他与白里安的对话，就像北方隆冬季节偶然才会出现的数小时明媚的阳光。

16

贪婪的容克地主——丑闻的威胁——布吕宁——一张镶着银框架的照片——纳粹的兴起——希特勒蛊惑人心的策略——共和国的消失——不光彩的结局

美国和其他国家提供的数万亿贷款给德国带来了一片兴旺景象。与此同时，人民以不信任的口气提到的两位美国人——道斯和杨格的名字，商人则对其轻视嘲笑。少数勇敢的德国人公开指出当时的形势已面临崩溃破产。世界经济的互相依赖，节省劳动力的新机器的问世，欧洲的动荡不安，以及德国商界的不团结，这种种现象在短短几年内动摇了德国人历史留下来的道德基础。

世界大战以前，从任何方面来说，德国都不是一个贪污腐化出名的国家。在法国，人们往往可以在文件中塞进一张支票，以博得官员的好感或在文件上盖个图章，这在老普鲁士是行不通的。法国的大报刊可以用金钱收买，而德国的大报刊无法被腐蚀。官员和法官以及学者沿袭俾斯麦的传统，既贫困又脱离群众；至于容克地主，则利用王室给予他们的特权侵占国家的财产。

到了威廉二世时代，军官向富有的年轻女人求婚，工业界和军界互相勾结在一起，彼此获利，相互联姻。普鲁士王室开始腐败。历史上侵略成性的游牧民族恣意烧杀掠夺。对德国高级军官来说，他们过去可以在征服城堡后，将猎获的皮裘、绘画、地毯送回自己家中去，但在俾斯麦的战争年代却是不可能的。这种现象在世界大战中第一次发生了，官员迅速彼此仿效，今天这些军官在法国洗劫一空，而且十分精于此道。

新共和国的领导人是不容易被腐蚀的，他们不能对德国中产阶级中盛行一时的投机之风负责。这是作为整体的德国政府的表现，将德国人的基本道德扫除一空。德国公民怀着好奇的心情注视着德国政府在国家破产之际，使用借来的数以百万计的美元，修建富丽堂皇的邮政局、市政大厅和体育场，这一点连富裕的战胜国法国也难以做到，他们也开始思索是否应该加以模仿。德国人追求的从来不单纯是金钱，往往是爵位、权威和复仇，特别是希望得到世界的承认。甚至今天，德国人仍对财富存在不切实际的希望，因此他们的思想远比其他国家更具危险性。

容克地主始终是对金钱最为贪婪的阶级，因为他们生来除金钱外，什么利益都有了。兴登堡手下有位将军，为人朴素，出身贫困，曾经不得不过着和医务人员一样低水平的生活，甚至被迫与犹太人联姻。这样的一个人必然暗中羡慕富有的容克地主同事的城堡和庄园，特别是他们的打猎生活。现在他的朋友正在设计一个满足他这种愿望的计划，可是为了实现这个计划而采取的手段，却造成了历史性的后果。

易北河东岸的容克地主决心让这位在柏林忙忙碌碌的老将军回到故乡，为他举行一场募捐活动，旨在将他出生时属于他家的东普鲁士诺伊德克庄园重新赎买回来。他们一旦能在夏季将他请到家乡，他就会遇到作为一个庄园主以及其他容克地主通常会遇到的困难，结果可能为贫困和负债累累的农户做些事。通过这个途径，打算用来援助和重新安置东普鲁士困难农户的所谓“东方援助”政府基金，就可以在“防止波兰挺进”的幌子下被挪过来，填满容克地主的腰包。这个计划很成功。兴登堡总统带着他童年时代的印象，通过和老朋友的谈话，认识到拨出数百万国家储备金支援容克地主庄园的必要性。

德国重工业家开始筹备献给兴登堡的礼物。只消在“每吨煤和铁”上涨价几分钱，就可以将这笔支出转嫁到德国消费者的身上。人们自身，也肯定会高兴地将庄园送给这位上了年纪的元帅，即使这意味着他们要捐出少量的钱。但这些绅士有理由不让太多的人知道这个秘密。这位年已八旬的老人看来不久就会死去，这不就意味着这座庄园要交给他的儿子吗？他的儿子根据新的法律，难道能不付非常高额的遗产税？为了免去这笔税款，在注册时将这座庄园直接列入他儿子的名下，从破产的德国人手中扣下这笔钱。在元帅80岁寿辰赠送给他这座庄园的同时，这座庄园也就成了这位48岁少校的生日寿礼。这位领导了那场战争，现在又统治着帝国的领导人，为什么不能从因战争造成的分裂中捞取好处呢？

他有一位新总理，一位德高望重的正人君子。布吕宁可以说是德国领导人中最后一位诚实的人。他以自己的贫困和正直为豪，不仅削减自己的工资，而且每当他私人出访时，总是乘坐出租汽车，免得浪费公家汽油。当他开始贯彻他的经济政策的第一天，他视察旧总理府，询问一名工作人员为什么公园里的喷泉整天开着。“根据总理阁下的指示，只有星期天才开放。”这位工作人员回答说。布吕宁于是下令完全关闭。

但是他下令关闭的还有议会，他采取紧急命令的手段，至少使受到兴登堡一手批准的共和国宪法实际上不发生作用。宪法上写明只有在十分紧急的情况下才能使用的条款，现在成了任何时候都能行使的一般性规定。作为兴登堡的副手，布吕宁的目标是务实的，但太不够民主了。他脸色苍白严峻，一天工作18个小时。这个不知疲倦的笃信天主教义的德国人，就像一个狂热的僧侣，一个萨沃纳罗拉，在巴本式的风度翩翩的骑兵面前，在脸色红润的容克地主以及失望的愁容满面的左翼领导人面前，蹒跚地走向他们的队尾。他是继施特莱斯曼之后唯一给德国领导阶层带来热情、知识和能量的德国领导人，然而他也在不知不觉中准备追随希特勒。

因为他也具有大日耳曼人的弱点。布吕宁崇尚武力。至少战争向这个身材纤细不适于从事体育活动的男人，提供了在国家面前证明他是一个战士的机会，这是他长期以来的梦想。他在服役期间果然升至中尉，但在长达三年的时间里，陆军元帅高高在上，并不认识他。现在他以总理的身份对总统说话。比兴登堡年轻30岁的布吕宁，花费一生的时间学习现在具有决定性意义的政治经济等课题，但是兴登堡自己承认，他对这些课题一无所知。两人之间存在的差距是如此之大，这个差距要比一般的大臣与君主之间的差距大得多。但人们也深刻感受到，在这位空洞的巨人面前，布吕宁必须屈服。总理府玩弄阴谋的人，也同样希望把布吕宁控制在他们的手中。

当然，他们是在利用他。只有布吕宁能召唤人民重新选举兴登堡，容克地主对此早已没有兴趣。他在担任竞选工作时就知道这位老人将在当选后不久就背叛他。“人们可以看到兴登堡的不忠。”格勒纳将军当时说。布吕宁在伦敦和巴黎都为自己赢得了极佳的声誉。他在争取取消几乎全部剩余战争赔款的问题上取得了成功，他说服法国允许帝国国防军扩大为30万人。早在希特勒上台以前，施特莱斯曼和布吕宁就与法国就取消《凡尔赛和约》中的三个最重大的条件——莱茵地区的占领、赔款及裁军问题达成了协议。希特勒在他后来的一次反对《凡尔赛和约》的激烈演说中，无疑像一个在拼命捶击稻草假人的小丑。

此时，布吕宁与希特勒也有接触。他提出，如果希特勒同意后退作为兴登堡的反对党议员，那么他将提供希特勒为期一年的总理任期。希特勒拒绝了。在布吕宁帮助兴登堡第二次当选后不久，兴登堡即以布吕宁没有拒绝布尔什维克在东易北河的计划为由，叫他卷铺盖走人。事实上布吕宁只不过为了农户的利益，从容克地主那儿撤回了“东方援助”的数百万马克。当兴登堡把一张镶银框架的照片送给他作为圣诞节的礼物，并通过国务秘书告诉布吕宁，希望他不要把它放在桌子上时，布吕宁拒绝这样做。这位中尉与仅仅是一个小伍长的希特勒一样，使兴登堡感到十分不安。

1930 年选举，希特勒纳粹党的席位突然从 12 个上升到 107 个，从此纳粹势力成了每届政府必须严肃对待的力量。宪法实际上已中止执行，一个年迈体衰的总统成了容克地主和骑兵手中的工具。

德国呈现一片无政府主义状态。以刀子和匕首武装起来的四支军队在广场上狂呼乱叫，从这个城市窜到另一个城市，军乐铜鼓喧嚣大地。群众成伙成堆地簇拥着一支支军队，实际上谁也不知道究竟该站在哪一边。因为党的名称、口号、计划早就失去了它们的意义，就像流行歌曲一样，成千上万的人都在喊着这些口号，结果都弄不清谁是这些口号的提倡者。所有的游行集会和示威,庆祝和纪念，从“红色阵线”到希特勒，形式都一样，吹着进行曲。就像发生了战争，群众被卷入一场代表各自领导人利益的斗争，一旦战斗停止下来，群众会觉得这场斗争毫无意思。

成千上万的共产党员投奔希特勒的“冲锋队”，同时也有成千上万“钢铁阵线”的成员投奔共产党，这一事实就说明，真正的敌对行动只发生在被同一目标所激励的兄弟之间，只不过他们穿着不同的军服，接受不同领导人的指挥。这是 1932 年的形势：互相敌视却又是同志关系。这并不奇怪，因为本来就是同一阶级的人，现在分属四支队伍了，而这四支队伍都以工人为主体。每支队伍中都有失业者、冒险家、好斗分子，也有理想主义者和血气方刚的学生。无论在希特勒的旗帜下，还是在“钢盔队”、共和国以及共产党的旗帜下，都是这些德国年轻人，在天真地抗议和埋怨父辈给他们带来的不幸生活和他们所不能理解的战争。

共和国已经丧失了它的实质，因为它只不过在执行一个清算的过程，本身既无勇气，也无幻想；它在无声无息中产生，又在无声无息中结束。“红色阵线”在同自己兄弟的斗争中耗尽了力量，既没有产生自己的领袖，也没有提出根本的思想。在“钢盔队”组织里，年轻人一定将对老年军官所沉迷的生活方式产生反感。

希特勒比其他三派成功的地方并不在于他的纲领（这个纲领的一半几乎与社会主义者相同，另一半与他的对手民族主义纲领相同），甚至也不在于他自己的特殊贡献——反犹；他的成功在于富有感染力的演讲以及慷慨大方的许愿。他不是答应民众推迟与法国可能发生的战争，或者提供人类新时代的黎明等誓言，而是向他们提出一个“立竿见影”的计划。他答应一旦掌握了政权，立即贯彻普遍劳动就业计划，第一批为 50 万，第二批为 200 万失业者解决工作问题。所有的听众对此都十分明白。下一步他答应通过新的方法在德国土地上创造出一年两亿的价值，关于这个问题他掩盖了这样一个事实，即这将需要 10 亿投资。但是群众相信了他，就像在《浮士德》中他们相信了靡菲斯特答应给皇帝带来言过其实的祝福一样。当希特勒答应每年向他们提供 40 万套住房，将有 100 万人参加这些住房的建筑工作时，他们似乎好像已经生活在这些新房子里了。

他的纲领中还不断提出一些新的保证，如废除一切不劳而获的收入，托拉斯社会化，工人利润分成，废除地租，以及“每人都将得到一把铁锹，知识分子和其他财富拥有者都没有例外”。德国人不喜欢对自己的理想王国问个究竟，而只愿意歌颂它们。同其他民族比较，罗曼蒂克的德国人更易于为巫术所控制。因而他们相信他们所愿意相信的，特别是那些在他们眼前戏剧化了的东西。

希特勒的策略就在于，对任何事情始终给予一些幻想的余地，这种瓦格纳式的手法，甚至俘虏了那些踌躇不前的人的感情。希特勒从来不引用数字，也不与人辩论，始终以描绘未来的蓝图吸引人。

这对已经听了10年老是关于他们及他们的子孙需要付出多少钱、只有数字没有其他内容的听众来说非常耳目一新。无疑，希特勒唤醒了一个老是失败而从未从失败中吸取教训的民族的新希望。出于一个煽动者的本能，他把人民多年来对战争的不满情绪归罪于政府，向人民指出一个他们可以发泄复仇怒气的国内舞台，这个目的要在国外达到可要困难得多。战争的主要对象不是克列孟梭，而是艾伯特。德国人没有发动战争，而是遭受到了一个充满敌意的联军的恶毒攻击；德国人没有打败仗，而是背部遭到了国内颠覆分子的利刃。易于接受挑逗的青年，肯定能接受从外部复仇中吸取勇气，从内部复仇中增加仇恨的两种信条，一旦有人知道如何去吸引青年，青年必然很容易被领上错误道路。

大企业主也感受到这个吹鼓手的冲击，他们中的某些人还不得不为希特勒的表演付出代价。令人感到可笑的是，"工业巨头"竟然开始倾向社会主义理想了。他们只希望在那些大采矿业、造船业和银行开始被分化和由政府收购的过程中，他们能被温和地、有收益地"社会主义化"，那就是再好不过的事了。莱茵河的齐格弗里德们听到了上帝降临的先声，他们本能地请来瓦格纳专家来保护他们。钢铁大王们，不要认为他们是铁人，他们感到自己据以生存的厂房的岩基正在被冲入洪流；与其被第二次洪峰一扫而光，不如抱着他们的帐篷一起跳上尚存的一块干土地。

1932年春季，布吕宁被解职，标志着德国无政府主义的开始，法治政府实际上在那个时候就停止了，虽然一直到1933年，它才正式解体和被抛弃。

人民和容克地主之间，也可以说是巴本、兴登堡总统和社会党部长之间的激烈斗争开始是场闹剧，在这场闹剧中表演者给历史投下了悲剧的阴影，因为演员仍然是可怜的普鲁士和它的民主主义部长们。

为什么反动派成功地赢得了对普鲁士的控制？一边疲倦厌烦，

一边生机勃勃；这边是民主主义者，那边是士兵；士兵每天早晨出操骑射，民主主义者却疲惫不堪地坐在报纸堆里。就这样，整个事情脱离了轨道。7月的一天，巴本公布了一项总统令，宣告罢免普鲁士部长们。柏林警察局长在他戒备森严的要塞里打了几个电话，写了份抗议书，最后同意被捕，被带了出去。在回忆录里他逆来顺受地写道："就这样我们等待着必将发生的事情。"他把中止他工作的命令送回去，直到这个文件的日期和签名均符合手续，他还向给他带来撤职消息的先生让了座。

1918年11月9日，就在这个警察局总部，一个上尉折断了他的刺刀，因为帝国将军不准他出去反击暴乱分子。现在，1932年7月20日，军人和警官聚集在窗口高呼："自由万岁！"他们要战斗，但是他们没有得到允准这样做，因为他们的上级不希望看到公民流血。德国的军事领导重新获得了它的生命力。另一方面，民主力量一开始就疲软无力，就像它悄然无声地生存过一样，无声无息地消失了。除一部分不准备接受命令的人民群众，不顾他们脸色苍白的领导人的阻止，仍然准备举行徒劳的暴乱外，民主力量没有留下什么值得赞赏的东西。

这个不光彩的退出，使德意志共和国遭到了比任何一次在柏林巷战中更大的损失。1848年3月的那天永远不会被人们忘记，因为那天发生了战斗。14年后悄然消失的一个体系，可能使人感到遗憾，但绝不会出现颂扬的歌声，除了它突出的美丽。德意志共和国的先天不足，注定了它无力逃脱覆灭。如果它是在斗争，在牺牲，在激情中产生，它的结局就可能不一样了。

在这个问题上出现的悲剧因素是现实的，即当征服者在活力和想象力上无限优于被征服者时，他们是在根据一个属于过去时代的血和种族的思想上进行建设。不受时代思想支持的权欲，不可能比不受权欲支持的思想更长久地进行统治。

17
希特勒——火炬游行——国会大厦失火

上了年纪的兴登堡仍然掌握着政权，但这个政权已经摇摇欲坠。但他身边最强大的力量不再是国防军人，而是一直被他贬称为“波希米亚小伍长”的公众领导人。容克地主和骑兵为了使希特勒就范，推举他为部长，他们深信自己的诡计会获得成功。他们认为使希特勒的地位合法化，就可以把他排斥在真正的权力之外。巴本对希特勒的计划，就像一个希望借结婚来摆脱情妇纠缠的男人一样。巴本终于战胜了陆军元帅，于 1932 年 8 月派人去把这位党的领袖请来，授予他副总理的职务。

会见只进行了 6 分钟，双方均未入座。当希特勒把自己比作墨索里尼时，这位老绅士就立即中断了会见。第二天巴本发表了一份侮辱性的公报，希特勒发誓要进行报复。

这个权力之争是由金钱和邪恶驱使的。在议会中，纳粹的席位已增加到 230 席，但容克地主、骑兵、将军，也就是说兴登堡和巴本一方，并不想放弃自己的职位而有利于纳粹。1932 年底，兴登堡的老朋友，一个长期以来阴谋集团中的主要人物施莱歇尔被选为总理。此人极爱说话，这是他的一个致命弱点，为他日后带来了极大影响。当时盛传国王将重新回来，兴登堡将被罢免，让希特勒统治普鲁士。

曾经长时期在财政上支持希特勒的工业界，由于害怕社会主义，突然疏远他了。希特勒失去了他可以依靠的资金，眼看自己的选票在减少。这年年底的一次选举中，共产党的票数增加了。议会中的情况也是如此，特别是在社会主义者掌握有力武器后，其他党派的勇气也增加了。一个调查委员会提供的关于“东方援助”的情况引起了人们的注意。兴登堡为了取悦悠闲而又骄傲自大的容克地主，不惜牺牲贫穷勤劳的东普鲁士农民，他们觉得现在可以给予这个统治重重一击了。绝对不可能对容克地主友好的纳粹似乎是被算计的对象。证据将表明政府是如何帮助一部分容克地主从他们的赌博债务中解脱出来的。70%的钱溜进了容克地主的口袋，补贴了1.3万个容克地主家庭。这些事情甚至能激起普通德国人的愤慨。

1933年1月总统府的当务之急是消除这一危险。总统的儿子和朋友们向他清楚地表明，他的老朋友们可能要妥协了。确实，他可能会将自己暴露，因为丑闻无疑会将总统自己篡改遗产税的事情揭发出来。当这位老绅士强迫总理解散议会调查委员会而施莱歇尔拒绝这样做时，施莱歇尔屈辱地被解职了。兴登堡之流的名誉，只有通过暴力政变才得以保住。

与此同时，希特勒发现自己的处境很不妙。选票的减少和财源的枯竭，突然使他感到似乎悬在半空之中，没有了基地。把这个突发事件联结在一起的，是有如古滑稽剧中的恶棍——骑马爱好者冯·巴本先生。只有给予希特勒金钱和权力，丑闻才可以避免；但是为了克服兴登堡对希特勒的蔑视，只有捆住兴登堡的手脚。于是，企图报被兴登堡和施莱歇尔赶走之仇的巴本，感到这是一个机会，便把关系兴登堡荣誉的“东方援助”文件偷偷摸摸地送到希特勒手中。与此同时，他对兴登堡的儿子说，希特勒准备在国会揭发这一事件。只有任命希特勒为总理，才能使事件得以挽救。

在此期间，被罢免的施莱歇尔及其将军们决定在1月30日发动一次政变。他们计划宣布戒严，军队开上街，把兴登堡软禁在宫中，逮捕巴本和希特勒，实行军事独裁。但是施莱歇尔太爱说话了。事件泄露到伦敦，一家报纸又把它传到柏林。1月29日发生了两件事威胁着第二天的政变计划：令人胆战心惊的“东方援助”问题在国会委员会进行辩论，军官政变被迫终止。陆军元帅兴登堡除非任命希特勒为总理，否则他就要失败。

1月30日中午，兴登堡任命希特勒——一个他过去曾经拒绝过和正在失去权势的人——为总理。原来计划在下午进行的国会辩论被迫停止，那些文件也不见了。军官计划进行的暴动也无法进行了，因为整个首都处于兴奋之中。不久，施莱歇尔和妻子被希特勒的手下谋杀了。晚上举行了火炬游行——这是希特勒拿手好戏的第一次出场。整个柏林惊奇地看着这一切。希特勒站在俾斯麦的阳台上向唱着歌举着火炬行进的士兵致敬，兴登堡站在旁边的一个阳台上高兴地用手打着拍子。新老德国在柏林人的眼前统一了。

从第一次火炬之夜开始，德国从此在全国范围内经历着没完没了的游行，一边唱一边叫，如醉如狂，就像洪水和大火席卷而来，连续几个星期数百万人停止工作，中了魔似的沉浸在狂欢和复仇之中。他们自以为权力又回到自己手中，自信的熊熊烈火使他们不顾一切，昔日强大的回忆又使他们凶残无比。终于，整个民族都幻想自己正要进入伊甸园，在门口他们转过身来再一次向那些他们认为要阻止德国民族进门的人猛扑，在疯狂的厮打中，没有人注意到，在他们面前的只是荒芜凄凉的寒冬。

所有这一切都是一个人在起作用，他从那神秘的小屋里出来，用滔滔不绝的讲话、讲话、讲话，通过神通广大的宣传机器，把它扩大至成千上万倍，灌入正在企求新处方的人民的耳朵里。戈培尔带着宏伟的愿景，向整个国家释放了一连串的焰火、连珠炮般的咒骂和飘扬的旗帜。他一再向人们叫喊，他们昨天已得到了解放，直到他们相信为止。在希特勒领导下获得的第一次和最后一次选举的胜利，只能更加激起纳粹分子置其他党派于不顾，由自己组成一个国家。他们已经渗入国家的各个机构，现在就要利用他们已掌握的权力拼命地使其发挥作用，尽量使别人的工作逊色。德国国会发出来的最明亮的光，是纳粹放的一把火。由唯命是从的政党工作人员组成的国会把一切权力交给了内阁，而内阁只不过是国家社会主义的传声筒。德国的国家权力分为三部分正式交给了八位部长，而真正的情况是交给了一个人。

18

希特勒的性格——雄心勃勃的下层人物——广播演说家——他带来了色彩——他对知识分子的仇恨——残酷和谎言——可恨的万能者

阿道夫·希特勒与德国历史上的皇帝有着很多重要的相似之处。他像巴巴罗萨一样残酷，像亨利六世一样惯于讹诈，像西吉斯蒙德（1368—1437）一样善于撒谎，与文西斯劳斯一样以迫害犹太人为乐。他在戏剧方面的才能使人想起奥托三世，而在迷信方面毫不逊于查理六世。他与曾驻都柏林的很多普鲁士皇帝也有很多相似之处。希特勒的性格，如腓特烈一世的好大喜功，腓特烈·威廉一世的不学无术，以及腓特烈大帝的阳痿。他的艺术信念使人想起腓特烈·威廉四世，而他的不忠不义又使人想起霍亨索伦家族中的许多人。

尽管如此，他仍然不失为一个伟大的天才。他的想象力使他的狂热如虎添翼，得到了极大的成功。他对群众或个人的思想影响似乎来自不可怀疑的先知，而不是来自经验。这种力量使他坚持自己前进的道路，而不接受任何人的劝告。比如重新征服莱茵地区的决心，是出于他的梦想和狂热。他感觉法国人不会前进，而且坚持自己的预感，那些缺乏想象力的将军往往作出相反的判断。他的那些战役没有一个是自己计划的，肯定都是德国总参谋部那些人发挥他们才能的结果，而那些大胆的政治性决策却绝对是由他自己作出决定。在这方面，他具有比专家高超得多的天赋。

然而他工作中从不用说服的语气，也很少说好话，一般来说他都是在威胁，而且总是说假话。他似乎认为恐惧是大多数男人感情变化中最强烈的感情，是不可抗拒的，因为他就是用力量来克服自己内心恐惧的。在这方面他与俾斯麦是对立的。俾斯麦非常自信，以自己的英勇无畏压倒敌人。俾斯麦不需要绞尽脑汁，或向某人低头哈腰，他只要往人前一站，就能赢得别人的敬畏。希特勒能把令人吃惊的、只有空想家才能作出的速决，和需要深谋熟虑和等待多年才能等到正确时机的耐心结合起来。这些天赋，再加上他的随机应变,使他成了第一流的策略家。还有他能以古代舞台上变戏法的手法，使自己进入空想，把自己的使命吹得天花乱坠，神乎其神，一批又一批群众被他征服，融中世纪和 20 世纪于一身。对政治家来说，还没有这样的先例，能把自己的征服计划在自己能使之实现的前几年就通告世界，然后，果真或多或少地实现了。

回过头来再说说他的性格，我们发现他典型的德国人性格有三个特点:崇尚暴力、复仇和不安全感。这三个特点从未在他身上消失。日耳曼，种族，反民主，反犹太等都是短暂的，可以变化。

一个人能那么自信，又能通过个人早期的经历奠定其政治理论的基础，这在个人生涯中尚属少见。希特勒的教条完全来源于他个人遭受挫败的经历。由于他血缘不纯，曾被最伟大的德国种族专家在法庭上验证，因此他迫害混血种族；由于属于他这一阶层的人在奥地利遭到过虐待，因此他仇恨奥地利；由于他年轻时遭受过生活的煎熬，因此他仇恨富人；由于他在维也纳由犹太人资助的穷人区待过，因此他仇恨犹太人；由于他缺少才华而被艺术院校拒绝录取过，因此他讨厌当时流行的绘画风格；由于他不适应法国人擅长的生活方式，因此他不喜欢法国人；由于他因妇女在场时感到不自然，因此他把妇女排斥在一切公众活动之外；由于他本人不学无术，因此他讨厌知识分子。

希特勒有这么多的仇恨，那么有没有他喜欢的人？有，那就是俾斯麦。这个最大的仇恨者最后爱上了树木、动物和他的妻子，与家庭生活在一起，但六亲不认的希特勒既不喜欢自然，不喜欢美女，也不喜欢自由。他不同于其他独裁者，甚至连权力也不喜欢，不去励精图治，他只有制服欲。这不是一般的虚荣和简单的野心，而是对他一度羡慕和妒忌的人的一种无法满足的报复心理，因为这些人拥有最大的财富、权力和安全的生活。

就这样，希特勒在我们的眼前上演了一出即使掌握无上权力，然而内心永不安宁的下层人物的悲剧。他的脸部表情表明了这些。一双永远保持警觉眼光的滴溜溜转的眼睛，不停地在寻找牺牲的对象。一撇装模作样的小胡须和一绺头发，这些都不过是为了使自己看上去更强壮些。人们后来在希特勒的正式照片上加上威廉二世的小胡须，这两个神经质的人之相似，简直叫人吃惊。他不同于过去的独裁者，甚至不同于墨索里尼，没有任何材料说他性格安定，他不是发脾气就是郁郁沉思。他总是在动，这种不安定的性格使他成为地地道道的德国人。

然而恰恰就是这种病态的性格使他一步登天。他毫无国际知识，也不懂外国语言、文学、风俗习惯，单凭超人的远见就能这样明确预见法国的民主将衰落，英国倒还能坚持。早在上台前他就感到法国即将崩溃，因此心理上有十分正确的准备，直到 1940 年，经过全面的精心策划才发起对法国的进攻，整个计划天衣无缝，称得上是个杰作。然而也就是这个人，迟至 1940 年 8 月，仍坚持反对进攻英国，不但不听取而且抵制军人们的意见，这使他丧失了两个月宝贵的时间。也许是对拿破仑和威廉二世的记忆使他坚信自己的预感，他将在英国问题上遭到失败。

这样的远见者在别的时刻可能只是一批小丑，他们之所以得到巨大成功，只是因为他们掌握了一批适合于他们目的的人群。希特勒的第一个本能使他转向普鲁士。他感觉到别的地方的人民不会接受像他这样的人物，而且也感觉到只有这习惯于服从的古老民族有能量实现他的思想。这也说明，为什么希特勒的成功远远超过墨索里尼。

德国人在对待这样的业余演员加罗曼蒂克的人的问题上始终存在着弱点。本书在前面描写了威廉二世最后一次与此类似的事件。由于内心不安，他经常感情突变，装腔作势，这在德国人眼里，却更加强化了领袖的色彩，认为他更有生气或愤世嫉俗。因此，没有一个精通德语的外国人，在听希特勒发表无线电演说时，能够理解希特勒掌握群众的本事。

然而希特勒仅仅靠演说就进入了政权。孕育了众多如此伟大作曲家和演员的德国，却唯独没有掌握第三种听觉艺术——演讲。人们需要费很大的力气在德国人中发掘演说家。这种现象与革命的缺失是并存的。自从拉萨尔之后，80 年来还没有产生过一个演说家。威廉二世时还没有无线电，也没有向人民发表演说的习惯。没有无线电，希特勒恐怕很难得到今天这样的地位。确实，新的科学技术对所有人来说都机会均等。但是必须考虑到，甚至拿破仑也可以比他的敌人更多地利用电报，也许他可以从莫斯科利用电报指挥在西班牙的战役。要征服德国人只有用想象力，绝不能靠逻辑的力量，因而这位第一次出现的非军人新领袖靠他无处不在的声音征服了德国人。其中一个最大的诀窍是上百万人听得见他而看不见他，因为他的顾问必然认为他有损形象的外表容易使人想起滑稽演员。

希特勒成功的一个决定因素，是他给德国人带回了他们苦苦怀念了 14 年的东西。他给这个尚武的民族带来了重新武装的希望，同时恢复了举旗列队行进的仪式。一句话来说，他似乎是腓特烈大帝与瓦格纳的综合，具有救世主的作用。整个时代很久没有幻想了，现在至少出现了一长串旗帜在德国人头上飘扬，人们可以听到铿锵的命令声和嘹亮的喇叭声，一座由上千块石级和上百个头衔组成的伟大的仿古金字塔由纳粹建立起来了，人们从这座金字塔上带下来袖徽、新帽子，特别是一双新马靴，虽然实际上已无马可言。

这一切都是瓦格纳思想的再现：没完没了的列队行进，贯彻始终的旋律；少数人持续不断地重复主题，表示清白无辜和渴望复仇，头戴闪闪发光盔甲的骑士；诸子百官及时登场，誓死效忠或背信弃义。这是一种适合小人物的既野蛮又神秘的英雄行为，希特勒以这种方式把军事等级转变为瓦格纳的作品。他以对德国人灵魂深切了解的细微感情，满足他们两方面的梦想，富于音乐的服从和充满感情的纪律。就这样，他的光芒照透了这个暗淡的世界，在这个世界里，德国人喜欢把大人物的胜利同他们自己的利益结合起来。

足智多谋的靡菲斯特之流发明的宣传攻势，来势汹汹，锐不可当，这对德国人来说完全是新的。他们还从没有被湮没在这样一大片精心准备好的言论、符号、庆典、徽帜的洪流之中。一切过去的机构，从枢密院的总理府到保龄球俱乐部几乎都是如此。这个庞大的宣传机器一会儿赞扬他们，一会儿对他们大声咆哮。在他们强壮主人的怀抱中，他们感到安全可靠，就像某些妇女在梦中的感觉一样。经过了痛苦的14年，责任感终于离开了德国人，终于有人发号施令。希特勒给德国人带回来古老的服从的权利，而不是早在他以前他们向全世界炫耀的、在别国领土上骑着马大声叱责和吹毛求疵的自信。只有希特勒让小资产阶级恢复了自身的价值感，这是富有的中产阶级和有阶级意识的工人都没有能力做到的。

一个经历过压抑沉闷青年时期的病弱男人，只有在具有某种神经质力量的情况下才能完成这样的工作，他能在某一段时间内精神亢奋，行动果断，而在另一段时间内又突然彻底瘫痪。如果希特勒对自己的事业没有疯狂的信念，那么他从哪里去找这种突然迸发的力量呢？难道他在其他方面不也有很多不足吗？教育程度不高对他来说，不仅仅是一个资历问题，而是相当重要的区别。他同布尔什维克是不同的，后者崇信知识，而他敌视知识分子。1923 年战败的贫穷的德国尚且出版了 3.2 万册书籍，而 1939 年繁荣的纳粹德国却只印刷了 2 万册书。

这就是为什么说，希特勒是德国历史上政治权力与思想精神背道而驰的最典型事例。1000 年来德国政治权力高高在上，脱离思想精神，虽然有时也会容忍它的发展，像印度人一样，留给它专门的领域，在这些领域内它可以不受到干扰。希特勒是第一个以国家名义反对与镇压思想精神的德国人。他把 100 多个国王和诸侯的反知识分子情绪转化为一种狂热的崇拜。

希特勒曾经说过，具有十足的“勇气当文盲”，在这个问题上他比最愚蠢的人还愚蠢。从来也没有一本文字如此平庸枯燥无味的书[1]会出名，顺便说一声，它的质量在翻译过程中，显然被大大提高了。这部 700 多页的书中，没有一个画面来自人民的生活，没有一点东西来自农村、工厂、体育或历史，没有任何生动的内容。

很多国王的政治书籍或回忆录可能是由他人执笔的，但可以肯定《我的奋斗》出自这位自称的作者之手，至少它表明了它的文字与作者的语言一样。这些出现在成千上万篇社论中使人发腻的老生常谈和口号在他们喊叫和咆哮争吵时起过作用，但当它们出现在一部装订好了的书中，人们在阅读时就感到无法容忍了。这不是一颗未经雕琢的钻石，他在那儿粗暴地发泄强烈的感情，使人想起三流地方小报的文章。希特勒的风格和肖像，足以使人把他永远排斥在拿破仑阶层之外。

但是不得不使人惊讶的是，希特勒在一般群众之外也赢得了很多人的信仰。教授们追随他的事实只是本书不断揭露的一种现象的

[1] 指希特勒所写《我的奋斗》一书。——译者注

再现。几乎所有作家都投降了，这与德国思想家的习惯是一致的，从路德到康德都是如此。但是希特勒，一个文官，竟然能凌驾在军人之上，这是他最令人惊奇之处。

这不能仅仅用答应给他们工作、金钱和荣誉来解释。很可能是他的疯狂信念征服了这些犬儒主义者，这些人与他们的先辈及这个阶级的人一样，在战争失败后，仍能设法快乐生活。只有一点例外，即在德国的历史上还没有一个将军在战败后神经错乱或自杀。希特勒在遭到挫败后，怀着刻骨仇恨，普鲁士的将军们却与他不同，他们虽然也很粗鲁生硬，但是他们不仇恨；一旦他们真的恨了，恨的不是他们的敌人，而是他们的上级。现在这个满腔热情、歇斯底里的男人，在没有任何证据的情况下，宣布法国已经腐朽了，奥地利也行将末日。一个文官第一次为枪炮和坦克带来了热情和远见，带来了进军计划和动员方案。很明显，这一点大大震动了将军们。

与此同时，希特勒从不敢承认他对权力和武力的崇敬。他内心的不安全感使他对自己的和平打算十分不满，认为只是因为背信弃义的英国人的欺骗，才使他不得不拿起刀剑。这里可以看出他与文艺复兴、博尔吉亚，甚至尼采骄傲的非道德性的关键不同。

他的热情驱使他行为残酷并常常说谎。他以自己的方式，坚定和信心十足地行事，杀害无辜，欺骗朋友，侵略没有防御能力的国家，主宰世界的思想为一切可能采取的手段辩解。的确，如果他高尚，宽宏大量，他就得认为自己软弱，承认自己的恐惧。热衷于破坏，并仇恨一切成功和健康美好的事物，这些始终是缺乏自信的人的特征。他对任何事都敢于孤注一掷，如 6 月 30 日流血之夜的行动，以及重新占领莱茵地区的计划等。但是他本人却在 1923 年 11 月慕尼黑政变之日，在简单的武器面前逃跑了。

对具有这样一种性格的人，根据医生和作家甚至包括患者本人曾经为之作出的临床诊断，必须创造出一种可以保护他身体及灵魂，以及可以养精蓄锐、避免过多宣泄的私人生活。因歇斯底里导致的失明，希特勒在战争期间大大恐惧了数日，一个海德堡的教授因报道了这件事而被革职。他病弱的身体需要休养生息，需要长时期的放松，就像一个演员，销声匿迹、懒洋洋地度过整个暑假。因而希特勒不喜欢体育运动，不喜欢喝酒，没有业余爱好；关于女人，当他真遇到一个女人，希望再次不顾一切地试试他的男性能力，结果这个女人不是死了就是逃跑了，他的侄女就是其中一个。一个男人既不会开车，也不会骑马；既不会游泳，也不会滑雪，是不可能有妻子或孩子的。这样的男人却善于玩弄权术，就像某些特殊的艺术家，他会本能地对自己施加同样的限制。

综上所述，他的疯狂性出于对个人生活的不满和对别人幸福的妒忌，可以毫无疑问地说，他政治生涯开始的动机是出于自我表现的欲望，这种例子在其他很多人身上也可找到。因而希特勒的成功是极其痛苦和付出了很大代价的。这种巨大的成功只有德国人才能做到。

19

尼默勒——希特勒即德国——大屠杀——光荣的雅利安人——全世界不信任德国——统治世界的美梦——小心，民主主义——欧洲合众国——假如希特勒被打倒——一支联邦军队

从来没有过一个独裁者，像这样一个不正当的领袖遇到德国人民那样，遇到如此听话、如此顺从、容易对付的群众。拿破仑遇到法国人民的强烈抵抗，墨索里尼的情况也是如此。本书前面所叙述和阐明的一切都证明了，突然得到违反他们本意的解放的德国人，是如何殷切地在这14年中等待一个领袖来把他们的命运掌握起来。少数不朽的神职人员、和平主义者，以及工会会员，他们曾因自己的信念而遭到监禁或杀害，但总共加起来也不到德国人数的千分之一。

他们中最出名的是马丁·尼默勒，他是德国这个时代的英雄，他的面庞使人想起丢勒笔下的绘画。他是一个威斯特伐利亚人，一个部长的儿子，一个热情的水手，一个怀有深刻信念的人。第一次世界大战期间，他光荣地担任德国潜水艇司令，战争的失败使他深深地陷入内心斗争，因为他相信德国就像相信上帝一样坚定。革命后，一个叔叔帮助他接管了一个农庄，他与这些自认为是马克思主义者的农业工人的第一次紧密接触，使他深受感动。他得出结论，灵魂对他来说比耕作土地重要得多。他开始学习神学，接受希伯来教

义，但同时仍热烈地支持德意志事业。他担任学生保卫团司令，参加卡普政变。他第一次在明斯特进行布道时已经30岁，生活极端贫困，不得不从事铺铁轨等艰苦的体力劳动。他的讨伐精神，极端虔诚同时又非常罗曼蒂克并充满爱国主义精神，这种双重性格使他经常陷入内心斗争，直到希特勒要求所有的部长宣誓效忠，矛盾发展到了一发不可收拾的地步。尼默勒和他的少数同事抗拒希特勒的命令。有人企图谋害他的生命，但也有支持他的群众集会和游行。迫害继续进行，他终于被免职。尼默勒被禁止布道，于是他就在家里进行。他被捕，备受折磨，争取保释后再次被捕，最后被送到集中营。敌人提出，只要他答应停止宣传就可以获释，遭到他的拒绝。但是战争爆发后，据说他自愿出来担任潜水艇的司令。

这个行动充分暴露了德国人灵魂深处的双重性，以及这个国家命运悲剧的根源。这个充满大无畏精神和自信的人，与路德一样，以生命保卫他的信念，他宣传反对纳粹的理论，他坚决拒绝向另一个似乎是上帝的人宣誓效忠；但就是这个人，却愿意在这面意味着亵渎的可恨的旗帜下，潜入大海，用鱼雷去袭击德国的敌人。

深深怀念着祖国的游子对世界说，希特勒不能代表德国，但难道不是所有德国人一次又一次地选举他吗？当然其中一部分选民是出于对威胁的恐惧，但大多数人选他是出于自愿。德国人一面忍受着饥饿带来的极大痛苦，一面听着统治世界的奉承话。1941年9月，德国人黄油肉类的配给进一步减少，征服的国家却越来越多。关于贫国和富国的理论也被发明者运用到几乎荒谬的程度，究竟被侵略的丹麦、挪威、波兰拥有什么样的财富是德国所没有的呢？他们的行为使人想起一条占了马槽的狗，它自己不能消受那些谷草，却又狂吠着不让马来吃。在希特勒统治的八年中德国人究竟得到了什么好处呢？

由于他准备和发动了战争，因而上百万失业者得到了工作，这也是他继续进行战争的理由之一。他似乎也消除了德国各民族之间历史遗留下来的仇恨，用一个十分完美的形式把帝国统一了起来，这是消灭了王室后的共和国从来没有做到过的。

希特勒在德国建立了一套秩序，这种秩序没有别的国家的人民能忍受得了，特别是意大利人，可能只有一部分俄国人能忍受。没有人能忍受自由的完全丧失，但是即使很多反对纳粹制度的国家也将采取它的某些做法，就像它接受俄国的一些做法一样。

无疑，当时德国人的思想已趋向现代化，他们从技术的角度而不是金钱的角度想问题。他们向世界表明，没有黄金他们照样可以生活、战斗和征服，而没有工程师、银行家却无法生活下去。直到战争爆发前，贸易思想仍然统治着旧民主国家，德国人就是通过击败这种思想取胜的。生产社会所需要的物资，而不是让个人获利——这一思想从莫斯科发展到柏林，而且正在从柏林扩展至全世界，因为它适应时势。但在接受这个原则时不应丧失自由。

德国群众也没有因精神上的枷锁而悲哀。他们什么时候对国家大事的决策表示过关心或施加过一些影响呢？一个1000年来习惯于忍受上级对它施加任何命令的民族，是不会为自己的意志、为争取自由而斗争的。一旦在违反自己意愿的情况下获得了自由，那么在新的枷锁下这个民族也会很快退回到老路上去。世界应该看到，作为整个民族来说，德国人没有要求进行改变的意愿。我们以为世界大战后会出现一个新的德国，但我们错了，我们应该从第一个错误中吸取教训避免第二个错误。

对犹太人的迫害，也证明了希特勒的背后有着德国老百姓的支持。当世界听到德国第一次大屠杀时，有很多迹象证明这种暴行在很多地方被阻止。但是从1933到1938年对犹太人迫害的加紧，从第一次抵制到向维也纳进军和11月大屠杀，这些发展都与德国人的性格有关。绝不是仅仅只有冲锋队接受党的命令。富有的公民、国家教授以及独立的体育运动员，都情绪亢奋地参加了当时的夜间袭击。

为什么这些德国群众，而不只是政府和党派比别的国家更仇恨犹太人呢？热情的诗人阿恩特深刻地写道："德国喜欢锁链的束缚，承受一个带着枷锁的苦力的灵魂的痛苦。"德国人是一个可悲的失败者，甚至不能承受别人成功。俄国人对犹太人的大屠杀，只针对一些贫困的不知名的犹太人，但德国人转而杀害一些富有而有天才的犹太人。不是犹太人的集居或是他们陌生的脸孔和习俗使德国人不快，而是犹太银行家所获得的荣誉和影响、犹太人教授和艺术家所获的声誉，使他们大感不快。

他们妒忌获得合法权利、地位上升的德国犹太人。为什么这些人的剧院和报纸总是最好的？为什么总是他们发明了不起的医药用品，成为杰出的外科专家？为什么总是他们采用最新的技术？为什么总是他们出版最好的书？在这些成功的德国人中，犹太人所占的人口比例，大大地超过非犹太人所占的比例。

在历代积怨的基础上，纳粹又带来了新的东西：残暴力量的合法化，合法政府的结束。青年人可以随心所欲，对谋杀、掠夺的渴望被诱发出来。希特勒执政初期，还有谁能为他提供更好的进攻目标呢？犹太人集中了作为牺牲品的一切条件，他们没有武装，他们富有，很容易给他们安上一切罪名。渴望谋杀和掠夺的人很快在他们身上进行实践。自从诸如社会主义分子提出国际目标转移民族情绪，德国中产阶级公开宣扬，说是犹太人首先发动战争，然后输掉了战争，共和国政府 14 年来对此充耳不闻。共和国政府的部长 6% 是犹太人，3 个人参加过革命。另一方面，得到诺贝尔奖奖金的德国人的 20% 是德国犹太人。所有这一切都被封锁了，此外，只占德国人口 1% 的德国犹太人，贡献出 10 万人去当兵打仗，1.2 万人死于战场。纳粹最卑鄙的行为是将这些犹太人的名字从地方作战阵亡将士的名单中抹掉。但有些犹太人的行为也叫人看不起，如奥本海姆 · 冯 · 温伯格男爵、德国空军参谋长米尔希、作家阿尔特·勃朗南，以及制定所有贸易条约的汉斯·沃尔·塞蒙特，他们接受种族迫害者加给他们的“光荣的雅利安人”的称号，并且和这些迫害者称兄道友。希特勒把德国人从犹太人中分离出来对德国只有不利，但对德国人来说，可能是一种极大的满足。

本书不想对希特勒的暴行详加阐述，但我要描述一段尚未被人报道过的情景，这是两个后来设法逃离德国的目击者亲口告诉作者的。

巴黎的一个年轻犹太人暗杀了德国驻巴黎使馆的工作人员冯拉特先生，作为政治报复，德国人利用死者葬礼的契机发动了一场新的对犹太人的大屠杀。关在布痕瓦尔德集中营的一万名犹太犯人，被强迫立正数小时。1938 年 11 月 11 日上午 11 时，冲锋队员扛着当天上午“死去”的人的棺材列队从这些犯人面前经过，后面跟着一大串被打得遍体鳞伤的受害者，这些人在这天上午几乎已被打得半死不活，当他们在行进时跌倒在地，那些士兵就用脚踢他们，把他们叫醒。突然他们中的一个受到严重摧残的六十五岁商人挣扎着爬起来，他是在三天前被抓来的，我年轻时认识他。这是一个高个子的人，竭尽全力向他的弟兄举起双臂，用希伯来语高声致以古老的犹太先辈的祝愿。

士兵们被这一行动惊住了，有几分钟全场鸦雀无声，似乎空气都凝结了。然后他们突然醒悟过来，把他拉出来，当场打死。为了他的家属，我不愿在此透露这个犹太人的名字，很可能已被列入德国烈士的名单。这份名单从胡斯开始，将一直延续到未来。

尽管德国人在历史上长期遭受屈辱，但他们还从未受到类似过去这九年给他们的最后解放所带来的严重损害。没有一个人被允许去工作，不管什么时候什么地方，不管是穷人还是富人，不管是工人还是农民，这种要求都无法得到满足。全国成了一个大兵营，一个六岁的孩子也会被接受进来加以训练，生生死死，直到最后举行葬礼。几代人以来，八百万德国人的法律观念早已破坏殆尽。即使德国人最后失败，他们关于野蛮武力的信念也早已在几代人中得到加强。他们毫不吸取第一次失败的教训，顽固地要求迅速回到过去的老路上去。因此，怎么可能寄希望于他们吸取第二次失败的教训呢？

嘲笑诚实的信念，轻视法律，推崇谋杀，摧残宗教圣贤，怀疑一切，反对一切，出卖自己亲密的朋友，为了避免种种嫌疑不认亲生父亲，毁灭科学，奴役师长教授，培养邪恶野蛮势力，玩弄妇女，煽动对国家的狂热：所有这一切将贻害无穷，使其后代人无颜面对别的国家的同时代人。

德国人在全世界的声誉又被损伤到了什么程度呢？这一次将没有一个德国人能说，他是被统治阶级胁迫的，因为今天几乎每个人都有朋友在党内，几乎整个国家都参与或拥护了这场浩劫，整个国家都接受了司法部长的格言：“只要对德国有利的，都是正确的。”这句话概括了这场道义灾难的真谛。

世界能把这一切都忘掉吗？一个经历过伦敦战役的孩子，长大后能向一个德国人伸出友谊之手吗？一个挪威人会再次邀请一个德国人到他家做客吗？一个自己母亲和无数同胞被德国飞机机枪扫射而死的荷兰人会再次与德国人做买卖吗？世界上难道还会有与德国人签订条约的国家吗？这些德国人曾经如此明显地以自己的利益为依据判断条约的合法性，那么人们为什么要相信从小就学习并遵循这种新道德的希特勒的接班人呢？

希特勒没有带给德国人幸福，但他们也没有要求他带来这种幸福。他们不要求自由，不要求财富，甚至不要求思想上的安宁与和谐。他们要求的是统治世界的古老梦想，在神秘的幻觉中试图彻底雪耻，并且羡慕这个他们一直像天真孩子一样诅咒的世界；一句话，因天生的不安全感而不断寻找和要求公开承认。希特勒给他们带来了这一切，虽然为时不久。但难道有任何领袖在这方面比希特勒更好地满足过他们吗?

作为一个征服者，希特勒不能与他的前辈比较。在公元800年、1000年和1500年左右，卡尔大帝、奥托大帝以及查理五世使德国成为欧洲最强大的国家。但是这个国家一半是继承别人的，是从外部或间接合并过来的，它强大的力量不是从内部涌现出来的，而且维持的时间也不长。希特勒的胜利进军最好与哥特人、蒙古人、诺曼人的猛攻冲击相比，野蛮侵袭古老的文明，一度制服了文明，但是它们只是席卷而过，没有留下多少痕迹。谁还记得他们领导人的名字?其中两三个也许还在一些歌曲中保留了一段时期。如果把他与拿破仑相比，这也是很荒谬的。拿破仑给他所占领的国家带去了新的思想，他给莱茵河沿岸地区及意大利带去的法律及社会秩序，在他被驱逐出这些地区后还长时期地发挥作用，因为这些东西是符合时代要求的正义之举。确实，在寻求欧洲统一问题上，他视自己和法国为领导力量，但这是以宣扬忍耐与包容的大革命为基础的，希特勒征服巴黎，则是以他优秀种族论的教条为基础的，这是希特勒进行统治的依据。

这里就出现了问题，所有德国能为占领国带去的文化均已被纳粹破坏或镇压。德国学者和艺术家纷纷流亡出走，就是这个国家政治的一个象征。这次德国的知识分子先于德国的武力到达别的国家，而且被迫逃得越来越远。德国最优秀的知识分子从德国逃至邻国，在这些国家被征服后，又远远逃至美国；只要迫害不停止，就将一直继续下去，并一直得到移民没完没了的感恩戴德。世界上文化最灿烂的城市也将变得野蛮荒芜，普鲁士的铁蹄将踏上巴黎皇宫旧址。所有代表德国荣誉的人物将作为客人或难民被别的国家接收，而不是征服者。德国的知识分子比德国的坦克早7年进入凯旋门，而且受到大得多的欢迎。

但是希特勒的预感是正确的，旧民主主义已经没有生命了。法国至少将从它的失败中学到很多教训。法国人面对一个处在大动乱边缘的世界，太掉以轻心，太玩世不恭。英国人直到1940年5月还不采取行动，即便行动了也不彻底，它的贵族政府、银行以及城市都没有为国家作好充分准备。还有，经过几个月的英勇斗争后，再恢复旧的秩序和民主就叫人不能容忍了。

民族社会主义党正如它的名称所包含的，其宗旨也有社会主义的一面。这种导致世界在过去20年中脱离纯资本主义的急剧变化，使所有的国家在战争经济中得到进一步改变。其中尤为突出的是德国，它的战时经济延续了9年之久。在法西斯国家迅速使自己适应出现的动乱时，两个西方民主国家继续由富有阶级以旧制度实行统治。是这两个国家使德国重整军备成为可能，而不是打垮了它。不止一个法国工业家说过："宁愿是希特勒，而不是布鲁姆。"

然而，因害怕布尔什维克而促使英国和法国签订《慕尼黑协议》时，他们的美梦也破灭了。巴黎、阿姆斯特丹和布达佩斯的推销商感到自己被迫进入一个与莫斯科制度越来越接近的制度。当德国和意大利的资本几乎全部被政府没收时，自由民主党人站在独裁者的国家社会主义一边。在任何情况下，正统的资本主义在欧洲都失败了。

他正在准备欧洲的统一，这是一个大家都在寻求的联邦形式的统一，而不是在一个主要种族领导下的统一，就像德国一些优秀人士始终在寻求的，不经过希特勒的枪炮而"合并"奥地利。欧洲的统一和五六个君主的退位只能对欧洲有用。即使在拿破仑失败后，100多个被消灭了的德国小公国也没有一个东山再起。很多预言家都得到了自己没有想到过的结果。希特勒也将像哥伦布一样到达了一个他从没想到过的大陆。希特勒占领欧洲的结果，可能很快会出现一个欧洲的合众国，如果最终能把"卐"旗击倒，而代之以升起"自由的白色之旗"。

无论是形式还是日期都不能预言，但有一件事似乎是比较肯定的：被征服的人民不会像德国人那样长期屈服于枷锁之下。第二次世界大战只能以革命而告终，就像俄国革命给第一次世界大战带来了决定性的变化一样。但是为了和时代的精神一致，形式很可能是社会主义的，而不是民族主义的。希特勒最终将发现一个自由的欧洲，而不是德国的欧洲。与种族主义的理论决然相反，在近年内即将发生的革命将不是为了夺取几个省份或前线阵地，而是为更公平的财产再分配。历史将看到，这次战争的后果之一，将是每个公民要求更体面的生活，这将在所有的国家成为很强烈的呼声。它不会像拿破仑垮台后那样，很快出现一个“神圣同盟”，或者出现一个新的塔列朗[1]重新掌权。被征服的国家要做的第一件事，将是寻求比战前更多而不是更少的自由。

德国人将是这些国家中最后一个而不是第一个起来争取自由的民族，这是他们的性格决定的。在没有一个受奴役的国家起来反抗之前；在穿制服的武装的德国工人与非武装的外国工人出现兄弟和解，并消除不正常的奴役关系之前；在有可能出现一部分德国公民起来反抗，并通过国内战争推翻这个他们大部分人曾经从属的政权之前；德国人是不会轻易行动的。但即使希特勒部分地战胜了俄国人，他们给他带来的也只可能是谷物，而不是热情。德国人一向反对法国人，即使在世界大战中也从未反对过俄国人。一旦进入莫斯科，德国士兵将会看到，希特勒的很多方法是向莫斯科学来的。他们将很快和这些与自己一样有着极强纪律性的追随者们称兄道弟，甚至有可能变成共产主义者。

要打败现代的成吉思汗，必不可少的是要取得美国的帮助，但不是靠入侵，而是通过欧洲的反抗。强大的封锁将是对领导人的一个

[1] 塔列朗（Talleyrand，1754—1838），法国政治家、外交家，曾任拿破仑的外交部部长和外交大臣，精于权术阴谋和善变。拿破仑垮台后，又作为法国代表，出席维也纳会议，参加“神圣同盟”。后为法国复辟王朝的外交大臣。——译者注

考验，对德国普通人民来说，他们是经受得起长时期的艰苦的，他们可以过贫穷的生活。但是如果进行轰炸，这将对其造成灾难性的影响。德国人的性格不像英国人那样遇事强硬、固执。德国人比较神经质，而在这过去的10年中，他们已经承受了够大的精神负担。

德国人作为军人，在武装起来、听从发号施令的情况下，可以保持他们的勇气；但是作为一个平民，成为看不见的敌人的进攻目标，没有上级的命令和领导，他们很容易屈服，他们在130年内还没有遭到别的国家的侵略。

也许只有在盎格鲁－撒克逊人的封锁、被征服的国家的反抗和德国内部的炸弹袭击到达高潮时，将军们为了保护自己才可能起来赶走他们的“领袖”。这对世界将是一个极为危险的时刻，因为普鲁士的将军们并不比希特勒更值得人们信任。胜利者将十分小心提防“不可预测的犯人”，当他走出带刺的铁丝网准备和你讲和的时候。

《凡尔赛和约》决定单独解除战败国德国一家武装的思想，表明了它对德国人的性格不怎么了解。

对待这样一支高效率的人民，是无法剥夺它在经济竞争中的权利的，唯一能与他们共处的办法是建立欧洲合众国，这在德国第二次战败后要比在第一次战败后建立起来容易得多。只有积极实行欧洲国家全面裁军，才能保证解除德国武装，降低报复的可能性。一支欧洲联邦陆军和联邦海军将被组织起来，就像今天美国的国防力量直属华盛顿一样。那时德国将像美国加利福尼亚州一样无力再次发动战争。

只有这样才能拔除德国人嘴里的毒牙，使他们思想精神上的伟大才赋在世界文化中获得正确的位置，不用担心再成为世界祸端。

20
哲学家在海德堡——贝多芬

今天，一个深秋的黄昏，一位老人站在海德堡城堡的台阶上，眺望着山下的幽谷。在他身后是一片隆起的若隐若现的断垣残壁，它们是被法国占领者破坏的德国建筑物。300 年来，上面爬满了深绿色的常春藤，象征着德国的浪漫主义。这片标志着德法斗争历史的废墟，坐落在德国最漂亮的风景区的正对面。

这位像一切德国精英人物一样有着两道剑眉的哲学家兼音乐家，现在正凝视着他脚下的一条河流，河水安详而又急促地向三孔老石桥流去。这是内卡河，它在这里形成了一段只有几里长的湍流，迫使河水经过狭窄的河道流经高山，然后急流直下，多么像德国的历史啊！在葡萄园的那一边，又是一片连绵的山坡。在内卡河左面的山头叫“王座山”，在右边的山坡上有一条“哲学家小道”，再一次从名称上把德国分成两半。

在墙的那一边，这位哲学家看到了一座方形建筑物——德国历史最悠久的大学。自从第一批教师在那里授课以来，它已经经历了 550 多年历史。此后，上百名杰出的思想家、学者，在葡萄园的小屋里或城内的旧宅中埋首学术研究，一切为了人类智慧。远处，在那条狭窄的弯弯曲曲的街上，本生发现了星体的实质，终于找到了太阳光谱。与此同时，只不过再过去几条街，赫尔姆霍茨计算出声音和光线的波长，第一次用他的光学仪器，打开了彼时尚未被人类知晓的生物眼睛的秘密。

现在，这位沉思着的老年圣者的目光，转移到了那边紧紧挨在一起的古老建筑物，有些屋顶仍然可以看出是由彩色花砖砌的，那里想必是路德会见人文学者的地方，可以想象脸色苍白的墨兰顿怀着对这位勇敢的修道士的崇敬心情笔挺地站在那里。这位年迈的智者似乎自己也坐到了那里，歌德的影子出现在他的身旁。年轻的歌德在“狂飙运动”的影响下，对世界充满热爱与向往，是继续从事写作还是出去遨游世界，他终于在这里作出了决定，第一次离开了祖国。而40年后，仍然在这里，歌德由年轻美丽的玛丽安娜陪着，自己似乎也年轻了，经常在这里采集核桃并写下有关这一段日子的不朽诗篇。

往西边望去，接近日落的地方，隐隐约约可以看出四座塔影。由于常年学习，双目仍然犀利的老人，甚至可以分辨出那里的两个白色圆顶。这是施派尔天主教堂，很多德国皇帝埋葬在那里，这些皇帝日夜梦想南下到有核桃树的地方。而现在，在这夕阳西下，莱茵河上波光涟漪，内卡河滚滚汇合之际，这一时刻到来了。不远处就是当年阿里奥维斯图斯回答恺撒大帝问题的地方。德国的历史似乎就从这个古老的城堡脚下蔓延展开。

现在这位哲学家要回家了，因为有了些凉意。他看到了城东新出现的一堆瓦砾，这是英国人为了报复德国人长达一周的进攻而进行轰炸的结果。英国留学生曾在这个白色圆顶之下聆听德国学者做的很多学术报告，这些报告在英国国内是听不到的，特别是那令人神往的德语。也许这些学生中的一个，就是现在执行轰炸任务的飞行员。

“现在这些人在哪里？”这位老人沉思着，一边用手压压他的帽子，似乎怕人看出在这顶帽子下的思想。他举步向他狭小的老屋走去。

曾经使这个城镇辉煌一时的德国人文主义者，从路德到歌德到赫尔姆霍茨，现在到哪里去了？德国人的荣誉到哪里去了？学术研究的自由到哪里去了？青年对学习的渴望到哪里去了？那些装饰着彩色的灯笼，充满欢乐的旧时学生歌声，沿着城镇和小山逆流而上的游船又到哪里去了？远处在天主教堂内，历代的皇帝阻止了曾经带给他们自己和德国人如此重大灾难的罗马朝圣者，永远安眠在那里。更远处则安息着改革家们，几个世纪以前，他们倒还可以发表今天被禁止向后代说的话。实验室早已无人光顾，呈现出一片荒芜凄凉，因为青年人都跑到很远的别的国家，烧杀蹂躏他国人民。图书馆里仍然排列着几辈先人传下来的康德著作，现在再也没有人去读它们了，因为他的言论对今天的德国已毫无意义。只有莱茵河仍然与齐格弗里德时代一样，滚滚流动，日夜不息，德国人在梦里仍然听到《罗蕾莱》美妙的歌声。

黑夜笼罩了古老的内卡镇，笼罩了全德国。老人回到家里，无奈地凝视着眼前的一切，然后走向钢琴，打开琴盖，弹起了贝多芬的最后一首奏鸣曲。

译后记

埃米尔·路德维希是德国著名的人物传记作者。他晚年侨居美国时以此前为了撰写传记文学作品搜集的素材为基础，撰写了他一生最后的著作《德国人》。

德国哲学家素以思维缜密，精于逻辑，善于思考而著称于世。在埃米尔·路德维希的笔下，莱布尼茨（1646—1716）具有火一般的热情，与伊拉斯谟、路德、歌德一样是沟通德国统治阶级与知识分子最伟大的架桥者之一。他力主普及教育和科技知识并为之奋斗终生。哲学家康德（1724—1804）以他自己构想的世界蓝图，主张消灭专制主义。他在"关于永久和平的论文"（《永久和平论》）中反对战争，主张裁军，实现世界的和平。哲学家费希特（1762—1814）最著名的一句话："人的罪恶本性随着其社会地位的提高，将可怕地习惯性地增长。"被称为费希特接班人的黑格尔（1770—1831），他研究的哲学理论以冷静和透彻见长，他善于研究逻辑和秩序，他和叔本华一样，既是哲学的奠基人，也是艺术的奠基人。

作者在本书中以重笔浓墨描绘了哲学家尼采（1844—1900），希特勒培育超人、精华人物，反犹太主义，被人们认为是来自尼采的超人哲学。作者援引尼采的论述，阐明尼采一向鄙视德国人超人一等的说法，并且着意说明尼采对犹太人赞赏备至，誉犹太人为最坚强最纯洁的民族。

在德国夜幕的上空，精神的光辉犹如灿烂夺目的彩虹。历史上从来也没有一个国家有 7 位伟大的音乐家，几乎出生于同一世纪（1685—1797）。他们大多出生于贫困家庭。

除了海顿之外，作者将舒伯特比之泉水，莫扎特比之林溪，格鲁克犹如深邃的湖泊，亨德尔是瀑布，巴赫是河川，贝多芬是大海。作者以他丰富的知识，善于比较出生于德国和奥地利的音乐家之间的异同之处。他以生动的笔触描绘他们一生辛勤的创造、个性的不同、各自的长处和对世界音乐史作出的伟大贡献。如果人们只是阅读一位音乐家的传记是不会发现各个音乐家的个性、创作力和命运有多么的不同。

对歌德、席勒和海涅这三位伟大作家的论述在这本书中几乎居于中心地位。作者详尽地描绘了这三位作家的生平事迹。最引人注目的是歌德对德国人和德国的评价。

本书共分 5 卷，每一个卷首都摘引了歌德对德国人和德国的抨击，特别是在第一卷《统治世界之梦》的前面，歌德指出："一想到德国人民，我不免常常黯然神伤，作为个体，他们个个可贵。作为整体，却又那么可怜。"读到这句话，人们不免想到我们的近邻日本，借用几十年前常用的一句话，德国和日本："何其相似乃尔！"

这本书无情鞭笞德国人盲目追随希特勒对人类犯下的巨大罪恶，每个德国人都应扪心自问，自己有什么责任。我们当年的普通日本人提过这样的要求吗。

这本书近 40 万字，自古到今，涉及德国的政治、经济、科学、文化、宗教、哲学、艺术、音乐和历史等领域，至少逾千名古今历史上的著名人士。作者娓娓道来，生动活泼，亲切而善于比喻，用简明的语言细述每个人的成败，每个人的善恶……

杨成绪

2016年9月5日于北京

图书在版编目（CIP）数据

德国人：一个民族的双重历史 /（德）埃米尔·路德维希著；杨成绪，潘琪译．— 上海：文汇出版社，2019.10

ISBN 978-7-5496-2235-1

Ⅰ．①德… Ⅱ．①埃… ②杨… ③潘… Ⅲ．①文化史－德国
Ⅳ．①K516.03

中国版本图书馆 CIP 数据核字（2017）第 240757 号

德国人：一个民族的双重历史

作　　者／〔德〕埃米尔·路德维希
译　　者／杨成绪　潘琪
责任编辑／何　璟
特邀编辑／欧阳钰芳　杨静武
装帧设计／人马艺术设计·储平
出　　版／文匯出版社
上海市威海路 755 号
（邮政编码 200041）
发　　行／新经典发行有限公司
电　　话／010-68423599　邮　　箱／editor@readinglife.com
印刷装订／山东鸿君杰文化发展有限公司
版　　次／2019 年 10 月第 1 版
印　　次／2019 年 10 月第 1 次印刷
开　　本／640×960　1/16
印　　张／31.5
字　　数／530 千

ISBN 978-7-5496-2235-1
定　　价／108.00 元